1495

PROVA JUDICIÁRIA
Estudos sobre o novo Direito Probatório

```
P969    Prova judiciária: estudos sobre o novo direito probatório /
        coord. Danilo Knijnik; Artur Thompsen Carpes...[et al.]
        – Porto Alegre: Livraria do Advogado Ed., 2007.
        243 p.; 23 cm.

        ISBN 978-85-7348-473-1

          1. Prova: Processo civil.   I. Carpes, Artur Thompsen.
        II. Knijnik, Danilo, coord.

                                            CDU – 347.94
```

Índice para o catálogo sistemático:

Prova: Processo civil

(Bibliotecária responsável: Marta Roberto, CRB-10/652)

Danilo Knijnik
Coordenador

PROVA JUDICIÁRIA
Estudos sobre o novo Direito Probatório

Artur Thompsen Carpes
Beatriz da Consolação Mateus Buchili
Daniel Mitidiero
Danilo Knijnik
Felipe Camilo Dall'Alba
Gabriel Pintaúde
Gioconda Fianco Pitt
Guilherme Rizzo Amaral
José Paulo Baltazar Junior
Lisandra Demari
Lucas Pereira Baggio
Maristela da Silva Alves
Pedro Luiz Pozza

Porto Alegre, 2007

©
Artur Thompsen Carpes, Beatriz da Consolação Mateus Buchili,
Daniel Mitidiero, Danilo Knijnik (Coord.),
Felipe Camilo Dall'Alba, Gabriel Pintaúde,
Gioconda Fianco Pitt, Guilherme Rizzo Amaral,
José Paulo Baltazar Junior, Lisandra Demari,
Lucas Pereira Baggio, Maristela da Silva Alves
e Pedro Luiz Pozza,
2007

Capa, projeto gráfico e diagramação de
Livraria do Advogado Editora

Revisão de
Rosane Marques Borba

Direitos desta edição reservados por
Livraria do Advogado Editora Ltda.
Rua Riachuelo, 1338
90010-273 Porto Alegre RS
Fone/fax: 0800-51-7522
editora@livrariadoadvogado.com.br
www.doadvogado.com.br

Impresso no Brasil / Printed in Brazil

Prefácio

A Faculdade de Direito da Universidade Federal do Rio Grande do Sul, desde o impulso pioneiro de Galeno Lacerda, tem se caracterizado por imprimir novos e originais rumos aos estudos processuais brasileiros. Essa visão renovada ganhou corpo ainda mais específico com a idéia do formalismo-valorativo, assentado numa visão axiológica do processo, considerado como fenômeno cultural, mais do que técnica, destinado a servir de instrumento para a justiça do caso, antes do que à realização do direito material.

A Escola lança agora mais uma significativa contribuição, desta vez sob a segura orientação do Professor Doutor Danilo Knijinik, com interessantes e profundas reflexões sobre o importante domínio da prova, matéria que pouca atenção vem atraindo da doutrina brasileira. Aliás, já há sete anos, sob minha coordenação, o mesmo Curso de Pós-Gradução *stricto sensu* dava a lume compilação de ensaios sobre o tema da prova cível.

Não se trata de mera coincidência. A prova opera no terreno mais sensível do processo, constituindo a maior responsável pelas sucessivas modificações do papel desempenhado pelo órgão judicial. Basta atentar na mudança do sistema da prova legal para o da persuasão racional e no papel ativo do juiz quanto à instrução probatória para se constatar que esse é realmente o campo mais preocupante para a sociedade civil nas suas relações com o Poder. O rejuvenescimento do estudo da lógica judicial, por outro lado, abriu novos horizontes no exame do raciocínio desenvolvido pelo magistrado no julgamento da causa, matéria intimamente vinculada à apreciação do material probatório.

Além disso, ainda está por ser realizada de forma cabal a fundamentação teórica de uma dogmática do direito probatório. Por isso mesmo, muitos dos temas correlatos a essa problemática revelam-se do maior significado e alcance prático para que se possa, ao fim e ao cabo, resolver de forma justa a controvérsia posta em lide. Em que medida o ceticismo fático pode influenciar na fundamentação teórica de um direito probatório? Quando é relevante a prova? Como se deve encarar o dever de veracidade? De que modo se diferenciam os meios e as fontes de prova no processo de conhecimento? Só por estar convencido, pode o juiz deixar de admitir a prova, ou tal atitude fere o direito fundamental da ampla defesa? Como se comporta o direito fundamental do contraditório em relação à inversão do ônus da prova? De que maneira funcionam os modelos de constatação, de modo a evitar ou minimizar o arbítrio judicial na apreciação da prova? Qual a importância dos sistemas de apreciação da prova? Qual a influência da lógica judicial em matéria de prova? Qual o significado do ônus da prova no processo civil? Que função exercem as máximas de experiência no contexto probatório?

Sobre essas indagações fundamentais, estendem-se as reflexões dos diversos ensaios compilados na obra. Em todos eles, constata-se o fio condutor, seguro e atualizado, da orientação e das aulas ministradas pelo Professor Doutor Danilo Knijnik nos Cursos de Mestrado e Doutorado da Faculdade de Direito da UFRGS, cujos trabalhos de conclusão deram origem ao livro. A bibliografia é das mais atualizadas, notável o esforço crítico, sobremaneira relevante o aporte para melhor compreensão da matéria.

Estão de parabéns a academia, o brilhante coordenador da coletânea e as letras jurídicas brasileiras, pela importante contribuição realizada em temas ainda tão pouco explorados entre nós.

Professor Carlos Alberto Alvaro de Oliveira
Titular dos Cursos de Graduação e Pós-Graduação da
Faculdade de Direito da UFRGS

Sumário

Introdução – *Danilo Knijnik (Coord.)* 9

1. Ceticismo fático e fundamentação teórica de um Direito Probatório
   Danilo Knijnik 11
2. Apontamentos sobre a inversão do ônus da prova e a garantia do contraditório
   Artur Thompsen Carpes 27
3. Meios e fontes de prova no processo de conhecimento: provas testemunhal, documental, pericial, atípica ou inominada
   Beatriz da Consolação Mateus Buchili 51
4. A lógica da prova no *ordo judiciarius* medieval e no *processus* assimétrico moderno: uma aproximação
   Daniel Mitidiero 69
5. A ampla defesa como proteção dos poderes das partes: proibição de inadmissão da prova por já estar convencido o juiz
   Felipe Camilo Dall'Alba 93
6. Controle e verificação do juízo de fato no julgamento singular, no apelacional e no revisional/cassacional
   Gabriel Pintaúde 107
7. Dever de veracidade no Processo Civil brasileiro e sua relação com o instituto da *discovery* do processo norte-americano da *common law*
   Gioconda Fianco Pitt 115
8. Verdade, justiça e dignidade da legislação: breve ensaio sobre a efetividade do processo, inspirado no pensamento de John Rawls e de Jeremy Waldron
   Guilherme Rizzo Amaral 129
9. *Standards* probatórios
   José Paulo Baltazar Junior 153
10. Juízo de relevância da prova
    Lisandra Demari 171
11. O artigo 335 do Código de Processo Civil à luz da categoria das máximas de experiência
    Lucas Pereira Baggio 181
12. Esboço sobre o significado do ônus da prova no Processo Civil
    Maristela da Silva Alves 203
13. Sistemas de apreciação da prova
    Pedro Luiz Pozza 219

Introdução

No primeiro semestre de 2004, motivado por indagações pessoais que de longa data nutria sobre o direito probatório, passei a ministrar, nos cursos de Mestrado e Doutorado em Direito da UFRGS, a disciplina de "Prova Judiciária".

O programa fora estruturado em duas partes: a primeira, de índole propedêutica, na qual se examina o problema teórico do direito probatório, ou seja, sua possibilidade de existir como ciência dogmática; a segunda, de índole prática, na qual são estudados fenômenos probatórios concretos. São estes, pois, os conteúdos programáticos da disciplina:

I – A "prova", o "direito probatório" e a "dogmática jurídica"
II – Modelos probatórios no direito comparado
III – Prova, verdade, questão de fato e questão de direito
IV – Provas penal e não-penal. *Standards*
V – Sistemas de apreciação da prova e princípios probatórios
VI – Existe o dever de dizer a verdade
VII – Admissão, confissão, aceitação, revelia e seus efeitos
VIII – Prova presuntiva e indiciária
IX – Ônus da prova, distribuição, redistribuição e inversão
X – Prova de fatos inverossímeis, extraordinários e complexos
XI – Prova Pericial, Provas Atípicas ou Inominadas
XII – Controle e verificação do juízo de fato nas instâncias recursais

Ao iniciar-se o semestre de 2005, de pronto se anunciara um enriquecedor debate e foi, efetivamente, o que sucedeu: *res ipsa loquitur* – os trabalhos ora publicados falam por si mesmos.

Resta-me, assim, agradecer a todos os integrantes da disciplina de "Prova Judiciária" e, muito especialmente, aos professores Daniel Mitidiero e Pedro Pozza, juristas já consagrados, que organizaram e levaram a termo esta coletânea, que não apenas estimulará novas reflexões acerca do direito probatório, como, também, auxiliará na resolução de problemas práticos.

Danilo Knijnik
Coordenador

— 1 —

Ceticismo fático e fundamentação teórica de um Direito Probatório[1]

DANILO KNIJNIK

Sumário: 1. A propositura do realismo jurídico e o estudo do direito probatório; 2. O ceticismo e a importância do Direito Probatório para a evitação do erro; 3. A necessidade de controles jurídicos quanto ao juízo de fato, por via da doutrina. Direito Probatório.

1. A propositura do realismo jurídico e o estudo do direito probatório

Jerome Frank é usualmente apontado como expoente da corrente jusfilosófica que se convencionou designar por realismo jurídico norte-americano, na verdade um heterogêneo[2] movimento[3] de jovens juristas,[4] animados por um discurso "iconoclasta diletante", cuja importância, recentemente lembrou J.G. Giacomuzzi, "nós, juristas continentais, insistimos em desconhecer e, até, negligenciar".[5]

---

[1] O presente estudo foi concebido a modo de introdução para os diversos artigos elaborados pelos alunos da disciplina de "Prova Judiciária", no Curso de Pós-Graduação em Direito da UFRGS, ora publicados, destinando-se a fundamentar teoricamente uma dogmática de direito probatório.

[2] Cfr. assinala BURRUS, Bernie R. *American Legal Realism*. In: 8 Howard Law Journal, 36, 1962, p. 40, é problemático discernir o realismo como movimento intelectual ou verdadeiramente escola. "É difícil, porque nós não estamos lidando com um jurista e suas idéias, mas, antes, com um grande número de indivíduos, representando posições jurídicas largamente divergentes. Nesse sentido, Llewellyn sugeriu que, de tão significativas as divergências, dever-se-ia afastar a idéia de uma escola de pensamento".

[3] São palavras de Llewellyn, apud BURRUS, Bernie R. *American Legal Realism*, op. cit., p. 40: "não existe uma escola de realistas. Não há probabilidade alguma de que essa escola existirá. Não existe um grupo com uma crença oficial, aceita ou emergente. Não há qualquer renúncia a conclusões independentes. Esperamos que jamais venham a existir; novos recrutas, adquirindo novas ferramentas e estímulos, não professores ou idéias de mestres; recrutas antigos divergem entre si quanto aos seus interesses. Eles estão relacionados, diz Frank, apenas em suas negações, no seu ceticismo, em sua curiosidade".

[4] SOLAR CAYÓN, Jose Ignácio. *El realismo jurídico de Jerome Frank; normas, hechos y discrecionalidad en el proceso judicial*. Madrid: Boletín Oficial Del Estado, 2004, p. 13.

[5] GIACOMUZZI, José Guilherme. *As raízes do realismo americano: breve esboço acerca de dicotomias, ideologia e pureza no Direito dos USA*. In: Revista do Ministério Público do Rio Grande do Sul, nº 55, maio-agosto 2005, p. 17-46 (as citações são do original cedido pelo autor).

A nota essencial do pensamento realista, e mais especificamente o de J. Frank, reside na atribuição de um caráter essencialmente interpretativo e hermenêutico a nosso entendimento sobre a realidade, configurando uma espécie de relativismo cognitivo. Nesse sentido, muitas assertivas e propostas dos realistas mais radicais causaram – e até hoje causariam – certo escândalo, como, por exemplo, a que se propunha a examinar a influência do processo digestivo dos juízes sobre suas decisões![6] A tais caricaturas, subjazia, porém, a idéia segundo a qual "pouco auxilia os advogados nas suas previsões que as regras jurídicas sejam preservadas em expressões verbais fixas, se o seu resultado é instável e mutante".[7]

As bases desse pensamento ficam bastante claras a partir do artigo "John Dewey & Co. *v.* Aristotle",[8] no qual J. Frank elogia o pragmatismo e, até mesmo, a intuição como mecanismo necessário ao estabelecimento dos fatos num processo judicial. Diz Frank, em síntese, que "as conclusões fáticas de um tribunal são, no máximo, nada além do que uma *convicção* de que tais fatos ocorreram. O tribunal, como visto, é ele próprio uma *testemunha daquelas testemunhas que referem como os fatos sucederam*. O tribunal forma sua convicção, *testemunhando as testemunhas*. A Corte, seja por intermédio do juiz, seja por intermédio de um jurado, é humana e, portanto, como qualquer testemunha, *pode errar no seu depoimento*",[9] ficando, assim, insinuados os riscos a que o conhecimento humano a respeito de fatos pretéritos está sujeito, mormente em sede processual, daí o cuidado com que se devem haver os juristas nesta sede.

Nesse sentido, William James, apontado como um dos pais do pragmatismo, afirmava que "um pragmático deixa de lado as abstrações e as insuficiências de soluções verbais; as más razões apriorísticas; os princípios fixos, os sistemas fechados aparentemente absolutos e originais. Ele se volta para a completude, para a adequação, para os fatos, para as ações, para a força. Isto significa o reinado de uma atitude empírica, a renúncia sincera a um temperamento racionalista; representa uma atmosfera aberta às possibilidades da natureza contra o dogma (...)".[10]

Aliás, duas célebres frases atribuídas a Holmes bem sinalizam o papel atribuído aos fatos na decisão judicial pelo movimento realista: (i) "a vida do direito não tem sido lógica, *tem sido experiência*"; (ii) *"proposições gerais* não decidem casos concretos".[11] Holmes sustentava, de forma até

---

[6] Aliás, muitos foram os exageros desses juristas, tanto que Llewellyn referiu, afinal de contas, que certas construções realistas deveriam ser concebidas como "pequenas licenças poéticas".

[7] *Apud* BURRUS, Bernie R. *American Legal Realism*, op. cit., p. 43.

[8] FRANK, Jerome. *Modern and ancient legal pragmatism: John Dewey & Co. v. Aristotle*. In: Notre Dame Lawyer, 1949-50, vol. XXV, n. 2, p. 207:257.

[9] FRANK, Jerome. *Modern and ancient legal pragmatism*, op. cit. p. 225.

[10] *Apud* BURRUS, Bernie R. *American Legal Realism*, op. cit., p. 39.

[11] GIACOMUZZI, José Guilherme. *As raízes do realismo americano: breve esboço acerca de dicotomias, ideologia e pureza no Direito dos USA*, op. cit., p. 13.

cáustica, que "*profecias a respeito do que os tribunais irão fazer na prática, e nada mais pretensioso, é o que eu entendo por Direito*",[12] o que da mesma forma foi defendido por Dewey.[13]

Tais *slogans*, se assim podem ser chamados, têm um mérito que precisa ser recuperado: põem em evidência, até hoje, o particular, a experiência, a relevância dos fatos em cada processo, aqui e agora, as peculiaridades, enfim, sob a apreciação do julgador. Em contrapartida, exalçam o papel dos sujeitos processuais, todos eles, na confecção e estabilização dos fatos do caso a julgar, ao mesmo tempo em que alertam para a grande possibilidade do erro judiciário nessa matéria, o que, certamente, pode ter algum impacto no plano do desenvolvimento de um direito probatório.

2. O ceticismo e a importância do Direito Probatório para a evitação do erro

Louvando-se na teoria da Gestalt, Frank procura estabelecer uma interessante analogia entre interpretação musical e interpretação jurídica. Basicamente, ele afirma que a melodia de uma composição musical não representa a soma das notas musicais, mas um "todo" único. Frank, então, aplica essa idéia à decisão judicial sobre os fatos: também esta deve ser vista como um todo, não como a soma das provas carreadas aos autos.

Em alguma medida, tal proposição pode *chocar* o jurista continental. Nessa linha, por exemplo, Frank sustenta que "quando o juiz apresenta suas conclusões, *não poderemos saber ao certo se o magistrado relatou os fatos que julga terem ocorrido*. Suas conclusões representam, apenas, *o que o juiz diz ter pensado a respeito dos fatos*. E raramente, senão nunca mesmo, saberemos se o que o juiz disse a respeito de alguma questão [de fato] realmente representa o que, na verdade, o magistrado pensa [sobre essa questão]".[14] Daí o *ceticismo fático*. Afinal, os juízes "são seres humanos que, como qualquer outro homem, estão sujeitos às fortes influências das profundezas de seu subconsciente"[15] – no que se insinua, inclusive, a conhecida perspectiva, digamos assim, psicanalítica de sua obra.

Tal forma de pensamento, como já se pode ver, evoca aspectos subjetivos e emocionais que podem estar envolvidos na formação do juízo fático. Em artigo de 1929, que já se tornou clássico, o juiz Hutcheson afirmou – quiçá de maneira que, a nós, pode soar ofensiva – que o julgador, "na

---

[12] HOLMES. *The path of the law*. Harvard Law Review, 457 (1987).

[13] *Apud* BURRUS, Bernie R. *American Legal Realism*, op. cit. p. 39: "Na sua visão [de Dewey], a lógica representa não uma dedução de certezas a partir de princípios teóricos ou aprioríticos, mas a predição de probabilidades (...)".

[14] FRANK, Jerome. *Say it with music*. In: Harvard Law Review, 1947-8, vol. 61, p. 927.

[15] VERDUNS-JONES, Simon. *The jurisprudence of Jerome N. Frank; a study in American legal realism*. In: 7 Sidney L. Review, 180, 1973-1976, p. 184.

verdade, decide por intuição, por sensibilidade, não por raciocínio; e o raciocínio aparece apenas quando ele redige a sua decisão, o que não passa de uma apologia para justificar sua decisão para si mesmo. Trata-se de uma justificativa *ex post facto*".[16] A fundamentação da decisão, sob essa perspectiva, resumir-se-ia a um fenômeno de *racionalização*:[17] ao fundamentar seu convencimento, a decisão judicial teria de submeter a um *processo lógico* aquilo que, intuitivamente, forjou a conclusão do julgador, porque, bem ou mal, a exclusão do subjetivismo na formação das decisões judiciais – assim entendido como as influências pessoais do julgador (sua história, seus valores, sua experiência, suas pré-compreensões)[18] – seria, ainda na perspectiva de Hutcheson, "geralmente ilusória".[19]

Sob essa perspectiva, chega a ser emblemático o texto do juiz Hutcheson, referindo-se a casos complexos sob sua jurisdição: "quando o caso é difícil (...), ou seja, 'quando existem muitas sutilezas técnicas ou fáticas; quando há vários pesos favorecendo tanto um lado, quanto o outro lado da balança; quando o então juiz *Bridlegoose* teria usado seus pequenos 'dados' [para decidir]; eu, depois de ter acessado todos os elementos [de prova] à minha disposição; depois de, cuidadosamente, refletir a respeito deles, deixo minha imaginação funcionar; e, permitindo que o caso amadureça, espero por uma sensação, uma intuição – aquele *flash* intuitivo do entendimento, que traz o faiscante salto da questão para a decisão, vertendo luz pelo caminho no qual o trajeto do julgador é o mais escuro".[20] Antecipando-se à crítica – que nós, juristas continentais, certamente faríamos – o juiz Hutcheson então adverte: "quero deixar claro, desde já, que, quando o juiz começa a ter uma percepção (ou uma discriminação); quando começa a sentir intimamente (no sentido de uma convicção pessoal) a sua decisão, o juiz não age de forma diferente, mas exatamente como agem os advogados na formulação das suas causas, com uma diferença, porém: o advogado, tendo uma intenção pré-determinada em mente (vencer a causa em favor de seu cliente), procura e leva em consideração apenas aqueles pressentimentos (aquelas percepções íntimas) que o mantêm na rota escolhida; enquanto

---

[16] VERDUNS-JONES, Simon., op. cit., p. 928.

[17] Cfr. VERDUNS-JONES, Simon. *The jurisprudence of Jerome N. Frank; a study in American legal realism*, op. cit. p. 182, o conceito de *racionalização* foi extraído da psicologia, tendo origem, ao que consta, em Freud. Esse conceito teria sido aplicado, em 1929, pelo Juiz Hutcheson, a fim de explicar o processo judicial da seguinte forma "em 1929, o juiz Hutcheson aplicou o conceito [de racionalização] para a sua experiência como juiz. Hutcheson sustentou que a essência de uma decisão judicial repousa numa esclarecedora 'intuição'. (...). Para Hutcheson, o fator de controle de uma decisão não é a elaborada pirâmide de princípios legais colocada na decisão, mas, antes disso, uma esclarecida intuição".

[18] Admitidas, entre nós, malgrado sob perspectiva diversa, por RUI PORTANOVA, em *Motivações ideológicas da sentença*. Porto Alegre: Livraria do Advogado, 1992.

[19] FRANK, Jerome. *Say it with music*, op. cit., p. 942.

[20] HUTCHESON JR., Joseph C. *The judgment intuitive: the function of the 'hunch' in judicial decision*. In: 39 South Texas Law Review, 893, 1997-1998, p. 893 (rep.). O original foi na verdade publicado em 1929, na The Cornell Law Review, vol. 14, p. 274.

que o juiz, desenvolvendo seu processo mental para encontrar a solução justa, segue o seu 'sexto sentido' independentemente do resultado a que este o levar. Porém, quando, seguindo esse seu pressentimento, [o julgador] encontrar-se face à face com a solução correta, ele pode encerrar o seu dever e simplesmente delarar: não vá mais; chegamos ao fim da jornada (...)".[21]

Exageros à parte, a difusão da psicanálise acabaria influenciando toda uma corrente de pensadores que passaram a dar ênfase à "educação (geral e legal) [dos juízes], família e associações pessoais, saúde e posição social, experiências legais e políticas, afiliações políticas e opiniões, características comportamentais e intelectuais", chegando Harold Lasswell, por exemplo, a propor a utilização de técnicas psicanalíticas para incrementar a qualidade das decisões judiciais.[22] Nesse mesma linha "realista", Roscoe Pound afirmou que "os tribunais tomam as regras como um guia geral, determinam o que a justiça do caso exige", "mas os fatos encontrados o foram para chegar ao resultado, *não sendo necessariamente os fatos reais do caso*".[23] Aliás, Frank reporta-se para a teoria da história, ao assinalar que "as ações humanas estudadas por historiadores podem não parecer a mesma para diferentes historiadores. Basta um momento de reflexão, para entender que dois historiadores, usando o mesmo material, não o tratarão da mesma maneira, primariamente porque a imaginação criativa que lhes permite extrair o singular do caso varia, mas também não têm as mesmas idéias quanto à importância dos motivos que determinaram as condutas humanas. (...) Não deveríamos dizer o mesmo a respeito acerca do julgador dos fatos?".[24] Realmente, Frank é sincero, mas ao mesmo tempo cáustico e induvidosamente injusto em sua análise.[25]

---

[21] HUTCHESON JR., Joseph C. *The judgment intuitive: the function of the 'hunch' in judicial decision*, op. cit., p. 894.

[22] Uma interessante visão panorâmica desse movimento pode ser extraída de VERDUNS-JONES, Simon. *The jurisprudence of Jerome N. Frank; a study in American legal realism*, op. cit., esp. p. 182-5.

[23] POUND, Roscoe. *An introduction to the philosophy of law*, 121, 133 (1992).

[24] FRANK, Jerome. *Say it with music*, op. cit. p. 945.

[25] Id., p. 948, demonstrando a subversão a que pode conduzir a análise fática, especialmente no direito americano, no qual as Cortes de Apelação não alteram os fatos da causa a menos que o convencimento do juiz ou do jurado, conforme a situação, seja claramente equivocado. Vê-se, a propósito, o manifesto exagero a que se lança J. Frank: "a interação de normas e fato pode levar a resultados paradoxais, confundindo tanto o julgador do fato, quanto seus críticos: um juiz de primeiro grau pode intentar decidir a favor de uma das partes, digamos, o autor. Entretanto, pode ocorrer que, se o juiz aplica aos fatos – tal qual ele acredita serem os fatos – o que considera a regra correta, devidamente estabelecida, ele não possa justificar logicamente a sua decisão. Algumas vezes, embora circunstanciais, o juiz, como vimos, força a balança, isto é, ele adapta sua visão real sobre os fatos e desta forma os declara, para aplicar o que ele considera a regra correta, fazendo sua decisão mais justificada. Se ele colheu e viu as testemunhas, sua decisão escrita sobre os fatos normalmente será acatada numa apelação, pela corte superior. Mas se essa corte entende que ele aplicou uma regra incorreta, passará ela a aplicar a regra que considera a correta para os fatos descritos pelo juiz, e, ao reformar essa decisão, vai decidir a favor do réu. Agora, pode bem ocorrer que, se o juiz de primeira instância tivesse concluído pelos fatos de acordo com sua visão real deles e, deste modo, tivesse decidido pelo réu, o tribunal superior, discordando do juiz sobre a regra correta, teria reformado a decisão; isso não levaria a uma decisão a favor

A valorização do elemento intuitivo, que traz para o centro da decisão fática, ao menos em casos de alta controvérsia probatória, um componente não estritamente perceptivo, proclamado assim de forma nada cerimoniosa pelo juiz Hutcheson, soa estranho aos padrões do jurista continental, pelo menos posto de forma tão direta. Porém, visto com certo desprendimento, com espírito aberto, observa-se que, a rigor, também o jurista continental, por vias assemelhadas, flertou com semelhante construção.

De fato, foi esta a perspectiva que animou um extraordinário estudo de Lyndel Prott, professora da Universidade de Sidney, sob o título, por si explicativo, *"Atualizando a intuição judicial: o conceito de pré-compreensão de Esser"*,[26] no qual comparou o *hunch*, elaborado pelo juiz Hutcheson, representante do realismo, e o *Vorverständnis*, de autoria de J. Esser. A comparação não poderia ser mais reveladora.

Em síntese – e aí estamos em terreno conhecido dos juristas alemães, franceses, italianos e brasileiros – a teoria da pré-compreensão, com a qual nos habituamos, postula que, ao deparar-se com um determinado caso, o aplicador partiria de sua cultura jurídica, de sua formação legal, de suas experiências teórico-práticas, elaborando nesse momento uma conjectura de sentido. Dali, evoluiria até chegar à solução do problema, num sucessivo projetar de perguntas e respostas. Nesse sentido, a palavra alemã *Vorverständnis significa predisposição, pré-concepção e, possivelmente, intuição, pressentimento.* Nem por outra razão, "Esser indubitavelmente foi muito influenciado por seu interesse na teoria da Common Law mediante seus estudos de direito comparado. (...) Ao início de um caso, de acordo com Esser, várias soluções possíveis são antecipadas e, a partir daí, o sentido dos textos legais vai sendo estabelecido. O juiz visualiza não apenas o resultado para os litigantes, isto é, esta particular solução, mas como uma pertencente a uma classe de casos para os quais a regra a ser interpretada deve ser aplicada. A decisão deve ser apropriada para essa classe de casos e, também, consistente com todo o sistema legal. Muito embora o estabelecimento da regra jurídica, pelo juiz alemão, comece pelo texto legal, parece claro que essa análise da função judicial, isto é, o iniciar com uma possível solução e o subseqüentemente eleger das tecnicalidades jurídicas para obtê-la, poderia igualmente ser bem aplicadas aos juízes da Common Law e, de fato, foi aplicada desde 1928 por Hutcheson, em seu artigo sobre a intuição judicial".[27]

---

do autor, que o juiz de primeiro grau entendia desejável, mas que, por sua noção incorreta das regras aplicáveis, sentiu-se incapaz de apresentar, na base de sua correta visão dos fatos". Obviamente, o raciocínio toma por base uma construção equivocada e distorcida da atuação judicial, mas serve para evidenciar quão grave e decisivo pode ser uma equivocada construção fática.

[26] PROTT, Lyndel V. *Updating the judicial 'hunch': Esser's concept of judicial predisposition*. In: American Journal of Comparative Law, vol. 26, 1977-1978, p. 461.

[27] PROTT, Lyndel V. *Updating the judicial 'hunch': Esser's concept of judicial predisposition*, op. cit. p. 463.

Logicamente, há diferenças conceituais entre o *hunch* elaborado pelo magistrado Hutcheson e o *Vorverständnis*, instituído por Esser,[28] não sendo esta distinção foco de nossa análise. Com efeito, aparentemente Esser teria ido muito além da intuição, ao explicar a fonte da pré-compreensão: "se a pré-compreensão lembra a 'intuição' de Hutcheson, Esser vai além disso, ao procurar definir as fontes da 'intuição'. Ao tentar controlar racionalmente essa 'intuição', ele está ao lado de autores, como Viehweg e Perelman, que mostraram que raciocínios não-lógicos podem sujeitar-se a controles racionais: e que, enquanto talvez não haja uma inevitabilidade quanto aos resultados produzidos por esse processo, há, não obstante, razões boas, suficientes e plausíveis para preferir um resultado ao outro".[29] Para nós, contudo, que estamos apenas a vascular, no pensamento realista, um contributo que dele possa extrair o jurista prático no campo do direito probatório, um ponto comum tem de ser sublinhado: a intuição, a pré-compreensão, ambas desnudam certas *contingências* do processo de decisão *in facto*, em alguns casos mais intensamente que em outros, mas sempre. Esta é uma contribuição que, dos realistas a Esser, não pode ser afastada e tem de ser apreciada na devida conta especialmente pelos processualistas.

Que conclusões podem ser daí extraídas, especificamente para o direito probatório, que se ocupa do juízo de fato no processo? Ora, em primeiro lugar, alguma dimensão emocional e subjetiva, não puramente perceptiva, na formação do convencimento judicial, acaba por se impor como *realidade, como contingência*. E assim concebida, chega-se à seguinte escolha: ou se renuncia aos controles lógicos do juízo fático – valendo-se da caricatura dos "dados" de que falava Hutcheson ou do sistema probatório do antigo direito germânico – ou se fundamenta o juízo de fato *num rigoroso processo de racionalização, cujas fontes, longe de situarem-se na discrição ou arbítrio judicial*, estarão num *direito probatório* bem desenvolvido.

Com efeito, Frank sempre demonstrou uma preocupação com o processo de aquisição da prova a partir de assertivas que até hoje parecem chocantes.[30] Todavia, é interessante notar que Frank sustentava que "o sim-

---

[28] Sobre isso, v. PROTT, Lyndel V. *Updating...*, op. cit., p. 465.

[29] Id., p. 468.

[30] Por exemplo, para além dos condicionamentos dos juízes, advogados etc., Frank, mais uma vez exageradamente, afirma que já o processo de eleição da prova poderia conter desvios, ainda que inadvertidos e inconscientes, na perspectiva do depoimento das próprias testemunhas: "muitos depoimentos imprecisos, não qualificáveis como falsos testemunhos, resultam de uma prática não-desonesta: o advogado consciencioso, antes de um julgamento, questiona a maioria das testemunhas. Ainda que escrupulosa, uma testemunha, quando entrevistada, geralmente detecta o que o cliente do advogado pretende provar. Se a testemunha deseja que o cliente daquele advogado vença, ela inconscientemente tenderá a moldar sua história de acordo com a versão daquela parte. Contada para o advogado, este acreditará honestamente que a história, narrada no Tribunal, é verdadeira (...). Então, nós temos, inadvertidamente e apesar da honestidade, treinadores de testemunhas. A linha entre cooptação intencional e inadvertida de testemunhas não pode ser facilmente traçada" (*in Courts on trial*, 1973, p. 102).

ples fato de as razões de uma decisão ou julgamento serem *ex post facto* não invalida as suas razões. (...) Então, pode muito bem ocorrer com a decisão do juiz: ele pode, primeiro, chegar a um resultado intuitivamente e, apenas então, trabalhar retrospectivamente numa premissa maior e numa premissa fática menor, que mostrarão se aquela decisão, logicamente, é ou não defeituosa. Assim fazendo, *o juiz não está fazendo nada impróprio ou atípico*. A prioridade cronológica de sua intuição não significa que sua análise lógica subseqüente é inútil. Pode apresentar uma aparência artificial. Mas tal aparência não fica a dever de análises *ex post facto* em outros campos".[31] E, citando Balfour, assevera que a lógica *"nunca ajudou o trabalho do pensamento; apenas atua como um auditor e um contador geral. Mas, ainda que seja apenas um auditor, teria imenso valor"*.[32] "O juiz move-se para trás: primeiro, a conclusão. As razões expostas num voto representam, isto sim, a racionalização para a conclusão intuitiva e pré-concebida do juiz",[33] como, aliás, o juiz Hutcheson exemplificou em processos de contrafação.[34]

Dito isto, considerada tal perspectiva como verdadeira contingência, cumpre perguntar: o que fazer? Voltar à prova por ordálios? Ora, a nosso ver, a única conclusão possível a esse respeito passa, inicialmente, pela tomada de consciência para tal contingência, para, então, aperfeiçoar os controles racionais disponíveis à formação do juízo de fato. "A estrada para a consistência, tal qual nas ciências naturais, repousa no estudo e no enfrentamento do problema de eliminar, *tanto quanto seja possível*, fatores individuais e subjetivos".[35] Como afirmaria Llewellyn, "o problema central é o de *elaborar técnicas racionais* que separem a área na qual a liberdade é necessária para fazer-se justiça, daquela onde a liberdade para ser arbitrário deve ser excluída; e de *elaborar mais técnicas racionais para guiar o juiz*

---

[31] FRANK, Jerome. *Say it with music*, op. cit., p. 948-9.
[32] Id., p. 951.
[33] BURRUS, Bernie R. *American Legal Realism,* op. cit. p. 43.
[34] HUTCHESON JR., Joseph C. *The judgment intuitive*: *the function of the 'hunch' in judicial decision*, op. cit. p. 895: "eu recordo, certa feita, no julgamento de um caso a respeito de patentes industriais, em que se sustentava, com vigor, de um lado, que a patente representava uma grande novidade; e, com igual vigor, de outro, que o aparato em questão não passava de um avanço mecânico. Eu anunciei (...) que analisaria o processo com extrema consideração e que, depois de ter bem analisado, examinado, revisado, lido e relido etc. as petições, a doutrina e os autos, daria uma chance, antes de decidir, que a minha mente intuísse a questão; pois, se houvesse uma clara invenção no equipamento, minha mente certamente me daria também uma resposta clara; enquanto que, se esta não existisse, minha mente iria, num processo de cogitação, encontrar apenas avanços mecânicos. Um dos advogados, ele mesmo intuitivo, sorriu e disse: 'bem, Excelência, eu fico muito grato a V. Exa. por ter declarado, da Corte, aquilo em que há muito tempo eu acredito, mas até agora hesitei em confessar, isto é, que, para além do puro arbítrio dos dados das decisões judiciais, a melhor chance de justiça vem através da intuição'. O outro advogado, com uma mentalidade diversa, limitou-se a contemplar com impaciência essa [minha] insensatez". Hutcheson informa, depois, que, por um processo de racionalização, formalizou sua decisão, agradando a ambos os advogados quanto ao aspecto formal da fundamentação apresentada.
[35] BURRUS, Bernie R. *American Legal Realism*, op. cit., p. 44.

e outros agentes no que se refere à primeira área".[36] Ou seja, o problema transfere-se para a ciência jurídica.

Nesse particular, na perspectiva realista, a previsibilidade das decisões judiciais é importante, mas, ao realçar o aspecto intuitivo e subjetivo de uma decisão judicial, os realistas "estão apenas *descrevendo as coisas como elas são, e não como elas deveriam ser*".[37] Podemos considerar indesejável ou desagradável que assim seja, mas, enfim, é uma realidade que se impõe como qualquer outra, o que não significa que seja incontrolável, ou que se subordine, desgovernadamente, à intuição daquele que está em posição de decidir. Mais do que isso, "reconhecer a existência de limites à previsibilidade buscada por verbalismos e deduções, procurar definir esses limites, é abrir a porta para um outro procedimento mais útil: a procura consciente, dentro dos limites postos pelos precedentes e pela lei, para uma decisão mais correta".[38] Enfim, trata-se de uma autoconsciência que, malgrado não propicie uma explicação integral da formação do fato no processo, oferece um elemento de análise considerável.[39]

Essa perspectiva é relevante, no que se refere ao papel da fundamentação fática, notadamente no controle de opções ideológicas subjacentes à decisão, porquanto, assinalou J. G. Giacomuzzi, "o realismo (...) teve por certo um mérito (...): chamar atenção para o fato de que o debate jurídico deve ser ideologicamente franco e discutir, sempre e necessariamente, seus pressupostos morais e políticos".[40] De fato, se o silogismo jurídico não é apodítico, mas dialético, fundado, portanto, em premissas débeis ou opináveis,[41] o recurso ao *silogismo tardio* (retroativo) persiste como importante mecanismo de teste da consistência objetiva da fundamentação judicial, embora sem prioridade cronológica, como ressaltou Olsen Ghirardi: "isso não quer dizer que, *cronologicamente*, os passos sejam sucessivos. Na mente do juiz, se se considera um fato como relevante para a decisão, é porque há uma norma por meio da qual. Há algo, assim, como um rebote múltiplo, cada vez mais afinado, entre fatos e normas, no que atenta o juiz para decidir".[42]

---

[36] BURRUS, Bernie R. *American Legal Realism*, op. cit., p. 48.
[37] Ib., p. 49.
[38] LLEWELLYN. *Some realism about realism – responding to Dean Pound*, 44 Harv. L. Rev. 1222 (1931), p.1251.
[39] BURRUS, Bernie R. *American Legal Realism*, op. cit. p. 51.
[40] GIACOMUZZI, José Guilherme. *As raízes do realismo americano: breve esboço acerca de dicotomias, ideologia e pureza no Direito dos USA*. In: Revista do Ministério Público do Rio Grande do Sul, nº 55, maio-agosto 2005, p. 5.
[41] Cfr. GHIRARDI, Olsen A. *Lógica del proceso judicial; dialógica del derecho*. Argentina: Lerner, 2005, p. 13.
[42] Cfr. GHIRARDI, Olsen A. *Lógica del proceso judicial; dialógica del derecho*, op. cit., p. 107.

Convém, porém, advertir: isso nada tem a ver com *direito alternativo* ou com a *Freirechtsshule* (escola do direito livre). A diferença é fundamental: o direito alternativo, a *Freirechstsshule*, o realismo jurídico norte-americano e a concepção de Esser, por exemplo, estão de acordo quanto ao caráter não rigorosamente silogístico do processo de decisão judicial. Mas o acordo vai até aí. Com efeito, o *"Hunch"* dos realistas, a *"pré-compreensão"* de Esser, cada um a seu modo, propõe controlar o aspecto ideológico ou subjetivo de uma decisão, sobretudo a partir do sistema jurídico. Assim, caso o juiz, malgrado sua intuição, não logre formalizar solução legal *nos marcos do sistema jurídico, e, especialmente quanto ao fato, à luz das provas produzidas nos autos,* é porque a solução inicialmente conjecturada não é adequada. Novamente, com Lyndel Prott, "ao enfatizar o papel da atividade judicial no desenvolvimento do direito, não se deve imaginar que Esser subestima o papel da teoria jurídica. Longe de ser indulgente com os excessos da *Freirechtsshule*, ele acentuou a importância da doutrina para guiar o juiz, permitindo-lhe reconciliar a solução preferida com o corpo de leis existente. Seguindo-se sua primeira análise no *Grundsatz und Norm*, ele vê os conceitos tradicionais do sistema legal como cristalização de valores que a experiência das gerações passadas formaram na resposta a problemas recorrentes, guiando o juiz na maioria dos casos para uma solução apropriada sem a necessidade de descobrir o senso de justiça da comunidade a todo tempo. Este balanceamento entre doutrina legal e pragmatismo judicial, e a atribuição de um justo lugar para cada um no sistema jurídico, torna o estudo de Esser muito atraente".[43]

Entre nós, merece destaque Acórdão relatado pelo Ministro Marco Aurélio, que de alguma forma evoca o fenômeno ora examinado. A ementa do julgado é reveladora: "(...) Ao examinar a lide, o magistrado deve idealizar a solução mais justa, considerada a respectiva formação humanística. Somente após, cabe recorrer à dogmática para, encontrado o indispensável apoio, formalizá-la. (...)".[44] Ao votar, este notável Magistrado asseverou, tal qual o juiz Hutcheson: "desde os meus primeiros dias no ofício judicante compreendi que o juiz, ao defrontar-se com uma lide, deve idealizar a solução mais justa para a controvérsia, valendo-se, *nesta primeira fase*, apenas da formação humanística que possua. A seguir, então, *em respeito à almejada segurança nas relações jurídicas, passa ao cotejo da solução com os preceitos legais pertinentes à hipótese.* Concluindo pela harmonia entre o resultado mais eqüânime e a ordem jurídica estabelecida, consagra-a, e, com isto, concretiza a justiça na concepção mais ampla do termo. *Não*

---

[43] PROTT, Lyndel V. *Updating the judicial 'hunch': Esser's concept of judicial predisposition*, op. cit. p. 465.
[44] RE 140.265/SP, Rel. Min. Marco Aurélio, 2ª. Turma do STF, DJU 28/05/93, p. 10.387.

encontrando apoio na dogmática, despreza a solução que lhe pareceu mais justa e atua segundo a vontade da lei".[45]

Essa notável decisão[46][47] evidencia, malgrado a "iconoclastia diletante" dos realistas, uma contribuição fundamental para o pensamento jurídico-processual, a saber: a *fundamentação da decisão judicial*, em maior ou menor grau, implica um *processo de racionalização* a ser construído a partir do sistema – portanto, *processo de racionalização jurídica* – de forma que eventual ausência de razões fundadas no sistema jurídico-positivo indica, em princípio, a imprestabilidade da solução adotada e a necessidade de sua substituição, para garantir a cogência do direito, sendo que, especificamente quanto ao fato, essa mediação deve ser feita pelo *direito probatório*.

3. A necessidade de controles jurídicos quanto ao juízo de fato, por via da doutrina. Direito Probatório

É difícil avaliar, atualmente, a validade dos enfoques céticos. Importante tratadista da prova judiciária, M. Taruffo rejeitou, por fantasiosa, a visão – a seu ver irracional – de J. Frank, afirmando que "paradoxalmente, as versões mais radicais do realismo jurídico norte-americano, como a que se expressa, por exemplo, em Frank do *Law and the modern mind*, conduzem a resultados singularmente anti-realistas sob o plano do conhecimento judicial dos fatos. O ceticismo fático é um aspecto essencial dessa teoria, ou seja, ainda que nem todos os realistas tenham sido explicitamente *fático-céticos*. A versão forte do realismo jurídico implica um ceticismo radical quanto ao conhecimento dos fatos no processo, tanto que também essa desemboca numa concepção inevitavelmente subjetivista do juízo de fato".[48] Porém, bem anotou G. Tarello: a idéia de que o fato seria deformável se-

---

[45] Voto do Min. Marco Aurélio no RE 140.265/SP. Assim também: "OFÍCIO JUDICANTE – POSTURA DO MAGISTRADO – A JUSTIÇA EM FACE AO DIREITO OBJETIVO. Ao órgão investido do ofício judicante, cumpre idealizar, para a controvérsia, a solução mais justa possível, somente após adentrando à dogmática, com o fito de respaldá-la" (RE 167877/SP, Rel. Min.Marco Aurélio, 2ª. Turma, DJU 23/02/1996, p. 3632). Ibidem: RE 111787/GO, Rel. p/Ac. Min. Marco Aurélio, DJU 13/09/91, p. 12490.

[46] Em termos bastante semelhantes, Pet. 428-5/DF, Rel. Min. Antônio Carlos de Nogueira, STM, DJU 30/10/91: "Ao examinar a quaestio, o magistrado deve idealizar a solução mais justa, considerando os princípios de formação humanística. Somente após, recorrerá à dogmática para, encontrado o indispensável apoio, estabelecer os limites, em função do bem ou do mal que possa fazer à sociedade".

[47] Vejam-se, também, os seguintes julgados: "(...) Sentença que ficou na tese jurídica sem examinar o caso concreto. Necessidade de fundamentação do tema posto desde os embargos de declaração em primeiro grau. Precedente da Corte. 1. O Juiz não pode ficar, apenas, na tese jurídica sem examinar o caso concreto posto ao seu julgamento. Se assim faz, presta jurisdição incompleta, cabendo ao Tribunal desafiar com fundamentação apropriada a deficiência apontada, não servindo a mera afirmação dogmática. 2. É valiosa a lição de Mário Guimarães quando mostra que a 'sentença não é ato de puro arbítrio'. 3. Recurso especial conhecido e provido". (REsp 394.636/RJ, Rel. Ministro Carlos Alberto Menezes Direito, 3ª. Turma do STJ, DJ 16.09.2002, p. 184).

[48] TARUFFO, Michelle. *La prova dei fatti giuridici*. Milano: Giuffrè, 1992, p. 13-4.

gundo o subjetivismo dos julgadores sequer foi aceita linearmente pelo movimento realista,[49] e, de fato, não parece ser uma proposição minimamente aceitável. O que se impõe é reconhecer certas influências extraperceptivas na formalização do juízo de fato. Nada além disso.

Assim é que, deixando de lado a posição extremada e subjetivista – talvez exposta mais a modo de sensibilizar a crítica – resta a contingência, ainda que indesejável, de reconhecer que a formalização do juízo de fato, no processo, recebe influências inúmeras, para além, é claro, da pura e simples percepção-constatação. Parece ser esta sua advertência fundamental.

De fato, G. Tarello assinala que o movimento realista põe, lado a lado, *duas concepções* acerca da construção do juízo de fato no processo, sendo que, para rejeitar *inteiramente* o enfoque realista, ter-se-ia de pressupor, basicamente, o seguinte: "(a) que o fato acertado no curso de um procedimento, cujo objetivo é resolver uma controvérsia, não seja adaptável *vis-à-vis* da solução eventualmente idealizada pelo juiz, por razões diversas que a mera aplicação da norma; (b) que o fato não seja condicionado – consciente ou inconscientemente – pelas múltiplas reações que tenham os diversos sujeitos que colaboram na determinação do fato (juiz, júri, partes, testemunhas, peritos etc.) no curso do procedimento; (c) que o conjunto dos elementos institucionais – ou, se se preferir, das enunciações derivadas das regras – que presidem ao acertamento (em palavras mais simples: os modos pelos quais, de ora em ora, são aplicadas as regras sobre a prova e sobre a admissibilidade da prova) influam no mesmo modo e para todos os fatos semelhantes, em todos os processos singulares".[50] Por menos que seja desejável, parece improvável negar essas três proposições, é dizer, negar que a solução hipotetizada pelas partes e pelo juiz não influencie de alguma maneira na formalização do juízo de fato (ainda que no nível da admissão de uma determinada prova, conforme o conceito de relevância);[51] negar que o comportamento processual ou até mesmo extraprocessual das partes, tes-

---

[49] Assinala o tratadista que "a insistência sobre esse problema [do fato] é característica da ala mais extremista do realismo jurídico, e, particularmente, de Frank e (em menor medida), de Green e de Radin. As conclusões a que, ventilando este problema, Frank e Green (ao contrário de Radin) chegaram – e precisamente que, pela via da arbitrariedade da reconstrução dos fatos não são possíveis previsões jurídicas dotadas de uma apreciável probabilidade de resultar verdadeiras, de forma que a própria pesquisa de uniformidade nos comportamentos dos operadores é largamente inútil – não foram acolhidas pelos outros realistas; tanto que Frank reputa poder distinguir no âmbito do realismo jurídico duas correntes diversas de pensamento, isto é, a dos *fact-skeptics* e a dos *rule-skeptics*. É incorreto, portanto, conceber – como normalmente ocorre – que a discussão sobre o fato e a conexa solução radical do problema da certeza do direito constituam o aspecto principal do movimento realístico em sua totalidade e não apenas, ao contrário, uma das suas manifestações particulares e extremas" (TARELLO, Giovanni. *Il realismo giuridico americano*. Milano: Giuffrè, 1962, p. 192).

[50] Idem, p. 192-3.

[51] A esse propósito, confira-se, por todos: TARUFFO, Michelle. *Studdi sulla rilevanza della prova*. Padova: Cedam, 1970.

temunhas ou peritos seja capaz de influenciar na direção do juízo de fato; ou, ainda, negar que a incidência das regras sobre proibições, restrições e procedimento probatório possa influenciar no resultado final da reconstrução histórica. Enfim, "o acertamento do fato não tem como não ser influenciado pela personalidade, pelos escopos de quem os formula e por todos aqueles que nisso colaboram, assim como por suas características ou pela falta de instrumentos à sua disposição".[52]

Certo, numa concepção extremada de realismo, dir-se-ia: o fato é sempre deformável, manipulável, está sujeito a um turbilhão incontrolável de reações individuais, subjetivas, ao jogo caótico das proibições e exclusões de prova. Todavia – *in medium virtus* – não é preciso aderir a uma concepção subjetivista e exagerada – no mais das vezes equivocada – para concluir que, em alguma medida, notadamente em casos de carência probatória ou contradição entre elementos de prova – a conclusão fática pode ser, ainda que inconscientemente, condicionada pelos sujeitos processuais segundo a solução mais justa ou próxima da que normalmente ocorre (*id quod plerumque accidit*),[53] tomando em consideração a conduta das partes[54] ou por força de mecanismos institucionais na coleta de prova.[55] Aliás, um autor como Carnelutti, que não poderia ser qualificado como realista no sentido ora examinado, definiu o sistema probatório como um *mecanismo de fixação formal de fatos*, que poderia coincidir ou não com os fatos realmente ocorridos.[56]

---

[52] TARELLO, Giovanni. *Il realismo giuridico americano*, op. cit., p. 200.

[53] Por exemplo, uma importante corrente jurisprudencial entende que, em havendo conflito entre provas, ao invés de apelar diretamente para as regras relativas ao ônus probatório, deve-se adotar a solução mais conforme ao *id quod plerumque accidit*: "Acidente de trânsito. Prova contraditória. Em havendo versões diametralmente opostas quanto às vias pelas quais trafegavam os veículos, buscando o requerido inverter as vias de tráfego de cada um dos veículos conforme indicação do autor, especial valoração merece a versão prestada à autoridade policial logo após o acidente pelo autor (...)" (Apelação Cível nº 195136148, 7ª Câmara Cível, Tribunal de Alçada do RS, Relator juiz Leonello Paludo, j. 25/10/1995)

[54] Ou seja, alçando o comportamento processual das partes a meio de prova. V., a esse respeito, ROSSI, Maria Luisa. *Il comportamento delle parti nel proceso*. Milano: Giuffrè, 2003.

[55] Sem entrar no mérito da conclusão adotada, veja-se, por exemplo: "Constitucional. Mandado de segurança. Escuta telefônica. Gravação feita por marido traído. Desentranhamento da prova requerido pela esposa. Viabilidade, uma vez que se trata de prova ilegalmente obtida, com violação da intimidade individual. Recurso ordinário provido. I – A impetrante recorrente tinha marido, duas filhas menores e um amante médico. Quando o esposo viajava, para facilitar seu relacionamento espúrio, ela ministrava Lexotan às meninas. O marido, já suspeitoso, gravou a conversa telefônica entre sua mulher e o amante. A esposa foi penalmente denunciada (Tóxico). Ajuizou, então, ação de mandado de segurança, instando no desentranhamento da decodificação da fita magnética. II – Embora esta Turma já se tenha manifestado pela relatividade do inciso XII (última parte) do art. 5º. da CF/88 (HC 3.982/RJ, Rel. Min. Adhemar Maciel, DJU de 26/02/1996), no caso concreto o marido não poderia ter gravado a conversa ao arrepio de seu cônjuge. Ainda que impulsionado por motivo relevante, acabou por violar a intimidade individual de sua esposa, direito garantido constitucionalmente (art. 5º., X). (...) III – Recurso ordinário provido" (RMS 5.352/GO, Rel. p/ Ac. Min. Adhemar Maciel, 6ª. Turma, j. 27.05.1996, DJ 25.11.1996, p. 46.227).

[56] V. CARNELUTTI, Francesco. *La prueba civil*. Buenos Aires: Depalma, 2ª ed., 1982.

É chegada a hora de perguntar – mormente num conjunto de estudos voltados ao direito probatório – que sentido ou contribuição se pode extrair do realismo quando se trate de analisar a pertinência e o papel de um direito probatório na fixação dos fatos? Ora, não nos cabe, aqui, apreciar a atualidade do realismo jurídico e do ceticismo fático como um todo, inclusive porque, em dado momento histórico, proclamou-se "nós somos todos realistas agora", com o que se quis assinalar pelo menos três aspectos: "que os acadêmicos e os práticos ouviram e deram atenção à mensagem de que a lei não se constitui num sistema certo de regras; que a doutrina é atualmente concebida no contexto de um processo jurídico mais amplo; que o processo legal é, atualmente, entendido como integrando um sistema social mais amplo".[57] Para M. Taruffo, a premissa teórica do ceticismo residiria que "conceber a realidade da decisão nos processos psicológicos do sujeito que decide",[58] mas, novamente, *in medium virtus*. No que nos importa aqui, o realismo chama nossa atenção para a necessidade do exercício de uma *prudência* na análise fático-probatória. Toda decisão judicial tem que estar objetivamente justificada e, para tanto, é insuficiente que o resultado do convencimento judicial *in facto* seja um dentre os possíveis, ou que o julgador o repute adequado à solução da lide, desprezando, já ao nível de produção da prova, outras possibilidades que pudessem levar a soluções diversas.[59] Importa, mais do que isso, que o convencimento seja "devido para um juiz que não interveio na causa. É verdade que a convicção se forma no juiz-sentenciador, mas este atua em representação da administração da justiça toda".[60] Então, por atuar em nome de toda a Administração da Justiça, não se pode admitir um juízo de fato, em última análise, calcado em pauta individual, não-revelada em processo de racionalização jurídica (via fundamentação), a qual possibilitaria seu controle lógico. Somente uma fundamentação específica, mediada pela ciência jurídica, garantirá que "o

---

[57] DUXBURY, Neil. *The reinvention of american legal realism*. 12 Legal Studies, 1992, p. 137.

[58] TARUFFO, Michelle. *La prova dei fatti giuridici*, op. cit. p. 15.

[59] Diante desse contexto, deve ser analisada com alguma cautela a orientação jurisprudencial muito difundida, segundo a qual o juiz estaria autorizado a indeferir a produção da prova, se ele, juiz, já se convenceu dos fatos. Ora, a prova deve ser produzida a partir de todas as possibilidades de qualificações jurídicas, sob pena de, por via transversa, prejulgar-se a demanda. Inúmeros acórdãos, por exemplo, autorizam o juiz a indeferir a produção de provas se, conforme a qualificação jurídica por ele concebida, as repute desnecessárias, v.g.: "Apelação cível. Responsabilidade civil. Ação de indenização. Preliminar de nulidade da sentença afastada. O art. 130 do Código de Processo Civil e o princípio do livre convencimento autorizam o juiz a indeferir as provas que entenda inúteis ao deslinde do processo" (Ap. 70003458817, 16ª. Câm. Cív. do TJRS); "o artigo 130 do Código de Processo Civil e o princípio do livre convencimento autorizam o juiz a indeferir as provas que entenda inúteis ao deslinde do processo, desde que este fundamente sua decisão" (Ap. 70003283736, 6ª. Câm. Cív. do TJRS). Indubitável, a propósito, que o juiz indefira a produção de provas inúteis, impertinentes ou irrelevantes. Todavia, provas que possa levar à decisão diversa, ainda que desnecessárias à solução alvitrada pelo julgador, devem ser produzidas, sob pena de caracterizar-se, nesse caso, cerceamento da atividade jurídico-probatória.

[60] *Apud* G. WALTER, *La Libre apreciación de la prueba*. Colombia: Temis, 1985, p. 153.

indivíduo fique livre do acidente ou da causalidade da subjetividade do juiz".[61]

É nessa quadra que a contribuição realista nos pode favorecer. De um lado, ela põe em evidência que não é possível eliminar, de todo, a *intuição do julgador*, de que falava Hutcheson, ou a *pré-compreensão,* de que falava Esser. O realismo atenta e alerta para essa contingência, trazendo-a para o centro do debate jurídico e pondo na fundamentação o veículo capaz de promover a *racionalização jurídica* da convicção judicial.

Especificamente quanto ao controle do juízo de fato, a idéia de fundamentação como processo de racionalização jurídica se estende para a formação de uma dogmática jurídico-probatória, exigindo um conjunto de categorias e processos técnicos que auxiliem no controle, o quanto possível, dos subjetivismos que incidem na formação do juízo de fato. Mais do que isso, tal perspectiva demonstra que uma idéia de *livre convencimento do juiz* como convencimento alheio a regras não pode ser metodológica ou cientificamente aceita, por inibir o aparelhamento teórico capaz de fazer frente às delicadas contingências do juízo de fato. Como lembrou Carlos Dias, "a prova, mais que um procedimento – e como se a tem encarado simplesmente desse modo! – é, na verdade, um sistemático instrumento de controle, não somente do raciocínio judicial, como também de refreamento de sua arbitrariedade".[62]

De um ponto de vista metodológico, isso conduz a uma importante proposição: a formação do juízo de fato tem de ser mediada pela dogmática processual, não podendo ser considerada terra estranha ao trabalho do jurista prático ou assunto privativo do mundo fenomênico, para o qual todo o saber tecnológico do jurista seria dispensável. Dito de outro modo: o realismo, ainda que não se concorde inteiramente com suas premissas, permite evidenciar a necessidade de um *direito probatório* sistemático, com categorias e instituições próprias, de modo a evitar que o convencimento judicial escape a toda forma de controle dogmático e a um real contraditório.

---

[61] G. WALTER, op. cit., p. 153.
[62] DIAS, Jean Carlos. *A dimensão jurídica da prova e sua valoração no moderno estudo do processo civil.* In: Revista de Processo, nº 107, p. 86.

— 2 —

Apontamentos sobre a inversão do ônus da prova e a garantia do contraditório

ARTUR THOMPSEN CARPES

Sumário: Intróito; 1. O formalismo-valorativo e o processo como direito constitucional fundamental; 2. A garantia do contraditório; 3. Ônus da prova: a regra geral de distribuição as possibilidades de sua flexibilização; 4. O momento da decisão que inverte a distribuição do ônus da prova; 5. As razões para a fixação do momento da inversão antes da instrução probatória; Conclusão.

Intróito

É de corriqueira observação nos foros de todo o País a determinação de inversão do ônus da prova em processo comum apenas na sentença. Seja em demanda baseada no Código de Defesa do Consumidor ou não, a distribuição do ônus da prova tem sido alterada tão-somente no julgamento final, e até mesmo em grau de recurso, sem que tal questão fosse anteriormente ventilada no decorrer do seu processamento.[1]

Chama a atenção, outrossim, o enorme contingente de respeitados juristas que entendem estar no julgamento da demanda o momento adequado

---

[1] Nesse sentido, vale citar os seguintes precedentes: "A decisão de inversão do ônus da prova, pois, compete ao juiz no momento da sentença, de acordo com as peculiaridades do caso concreto, restando descabida a alegação de cerceamento de defesa, na medida em que deveria ter especificado e apresentado as provas relativamente aos fatos deduzidos durante a fase instrutória, inexigível do magistrado que advirta à parte sobre este fato em momento processual antecedente." Apelação Cível nº 70011515483, 2ª Câmara Cível do TJRS, Rel. Des. João Armando Bezerra Campos, julgada em 24.08.2005.
"Agravo de instrumento. ação de indenização por dano moral. protesto de título. ônus da prova. Em se tratando de relação de consumo, impera a regra da inversão do ônus da prova, a qual é perfeitamente aplicável no momento da prolação da sentença, não havendo falar em violação ao princípio da ampla defesa". Apelação Cível nº 70006154223, Décima Oitava Câmara Cível, TJRS, Rel. Des. Cláudio Augusto Rosa Lopes Nunes, Julgado em 13/10/2005.
"AÇÃO DE INDENIZAÇÃO – PRELIMINARES DE INÉPCIA DA INICIAL AFASTADAS – INVERSÃO DO ÔNUS DA PROVA – REGRA DE JULGAMENTO. (...) A inversão do ônus da prova não é regra de procedimento, mas de julgamento, sendo certo que é na prolação da sentença que deverá o magistrado proferir decisão contrária àquele que tinha o ônus da prova e dele não se desincumbiu". Agravo nº 1.0024.04.514688-3/001, Rel. Des. Otávio Portes, julgado em 15.02.2006, pela 16ª Câmara Cível do TJMG.

para eventual alteração da distribuição do *onus probandi*. Mediante o entendimento de que as regras atinentes aos ônus probatórios têm natureza fundamentalmente de "regras de julgamento", indicam a necessidade de que eventual alteração no esquema estabelecido pelo art. 333 do Código de Processo Civil se dê apenas no momento do julgamento, isto é, na sentença.

Tal realidade, considerada a perspectiva do processo civil contemporâneo, é deveras instigante. Será esta, verdadeiramente, a adequada solução para o candente problema envolvendo a inversão do ônus da prova? É possível que a flexibilização das regras ordinárias de distribuição ocorra, de fato, apenas quando do julgamento da demanda?

Tais questões, por razões óbvias, não só de cunho dogmático, mas de prática forense, merecem prontas respostas. O presente ensaio se propõe a examinar o problema e verificar, mediante um enfoque mirado na Constituição, qual a adequada solução para o momento da inversão das regras atinentes ao ônus da prova.

1. O formalismo-valorativo e o processo como direito constitucional fundamental

Há muito já se foi o tempo em que o processo civil era visualizado como parte do direito privado, a interessar apenas às partes que, por seu intermédio, buscavam a tutela de seus direitos. Hoje não se discute mais a natureza pública do processo e sua natureza eminentemente lastreada na Constituição, bem como nos vetores axiológicos previstos em nossa Carta Maior.

Com efeito, bem salienta Daniel Mitidiero que: "Há na doutrina contemporânea um diálogo constante entre o direito processual civil e o direito constitucional, a ponto de muitos autores falarem, de um lado, em uma teoria processual da Constituição e, de outro, surpreendendo o tema por um ângulo diverso de visão, em uma teoria constitucional do processo, como desdobramento da função normativa da Constituição especificamente canalizada para o campo de atuação do processo civil".[2]

Já em 1990, aliás, J. J. Gomes Canotilho bradava a existência de uma "recíproca relação de efeitos ou uma interdependência relacional entre direitos fundamentais (direito material) e procedimento (direito procedimental e processual)", o que o levou a concluir no sentido de que a "dimensão jurídico-procedimental/processual não constitui um mero instrumento ancilar de realização do direito material; ela é parte integrante do mesmo".[3]

---

[2] *Elementos para uma teoria contemporânea do processo civil*, Livraria do Advogado, 2005, p. 39.

[3] *Tópicos de um curso de mestrado sobre direitos fundamentais, procedimento, processo e organização*, Boletim da Faculdade de Direito de Coimbra, 1990, p. 157-158. Em texto mais recente, o autor afere que "a existência de um *direito subjetivo no procedimento/processo* poderia desenvolver-se a partir da tese de GOERLICH: qualquer direito material postula uma dimensão procedimental/processual, e, por isso, reconhecer um direito material constitucional implica necessariamente reconhecer um direito

Não por outra razão, Carlos Alberto Alvaro de Oliveira encara o processo através da sua "condição de autêntica ferramenta pública indispensável para a realização da justiça e da pacificação social", do que se extrai sua caracterização de "instrumento de realização de valores e especialmente de valores constitucionais", impondo considerá-lo como "direito constitucional aplicado".[4]

A partir dessa linha de pensamento, que também reconhece o processo como um fenômeno cultural,[5] produto da história do homem, aporta-se em um novo modelo processual, bem denominado "formalismo-valorativo", expressão cunhada na "Escola Gaúcha de Processo Civil" e que faz compreender o verdadeiro significado do processo na contemporaneidade.

Nesse sentido, cabe novamente trazer à baila as palavras de Daniel Mitidiero: "Deságua-se, de postremeiro, no formalismo-valorativo, entendido esse como movimento cultural destinado a concretizar valores constitucionais no tecido processual (no formalismo ou na forma em sentido amplo, no exato sentido que dá a expressão Carlos Alberto Alvaro de Oliveira) à força do caráter nitidamente instrumental da relação jurídica processual em contraditório, trazendo novamente ao plano dos operadores do processo a busca pelo justo. O método é o instrumental e a racionalidade que perpassa o fenômeno é a racionalidade prática (quer na sua vertente processual, tópica-retórica, quer na sua vertente material), resgatando-se, em um outro nível qualitativo, o pensamento problemático para o direito processual civil. O processo deixa de ser visto como técnica, tal como tínhamos a propósito do direito moderno, assumindo a estrutura de um instrumento ético, sem que se deixe de reconhecer, no entanto, sua estruturação igualmente técnica. Tal é o momento em que ora se está a viver: formalismo-valorativo, em que a valores constitucionais impregnam a técnica do processo, escrevendo mesmo, como bem observa Vittorio Denti, um novo 'capitolo di storia della nostra cultura giuridica'".[6]

---

subjetivo do procedimento/processo indispensável para garantir a eficácia do direito material", *Constituição e défice procedimental, in* Estudos sobre direitos fundamentais, Coimbra, 2004, p. 78. Nessa mesma linha, segue o pensamento de HERMES ZANETI JÚNIOR. O processualista gaúcho, ao escrever sobre as relações entre direito material e direito processual adverte: "não basta indicar um rol de direitos fundamentais, é preciso efetivá-los". Adiante, conclui que "Esta orientação fez com que o processo assumisse papel de vanguarda nos ordenamentos modernos. Papel de instrumento voltado a auxiliar na efetivação desses direitos e, como tal, de direito fundamental por si". *Direito Material e Direito Processual: Relações e Perspectivas, in* Revista Processo e Constituição – Faculdade de Direito da UFGRS, número 1, p. 270.

[4] *O processo civil na perspectiva dos direitos fundamentais, in* Do formalismo no processo civil (apêndice), Saraiva, 2003, 2ª ed., p. 261.

[5] Especialmente sobre a visualização do processo enquanto fenômeno cultural, consulte-se, por todos, GALENO LACERDA, *Processo e cultura, in* Revista de Direito Processual Civil, v. 3, janeiro-junho de 1961, p. 74-86.

[6] *Elementos para uma teoria contemporânea do processo civil brasileiro,* Livraria do Advogado, 2005, p. 19-20.

Contextualizada tal realidade do processo civil na atualidade, e restando calcada, portanto, a premissa de desenvolvimento de qualquer análise a ser realizada a seu respeito, importa notar o seu caráter essencialmente dialético, que se reforça com apoio no valor democracia. É Luiz Fernando Barzotto quem atesta: "A democracia constitucional brasileira é, assim, uma democracia deliberativa na medida em que somente um regime baseado na deliberação, na razão prática, está em conformidade com a concepção de povo como comunidade de pessoas humanas. A pessoa humana, por sua dignidade de ser racional, deve participar das decisões que afetem sua vida, ela exige justificativas racionais para todo ato de poder no interior da comunidade e se recusa a obedecer a leis, comandos e ordens que não podem se justificar argumentativamente. Por fim, não deve esquecida ser a lição de Aristóteles: a razão prático-política é essencialmente dialógica. A exigência de um 'império da razão' no âmbito público, que esteja em conformidade com a dignidade da pessoa humana, exige a existência de um âmbito de discussão e deliberação".[7]

Democracia no processo somente se constrói com diálogo. O diálogo, por sua vez, é a essência do próprio processo.[8] Se o processo culmina com uma decisão que irá afetar a vida das pessoas, deve ser ele essencialmente permeado, portanto, por um intenso diálogo, no qual os sujeitos processuais possam participar ativamente e garantir, assim, sua parcela de contribuição para a resolução do litígio. Qualquer decisão que deixe de se apoiar nessa visão viola a democracia e o direito fundamental de participação para a decisão final. O diálogo reforça o exercício mais atuante da cidadania, vez que a decisão final acabará sendo obra conjunta de todos os sujeitos do processo. Trata-se da "democracia participativa" perfeitamente ajustada ao processo, na medida em que permite a efetiva participação dos jurisdicionados na decisão de causa, evitando o seu tratamento como meros objetos ou receptáculos da jurisdição. Os jurisdicionados, portanto, têm o direito à participação na organização do procedimento e, principalmente, à confor-

---

[7] *A democracia na Constituição*, Unisinos, 2003, p. 181.

[8] ELIO FAZZALARI, ao abordar as noções de processo e procedimento, conecta a estrutura *dialética* do procedimento com o contraditório. Segundo o jurista italiano, tal estrutura consiste "na participação dos destinatários dos efeitos do ato final na fase preparatória do mesmo; na simétrica paridade de suas posições; na mútua implicação de suas atividades (destinadas, respectivamente, a promover e a impedir a emanação do ato); na relevância dos meios para o autor do ato: de modo que qualquer contraditor possa exercitar um conjunto – relevante ou modesto não importa – de escolhas, de reações, de controles, e deva suportar os controles e as reações dos outros, e que o autor do ato deva ter conta dos resultados (...) Em substância, existe processo quando em uma ou mais fases do *iter* de formação de um ato é contemplada a participação não somente – obviamente – dos seus autores, mas também dos destinatários de seus efeitos, 'em contraditório', de modo que estes possam desenvolver atividade de cujos autores do ato devem ter conta e cujos resultados, assim, eles podem desatender, mas não ignorar". *Procedimento e processo (teoria generale), in* Enciclopedia del Diritto XXXV (1986), p. 827.

mação constitucional do processo, direito este intimamente ligado ao direito fundamental da dignidade da pessoa humana.[9]

2. A garantia do contraditório

Como se não bastasse a compreensão sistemática das relações entre processo e Constituição, que têm por premissa a participação do jurisdicionado na decisão judicial, o constituinte houve por bem inserir no texto constitucional a garantia do contraditório, justamente no Título II – "Dos direitos e garantias fundamentais" – colocando-a no art. 5º ao lado de outros direitos e garantias individuais e coletivas. O contraditório, assim, passa a simbolizar, por assim dizer, a garantia constitucional de participação no processo.

Na esteira do que acentua Ada Pellegrini Grinover, "Do contraditório, como princípio de participação, surge uma importante indicação, que foi salientada pelas doutrinas alemã e italiana: o objetivo principal da garantia não é a defesa, entendida em sentido negativo como oposição e resistência, mas sim 'influência', tomada como 'Mitwirkungsbefugnis' (Zleuner) ou 'Einwirkungsmoglichkeit' (Baur), ou seja, 'como direito ou possibilidade de incidir ativamente sobre o resultado do processo' (Trocker, *Processo civil e costituzione*, Milão, 1974, p. 371)".[10] A garantia do contraditório configura, portanto, o direito fundamental de participação e de influência na marcha do procedimento e tem, portanto, conteúdo muito mais amplo que o direito ao conhecimento bilateral dos atos do processo.

Não destoa desse entendimento o pensamento de C. A. Alvaro de Oliveira. O jurista gaúcho, ao ressaltar a importância da colaboração das partes "tanto na pesquisa dos fatos, quanto na valorização jurídica da causa", é incisivo ao afirmar que "o conteúdo mínimo do contraditório não se esgota na ciência bilateral dos atos do processo e na possibilidade de contraditá-los, mas também faz depender a própria formação dos provimentos judiciais de efetiva participação das partes". E prossegue, em passagem de brilhante precisão: "Para que seja entendido esse mínimo, insta que cada uma das partes conheça as razões e argumentações expendidas pela outra, assim como os motivos e fundamentos que conduziram o órgão judicial a tomar determinada decisão, possibilitando-se sua manifestação em tempo adequado (seja mediante requerimentos, recursos, contraditas, etc.). Também se revela imprescindível abrir-se a cada uma das partes a possibilidade de participar do juízo de fato, tanto na indicação da prova quanto na sua for-

---

[9] Conforme INGO WOLFANG SARLET, em palestra realizada em 22.06.2005, para os alunos do Curso de Especialização em Processo e Constituição do Programa de Pós-Graduação da Faculdade de Direito da UFRGS.
[10] *O conteúdo da garantia do contraditório*, in Novas tendências do direito processual, Forense Universitária, 1990, p. 19.

mação, fator este último importante mesmo naquela determinada de ofício pelo órgão judicial. O mesmo se diga no concernente à formação do juízo de direito, nada obstante decorra dos poderes de ofício do órgão judicial ou por imposição da regra *iura novit curia,* pois a parte não pode ser surpreendida por um novo enfoque jurídico de caráter essencial tomado como fundamento da decisão, sem ouvida dos contraditores".[11]

É importante ressaltar, portanto, que o papel desempenhado pelo contraditório configura ponto nevrálgico de todo o ordenamento jurídico. Em sendo da essência do processo – essa "ferramenta pública indispensável para a realização da justiça de pacificação social" –, o contraditório proporciona a participação efetiva da sociedade no poder estatal. É elemento ínsito à democracia: o contraditório nada mais é que a própria participação na condução do processo que vai culminar na decisão. Nessa medida, a garantia do contraditório tem o condão de evitar surpresas e prestigiar a cooperação, isto é, possui inegável força legitimadora[12] e, não obstante, colabora para o alcance da justiça.

Na seara estabelecida, e considerando a necessidade de todos os atos do processo serem permeados pelo diálogo, porque – repita-se – este é da essência do processo, vale adentrarmos no exame de um relevante problema relacionado à prova judiciária: a questão envolvendo as regras do ônus da prova, suas possibilidades de inversão e o momento em que esta deve ser operada.

3. Ônus da prova: a regra geral de distribuição as possibilidades de sua flexibilização

A prova judiciária é tema tão importante para o processo quanto às questões anteriormente lançadas. Se o processo, pela função que desempe-

---

[11] *A garantia do contraditório, in* Do formalismo no processo civil (apêndice), Saraiva, 2003, p. 283. Em nota de rodapé da passagem citada, o professor gaúcho ainda lembra a recente reforma do Código de Processo Civil português, "em que se afirmam como princípios fundamentais, estruturantes de todo o processo civil, os princípios do contraditório, da igualdade das partes e da cooperação" e "Como dimensão do princípio do contraditório, prescreve-se envolver a proibição de prolação de decisões-surpresa, não sendo lícito aos tribunais decidir questões de fato ou de direito, mesmo que de conhecimento oficioso, sem que previamente tenha sido facultada às partes a possibilidade de sobre elas se pronunciarem (CPC português, art. 3º, n. 3)". Em ensaio mais recente, *Poderes do juiz e visão cooperativa do processo, in* Revista Processo e Constituição – Faculdade de Direito da UFRGS, número 1, p. 97-98, o jurista menciona a reforma do processo civil francês, inspirada pelo Relatório Coulon, de 1997, que ressalta o equilíbrio e o diálogo.

[12] Esclarecendo que "a participação em um processo estruturado segundo os princípios constitucionais é, em si, o exercício de um direito fundamental ao 'devido processo'", DAISSON FLACH acrescenta, com inegável acerto: "Não se contenta o direito processual, nesse diapasão, apenas em oferecer condições de decidibilidade a casos particulares, fixando o procedimento a ser observado, mas avoca a tarefa de referencial sistemático, apontando uma trajetória que se desenhe a partir de fundamentos axiológicos e teleológicos que lhe confiram legitimidade e permitam, tanto quanto possível, o controle racional dos resultados obtidos". *Processo e Realização Constitucional: a construção do 'devido processo', in* Revista Processo e Constituição – Faculdade de Direito da UFRGS, número 2, p. 67.

nha, requer a participação dos seus sujeitos para o alcance da decisão justa, é em torno do exame da prova que grande parte dessa participação irá se suceder.[13] Isso porque as questões inerentes à prova judiciária tocam à descoberta da verdade e esta, como há muito já enunciou Michele Taruffo, se encontra umbilicalmente ligada à idéia de justiça.[14] Se o processo é um instrumento fundamental para a realização de justiça, a prova deve ser compreendida como uma ferramenta essencial do processo para que seja possível o alcance dessa finalidade.

Nessa linha de pensamento, não se pode negar que todo o procedimento que serve ao propósito da descoberta da verdade é de vital importância para a consagração da decisão justa.[15] Com efeito, bem se observa a preocupação do legislador, ao reservar um capítulo com nada menos que 111 (cento e onze) dispositivos no Código de Processo Civil (arts. 332 a 443) que cuidam diretamente de questões atinentes à prova judiciária, fora outros tantos esparsos no diploma processual, que também estão intimamente relacionados com o tema,[16] sem falar nos outros diplomas do direito material, especialmente inseridos no Código Civil e no Código de Defesa do Consumidor. É imprescindível, portanto, que no procedimento destinado à colheita da prova sejam observadas todas as regras, princípios e valores que

---

[13] Lembra, nesse sentido, JOSÉ CARLOS BARBOSA MOREIRA que "O julgamento de maior parte dos litígios, ninguém o ignora, implica necessariamente a resolução de questões de fato: as partes apresentam, em regra, versões não coincidentes dos acontecimentos que deram origem ao pleito e o órgão judicial, para aplicar as normas de modo correto, precisa averiguar como foi realmente que se passaram as coisas." *Alguns problemas atuais da prova civil*, in Temas de Direito Processual, Quarta Série, Saraiva, 1989, p. 145.

[14] "Sin embargo, hay un aspecto muy importante del concepto de justicia de la decisión que afecta directamente al problema que estamos tratando; la cuestión se plantea en la medida en que, independientemente del criterio jurídico que se emplee para definir y valorar la justicia de la decisión, se puede sostener que ésta nunca es justa si está fundada en una determinación errónea o inaceptable de los hechos. En otros términos, la veracidad y la aceptabilidad del juicio sobre los hechos es condición necesaria (obviamente, no suficiente) para que pueda decirse que la decisión judicial es justa. En consecuencia, hay una posible margen de injusticia de la sentencia, que coincide teóricamente con la eventual desviación entre la forma concreta en que los hechos se determinen y su verdad empírica". *La prueba de los hechos* (tradução de Jordi Ferrer Beltrán) Editorial Trotta, 2002, p. 64.

[15] Bem acentua JOSÉ FRANCISCO PELEGRINI, nesse sentido: "No estudo da ciência processual, o tema da prova ressalta como dos mais relevantes, pois, invocando cada uma das partes fatos donde emanam suas jurídicas pretensões, é nessas circunstâncias fáticas que se vai respaldar o julgamento. O que o juiz busca é a verdade, é reconstruir o fato na busca da certeza, pois todos sabemos que a angústia do julgador que almeja fazer justiça não se satisfaz, nem se tranqüiliza com o estabelecimento de uma verdade meramente formal. Ao sentenciar, ao decidir, precisa o juiz sentir na sua consciência o fulgor daquela fagulha de certeza que lhe atesta terem os fatos acontecido exatamente na conformidade do seu convencimento". *Do ônus da prova: crítica ao art. 333 do CPC, in Ajuris 16,* julho de 1979, p. 41.

[16] Consoante já diagnosticava J. C. BARBOSA MOREIRA, "No confronto entre o Código atual e o precedente, o setor relativo à prova está decerto entre aqueles em que mais forte preocupação se nota de reformular a disciplina, antes de tudo pela concentração, na lei processual, de todo direito probatório, antes repartido em leis substantivas, notadamente com o Código Civil." *Os temas fundamentais do direito brasileiro nos anos 80: Direito Processual Civil*, in Temas de Direito Processual, Quarta Série, Saraiva, 1989, p .3.

informam o processo e, por via de conseqüência, sejam rechaçados posicionamentos que não se coadunem com tal ideal sistemático.

A distribuição do ônus da prova é questão de nuclear importância dentro do procedimento probatório.[17] É através da regra prevista no art. 333 do Código de Processo Civil que se descrimina a quem tocará os esforços probatórios, isto é, a qual das partes caberá a atividade processual relativa à produção de determinada prova (caráter subjetivo do ônus da prova) e a qual das partes tocará o facho da sucumbência, caso o contexto probatório seja insuficiente para a formação da convicção do órgão judicial (caráter objetivo do ônus da prova). Bem se observa, portanto, que a regra consubstancia-se não somente em uma regra de julgamento, a ser utilizada quando não há juízo de certeza quanto aos fatos alegados, mas também como uma regra de atividade processual, que permite dar conhecimento a cada parte de sua parcela de responsabilidade na construção do contexto probatório.

Na senda do que esclarece Horácio G. Lopez Miró, "El *onus probandi* (expresión latina por 'carga de probar') tiene um doble significado: 1) en primer lugar, se refiere a *la necesidad que tienen las partes* de demostrar la veracidad de las afirmaciones contenidas en la demanda, la contestación o la reconvención; 2) en segundo lugar, se refiere al *deber del juez* de fallar contra la parte que – debiendo probar – no lo hizo, esto es: a) o no aportó *ninguna* prueba o bien, b) produjo *algún* medio de confirmación que resultó ineficaz".[18] Fica bem clara, portanto, a dupla função exercida pela regra do ônus da prova: a um, desempenha um significativo papel no que tange ao comportamento das partes; a dois, funciona como uma regra de julgamento, a ensejar, no caso de insuficiência de provas aptas a formar o convencimento judicial, sentença contrária aos interesses da parte que não se desincumbiu de seu ônus.[19]

---

[17] Chama a atenção RUI MANOEL DE FREITAS RANGEL, nesse sentido, que "A natureza jurídica do ônus da prova foi considerada por Rosenberg como a espinha dorsal do processo e Chiovenda considerou que 'a disciplina do ônus da prova figura entre os problemas vitais do processo'". *O ônus da prova no processo civil,* Almedina, 2000, p. 12. No mesmo sentido, AUGUSTO M. MORELLO, *La prueba,* Abeledo-Perrot, Buenos Aires, 2ª ed., p. 1, nota 1: "El tema de la prueba constituye una de las espinas dorsales de Derecho Procesal".

[18] *Probar o sucumbir,* Abeledo-Perrot, Buenos Aires, p. 35. Os grifos são do original.

[19] ALFREDO BUZAID, em clássico ensaio sobre o tema, expõe a distinção existente entre o caráter subjetivo e o objetivo do ônus da prova. Segundo o idealizador de nosso atual Código de Processo Civil, "o problema do ônus da prova tem duas faces: uma voltada para os litigantes, indagando-se qual delas terá de suportar o risco da prova frustrada; é o aspecto subjetivo; e outra, voltada para o magistrado, a quem deve dar uma regra de julgamento. É o aspecto objetivo. O primeiro constitui uma sanção à inércia, ou à atividade infrutuosa da parte; o segundo, ao contrário, é um imperativo da ordem jurídica, que não permite que o juiz se abstenha de julgar, a pretexto de serem incertos os fatos, porque não provados cumpridamente". *Ônus da prova, in* Revista de Direito Processual, v. 4, julho a dezembro de 1961, p. 17. Apesar de bem espalmar o caráter dúplice da regra do ônus da prova, não se pode concordar inteiramente com a idéia de que "o ônus subjetivo constitui uma sanção à inércia ou à atividade infrutuosa da parte", na medida em que, antes disso, o seu caráter subjetivo consagra uma regra de comportamento das partes frente as necessidades de prova verificadas no processo. Não constitui, pois, propriamente uma "sanção". "Sanção", caso efetivamente houvesse e se pudesse assim denominar, seria apenas o resultado da falha no provar o fato a que se estava onerado.

Com efeito, a regra do ônus da prova não se afigura tão-somente uma regra de julgamento para o caso de haver incerteza no momento de julgar. É regra, portanto, que também se liga à organização da instrução do procedimento, porque define os contornos da atividade probatória das partes. Mediante o conhecimento da regra, portanto, tanto a parte-autora quanto a parte-ré desenvolvem seus esforços na busca das provas que terão de empreender a fim de lograr êxito na demonstração dos fatos de seu interesse.

A regra geral de distribuição do ônus da prova no processo civil brasileiro está disposta no art. 333 do Código de Processo Civil. Tal regra é clara no sentido de que ao autor cabe provar o fato constitutivo de seu alegado direito, e ao réu, fato impeditivo, modificativo ou extintivo do aludido direito do autor. Em outras palavras: a cada parte cabe, a princípio, o ônus de provar a verdade de suas proposições de fato, com exceção dos fatos notórios e normais, sendo ônus de cada uma incorporar no processo os dados necessários a corroborá-las.[20] Consoante a clássica lição de Moacyr Amaral Santos, os princípios fundamentais relacionados ao ônus da prova podem ser resumidos na seguinte assertiva: "A cada uma das partes, em verdade, incumbe fornecer a prova dos fatos por ela afirmados, cabendo ao autor, em regra, a prova dos fatos constitutivos do direito que pleiteia e ao réu, em regra, a prova dos fatos extintivos, impeditivos ou modificativos desse direito".[21]

Como regra geral, a disposição denota, portanto, a existência de uma situação jurídico-processual previamente estatuída: tanto o autor quanto o réu iniciam o processo sabendo, de antemão, como deverá ser sua participação na produção da prova. Delineia, assim, qual o papel a ser desempenhado por cada parte na formação do material probatório, desde já alertando, portanto, quanto aos riscos de eventual insuficiência de provas. Trata-se de uma predisposição rígida do sistema, que resta cingida a duas situações: a) a posição que a parte ocupa no processo e b) a espécie de fato que é alegado (constitutivo, impeditivo, modificativo e extintivo).[22]

---

[20] Em seus *Comentários ao Código de Processo Civil* (IV Vol., Forense, 3ª ed., p. 27), MOACYR AMARAL SANTOS afirma que "é legítimo, não só em face do novo mas também do Código anterior, o princípio jurídico segundo o qual compete, em regra, a cada uma das partes fornecer os elementos de prova das alegações que fizer'", sendo que "semelhante fórmula deverá ser entendida na doutrina atrás exposta (de BETTI) atribuindo-se ao autor a prova dos fatos constitutivos e ao réu a dos fatos impeditivos, extintivos ou modificativos. Ou, em outras palavras, o *onus probandi* incumbe, sempre, *ei qui dicit*".

[21] *Prova judiciária no cível e comercial*, v. 1, São Paulo: Saraiva, 1983, 5ª ed., p. 153.

[22] MOACYR AMARAL SANTOS, *Código de Processo Civil*, vol. IV, Forense, 3ª ed, p. 27-28, procede na classificação dos fatos jurídicos, referindo que por fatos constitutivos "se entendem os que têm a eficácia jurídica de dar vida, de fazer nascer, de constituir a relação jurídica (...) como um empréstimo, uma compra e venda, uma sucessão". Os fatos extintivos, por sua vez, "se entendem os que têm a eficácia de fazer cessar a relação jurídica", encontrando seu exemplo no pagamento, na ação de cobrança e o perecimento da coisa, na obrigação de dar. Fatos impeditivos "são todas aquelas circunstâncias que impedem decorra de um fato o efeito que lhe é normal, ou próprio, e que lhe constitua razão

Não obstante, situações há em que a regra estatuída em contornos rígidos e estáticos no Código de Processo Civil não responde adequadamente à solução de conflitos peculiares, em que a natureza da causa controvertida requer ajustes para o fim de melhor responder aos anseios de igualdade processual[23] e, por via de conseqüência, de justiça. Em determinados casos concretos, a prova do fato constitutivo do direito resta extremamente difícil ao autor e de fácil alcance pelo réu, razão pela qual eclodiram enunciados em sede legislativa, jurisprudencial e doutrinária que preconizam a flexibilização da regra geral, mediante o atendimento de determinadas circunstâncias.

Nesse sentido, pode-se ressaltar no ordenamento jurídico pátrio a regra contida no art. 6º, VIII, do Código de Defesa do Consumidor, que determina a inversão do ônus da prova em favor do consumidor quando, a critério do juiz, "for verossímil a sua alegação ou quando ele for hipossuficiente".[24] No anteprojeto do Código de Processo Civil Coletivo, também resta disposto em seu art. 10, § 1º, que "Sem prejuízo do disposto no art. 333 do Código de Processo Civil, o ônus da prova incumbe à parte que detiver conhecimentos técnicos ou informações específicas sobre os fatos, ou maior facilidade em sua demonstração".[25] Originada no campo doutrinário,[26] vem

---

de ser", como, por exemplo, ocorre no negócio jurídico de compra e venda quando existente a incapacidade das partes. Já os fatos modificativos são os que, "sem excluir ou impedir a relação jurídica, à qual são posteriores, têm a eficácia de modifica-la", o que se dá, por exemplo, com o pagamento de parte de um crédito, por exemplo.

[23] "En el desarrollo de la actividad procesal, la tónica de nuestra problemática reace sobre la igualdad de oportunidades. Hay que asegurar a ambas as partes el poder de influir igualmente en la marcha y en el resultado del pleito", salienta J.C. BARBORA MOREIRA, *La igualdad de las partes en el proceso civil*, in Temas de Direito Processual, Saraiva, 1989, p. 70. Para o insigne jurista, "la credibilidad del proceso como instrumento de solución de conflictos de intereses depende esencialmente de su capacidad para ofrecer a los respectivos titulares una perspectiva de ecuanidad. Es indispensable, ante todo, que ambos litigantes puedan nutrir alguna esperanza de vencer; y, mas aún, que puedan confiar en la ventaja practica de la victoria. La igualdad de las partes se traduce aquí, en primer término, por igualdad de riesgos".

[24] É de se concordar com a crítica de ANTÔNIO GIDI, quanto à utilização da partícula "ou" para unir o requisito da hipossuficiência ao da verossimilhança: "Afigura-se-nos que verossímil a alegação sempre tem de ser. A hipossuficiência do consumidor *per se* não respaldaria uma atitude tão drástica como a inversão do ônus da prova se o fato afirmado é destituído de um mínimo de racionalidade (...). Temos, portanto, que, para que a inversão do ônus da prova seja autorizada, tanto a afirmação precisa ser verossímil, quanto o consumidor precisa ser hipossuficiente". *Aspectos da inversão do ônus da prova no Código de Defesa do Consumidor*, in Genesis Revista de Direito Processual Civil nº 03, setembro-dezembro de 1996, p. 584.

[25] Cadernos IBDP, Série Propostas Legislativas, Volume 4, setembro de 2005, p. 258.

[26] A doutrina dos ônus probatórios dinâmicos é difundida principalmente através dos inúmeros textos produzidos pelo jurista argentino JORGE W. PEYRANO, dentre as quais se destacam *Lineamentos de las cargas probatorias dinâmicas*, em co-autoria com JULIO OSCAR CHIAPPINI, *in El derecho*, 107 e *in El proceso atípico*, Ed. Universidad, Buenos Aires, 1993; *Doctrina de las cargas probatorias dinámicas*, in Procedimiento civil y comercial, Ed. Juris, Rosário, 1991. t. I, *in La ley*, 1991-B, e *in Derecho procesal civil de acuerdo al CPC Peruano*, Ediciones Jurídicas, Lima, 1995; *Fuerza expansiva de la doctrina de las cargas probatorias dinâmicas*, in La Ley, 1996-B, *Nuevos lineamentos de las cargas probatorias dinâmicas*, in El Derecho, t. 153 e, ainda, *Aspectos procesales de la responsabilidad profesional*, in Las responsabilidades profesionales – Libro en homenaje al Dr. Luis O. Andorno. Coord. Augusto M. Morello e outros. La Plata: LEP, 1992., p. 261 *et seqs*.

ganhando grande aceitação pelos tribunais brasileiros a denominada "distribuição dinâmica do ônus da prova", que preconiza uma alternativa ao esquema rigidamente estabelecido na lei processual para, consideradas as peculiaridades concretas do caso, onerar da produção da prova a parte que se encontra em melhores condições profissionais, técnicas ou de fato para produzi-la.[27]

Presente a possibilidade de flexibilização da regra preestabelecida, surge naturalmente o questionamento: havendo efetivamente a necessidade de flexibilização, em que momento do procedimento esta deve ser ordenada? A questão não é tão simples quanto parece. Pelo menos é o que demonstra a prática judiciária e a maior parte da doutrina brasileira, conforme adiante se demonstrará.

4. O momento da decisão que inverte a distribuição do ônus da prova

O autor, quando avia uma demanda judicial, o faz com o conhecimento da regra prevista no art. 333 do Código de Processo Civil. Mesmo que sua demanda esteja lastreada no Código de Defesa do Consumidor, sabe que seu pedido de inversão do ônus da prova, com base no art. 6º, VIII, daquele diploma, deve passar pelo crivo do órgão judicial, não bastando a mera constatação de a causa envolver uma relação de consumo. Em outras palavras, para que seja invertido o ônus da prova, decisão judicial nesse sentido precisa existir, devendo ainda ser motivada, considerando os requisitos legais.[28] Do contrário, vale a regra ordinária prevista no diploma processual.

---

[27] Como bem apontou ANTÔNIO JANYR DALL'AGNOL JÚNIOR, em proficiente ensaio sobre o tema, timidamente os tribunais brasileiros começam a referendar a utilização da distribuição dinâmica do ônus da prova, já largamente difundida em outros países latino-americanos. Observa o jurista gaúcho que "Alguns Tribunais pátrios, indiscutivelmente, deixaram-se contaminar por esta flexibilização da doutrina clássica da distribuição do ônus de provar, circunstância que se explica pelo fato de que os Juízes, assim como os demais operadores do direito, não restringem o seu exame ao formal. Ao encharcarem-se de realidade, os Magistrados percebem, cotidianamente, a insuficiência da doutrina tradicional, exatamente pelo que apresenta de abstração". *Distribuição dinâmica dos ônus probatórios, in* RT 788, p. 100. Exemplo desse jaez pôde-se notar no julgamento da Apelação Cível nº 597083534, proveniente da 1ª Câmara Cível do Tribunal de Justiça do Rio Grande do Sul, cuja relatoria coube ao Des. Armando Abreu Lima da Rosa, julgada em 03.12.1997: "Não por outra razão, em doutrina, com alguns reflexos jurisprudenciais, tem-se trazido a essa seara a denominada Teoria da carga dinâmica da prova, que outra coisa não consiste senão em nítida aplicação do princípio da boa-fé no campo probatório. Ou seja, deve provar quem tem melhores condições para tal. É logicamente insustentável, que aquele dotado de melhores condições de demonstrar os fatos, deixe de fazê-lo, agarrando-se em formais distribuições dos ônus de demonstração. O processo moderno não mais compactua com táticas ou espertezas procedimentais e busca, cada vez mais, a verdade." Sobre as implicações da doutrina com a visão cooperativa do processo, vide o nosso *Breves considerações sobre a distribuição dinâmica do ônus da prova na perspectiva de uma visão cooperativa do processo, in* Revista Processo e Constituição – Faculdade de Direito da UFRGS, número 3, no prelo.

[28] Como diz a própria disposição, a inversão deverá ser determinada pelo juiz quando, a seu critério, "for verossímil a alegação" "ou" for o consumidor "hipossuficiente", o que permite concluir que não é toda demanda lastreada no Código de Defesa do Consumidor que deflagra, de plano, a aludida

Quanto ao momento em que tal decisão deve ocorrer é que a doutrina controverte radicalmente. Afloram opiniões no sentido de que a inversão deve ser determinada apenas quando da sentença. Existem aqueles que entendem deva ser a inversão enfrentada na fase postulatória, logo após o recebimento da petição inicial. E outros, ainda, que sustentam a imprescindibilidade de que a tal decisão seja dada entre a fase postulatória e a fase instrutória, isto é, no momento de saneamento do processo.

Dentre aqueles juristas que preconizam como momento para a inversão do *onus probandi* a sentença, situam-se Ada Pellegrini Grinover e Kazuo Watanabe, autores do anteprojeto de lei que redundou no Código de Defesa do Consumidor. Para esse, o "momento de aplicação da regra de inversão do ônus da prova (...) é o do julgamento da causa. É que as regras de distribuição do ônus da prova são regras de juízo e orientam o juiz, quando há um *non liquet* em matéria de fato, a respeito da solução à ser dada à causa".[29] Para aquela, "A regra de inversão do ônus da prova é regra de julgamento, servindo para orientar o juiz na hipótese de um *non liquet* em matéria de fato. Não cabe ao magistrado antecipar o juízo sobre a inversão do ônus da prova para momentos procedimentais anteriores, quando a cognição ainda é sumária e superficial, pois com isto estará pré-julgando os fatos alegados".[30]

Cândido Rangel Dinamarco, por sua vez, afirma que: "O momento adequado à inversão judicial do ônus da prova é aquele em que o juiz decide a causa. Antes, sequer ele sabe se a prova será suficiente ou se será necessário valer-se das regras ordinárias sobre esse ônus, que *para ele* só são relevantes em caso de insuficiência probatória".[31] Luiz Eduardo Boaventura Pacífico também compactua com tal entendimento. Em monografia sobre a temática do ônus da prova, ressalta que "o momento da inversão se opera no momento do julgamento, como corolário da doutrina formada em torno

---

inversão. Nesse sentido, vale mencionar excerto da fundamentação contida no julgamento do REsp 615.535 – BA, Quarta Turma do STJ, cuja relatoria coube ao Min. Luiz Fux: "Entretanto, para que seja determinada a inversão do ônus da prova, é mister que o magistrado o faça justificadamente, demonstrando presentes os pressupostos do art. 6º, VII, do CDC, o que inocorreu na hipótese dos autos, uma vez que o Tribunal *a quo* limitou-se a afirmar que, tratando-se de relação de consumo, tem o fornecedor melhores condições de produzir a prova". No mesmo sentido, RODRIGO LEONARDO XAVIER, *Imposição e inversão do ônus da prova,* Renovar, 2004, p. 290, para quem a inversão do ônus da prova, "ainda que seja um direito básico do consumidor –, é medida excepcional, que fica sob a condição da prévia averiguação judicial dos requisitos da verossimilhança e hipossuficiência do consumidor".

[29] *Código de Defesa do Consumidor. Disposições gerais,* 6ª ed., Forense Universitária, p. 714.

[30] Parecer ministrado a pedido da empresa Souza Cruz S.A. e juntado aos autos da Ação Civil Pública movida pela Associação de Saúde do Fumante – Adesf – processo nº 1.503/95, da 19ª Vara Cível de São Paulo (SP), ao responder questionamento sobre o sentido e alcance da regra de inversão do ônus da prova, *apud* FREDERICO DA COSTA CARVALHO NETO, *Ônus da prova no Código de Defesa do Consumidor,* Juarez de Oliveira, 2002, p. 175, *apud* CARLOS FONSECA MONNERAT, *Momento da ciência aos sujeitos da relação processual de que a inversão do ônus da prova pode ocorrer, in* Revista de Processo 113, janeiro-fevereiro de 2004, p. 84.

[31] *Instituições de direito processual civil,* São Paulo: Malheiros, 2001, vol. III, p. 81.

da idéia central de que o ônus da prova constitui, essencialmente, regra de julgamento".[32]

Nelson Nery Júnior e Rosa Maria Andrade Nery são outros autores a trilhar a senda dessa convicção. Aliás, vão além: para eles, "*Não há momento para o juiz fixar o ônus da prova ou a sua inversão* (CDC 6º VIII), porque não se trata de regra de procedimento. O ônus da prova é regra de juízo, cabendo ao juiz, quando da prolação da sentença, proferir julgamento contrário àquele que tinha o ônus da prova e dele não se desincumbiu".[33] Para Carlos Fonseca Monnerat, "é desnecessário aviso prévio ao fornecedor de produtos e serviços de que poderá ou haverá 'inversão do ônus da prova' e, portanto, não há falar-se em momento de tal aviso ou mesmo da ocorrência de eventual ferida ao princípio constitucional da ampla defesa".[34]

O próprio Superior Tribunal de Justiça já consignou tal entendimento, ao justificar que "Não há vício em acolher-se a inversão do ônus da prova por ocasião da decisão, quando já produzida a prova",[35] convicção partilhada também por alguns precedentes oriundos do Tribunal de Justiça do Rio Grande do Sul e pelo Tribunal de Justiça de Minas Gerais.[36]

Em sentido contrário, qual seja, de que a inversão do ônus da prova deva ser dada em momento anterior ao da sentença, e especialmente na fase de saneamento do processo, exsurgem as opiniões de Antônio Gidi, para quem "A oportunidade propícia para a inversão do ônus da prova é em momento anterior à fase instrutória", porque assim "a atividade instrutória já inicia com as cargas probatórias transparentemente distribuídas entre as partes",[37] Voltaire de Lima Moraes, cuja compreensão é de que "o momento adequado para a decretação da inversão do ônus da prova dá-se por ocasião do saneamento do processo (...) ficando dessa forma cientes as partes da postura processual que passarão a adotar, não podendo alegar terem sido surpreendidas (...)"[38] e Manoel de Souza Mendes Júnior, que assim escreve: "se pretende inverter o ônus da prova a favor do consumidor com fundamento no Código de Defesa do Consumidor, deve o juiz decidir pela inversão na audiência preliminar, momento no qual, na atual sistemática do Código de Processo Civil, deverá preparar a instrução probatória".[39] Tal

---
[32] *O ônus da prova no direito processual civil,* Revista dos Tribunais, 2000, p. 159.
[33] *Código de Processo Civil e legislação processual civil em vigor,* São Paulo: RT, 6ª ed., p. 696.
[34] *Momento da ciência aos sujeitos da relação processual de que a inversão do ônus da prova pode ocorrer, in* Revista de Processo 113, janeiro-fevereiro de 2004, p. 84.
[35] REsp nº 203.225/MG, j. 2.4.2002, rel. Min. Sálvio de Figueiredo Teixeira, DJ 5.8.2002, p. 344.
[36] Vide nota 1.
[37] *Aspectos da inversão do ônus da prova no Código de Defesa do Consumidor, in* Gênesis Revista de Direito Processual Civil nº 03, setembro-dezembro de 1996, p. 587.
[38] *Anotações sobre o ônus da prova no Código de Processo Civil e no Código de Defesa do Consumidor, in* Revista de Direito do Consumidor, nº 31, julho-setembro de 1999, p. 69.
[39] *O momento para a inversão do ônus da prova, in* Revista de Processo 114, março-abril de 2004, p. 89.

posição também é defendida por Carlos Roberto Barbosa Moreira, em proveitoso ensaio acerca da inversão do ônus da prova nos processos envolvendo relações de consumo,[40] e por Rodrigo Xavier Leonardo, em obra incisivamente voltada para o tema.[41]

Colhem-se exemplos desse mesmo entendimento em precedentes do Tribunal de Justiça do Rio Grande do Sul,[42] do Tribunal de Justiça do Rio de Janeiro[43] e do próprio Superior Tribunal de Justiça.[44]

Consoante se observa com facilidade, existem entendimentos diametralmente opostos acerca dessa questão nevrálgica do processo. A flexibilização da regra estatuída no art. 333 do Código de Processo Civil, seja mediante a incidência do Código de Defesa do Consumidor, seja pela aplicação da doutrina da "carga dinâmica de la prueba", atinge o coração do procedimento probatório, porque possui notória influência no deslinde da demanda. Dessa forma, faz-se necessário traçar posição visando a espancar essa incerteza, na medida em que incerteza não combina com segurança jurídica, outro valor fundamental de nosso ordenamento jurídico.

Talvez a nossa posição já se revele bastante clara, principalmente em sendo consideradas as premissas acima lançadas. Caso ainda não esteja, é preciso tornar expresso: a decisão que inverte o ônus da prova no processo civil deve ser dada anteriormente à instrução probatória. Jamais o ônus probatório pode ser objeto de inversão apenas no momento da sentença. O

---

[40] *Notas sobre a inversão do ônus da prova em benefício do consumidor, in* Revista de Processo 86, abril-junho de 1997, p. 294-309, esp. p. 306-307.

[41] *Imposição e inversão do ônus da prova,* Renovar, 2004, p. 289, com proveitosos excertos jurisprudenciais nesse sentido.

[42] "Sobre mais, prevalece o entendimento, tanto nesta Corte como nos Pretórios excelsos, que o momento adequando para estabelecer a inversão do ônus da prova é o do saneador, pois é o instante processual imediatamente anterior ao da produção das provas". Apelação Cível nº 70014109565, 18ª Câmara Cível do Tribunal de Justiça do Rio Grande do Sul, Rel. Des. Pedro Celso Dal Pra, julgado em 20.01.2006.

[43] "Ademais, o juízo, utilizando-se de seu poder-dever, observou o correto momento para proceder à inversão, ou seja, na decisão saneadora, em momento anterior à fase de instrução de provas (...)". Agravo de Instrumento nº 25.653/05, Sétima Câmara Cível do Tribunal de Justiça do Rio de Janeiro, Rel. Desa. Helda Lima Meireles.

[44] "Em casos que tais, na forma do que dispõe o §3º do artigo 542 do Código de Processo Civil, deve o recurso ficar retido até o final da causa. Malgrado o caráter restritivo da norma supra, em circunstâncias excepcionais, a jurisprudência desta Corte tem admitido o processamento e julgamento do recurso especial. É o caso sob exame, em que se discute a possibilidade de inversão do ônus da prova, sob pena de se tornar inócua a ulterior apreciação da questão pelo Superior Tribunal de Justiça". Recurso Especial nº 540.235 – SP, Terceira Turma, Rel. Min. Castro Filho. Ao entender se tornar "inócua a ulterior apreciação da questão", para o caso do recurso ficar retido nos autos, quando seria apreciado apenas quando da sua oportuna reiteração, apenas ao final da demanda, o precedente aponta claramente em que fase deve haver a inversão do *onus probandi*. No mesmo sentido, Recurso Especial nº 195.760 – PR, Terceira Turma, Rel. Min. Eduardo Ribeiro, DJ 23.08.1999. Vale mencionar, ainda, a interessante discussão acerca da questão no julgamento do Recurso Especial nº 442.854 – SP, no qual os Ministros Ari Pargendler, Carlos Alberto Menezes Direito e Nancy Andrighi concordam que a inversão deva ser determinada quando da dilação probatória, sob pena de ocasionar surpresa às partes (Terceira Turma, Rel. Min. Nancy Andrighi, DJ 07.04.2003).

momento adequado, pois, é que a inversão ocorra anteriormente à colheita das provas, providencialmente após a contestação (e, eventualmente, à réplica), com o que se estará, sempre, evitando a ocorrência de vícios insanáveis ao processo.

5. As razões para a fixação do momento da inversão antes da instrução probatória

São diversos os fundamentos que repelem a posição defendida por aqueles que entendem que a inversão deve-se dar no momento da sentença. É interessante notar, inclusive, que é no próprio trabalho desenvolvido pelos defensores dessa acepção que se encontram as razões pelas quais não se sustenta tal posicionamento, única e exclusivamente escorado na assertiva de que o ônus da prova é uma regra de julgamento.

A justificativa de que "o ônus da prova é regra de julgamento" não vinga, pois padece de evidente vício dogmático: ao deixar de considerar o problema enquanto inserido em uma complexa sistemática,[45] na qual avultam as múltiplas implicações do processo com o direito constitucional, as respectivas garantias nele previstas e os valores a ele subjacentes, enfoca-se apenas um lado da moeda – o da técnica procedimental – olvidando-se do outro, inerente à participação, ao contraditório, isto é, da construção dialógica da decisão justa.

Todos parecem compreender o processo como fenômeno dialético, que é essencial para a democracia, bem como a importância da garantia do contraditório e da participação de seus sujeitos para o alcance da justiça. Entretanto, ao fixar premissa exclusivamente no sentido da concepção objetiva do ônus da prova (ou pelo menos mitigarem a importância da sua outra função), deixam de perceber que subsiste com força a concepção subjetiva, que se relaciona à atividade das partes no decorrer do *iter* procedimental. Mais: acabam menosprezando a própria natureza pública do processo civil contemporâneo, cada vez mais marcada pelo dever de cooperação entre os sujeitos processuais.

Caso se possa admitir que o contraditório espelha um "princípio da participação", ou como "direito ou possibilidade de incidir ativamente sobre o desenvolvimento e resultado do processo",[46] não se pode relegar a um

---

[45] Já avisava GALENO LACERDA, com amparo nas palavras de BETTI, em clássico ensaio comemorativo aos dez anos do nosso Código de Processo Civil: "A lógica do direito é algo bem mais alto do que a pobre lógica formal das proposições legislativas isoladas, e constitui tarefa do intérprete espiritualizá-la, considerando-lhe imanente o momento teleológico e vigiando pela coerência de todo o sistema ('Interpretazione delle Lege e degli Atti Giuridichi', Ed. Giuffrè, 1949, p. 181-183)". *O código e formalismo processual, in* Ajuris 28, p. 9.

[46] ADA PELLEGRINI GRINOVER, *O conteúdo da garantia do contraditório, in* Novas tendências do direito processual, Forense Universitária, 1990, p. 19.

segundo plano o caráter subjetivo do ônus da prova que, consoante acima se asseverou, implica a formatação da atividade probatória das partes ou, em outras palavras, a regulação das suas necessidades de prova no decorrer do procedimento. Ora, se é tão importante a participação das partes, é igualmente importante que estas saibam, de antemão, qual será o encargo de cada uma na colheita do material probatório. Se o denominador comum da convergência de conteúdo nos conceitos constitucionais de ação, defesa e contraditório consiste "nella costante possibilità di partecipare attivamente allo svolgimento del processo cooperando sia alla ricerca dei fatti ed alla raccolta delle prove sia alla elaborazione e formazione del convincimento del giudice",[47] não há como desprestigiar o caráter subjetivo do ônus da prova e simplesmente minimizar sua importância no que respeita o estudo do problema.

A concepção do processo contemporâneo, portanto, vai além do entendimento de que o ônus da prova estaria cingido a uma regra de julgamento, ou que, pelo menos, seja essa a concepção que deva prevalecer. O problema do ônus da prova, pelo menos nos dias atuais, não deve limitar-se única e exclusivamente com a técnica procedimental a ele circunscrita. Deve, isso sim, estar conectado com a própria natureza do processo contemporâneo, que tem sua melhor expressão na concepção do formalismo-valorativo, cuja perspectiva não tinha penetrado plenamente a consciência de Gian Antonio Micheli[48] e Leo Rosenberg,[49] ao tempo em que formularam

---

[47] ADA PELLEGRINI GRINOVER, *O conteúdo da garantia do contraditório*, in Novas tendências do direito processual, Forense Universitária, 1990, p. 19, com apoio nas palavras de MARTINETTO, verb. "Contraddittorio (principio del)", *in* Nuovo Digesto Italiano, Turim, 1959, v. IV, p. 460.

[48] O jurista italiano, não obstante evidencie, em diversas passagens de sua obra, a importância da concepção subjetiva, minimiza seu significado para a compreensão do ônus da prova ao remeter seu estudo à "doutrina da ação": "Y entonces todo el aspecto, por decír así, subjetivo del fenómeno se reduce al estudio de los poderes reconocidos a las partes en el proceso, esto es, costituye un fragmento de la misma doctrina de la acción, mientras, para sorprender el aspecto característico, esencial, del mismo, es necesario insistir sobre la regla del juicio, por lo demás, admirablemente individualizada por Canelutti." *La carga de la prueba*, Ejea, Buenos Aires, p. 111. Salvo melhor juízo, não há razão que justifique ejetar do problema do ônus da prova o estudo das atividades das partes e, por via de conseqüência, dos poderes reconhecidos a elas no processo. Muito menos por restringir tal estudo a um "fragmento da doutrina da ação".

[49] Embora admita que "se iría demasiado lejos si (...) se quisiera eliminar por completo el concepto de la carga subjetiva de la prueba", é enfático ao afirmar que "Es ciertamente exacto, que esta actividad procesal de la parte cargada con la prueba no constituye la esencia de nuestra doctrina", justificando tal posição pelo fato de que "Sólo importan los hechos que se han demostrado, y es indiferente quién los demostró". Ademais, seu posicionamento fica bastante claro quando escreve que "el problema de la carga de la prueba sólo se presenta cuando la prueba no se ha producido; por eso, se explica la esencia de la carga de la prueba, lo más acertadamente, mediante nuestro concepto de la carga de la certeza que se caracteriza por el peligro de no constar un hecho o de no haberse comprobado una afirmación de hecho". Todavia, permitimo-nos discordar, em parte, do eminente jurista alemão: afirmar que o problema do ônus da prova surge apenas quando a prova não foi produzida, isto é, na sentença, significa pensar apenas e tão-somente no projeto acabado da obra (sentença), olvidando-se que esta levou muito tempo para ser construída, mediante o trabalho de várias pessoas (sujeitos processuais) e a aplicação de muita argamassa, tijolos e tinta (provas).

suas concepções acerca do *onus probandi* e nos quais fortemente se baseou a tradicional doutrina brasileira.

Em sendo permitido que a inversão do ônus da prova seja realizada apenas no momento da sentença, avulta crassa violação da garantia do contraditório, na medida em que as partes acabam surpreendidas ao final, quando já esgotada fase do procedimento destinada à colheita de prova. Na esteira do que explana C. A. Alvaro de Oliveira, é "inadmissível sejam os litigantes surpreendidos por decisão que se apóie, em ponto fundamental, numa visão jurídica de que não se tinham percebido. O tribunal deve, portanto, dar conhecimento prévio de em qual direção o direito subjetivo corre perigo, permitindo-se o aproveitamento na sentença apenas os fatos sobre os quais as partes tenham tomado posição, possibilitando-lhes melhor defender seu direito e influenciar a decisão judicial. Dentro dessa mesma orientação, *a liberdade concedida ao julgador na eleição da norma a aplicar, independentemente de sua invocação pela parte interessada, consubstanciada no brocardo* iura novit curia, *não dispensa a prévia ouvida das partes sobre os novos rumos a serem imprimidos no litígio, em homenagem ao princípio do contraditório"*. E conclui o professor gaúcho, com sua peculiar precisão: "a problemática não diz respeito apenas ao interesse das partes, mas conecta intimamente com o próprio interesse público, na medida em que *qualquer surpresa, qualquer acontecimento inesperado, só faz diminuir a fé do cidadão na administração da justiça"*.[50]

Não há como objetar que a inversão do ônus da prova, quando dada apenas na sentença, é decisão que surpreende os litigantes. Isso porque se não há decisão anterior nesse sentido, vale a regra do art. 333 do Código de Processo Civil: a atividade probatória das partes está regulada segundo as disposições dos incisos I e II. A inversão da regra geral, quando dada apenas ao final, impõe grave prejuízo a uma das partes, que poderia ter se comportado de outra maneira, caso soubesse de antemão suas "novas" (ou agora já "velhas") necessidades de prova.

Nas demandas envolvendo relações de consumo, tal realidade fica ainda mais translúcida: o inciso VIII do art. 6º do Código de Defesa do Consumidor impõe ao juiz a inversão do ônus da prova quando, a seu critério, verificar-se que o consumidor é hipossuficiente, e suas alegações estiverem dotadas de verossimilhança. Assim, não é toda demanda baseada

---

[50] *A garantia do contraditório, in* Do formalismo no processo civil (apêndice), Saraiva, 2003, p. 237. Em ensaio mais recente, o autor anota a introdução de tais conceitos, já amplamente difundidos na doutrina e na jurisprudência, na reforma processual de 1977 da então Alemanha Federal, para fazer constar, no § 278, II, da Ordenança Processual Civil (ZPO) a disposição segundo a qual "O juiz só pode apoiar sua decisão em um aspecto jurídico considerado insignificante pela parte, ou que lhe tenha passado desapercebido, se tiver a oportunidade de se manifestar a respeito, salvo quando se tratar de uma questão meramente acessória". *Poderes do juiz e visão cooperativa do processo, in* Revista Processo e Constituição – Faculdade de Direito da UFRGS, número 1, p. 103, nota 45.

em uma relação de consumo que remete, de plano, à inversão do ônus probatório. A lei determina a inversão do ônus da prova, mas apenas se os requisitos estiverem preenchidos, o que apenas vai ser verificado mediante a ponderação das peculiaridades do caso concreto.[51] Vale, portanto, o questionamento: como se deve portar o fornecedor, durante a instrução probatória, se o ônus não foi previamente invertido? Com base no que predispõe o art. 333 do Código de Processo Civil! Por que se comportar de maneira diferente, se a mera constatação de que há uma relação de consumo não importa, de per si, a inversão do *onus probandi*? Pensar diferente seria consagrar a insegurança jurídica ou desmerecer a importância fundamental da participação das partes na instrução probatória.

Por tais razões, é de se receber com entusiasmo a Súmula nº 91 do Tribunal de Justiça do Estado do Rio de Janeiro, recentemente publicada: "A inversão do ônus da prova, prevista na legislação consumerista, não pode ser determinada na sentença". A justificativa é de que "a inversão do ônus da prova, em favor do consumidor, não é legal mas judicial,[52] pelo que o fornecedor seria surpreendido, se se considerasse a sentença como momento processual da inversão, em afronta ao princípio do contraditório".[53]

O mesmo vale para toda e qualquer flexibilização da regra geral: a inversão do modelo preestabelecido deve ser formalmente comunicada às partes anteriormente à fase de produção das provas, a fim de que seu comportamento esteja ajustado às necessidades de prova da demanda concreta-

---

[51] A inversão, no Código de Defesa do Consumidor, portanto, se dá *ope legis:* a inversão não fica a critério do juiz, isto é, trata-se de uma deliberação vinculada. O que fica a critério do juiz é o preenchimento dos requisitos do inciso VIII do art. 6º – verossimilhança "ou" hipossuficiência. Portanto, se o juiz entende que estão preenchidos os requisitos, a inversão é imposição legal: deve ser, pelo juiz, cumprida. No mesmo sentido, ANTÔNIO GIDI, *Aspectos da inversão do ônus da prova no Código de Defesa do Consumidor, in* Revista Genesis, nº 3, Curitiba, setembro-dezembro de 1996, p. 585-586. Em sentido contrário, dentre outros, MANOEL DE SOUZA MENDES JÚNIOR, *O momento para inversão do ônus da prova, in* Revista de Processo nº 114, março-abril de 2004, p. 75-76.

[52] Como se disse, judicial é a aferição da presença dos requisitos, e não a inversão, circunstância irrelevante no que respeita a justificativa da súmula, na medida em que a decisão que determina a inversão do ônus da prova, ainda que seja uma deliberação vinculada, depende, para que efetivamente ocorra, da cognição do órgão judicial acerca da verossimilhança e da hipossuficiência do consumidor.

[53] Súmula de jurisprudência predominante nº 006/2005, publicada no DJ de 17.11.2005. Segundo VOLTAIRE DE LIMA MORAES, o extinto Tribunal de Alçada do Estado do Rio Grande do Sul tinha firmado entendimento similar, de que "quando, a critério do juiz, configurar-se a hipótese de inversão do ônus da prova, nos termos do art. 6º, VIII, do CDC, sob pena de nulidade, é mister a prévia determinação à parte, em desfavor de quem se inverte o ônus, para que prove o fato controvertido. A inversão, sem essa cautela processual, implicará em surpresa e cerceamento de defesa". *Anotações sobre o ônus da prova no Código de Processo Civil e no Código de Defesa do Consumidor, in* Revista de Direito do Consumidor nº 31, p. 67-68. Sobre a constatação da surpresa, assim manifestou-se a Min. Nancy Andrighi, em regime de discussão no julgamento do Recurso Especial nº 442.854 – SP, Terceira Turma, Rel. Min. Nancy Andrighi, DJ 07.04.2003: "E, se for avisado antes, o advogado, por exemplo, da prestadora de serviço médico, será surpreendido. Poderia ter conduzido a prova de uma forma absolutamente diferente do que aquela, porque, na verdade, como disse Vossa Excelência, o art. 333, que fixa o dever do ônus da prova, será alterado. Assim, se se disser só na sentença, haverá uma surpresa".

mente considerada.[54] De se notar que a comunicação prévia da inversão proporciona uma colheita mais vigorosa das provas, na medida em que, conhecendo suas respectivas necessidades, as partes reunirão todas as suas forças a fim de evitar a insuficiência de provas.[55] A comunicação anterior à instrução prestigia, portanto, não somente o contraditório, mas também uma maior cooperação das partes na busca dos elementos necessários para evitar a utilização da "regra de julgamento". Enriquece-se o diálogo e se torna mais eficaz a produção das provas necessárias à formação do convencimento judicial.

Sem embargo de tais considerações, não se pode olvidar que o processo contemporâneo, pela feição pública que assume, deve ser considerado uma "comunidade de trabalho", em que todos os seus sujeitos têm o dever de colaborar para a descoberta da verdade e, ao fim e ao cabo, para o justo deslinde do litígio. Tal dever de colaboração, portanto, não atinge apenas as partes, mas também o juiz. O órgão judicial tem o dever de orientar as partes, comunicando-as sempre acerca dos rumos do procedimento, alertando-as acerca de eventuais necessidades, sempre em prol da máxima eficiência do processo.[56]

---

[54] Este também aparenta ser o entendimento de JORGE W. PEYRANO, principal propulsor da doutrina da distribuição dinâmica do ônus da prova: "Posteriormente, se propone de *lege ferenda* que si se adoptara en el futuro alguna especie de audiencia preliminar, sería conveniente tomar al recaudo de alertar a las partes acerca de que las circunstancias del caso hacen que tal o cual litigante deberá soportar un esfuerzo probatorio especial, distinto y superior al que surge del reparto normal y corriente del *onus probandi*". *Nuevos lineamentos de las cargas probatorias dinámicas, in* El Derecho, t. 153, p. 970.

[55] "Como já foi dito, ninguém duvida que o juiz pode julgar favoravelmente à parte que não cumpriu o ônus da prova, uma vez que o julgamento pode se basear em provas produzidas de ofício ou mesmo em provas produzidas pela parte contrária. Mas, isso não retira a importância de que as partes saibam, de forma prévia, a quem incumbe o ônus da prova, pois se esse ônus não precisa necessariamente ser observado para que a parte obtenha um resultado favorável, não há como negar que a parte deve ter ciência prévia do que deve fazer para ter um julgamento favorável independentemente de outras provas, produzidas de ofício ou pela parte contrária", conforme LUIZ GUILHERME MARINONI e SÉRGIO CRUZ ARENHARDT, *Manual do Processo de Conhecimento*, RT, 4ª ed., p. 265.

[56] A colaboração do juiz para com as partes, aliás, configura um dos pontos altos da recente reforma do Código de Processo Civil de Portugal, tendo o art. 266, nº 1, disposto que, na condução e intervenção no processo, os magistrados, mandatários judiciais e as próprias partes devem cooperar entre si, concorrendo para se obter, com brevidade e eficácia, a justa composição do litígio. MIGUEL TEIXEIRA DE SOUZA, ao escrever sobre a reforma, aduz que "Existe um dever de cooperação das partes com o tribunal, mas também há um idêntico dever de colaboração deste órgão com aquelas". Segundo o jurista português, tal dever desdobra-se em quatro deveres essenciais: um dever de esclarecimento, isto é, "o dever de o tribunal se esclarecer junto das partes quanto às dúvidas que tenha sobre suas alegações, pedidos ou posições em juízo"; um dever de prevenção, ou seja, "o dever de o tribunal prevenir as partes sobre eventuais deficiências ou insuficiências das alegações ou pedidos"; um dever de consultar as partes, "sempre que pretenda conhecer matéria de fato ou de direito sobre a qual aquelas não tenha tido possibilidade de se pronunciarem" e, finalmente, "o tribunal tem o dever de auxiliar as partes na remoção das dificuldades ao exercício dos seus direitos ou faculdades ou no cumprimento de ônus ou deveres processuais". *Aspectos do novo processo civil português, in* Revista Forense, v. 338, 1997, p. 151. Sobre o dever de cooperação no processo civil brasileiro, principalmente do juiz em relação às partes, vale a consulta, por todos, de C. A. ALVARO DE OLIVEIRA, *Poderes do juiz e visão cooperativa do processo, in* Revista Processo e Constituição, do Curso de Especialização de Processo Civil da Faculdade de Direito da UFRGS, nº 1, dezembro de 2004, p. 89-121, esp. p. 96-100: "Decorre daí,

Por outro lado, fixar o momento da inversão no início da instrução inibe a eventual insuficiência de provas. Evita, por assim dizer, que o processo chegue a termo sem um satisfatório complexo probatório, justamente porque as partes terão a ciência das suas exatas necessidades de prova e partirão, desde o limiar da fase instrutória, em busca dos elementos necessários para a satisfação do seu ônus.

A pretérita delimitação dos respectivos encargos provoca as partes a depositarem todas as suas forças em prol de evitar a incidência da "regra de juízo", ou seja, a faceta "nefasta" do ônus da prova. Se o processo cumpre sua finalidade quando faz justiça e se a justiça se encontra intimamente ligada à descoberta da verdade, somente se alcançará a verdadeira justiça evitando-se a utilização da "regra de juízo". Tudo leva a crer, portanto, que o estímulo à produção probatória, mediante a eficaz e tempestiva repartição do ônus da prova, é que proporciona um resultado mais ajustado aos desígnios de justiça.

A bem da verdade, o nosso Código de Processo Civil estabelece, com todas as tintas, o momento adequado da inversão. A audiência preliminar, prevista no art. 331, revela-se ideal para a eventual flexibilização da regra prevista no seu art. 333. O § 2º do art. 331 é evidente quanto a tal assertiva: "Se, por qualquer motivo, não for obtida a conciliação, o juiz fixará os pontos controvertidos, *decidirá as questões processuais pendentes* e determinará as provas a serem produzidas (...)". Se, na esteira que pregou Dinamarco, "Estão presentes nessa audiência (...) as três finalidades manifestamente atribuídas à audiência preliminar no Código de Processo Civil Tipo Para a América Latina: conciliar, decidir sobre matéria processual, delimitar o que discutir e *como* provar",[57] e se nesta oportunidade se deve "delimitar a instrução a ser feita",[58] parece haver uma indelével sugestão

---

em primeiro lugar, a recuperação do valor essencial do diálogo judicial na formação do juízo, que há de frutificar pela cooperação das partes com o órgão judicial e deste com as partes, segundo as regras formais do processo. O colóquio assim estimulado, assinale-se, substitui com vantagem a oposição e o confronto, dando azo ao concurso das atividades dos sujeitos processuais, com ampla colaboração tanto na pesquisa dos fatos quanto na valorização da causa", p. 96. Sobre o dever de colaboração, ver, ainda, EDUARDO GRASSO, *La collaborazione nel processo civile, in* Rivista di Diritto Processuale, v. 21 (1966), p. 580-609, para quem "è possibile cogliere le note fondamentali di un regime di collaborazione processuale. Il giudice, nello sviluppo del dialogo, si porta al livello delle parti: alla tradizionale costruzione triangolare si sostituisce una prospettiva di posizione parallele. Le attività dei tre sogetti, nell'intima sostanza, tendono ad identificarsi, risolvendosi in unica forza operosa (*unus actus*) che penetra nella materia alla ricerca della verità", p. 609. Sobre o dever de cooperação do juiz, ver FREDIE DIDIER JÚNIOR, *O princípio da cooperação: uma apresentação, in* Revista de Processo, v. 127, p. 75-80. Sobre a "efetividade e plenitude do contraditório" dentro do processo cooperativo, ver ADA PELLEGRINI GRINOVER, "*As garantias constitucionais do processo – 1. Defesa, contraditório, igualdade e* par condicio *na ótica do processo de estrutura cooperatória, in* Novas tendências do direito processual, Forense Universitária, p. 1-16, esp. p. 10-12.

[57] *A reforma do Código de Processo Civil*, Malheiros, 2ª ed., 1995, p. 119. A ênfase é nossa.
[58] Idem, p. 114.

do legislador para que ali ocorra a eventual inversão do ônus da prova.[59] Luiz Guilherme Marinoni e Sérgio Cruz Arenhardt, por sinal, são enfáticos nesse sentido: ao tratar da audiência preliminar, atestam que é "nessa oportunidade" que "deve ser decidido se o ônus da prova deve ser invertido, aplicando-se, se for o caso, o art. 6º, VIII, do CDC".[60]

Anteriormente ao momento destinado à audiência de instrução, conquanto não acarrete surpresa às partes, parece-nos inadequado promover a inversão do ônus da prova. Apenas depois de formado o contraditório inicial, o que se dará através da contestação, é que o órgão judicial disporá dos elementos necessários para delimitar o objeto litigioso do processo.[61] Ocorrendo a inversão *in limine,* quando do recebimento da inicial, corre-se o risco de reconsideração, caso as razões da parte adversa venham a aniquilar o convencimento inicialmente formado, o que só viria a tumultuar o andamento do processo.

Conclusão

Processo é essencialmente diálogo, contraditório e participação. Daí a íntima relação do processo com a democracia, com a possibilidade de influência na construção da decisão justa. É a participação nesse ambiente dialógico e democrático do processo que o conecta a dignidade da pessoa

---

[59] Sobre a audiência de conciliação prevista no art. 331 do CPC brasileiro, consulte-se ANTÔNIO JANYR DALL'AGNOL JÚNIOR, *Audiência de conciliação, in* Inovações do Código de Processo Civil, Livraria do Advogado Editora, Porto Alegre, 1996, p. 79-99. Sobre a audiência preliminar no novo processo civil português, vide PAULA COSTA E SILVA, *Saneamento e condensação no novo processo civil: a fase da audiência preliminar, in* Aspectos do novo processo civil, Lex, Lisboa, 1997, p. 213-269. Em consonância com o entendimento de que a inversão do ônus da prova deve ser dada na audiência de instrução, confira-se MARISTELA DA SILVA ALVES, *Ônus da prova como regra de julgamento, in* Prova Cível, C.A. Alvaro de Oliveira (org.), Forense, Rio de Janeiro, 1999, p. 77-89, esp. p. 85. Interessante aqui notar a posição de DINAMARCO que, mesmo sendo um defensor de que o momento adequado para a inversão do ônus da prova é a sentença, afirma ser "dever do juiz, na audiência preliminar (art. 331), informar as partes do ônus que cada uma tem e adverti-las da conseqüência de eventual omissão – porque uma das tarefas a realizar nessa oportunidade é a organização da prova mediante fixação dos limites de seu objeto e determinação dos meios probatórios a desencadear. A transparência das condutas judiciais é uma inafastável inerência do *due process of law* e da exigência do *diálogo* que integra a garantia constitucional do contraditório (...): o processo moderno quer muita explicitude do juiz e de suas intenções, que são fatores indispensáveis à efetivação do justo processo" *Instituições de Direito Processual Civil,* v. III, Malheiros, 5ª ed., p. 83-84.
[60] *Manual do Processo de Conhecimento,* RT, 4ª ed., p. 244.
[61] Como bem apontado por VOLTAIRE DE LIMA MORAES, "A inversão do ônus da prova, com a devida vênia, não deve ser decretada *ab initio,* quando o Juiz analisa a petição inicial, pois sequer houve manifestação do demandado, não se podendo precisar, inclusive a dimensão de sua resposta, muito menos os pontos controvertidos. Assim, mostra-se prematura e indevida a decretação da inversão do ônus da prova nessa fase do procedimento". Em conformidade com esse entendimento decidiu a colenda 5ª Câmara Cível do Tribunal de Justiça do Rio Grande do Sul, no Agravo de Instrumento nº 70012017398, cuja relatoria coube ao Des. Leo Lima, julgado em 29.09.2005: "Ocorre que o pedido de inversão do ônus da prova, à luz do art. 6º, VIII, do CDC, além de não constituir matéria atinente à tutela antecipada, nos termos dos arts. 273 e 461 do CPC, bem como do art. 84 do CDC, não se mostra apropriado ao momento inicial da demanda, quando nem se instaurou o contraditório".

humana, justamente por não tratá-la como mero objeto do provimento judicial.[62] Não obstante, por tudo o que se ressaltou, o processo configura um direito fundamental por servir de instrumento aos demais direitos fundamentais (materiais) e à própria observação dos valores constitucionais.

Tais premissas não podem ser alijadas pelo intérprete quando da compreensão do problema envolvendo o ônus da prova. Se a regra inerente à repartição dos ônus probatórios possui um caráter subjetivo, qual seja, de indicar as partes quais suas respectivas necessidades de prova e, portanto, marcar seu respectivo comportamento durante a instrução processual, não há como evitar que conheçam, de antemão, sobre eventual alteração no esquema ordinariamente previsto.

É inegável, portanto, a importância da regra do ônus da prova para o início da instrução, quando as partes partem em busca de suas provas, sabendo exatamente aquilo que necessitam provar. A inversão do ônus da prova em sede de sentença importa em uma desavisada retroatividade, na medida que impõe, de inopino, uma nova regra de comportamento para uma atividade probatória que já foi desenvolvida. Materializa-se, portanto, a surpresa, o que cristaliza a violação ao contraditório e influi, por óbvio, na justiça da decisão.

Não se quer negar o viés objetivo do ônus da prova. Ele existe e é fundamental para que se alcance uma das finalidades do processo, que é a pacificação social. Todavia, o viés subjetivo, ligado intimamente à participação das partes, colore-se de igual importância, na medida em que estimula o esforço na busca de suas reais necessidades de prova e, portanto, potencializa a probabilidade de se chegar mais próximo da verdade, o que é fundamental para que se alcance a outra finalidade primordial do processo: a justiça. Em outras palavras, ao prestigiar-se a "regra de instrução", evita-se lançar mão da "regra de julgamento".

Por tudo o que foi exposto, não há mais como se aceitar no processo contemporâneo decisões que aniquilem a sua própria essência,[63] como

---

[62] "A faculdade concedida aos litigantes de pronunciar-se e intervir ativamente no processo impede, outrossim, sujeitem-se passivamente à definição jurídica ou fática da causa efetuada pelo órgão judicial (...). A matéria vincula-se ao próprio respeito à dignidade da pessoa humana e aos valores intrínsecos da democracia, adquirindo sua melhor expressão e referencial, no âmbito processual, no princípio do contraditório, compreendido de maneira renovada, e cuja efetividade não significa apenas debate das questões entre as partes, mas concreto exercício de direito de defesa para fins de formação do convencimento do juiz, atuando, assim, como anteparo à lacunosidade da sua cognição." Conforme C. A. ALVARO DE OLIVEIRA, *Do formalismo no processo civil*, Saraiva, 2003, 2ª ed., p. 140.

[63] Conforme AUGUSTO M. MORELLO, existe um "trípode sustentador del processo justo constitucional: paridad de trato, audiencia – las imprescindibles estructuras contradictorias (*intervención y controles* de las partes, observancia de la congruencia, que se respeten a cabalidad en el eje de la gestión probatoria) – y proscribir 'sorpresas' del órgano, o de las partes, que descoloquen al adversario frustrándole la debida igualdad de oportunidades en la práctica de la prueba". *La prueba*, 2ª ed. Buenos Aires: Abeledo-Perrot, p. 2-3.

aquelas que determinam inversão do ônus da prova ao final (e muitas vezes, até em grau recursal). Em homenagem à garantia do contraditório, ao direito de participação e ao dever de cooperação que deve permear a conduta dos sujeitos do processo, a decisão que inverte o ônus da prova deve-se dar anteriormente à colheita das provas, preferivelmente na audiência de conciliação e saneamento (art. 331 do Código de Processo Civil), com o que se estaria evitando surpresas, prestigiando a igualdade e coroando a significativa importância do diálogo judicial para o alcance da decisão justa.

— 3 —

Meios e fontes de prova no processo de conhecimento: prova, testemunhal, documental, pericial, atípica ou inominada

BEATRIZ DA CONSOLAÇÃO MATEUS BUCHILI

Sumário 1. Introdução; 2. Meios e fontes de prova; 2.1. Conceito; 2.2. Diferenças; 2.3. Correlação; 3. Meios de prova no direito brasileiro (artigo 332 CPC); 3.1. Provas legais; 3.1.1. Prova documental; 3.1.1.1. Conceito de documento e sua natureza; 3.1.1.2. Classificação geral dos documentos; 3.1.2. Prova testemunhal; 3.1.3. Prova pericial; 4. Provas atípicas ou inominadas; 4.1. Conceito; 4.2. Prova emprestada; 4.3. Depoimento de testemunhas técnicas (*expert witness*); 4.4. Comportamento processual das partes; 4.5. Constatações realizadas por Oficial de Justiça; 5. Conclusão; 6. Biblio-grafia.

1. Introdução

O presente trabalho faz uma abordagem sobre os meios e fontes de prova no processo de conhecimento. O aspecto relevante para o tema e que requer uma maior abordagem é o relativo às provas atípicas ou inominadas, especialmente porque a divisão dos meios de prova em legais e atípicas ou inominadas é amplamente controvertida em doutrina – incluindo a brasileira –, alguns juristas entendendo que a enumeração constante da lei é exaustiva, e outros, não.[1]

Assim, procuramos, com este trabalho, determinar o sentido e alcance da norma contida no artigo 332 do CPC vigente. Por outras palavras, analisar em termos gerais a admissibilidade ou não das provas atípicas ou inominadas como meios de prova legal no direito processual brasileiro.

---
[1] SILVA, Ovídio Baptista. *Curso de processo civil*, 3ª ed., vol. I, Porto Alegre: Sergio Antonio Fabris, 1996, p. 298- 299.

2. Meios e fontes de prova

2.1. Conceitos

Para o bom entendimento do tema em análise, importa conceituar os meios e fontes de prova e estabelecer a sua correlação.

Segundo Cândido Dinamarco, fontes de prova "são pessoas ou coisas das quais se possam extrair Informações capazes de comprovar a veracidade de uma alegação. São elementos ou meios instrumentais externos que quando trazidos ao processo, o juiz e as partes submetem as investigações necessárias a obter tais informações".[2] Informações que, segundo Carnelutti, são a afirmação da existência ou inexistência de um fato, com a finalidade de levá-lo ao conhecimento de outrem, especialmente do juiz ou, em geral, do órgão judiciário.

Para Dinamarco, as fontes de prova podem ser fornecidas diretamente pelas pessoas que se dirigem a um juiz (partes em depoimento pessoal, testemunhas, etc.), ou, no caso de fontes reais, que emanam das fontes de prova e vêm a ser interpretadas por aqueles que as examinam (peritos). Por sua vez, meios de prova são técnicas destinadas à investigação de fatos relevantes para a causa.[3]

Carnelutti define fonte de prova como fato do qual o juiz se serve para formar o seu convencimento, e meio de prova como a atividade por ele desenvolvida para encontrar a verdade do fato a provar.[4]

Já Ovídio Baptista refere que o conceito de *meios de prova* pode ser entendido de dois modos. Como a atividade desenvolvida para produzir a prova, no sentido de fontes de onde se extraem os motivos de convencimento. Exemplo: declaração prestada pela testemunha, o laudo fornecido pelo perito, ou a percepção do juiz que realiza a inspeção judicial. E num segundo sentido, não como a atividade, mas os instrumentos de que as partes e o juiz se valem para obter o conhecimento dos fatos a provar.

Segundo Ovídio e também para José Frederico Marques, meios de prova, como o nome o indica, são as fontes em que o juiz colhe a verdade dos fatos, e os instrumentos de que as partes se servem para demonstrar os fatos que aduziram. Como se pode constatar, diferentemente de outros juristas, Ovídio Baptista e José Frederico Marques não fazem uma distinção clara entre as fontes e os meios de prova.[5]

---

[2] DINAMARCO, Cândido Rangel. *Instituições de Direito Processual Civil*, vol. I, 4ª ed, São Paulo: Malheiros, 2002, p. 86.

[3] Idem, p. 87.

[4] Para Carnelutti, a inspeção judicial numa ação demolitória seria um meio de prova, enquanto que o testemunho, uma fonte de prova, conforme refere Ivahy, Badaró, p. 164- 165.

[5] SILVA, Ovídio Baptista. *Curso de direito processual civil*, vol. I, 3ª ed., Porto Alegre: Sergio Antonio Fabris, 1996, p. 289.

2.2. Diferenças

Santiago Santis Melendo (*La prueba: los grandes temas de derecho probatório*, págs. 14 e segs.) considera relevante a distinção entre fontes e meios de prova, considerando as primeiras como um conceito metajurídico, na medida em que as fontes de prova existirão independentemente de sua eventual utilização em um dado processo, ao passo que seu emprego no processo transformara as fontes em meios de prova.[6]

Eduardo Silva da Silva, no seu artigo sobre *Fontes e meios de prova* vem reforçar essa idéia, dizendo que as fontes de prova estão impregnadas de substantividade, ou seja, de vida, de fato ainda não trazido ao processo. Ainda que sejam fatos jurídicos em si mesmo, não se constituem fatos jurídicos típicos do processo (processuais), por estarem no campo do direito substantivo. Diz que "as fontes de prova residem no mundo dos fatos e são anteriores ao processo. Aos interessados, que estão no mundo fático, compete carrear aos autos, ao processo, as fontes de prova".

Constata-se que as fontes de prova pertencem às partes, a elas cumpre o importante papel na realização da atividade jurisdicional de averiguarem, investigarem o mundo fático para trazerem a representação destes fatos ao processo. Assim, por decorrência da existência de uma ordem imanente ao sistema jurídico, ao aspecto substantivo da prova deve corresponder também uma feição instrumental, que são os meios de prova.[7]

Destarte, uma fonte de prova, trazida legitimamente ao processo, transforma-se no seu interior em meio de prova, porque através dela o juiz irá verificar a pertinência das alegações deduzidas.

Verifica-se, portanto, que é através dos meios de prova que as partes demonstram a existência dos fatos controvertidos que integram o litígio, e de que o juiz tira dados e elementos para formar sua convicção.

2.3. Correlação

Para Dinamarco, deve haver uma correlação entre os meios e as fontes de prova. Cada espécie de fontes tem a sua peculiaridade, que exige técnicas de extração dotada de peculiaridades correspondentes. Por exemplo, para extrair informações de uma pessoa que é fonte ativa, dirigem-se-lhe perguntas e ouvem-se respostas, mas como de coisas não se podem esperar respostas, dado que são fontes passivas, em relação a elas são necessários exames.[8]

---

[6] Para ele, os meios de prova somente existem no processo, já as fontes de prova são anteriores e extra-processuais. É a posição também de Badaró, que traz um exemplo claro.Quem tenha presenciado um acidente automobilístico é fonte de prova desse acidente, mesmo que esta prova não chegue ao conhecimento do juiz, ou melhor, mesmo que ela não seja introduzida no processo como meio de prova.

[7] SILVA, Eduardo Silva da. "Fontes e Meios de prova na perspectiva do microssistema da arbitragem", in Alvaro de Oliveira, Carlos Alberto (Coord.), *Prova Civil*, Rio de Janeiro: Forense, 1999, p. 197.

[8] DINAMARCO, Candido Rangel. *Instituições de Direito Processual Civil*, vol. III, 4ª ed., São Paulo: Malheiros, 2002, p. 87.

3. Meios de prova no direito brasileiro (artigo 322 do CPC)

3.1. Provas legais

Em algumas legislações, os meios de prova são taxativamente fixados na lei, que não consente outros. Entre essas legislações estão as de Portugal (o velho Código Civil português, vigente ainda hoje em Moçambique) e do Chile. Por exemplo, o de Portugal, no seu artigo 2.407 do Código Civil, preceitua incisivamente: "Os únicos meios de prova admitidos por este código são...".

O do Chile, no seu artigo 1.698, também é preciso: "As provas consistem em instrumentos públicos ou privados, testemunhas, presunções, confissão da parte, juramento deferido e inspeção pessoal do juiz".

No sistema desses códigos, a não ser pelos meios taxativamente indicados, não se consente provem-se os fatos em juízo.

Nas legislações francesa e italiana, o critério já é diverso: as normas são de abertura, pois não obstante indiquem os meios de prova, não impedem outros, embora não expressos, desde que não sejam explícitos ou implicitamente vedados pela lei e se conformem com os ditames da lógica e da experiência judiciária (conforme refere Moacyr Amaral Santos, citando Gusmão e Carnelutti).

Diz o jurista que tanto no direito francês, como no italiano, a lei reconhece como meios de prova documental as testemunhas, as presunções, a confissão e o juramento. Mas nem por isso a prova judiciária dos fatos trazidos a debate está circunscrita exclusivamente a esses meios. Um desenho não é propriamente prova documental, mas é prova não vedada pela lei, por analogia, comparável àquela. Daí alguns autores, como Carnelutti, denominarem legais os meios de prova indicados na lei e aos demais darem o nome de *provas sem denominação*.[9]

A legislação brasileira, quer a anterior, quer a vigente, filia-se ao segundo sistema, isto é, relaciona os meios de prova, sem que com isso exclua outros que entre os relacionados se encontram.

O anterior Código Civil, por exemplo, no seu artigo 136, limitava-se a enumerar os meios de prova admitidos. Mas conforme afirma Gusmão, o legislador, ao enumerar, de modo geral, diversos meios de prova admitidos pelo Código Civil, não usa de forma imperativa (deverão), mas sim da forma potestativa (poderão). Portanto, quer no novo Código Civil (artigo 212), quer em toda a legislação brasileira anterior a ele, não se faz uma determinação taxativa dos meios de prova.

---

[9] SANTOS, Moacyr Amaral. *Prova Judiciária no Civil e Comercial*, vol. I, 4ª ed., São Paulo, 1970, p. 74.

Assim, havendo silêncio ou omissão da lei, nada impede que, sem contrariar o regime do Código Civil, possam ser recebidos e aceitos como elementos constitutivos outros meios de prova (ex: o telegrama, o radiograma, a fotocópia, o fonograma, a impressão digital, a ficha antropométrica, os marcos divisórios etc, isto é, aquelas provas que Canelutti apelidou de *provas sem denominação*).

Já no processo civil, o CPC anterior limitou-se a reportar os meios de prova reconhecidos nas leis substantivas, dispondo no seu artigo 208 o seguinte: "São admissíveis em juízo todas as espécies de prova reconhecidas nas leis civis e comercias".

Afirma Moacyr Amaral Santos que: "Se a enumeração dos meios de prova pertencem à órbita do direito substantivo, se cada um dos ramos desse direito prescreve quais os meios de prova admissíveis, não havia razão, nem mesmo conveniência, os reproduzisse o código de processo, bastando, como se faz reportar-se as leis que os reconhecem".[10]

Quanto ao CPC vigente Cândido Dinamarco refere que: "São fontes de prova admitidas no CPC brasileiro todos os seres matérias ou imateriais capazes de gerar informações sem nenhuma exclusão em tese". Esses seres geradores de prova são de toda natureza que se possa imaginar – desde pessoas ou animais, vivos ou mortos, até papéis escritos, lançamentos contábeis, fotografias, fitas sonoras ou vídeoteipe, etc. Nenhuma espécie de fonte passiva é excluída *a priori* e nem sequer ao mais obsceno dos escritos ou reproduções gráficas é negada a condição de fonte probatória, até porque pode servir de prova de uma obscenidade alegada pela parte.

Diz ele que as hipóteses de ilicitude da prova são outras e não se liga ao próprio modo de ser das fontes.

O Código de Processo Civil dita somente limitações, e não exclusão em tese de alguma fonte de prova. Exemplos: arts. 400, 401, 402 e 405 todos relativos à prova testemunhal.

Diz a respeito o artigo 332 do CPC: "o juiz apreciará livremente a prova, atendendo aos fatos e circunstâncias constantes dos autos, ainda que não alegadas pelas partes, mas devera indicar, na sentença, os motivos que lhe formaram o convencimento."

Considerando-se este critério de avaliação de prova, aceito pelo CPC, refere Dinamarco que seria natural conceder-se ao julgador a faculdade de valer-se de todos os meios de prova que se mostrassem idôneos a formar seu convencimento, sem as limitações próprias do sistema de prova legal, anteriormente referidas.

Ovídio Baptista diz, quando a lei no artigo 332 prescreve, que "todos os meios legais, bem como os moralmente legítimos, ainda que não espe-

---
[10] Idem, p. 76.

cificados no código, são hábeis para provar os fatos em que se funda a ação ou defesa".

Poder-se-iam dividir as provas admissíveis no direito brasileiro em provas legais (aquelas previstas pelo legislador) e provas atípicas, ou inespecíficas (outros meios de prova facultados ao magistrados para melhor atender ao reclames da justiça), que Carnelutti chama de *provas sem denominação*.

Tem-se, pois, que as provas legais (técnicas probatórias incluídas no CPC, como meios de prova) são: o depoimento pessoal das partes (arts. 342 a 347), a confissão, (arts. 348 a 354), a prova documental, (arts. 364 a 399), prova testemunhal (arts. 400 a 419), prova pericial (arts. 420 a 439), e a inspeção judicial (arts. 440 a 443). Desses meios de prova, o presente trabalho fará referência apenas às provas documental, testemunhal e pericial (portanto, a classificação clássica).

3.1.1. Prova documental

3.1.1.1. Conceito de documento e sua natureza

Segundo Ovídio Baptista, sempre que se faz alusão a documento ou a prova documental, em geral se imagina que estas categorias de direito probatório equivalham ao conceito de prova literal, elaborada e produzida por meio da escrita (*littera*, A letra, aquilo que está escrito). O conceito de documento, todavia, é bem mais amplo, abrangendo outras formas de representação, além das formas gráficas ou simplesmente literais.[11]

Moacyr Amaral Santos, seguindo a orientação de Carnelutti e outros juristas especialmente italianos, define "documento" como sendo uma coisa que *doce*, isto é, que tem em si a virtude de fazer conhecer (verbo *docere*, em latim, ensinar, de onde temos o vocábulo docente).

Assim, em sentido amplo, o conceito de documento para este jurista deve abranger todos as coisas capazes de, por si mesmas, representarem algum fato, ou melhor, é a coisa representativa de um fato e destinada a fixá-lo de modo permanente e idôneo, reproduzindo-o em juízo. Ex: sinais, monumentos etc.

Para Cândido Dinamarco, por sua vez, documento como fonte de prova "é todo ser composto de uma ou mais superfícies portadores de símbolos capazes de transmitir idéias e demonstrar a ocorrência de fatos". Esses símbolos serão letras, palavras e frases, algarismos e números, imagens ou sons gravados e registros magnéticos em geral. O que há em comum entre

---
[11] OVÍDIO, A. Baptista da Silva. *Curso de processo Civil*, vol. I, Porto Alegre: Sergio Antonio Fabris Editor, 1987, p. 312.

eles é que sempre expressam idéias de uma pessoa, a serem captadas e interpretadas por outras. Para ele, é o resultado de um ato humano.

O documento, portanto, é uma fonte passiva de prova da qual os informes são retirados sem a participação do ser que as traz em si; como toda fonte passiva, essa tem natureza real e não-pessoal, ainda quando o objeto portador dos informes seja uma pessoa.[12] Mas refere Dinamarco que nem todo objeto portador de informes é documento.

Relativamente ao documento, há distinções importantes às quais devem ser feitas referências.

A primeira é a *distinção de documento e de simples indício* – o primeiro tem valor de prova em si mesmo, ao passo que o segundo (indícios) serve como uma ponte para que possamos atingir, por meio dele, o fato a provar.

Ovídio Baptista traz um exemplo próprio para esta distinção, dizendo que: "Quando examinamos uma carta ou um recibo de quitação, damos-lhe o valor de um documento e tratamo-los como prova enquanto tal, um revólver que alguém porte na cintura pode ser indício de ter sido tal pessoa, por exemplo, o autor do ferimento causado em outrem, ou ser indicio de que o portador de uma arma pretende agredir alguém ou, somando a outros indícios, indicar simplesmente o temperamento violento e rixoso de quem o porte. Aqui, o revólver não poderá ser considerado documento".

A diferença é que o documento é uma prova real na medida em que é em si mesmo uma prova. O juiz não investiga através dele o ato humano que a criou, mas a coisa criada, ao passo que no indício busca-se a coisa cuja existência é sugerida pelo fato indiciário.[13]

A segunda é a *distinção do documento como prova real que se pode distingui-lo do negócio jurídico*, mesmo nos casos em que se esteja em presença de um documento declarativo, é que o documento é uma coisa que contém uma declaração, mas não se confunde com a declaração de vontade que define o negócio jurídico e pode ser conteúdo do documento.

A indicação mais evidente da necessidade de fazer-se distinção entre o documento e seu conteúdo que pode caracterizar um negócio jurídico é a circunstância de ser documento a fotocópia do próprio documento original que, por sua vez, poderá ser invalidada como prova. Neste caso, o documento não é declarativo, como o são alguns outros (recibo de quitação), mas serve para representar outro documento (Carnelutti).

Também é preciso distinguir-se *instrumento* de *documento*. Documento, no sentido genérico, é a coisa representativa de um ato ou fato. Nesse sentido, os instrumentos são espécies do gênero documentos.

---

[12] Dinamarco traz o exemplo do filme hollywoodiano, onde uma rosa tatuada no busto de uma mulher foi a prova do adultério de um motorista de caminhão obcecado por rosas que também tinha no peito tatuado da mesma forma, p. 565.
[13] SILVA, Ovídio A. Baptista. *Curso de Processo Civil*, op. cit., p. 320.

Mas o Código Civil, disciplinando a prova dos atos jurídicos, refere-se distinguindo os instrumentos e documentos como espécie de documentos escritos.[14]

Cândido Dinamarco, por sua vez, diz que se consideram os instrumentos como os registros de declaração de vontade, elaborados com o objetivo de perpetuá-las no tempo de modo idôneo e vinculá-las aos declarantes. Eles são a forma prescrita ou não defesa em lei, exigida pelo artigo 104 inc. III, do Código Civil, para validade dos negócios jurídicos. Há casos de instrumentos públicos com forma solene indispensável (Código Civil, art 1080) e, quando a forma é livre ou ao menos não é exigida essa forma solene, os negócios jurídicos expressam-se por escritos particulares.[15]

Conforme os casos são, portanto, instrumentos dos negócios jurídicos as escrituras públicas, os instrumentos particulares de contrato ou mesmo mensagens transmitidas por e-mail ou via fac-símile. Os instrumentos dos negócios jurídicos assumem a condição de documento sempre que se tornem relevantes para a demonstração da existência ou teor do contrato. São essas as chamadas provas pré-constituídas, ou seja, fontes probatórias que já contêm os informes antes da existência do processo, a serem examinados e considerados quando produzidos neste.

Portanto, como já foi referido anteriormente, o Código Civil trata da prova documental em um número grande de dispositivos que vão do artigo 364 até o 399.

Além disso, contém uma rubrica com dez artigos, onde disciplina a exibição incidente de documentos ou coisa (arts. 355 a 364). Mais em toda essa centena de dispositivos, muito poucas regras existem sobre os aspectos procedimentais da prova documental, ou seja, sobre a técnica de sua produção (artigos 396-399). Compreende-se isso, porque de todos os meios de prova esse é por natureza o de produção mais simples, a qual se faz ordinariamente, mediante atos muito concentrados.

3.1.1.2. Classificação geral dos documentos

Os documentos, quanto ao seu autor, origem ou procedência são:

Públicos ou privados – os primeiros, quando o seu autor os forma no exercício de uma atividade pública; os segundos quando quem os forma é um particular ou age na qualidade de particular.

Autógrafos ou Heterógrafos – conforme o autor do documento seja o próprio autor do fato documentado ou outrem.

Assinados ou não-assinados – segundo sejam ou não subscritos ou assinados pelo autor

---
[14] Vide artigos 217 e 218 do Código Civil brasileiro.
[15] DINAMARCO, Cândido Rangel. *Instituições de Direito Processual Civil*, vol. III, op. cit., p. 566.

Autênticos, autenticados ou sem autenticidade – os primeiros, quando em si mesmo contêm a prova da coincidência entre o seu autor aparente e o seu real; os segundos, quando essa prova é feita fora dos próprios documentos; os últimos, quando essa prova não é feita.

Quanto ao meio, maneira ou material usado na sua formação.

Indiretas ou Diretas – conforme o fato representado se transmita ao documento através da mente do seu autor (o escrito, o desenho, a carta topográfica, etc.) ou se transmita diretamente para o documento (fotografia, fotografia cinematografia).

Escritos, gráficos, plásticos e estampados – os escritos são os em que os fatos são representados literalmente (escritura); gráficos, os em que o são por outros meios gráficos, diversos da escrita (desenho, pintura, carta topográfica); plásticos, em que a coisa é representada por meios plásticos (modelos de gesso ou madeira, miniaturas); estampados são os documentos diretos (fotografias, fonografias, cinematografia).

Quanto ao seu conteúdo, podem ser narrativas e constitutivas ou dispositivas aquelas encerram declarações de ciência ou de verdade, que podem ser testemunhas ou confessórias, estes contêm declarações de vontade, constitutivas modificativas ou extintivas de relações jurídicas.

Quanto a sua finalidade, são preconstituídas ou casuais, conforme tenham ou não sido feitas com o propósito de servir, no futuro, de prova do ato ou fato neles representado. Daqueles resultam os instrumentos; destes os documentos no sentido estrito.

Quanto a sua forma, em relação à prova que produzem, são formais ou solenes, e não formais, conforme reclamem ou não determinados forma, preestabelecida por lei, para que o ato nele contido tenha eficácia jurídica.

Quanto à forma, também podem ser originais ou cópias – os primeiros são o próprio documento em que se representa, a ato ou fato, e, em certas hipóteses a primeira copia do original, os segundos são as reproduções, textuais ou não, dos documentos originais.

3.1.2. *Prova testemunhal*

Num sentido mais restrito, o conceito de testemunha pode ser entendido de dois modos, como a pessoa chamada para assistir ao cumprimento de atos jurídicos com o fim de dar-lhe maior solenidade, assegurando-lhe eficácia probatória e garantindo-lhe os efeitos, ou a pessoa que declara em juízo acerca de um fato, ou suas circunstâncias para provar-lhe a existência ou inexistência.

Aquela que subscreve o ato é chamada instrumentária (primeiro sentido). A que declara em juízo o que sabe sobre os fatos controvertidos é chamada judicial (segundo sentido).

Como estamos em face do direito processual, que é direito público, a acepção que interessa é a da testemunha judicial, que é a pessoa chamada a juiz para depor sobre o que sabe de um fato.

Segundo a definição de Moacyr Amaral Santos, "testemunha" é uma pessoa distinta dos sujeitos processuais, convidada na forma da lei, por ter conhecimento do fato ou ato controvertido entre as partes. Depõe sobre este em juízo, para atestar a sua existência.

Dessas noções se extraem os elementos característicos da testemunha:

a) É uma pessoa física,

b) É uma pessoa estranha ao feito,

c) É uma pessoa que deve saber do fato litigioso,

d) A pessoa deve ser chamada a depor em juízo,

e) A pessoa deve ser capaz de depor,

Diz ainda Amaral Santos que muitos autores, por não atenderem aos elementos característicos da testemunha, pecam por não definir a testemunha com segurança. E cita definições de alguns autores tais como Morais Carvalho, Baudry Laciantinerie, Pereira e Sousa, Sousa e Pinto, Paula Baptista, Chiovenda, Lessona entre outros. Umas porque demasiado restritivas; outras demasiadamente amplas.

Parece que de todas as definições a de João Monteiro é a mais correta e a mais adequada, por abranger com exatidão a matéria definida e estão contidos com perfeição, todos os elementos integrantes da figura da testemunha.

Assim, diz Moacyr A Santos que se testemunha é a pessoa, capaz e estranha ao feito, chamada a juízo para depor o que sabe sobre o fato litigioso e se a prova testemunhal é fornecida por testemunha, poder-se-á, caso convenha, chegar a uma definição que reúna as duas noções. E ter-se-á como "prova testemunhal" a fornecida por pessoa, capaz e estranha ao feito, chamada a juízo para depor o que sabe sobre o fato litigioso.

Todas as normas que regem a obrigação de testemunhar, capacidade de depor, admissibilidade do número de testemunhas, a preposição, a produção e atos preparatórios entre outros requisitos da prova testemunhal esta previsto nos artigos (440 a 4430 do CPC).

De todas as provas tipificadas no código de processo brasileiro, a testemunhal é a mais complexa em sua técnica. Sua propositura distribui-se em momentos diversificados; sua realização é a mais a pormenores de precisas normas procedimentais, e no contexto dessa técnica existem ainda providências preparatórias dessa realização.[16]

---

[16] SANTOS, Moacyr Amaral dos. *Prova Judiciária no Civil e no Comercial*, vol. II, 2ª ed., São Paulo: Max Limonad, 1952.

3.1.3. Prova Pericial

A função de toda a atividade probatória é fornecer ao julgador os elementos por meio dos quais ele há de formar o seu convencimento a respeito dos fatos controvertidos no processo.

Este contato do juiz com os fatos da causa pode dar-se através das provas orais produzidas em audiência, quando o juiz ouve diretamente as partes ou inquire as testemunhas, ou mediante o exame dos documentos constantes nos autos, ou ainda quando se traz no processo, não o documento, e sim as pessoas ou coisas de que se pretende extrair elementos de prova.

Outras vezes, porem, não é possível a remoção de coisas e sua juntada ao processo. Assim, por exemplo, se for necessário examinar-se um imóvel, a respeito do qual se controverte na causa, o juiz não terá outro caminho senão deslocar-se pessoalmente até o lugar onde ele se situa, ou encomendar o seu exame a terceiros. Sempre, no entanto, que esta investigação sobre pessoas ou coisas, inclusive documentos, exigir conhecimentos técnicos especiais da pessoa encarregada de fazê-la, estamos frente à necessidade de "prova pericial".

Bem afirma Moacyr Amaral Santos "... porque o juiz não seja suficientemente apto para proceder direta e pessoalmente à verificação e mesmo apreciação de certos fatos, suas causas e conseqüências, o trabalho visado a tal objetivo se fará por pessoas entendidas na matéria (peritos), quer dizer, a verificação e a apreciação se operarão por meio de perícia".

Perícia, segundo José Frederico Marques, "é a prova destinada a levar ao juiz elementos instrutores sobre algum fato quer dependa de conhecimentos especiais de ordem técnica".

Podemos defini-la também como sendo o meio pelo qual, no processo, pessoas entendidas verificam fatos interessantes à causa, transmitindo ao juiz o respectivo parecer.

Classificam-se as perícias segundo vários critérios:

a) Conforme se façam no processo, de ofício ou a requerimento das partes, ou fora do processo, por vontade de uma ou de ambas as partes, dizem-se *judiciais ou extrajudiciais*. No processo, apenas se cogita daquelas dispondo a lei quanto à sua admissibilidade ao seu procedimento.

b) Segundo sejam ou não exigidos pela lei ou pela especial natureza do fato probando, **são necessárias ou facultativas**. Em princípio a perícia é facultativa, no sentido de que pode ser ordenada, a requerimento ou de oficio, conforme o critério geral (artigo 130 do CPC) que faculta ao juiz admitir ou negar provas. Por exceção, há perícias necessárias, ou obrigatórias que são aquelas a que a lei ou a especial natureza do fato impõe se faça prova por esse meio.

c) Segundo sejam determinados de ofício ou por provocação de parte, as perícias se denominam *Oficiais ou requeridas*.

d) Conforme tenham lugar no curso do processo, sejam cautelares ou preparatórias de ação, as perícias serão de *presente ou de futuro* – estas, mais comumente chamadas *ad perpetuam re in memoriam*.

4. Provas atípicas ou inominadas

É a partir da leitura do artigo 322 do CPC que será feita a abordagem sobre as provas atípicas ou inominadas. O referido artigo dispõe que: "Todos os meios legais, bem como os moralmente legítimos, ainda que não especificados neste código, são hábeis para provar a verdades dos fatos em que se funda a ação ou a defesa".

Como refere Darci Ribeiro, o legislador, ao elaborar o CPC, previu determinadas provas que poderiam ser utilizadas em juízo para formar o convencimento do magistrado, tais como o depoimento pessoal, a confissão, a exibição de documento ou coisa, o documento, a testemunha, a perícia e a inspeção judicial. Essa são as provas legais, como anteriormente referido.

Todavia, não vetou a lei a possibilidade de o juiz convencer-se através de outros meios, quando introduziu sabiamente o art. 322 do CPC, permitindo com isso que pudesse o magistrado se abeberar em outras fontes de convencimento para melhor atender aos reclames da justiça.

São esses meios de prova não delimitados e alguns nem positivados pelo legislador, como forma de convencimento que iremos analisar. (provas atípicas no direito brasileiro).

4.1. Conceito

Como se pode conceituar a prova atípica?

Segundo Barbosa Moreira, ele pode conceituar-se por oposição à prova típica. O conceito de atipicidade obviamente pressupõe o conceito de tipicidade e define-se por oposição a ele.[17]

Para o jurista italiano Michele Taruffo citado por Barbosa Moreira, há duas diferentes perspectivas, ou dois diferentes pontos de vista sob os quais se pode conceber que uma prova divirja da prova típica e por isso, mereça ser considerada atípica. "Ou a prova é atípica por constituir espécie diferente daquelas reguladas por lei, ou é atípica porque colhida de modo ou forma diferente da utilizada na prova típica que a ela correspondesse".

José Carlos Barbosa Moreira, comentando esse trabalho não muito recente da conceituação da prova atípica do professor Taruffo (anos 70) levanta algumas objeções.

---
[17] MOREIRA, Jose Barbosa. "Provas Atípicas", *Revista de Processo*, n° 76, p. 114.

No tocante à primeira perspectiva (uma prova atípica que o fosse por constituir espécie nova, espécie diversa daquelas reguladas na lei), refere que as provas reguladas na lei civil e legislação processual, em regra, esgotam todas as possibilidades de aquisição de conhecimento sobre fatos, no que diz respeito, as possíveis fontes desses conhecimentos que são finitas, limitadas. Não há outras possibilidades.

Não se pode contar com outras fontes diferentes de pessoas, coisas ou fenômenos matérias, pois as provas tipificadas cobrem perfeitamente todas essas possibilidades. Exemplo: no CPC brasileiro, estão reguladas, em partes distintas, a prova documental e a exibição de documento ou coisa, quando na verdade a fonte de conhecimento é sempre a mesma – um documento.

Para o jurista, o que distingue o tratamento separado dessas duas modalidades é a forma pela qual o documento chega a exame do juiz: a maneira pela qual o juiz tem acesso a essa fonte num caso acontece pelas partes e no outro o juiz é que ordena de ofício ou a requerimento. Essa é a segunda perspectiva.

Em relação a essa segunda perspectiva (atípica porque colhida de modo diferente, por forma diferente da utilizada na prova típica que a ela corresponde), Barbosa Moreira também levanta objeções, a despeito de ser principalmente por este ângulo que os juristas preferem estudar o fenômeno das chamadas *provas atípicas*.

A grande objeção foi feita na Itália, por Cavallone, ao referir que se utilizamos as mesmas fontes de conhecimento tradicionais por uma forma diversa da prevista na lei, não temos o direito de falar em provas atípicas, porque elas seriam ilegais, seriam provas típicas irregularmente colhidas, portanto, sem observância daquelas garantias que a lei estabelece para a colheita das chamadas provas típicas.[18]

A conclusão de Cavallone é a de que não se justifica falar em provas atípicas – na verdade, estaríamos diante de provas irregulares de provas ilegalmente colhidas.

Para Barbosa Moreira, o ponto que considera mais importante da crítica de Cavallone, é que sem a observância daquelas garantias que a lei estabelece para a colheita das chamadas provas típicas, estar-se-ia na verdade num terreno positivamente muito suspeito de ilegitimidade na medida em que procuraríamos ter acesso às mesmas fontes capazes de fornecer-nos informações na lei.

Uma das condições básicas para que se possa julgar com justiça é o conhecimento, tanto quanto possível aprofundado e completo dos fatos relevantes para a solução do litígio e é essa visão pratica que acaba por pre-

---
[18] CAVALLONE, citado por Barbosa Moreira, p. 76.

dominar sobre certos escrúpulos de ordem lógica, ou mesmo de ordem dogmática.

É assim que em quase todos os países (com exceção talvez daqueles países em que os meios de prova são taxativamente fixados por lei, que não consente outros – exemplos de Moçambique e Chile) admite-se em maior ou menor grau essa possibilidade de acesso a fontes de conhecimento por forma diversa daquela especificamente prevista na lei para determinada prova típica.

Nas doutrinas italiana e francesa, por exemplo, apesar das objeções de alguns juristas como Cavallone, predomina largamente a tese da possibilidade de utilização de provas atípicas ou *sem denominação*, como Carnelutti chama, apesar da inexistência de disposição analógica à do artigo 332 do CPC brasileiro.

Também na Alemanha, principalmente por construção jurisprudencial, tem-se admitido a chamada *freibeiweis* (prova livre), sobretudo no que concerne à apuração de fatos suscetíveis de serem tomados em consideração de ofício pelo juiz. Por exemplo, os fatos relativos ao controle dos pressupostos processuais, matérias, como sabemos, sujeita ao controle *ex officio* pelo órgão judicial.

Se nesses países, mesmo sem norma expressa que consagre tal possibilidade, às provas atípicas são admitidas, *a fortiori*, não há porque duvidar dessa possibilidade no sistema brasileiro. Diz Barbosa Moreira que, se assim fosse, estar-se-ia até a desobedecer ao artigo 332 CPC, e não comportaria qualquer variação no sistema brasileiro. Assim, precisamente para obedecer-se à lei, tem-se de admitir a possibilidade de provas atípicas.

Portanto, no direito brasileiro, além dos meios de prova típica, que são elencados e disciplinados em lei, outros podem ser admitidos no processo civil, desde que moralmente legítimos.

4.2. Prova emprestada

É atípica, por exemplo, *a prova emprestada*, a que o CPC não faz a menor alusão, mas, ainda que muito cautelosamente, os tribunais admitem, desde que seu emprego não transgrida a garantia constitucional do contraditório.[19]

Como refere Darci Ribeiro, a prova emprestada encontra-se albergada no artigo 332 do CPC, pois, uma vez que foi coletada com todos os requi-

---

[19] Que a parte contra quem a prova é produzida deverá ter participado do contraditório na constituição da prova,
– Que haja uma identidade entre os fatos do processo anterior com os fatos a serem provados,
– Ser impossível ou difícil a reprodução da prova no processo em que se pretenda demonstrar a verdade de um fato.

sitos supra-referidos, ela é um meio moralmente legítimo e, portanto, capaz de produzir convencimento, já que a prova deve ser visualizada, principalmente pelo seu aspecto subjetivo. Tal é o sentido da jurisprudência quando encontramos, nos arquivos do Tribunal de Alçada do Estado do Rio Grande do Sul (periódico), que "a prova colhida em outro feito pode servir de elemento de convicção, pois a chamada prova emprestada inclui-se entre os meios moralmente legítimos que o CPC 332 declara hábeis para provar a verdade dos fatos".[20]

4.3. O depoimento de testemunhas técnicas (expert witness)

O sistema brasileiro de processo civil comporta a inquirição e o depoimento oral de pessoas especializadas em termos técnicos, a serem arrolados como testemunhas pelas partes. O CPC não inclui essa técnica entre os meios de prova, mas, como refere Dinamarco, ela não discrepa do sistema, porque no fundo constitui conjugação entre um critério de meio de prova – testemunhal – e uma técnica probatória legítima, que é a pessoa portadora de conhecimentos técnicos. Ela é uma prática generalizada no direito americano (*expert testemony*), mas de absoluta compatibilidade com o sistema brasileiro.[21]

4.4. Comportamento processual das partes

A outra prova a que importa fazer referência é a *valoração do comportamento processual das partes*. Segundo Darci Ribeiro, modernamente a ciência processual vem aceitando a possibilidade de o comportamento das partes em juízo produzir convencimento. Diz ele que não se pode negar a grande influência que o comportamento das partes produz no magistrado, principalmente se for levado em consideração que o direito surge da controvérsia no processo e cristaliza-se nas decisões judiciais.

O CPC italiano é mais avançado nessa matéria, pois positivou a possibilidade de o juiz valorar o comportamento das partes, conforme preceitua o artigo 116 do referido Código.[22]

Tem como fundamento o artigo 332 do CPC – podemos ver que o comportamento processual das partes é um meio legal, porque não é ilegal, moralmente legítimo, não está especificado no Código, porém é hábil para provar a verdade de um fato, em que se funda a ação ou a defesa.

Diz ainda Darci Ribeiro que o processo em seu sentido social ou instrumental é um instrumento público eficaz, legítimo e verdadeiro de reali-

---

[20] Citado por RIBEIRO, Guimarães Darci. *Provas atípicas*, Porto Alegre: Livraria do Advogado, 1998, p. 118.
[21] DINAMARCO, Cândido Rangel. *Instituições de Direito Processual Civil*, vol. III, op. cit., p. 95.
[22] RIBEIRO, Darci Guimarães. *Provas Atípicas*, op. cit., p. 125.

zação da justiça, colocado à disposição das partes pelo Estado, para que elas possam buscar a prestação da tutela jurisdicional, e nenhum instrumento de justiça pode sobreviver fundado em mentira, má-fé, motivo pelo qual o comportamento da parte influenciaria a convicção do juiz.

Portanto, não só a prova produzida pela parte, como também a conduta da própria parte, pode influenciar o juiz no julgamento. No primeiro caso, temos uma valoração objetiva da prova (os fatos) e, no segundo, temos uma valoração subjetiva da prova (a pessoa ou, como quer a lei, artigo 131 do CPC, as circunstâncias).

4.5. Constatações realizadas por Oficial de Justiça

Por último, temos as *constatações realizadas por Oficial de Justiça*, com o objetivo de verificar o eventual estado de abandono do imóvel locado, a que Dinamarco faz referência, e que estão previstas na Lei nº 8.245/91, artigo 66.[23]

5. Conclusão

Conclui-se, sintetizando algumas idéias mais importantes que se apresentaram no decorrer do presente estudo, e que servirão para demonstrar a admissibilidade das provas atípicas no direito brasileiro:

- O sistema brasileiro abre claríssimo espaço para a admissibilidade dos meios de prova não tipificados em lei, desde que moralmente legítimos, por força do artigo 322 do CPC. Segundo este artigo, deve haver uma necessária compatibilidade das provas com a lei e com os ditames da ordem ética. A lei, ela mesma, exclui a possibilidade de provas atípicas que sejam ilegais, não no sentido de provas não previstas na lei, mas no sentido de provas que conflitam com alguma regra legal (por exemplo, obtenção ilegítima de fontes probatórias pela parte, na prática de tortura, ameaça, ou extorsão na inquirição de testemunhas ou da própria parte. As chamadas provas ilícitas).

- A prova atípica deve, na medida do possível, conciliar-se com a garantia do contraditório. Assim, a prova emprestada, desde que não transgrida a garantia constitucional do contraditório, é uma prova admissível, pois se inclui entre os meios moralmente legítimos que o CPC no seu artigo 332 declara hábeis para provar a verdade dos fatos.

- O CPC não inclui o depoimento de testemunhas técnicas (*expert witnesses*), como meios de prova, mas tal prova não discrepa do sistema,

---

[23] Dinamarco faz uma breve referência a este meio de prova em *Instituições de Direito Processual Civil*, vol. III, op. cit., p. 94.

porque constitui conjugação entre um critério de meio de prova legal, que é a testemunhal, e uma técnica probatória legítima, que é a pessoa portadora de conhecimentos técnicos.

- A valoração do comportamento processual das partes é uma prova atípica admissível no sistema brasileiro com fundamento no artigo 332 do CPC. Trata-se de um meio legal, ainda que não tipificado no Código, porque não é ilegal, é moralmente legítimo, porém, é hábil para provar a verdade de um fato em que se funda a ação ou a defesa. O que se deve ter em conta é que o princípio fundamental na valoração das provas pelo juiz, expressamente consagrado no artigo 131, não significa arbítrio. Há uma série de regras lógicas que devem ser observadas.

- As constatações realizadas por Oficial de Justiça são um meio de prova não tipificada, sendo sua utilização permitida pelo ordenamento jurídico pátrio, conforme se constata do artigo 66 da Lei nº 8.245, de 18.10.91.

6. Bibliografia

BARBOSA MOREIRA, José Carlos. O Juiz e a Prova, in Revista de Processo, nº 36: Revista dos Tribunais, 1984, p. 178-184.

———, Provas Atípicas, in Revista de Processo, São Paulo: Revista dos Tribunais, 1994, nº 76, p. 114-126.

CARNELUTTI, Francesco. A Prova Civil, tradução e notas de Amilcare Carletti, São Paulo: Universidade de Direito. 2002.

———. Sistema de Direito Processual Civil, tradução de Hiliomar Martins Oliveira, São Paulo: Classic Book. 2000.

CAMPO, Helio Marcio. Princípio Dispositivo em Direito Probatório, Porto Alegre: Livraria do Advogado, 1994.

CHIOVENDA, Giuseppe. Instituições de Direito Processual Civil, tradução da 2ª ed., italiana por Guimarães Menegale, Vol. I, São Paulo: Saraiva, 1942.

DINAMARCO, Cândido Rangel. Instituições de Direito Processual Civil, Vol. I, 2ª ed., São Paulo: Malheiros, 2002.

FADEL, Sergio Sahione. Código de Processo Civil Comentado, Vol. I, 6ª ed., Rio de Janeiro: Forense, 1987.

IVAHY, Badaró, Gustavo Henrique Reghi. Ônus da Prova no Processo Civil. São Paulo: Revista dos Tribunais, 2003.

THEODORO JUNIOR, Humberto. Curso de Processo Civil, 23ª ed., Vol. I, Rio de Janeiro: Forense, 1998.

MARQUES, José Frederico. Manual de Direito Processual Civil, Vol. I, 2ª ed., 2ª tir., Campinas: Millennium, 2000.

MELENDO, Santiago Sentis. La Prueba- Los Grandes Temas del Derecho Probatório, Buenos Aires: Ediciones Jurídicas, Europa, 1987.

PRATA, Edson. "Meios de Prova", in Revista de Crítica Judiciária, Vol. I, Uberaba: Forense, p. 161-170.

PANICHI, Raphael António Garrigoz. "Meios de Prova nos Contratos Eletrônicos Realizados por Meio de Internet", in *Revista de Direito Privado*, n° 16, São Paulo: Revista dos Tribunais, 2000, p. 260-272.

PAULA, Alexandre de. *Código do Processo Civil Anotado de Processo de Conhecimento*, Vol. II, 7ª ed., São Paulo: Revista dos Tribunais, 1998.

RIBEIRO, Darci Guimarães. *Provas Atípicas*, Porto Alegre: Livraria do Advogado, 1998.

SANTOS, Moacyr Amaral dos. *Prova Judiciária no Civil e no Comercial*, Vol. I, 2ª ed, São Paulo: Max-Limonad, 1952.

——. *Primeiras Linhas de Direito Processual Civil,* Vol II, 18ª ed., São Paulo: Saraiva, 1997.

SILVA, Eduardo Silva da. "Fontes e Meios de Prova na Perspectiva do Microssistema da Arbitragem", in Oliveira, Carlos Alvaro de, *Prova Civil*, Rio de Janeiro: Forense, 1999, p. 165-185.

SILVA, Ovídio Baptista da. *Curso de Processo Civil – Processo de Conhecimento*, Vol. I. 7ª ed., Rio de Janeiro: Forense, 2005

— 4 —

A lógica da prova no *ordo judiciarius* medieval e no *processus* assimétrico moderno: uma aproximação

DANIEL MITIDIERO

Sumário: Introdução; 1. Processo isonômico medieval; 1.1. O *Ordo judiciarius* medieval: uma aproximação; 1.2. Modelo de prova no *ordo judiciarius* medieval: modelo persuasivo de prova; 2. Processo assimétrico moderno; 2.1. O *processus* moderno: uma aproximação; 2.2. Modelo de prova no *processus* moderno: modelo demonstrativo de prova; Conclusões; Referências bibliográficas.

Introdução

O presente estudo visa a caracterizar o *ordo* isonômico medieval e o *processus* assimétrico moderno com o desiderato de demonstrar a fratura existente entre essas duas experiências históricas de processo civil, fazendo-o objetivando precipuamente analisar os modelos de prova num e noutro formalismo processual. Nessa esteira, cumpre observar, de chofre, que qualquer texto que se dedique, ainda que minimamente, a estudar a partir da história esse ou aquele modelo jurídico tem de ser bem avisado, de início, da total inadequação de se adotar a propósito uma "dogmática retrospectiva", que procure compreender o passado tendo como ponto de partida conceitos contemporâneos.[1] A eliminação da pré-compreensão teórica hodierna de algumas estruturas teóricas e de algumas estruturas de poder, pois, é pressuposto para uma análise mais aproximada, em termos de fidelidade, das instituições jurídicas do passado.

---

[1] A advertência é de Antônio Manuel Botelho Hespanha, "Para uma Teoria da História Institucional do Antigo Regime". In: Hespanha, Antônio Manuel Botelho (org.), *Poder e Instituições na Europa do Antigo Regime*. Lisboa: Fundação Calouste Gulbenkian, 1984, p. 37. Em ensaio mais recente, esse mesmo autor define a "historiografia retrospectiva" como aquela "que projecta sobre o passado as categorias sociais e mentais do presente, fazendo do devir histórico um processo (escatológico) de preparação da actualidade" (Antônio Manuel Botelho Hespanha, "Lei e Justiça: História e Prospectiva de um Paradigma". In: Hespanha, Antônio Manuel Botelho (org.), *Justiça e Litigiosidade: História e Prospectiva*. Lisboa: Fundação Calouste Gulbenkian, 1992, p. 51.

Posta essa observação preliminar, e cientes de que o processo civil hodierno vem dimensionado como um fenômeno de poder cujas amarras mais fundas se encontram na Constituição, dependente para sua conformação da cultura do povo, sendo, pois, um elemento que participa da história do mundo, que mantém uma relação de interdependência com o direito material, sendo fundamentalmente um instrumento que visa à justiça do caso levado à apreciação jurisdicional, consoante já declinamos alhures,[2] sendo, nessa perspectiva, mais uma concretização do Estado de Direito,[3] cumpre aquilatar os estágios mais significativos da historiografia do processo civil no que tange à maneira como se dão as relações de poder entre aqueles que participam do processo, no fundo, como se oferecem mesmo as relações, em dado momento histórico, entre o indivíduo, a sociedade e o Estado, como leciona Carlos Alberto Alvaro de Oliveira.[4] Não é por outro motivo, aliás, que Alessandro Giuliani considera o processo *"come un capitolo della storia politico-istituzionale di una certa epoca"*.[5]

Nessa senda, dois modelos de processo civil se colocam para nossa análise: o processo isonômico medieval e o processo assimétrico moderno, a fim de que possamos, em tópicos próprios, encetar uma análise dos modelos de prova que correspondem a uma e a outra experiência: o modelo clássico, simétrico e persuasivo, e o modelo moderno, assimétrico e demonstrativo.

1. Processo isonômico medieval

1.1. O ordo judiciarius medieval: uma aproximação

A tensão que se estabelece entre indivíduo, sociedade civil e Estado, mote das modernas garantias constitucionais do processo civil,[6] aparece dissolvida na Idade Média, uma vez que o Antigo Regime europeu, anterior ao paradigma do Estado moderno, caracterizou-se justamente em função da indistinção entre a sociedade civil e o Estado e pelo caráter difuso dos mecanismos de poder, como observam Cezar Saldanha Souza Junior[7] e

---

[2] Daniel Francisco Mitidiero, *Elementos para uma Teoria Contemporânea do Processo Civil Brasileiro*. Porto Alegre: Livraria do Advogado, 2005, p. 11/73.

[3] Já que, como bem observa Luís Afonso Heck, é papel mesmo do Estado de Direito, preceito deveras indeterminado, solucionar a tensa relação entre certeza jurídica e justiça no caso concreto (conforme *O Tribunal Constitucional Federal e o Desenvolvimento dos Princípios Constitucionais – Contributo para uma Compreensão da Jurisdição Constitucional Federal Alemã*. Porto Alegre: Sérgio Antônio Fabris Editor, 1995, p. 176).

[4] *Do Formalismo no Processo Civil*, 2. ed. São Paulo: Saraiva, 2003, p. 83.

[5] "*L'Ordo Judiciarius* Medioevale (Riflessioni su un Modello Puro di Ordine Isonomico)". In: *Rivista di Diritto Processuale*. Padova: Cedam, 1988, p. 603, vol. XLIII, parte II.

[6] Carlos Alberto Alvaro de Oliveira, *Do Formalismo no Processo Civil*, 2. ed. São Paulo: Saraiva, 2003, p. 83.

[7] *O Tribunal Constitucional como Poder – Uma Nova Teoria da Divisão dos Poderes*. São Paulo: Memória Jurídica Editora, 2002, p. 20.

Antônio Manuel Hespanha.[8] De certo modo, portanto, a extra-estatalidade do processo é um dado com o qual se tem de obrigatoriamente trabalhar para melhor compreensão do modelo isonômico medieval, como, a propósito, já havia notado Nicola Picardi,[9] com o apoio de Alessandro Giuliani.[10]

Knut Wolfgang Nörr, a propósito, critica a tese de Picardi acerca da extra-estatalidade do processo medieval. Suas observações, porém, cingem-se ao aspecto etimológico da contraposição dos termos *iudicium* ou *ordo judiciarius* e *processus*, obtemperando que esses não representam fielmente os momentos históricos que Nicola Picardi estava a trabalhar em seus ensaios sobre o tema.[11] Nenhuma objeção, porém, é oposta à idéia-base desvelada por Picardi, no sentido de que o *iudicium* se desenvolvia em um ambiente isonômico, alimentado pela dialética, ao passo que o *processus* se passava em condições assimétricas, à base uma lógica teórica apodítica,[12] o que, decerto, não desmerece a idéia para nós, já que ataca a teoria de fundo.[13]

Temos que bem considerar, todavia, a exata acepção em que o termo "extra-estatalidade" é utilizado por Picardi com relação ao *iudicium* ou *ordo judiciarius*. Esse vocábulo não pode, de modo algum, conduzir à idéia de

---

[8] "Para uma Teoria da História Institucional do Antigo Regime". In: Hespanha, Antônio Manuel Botelho (org.), *Poder e Instituições na Europa do Antigo Regime*. Lisboa: Fundação Calouste Gulbenkian, 1984, p. 42.

[9] "Processo Civile (Diritto Moderno)". In: *Enciclopedia del Diritto*. Milano: Giuffrè, 1987, p. 102, vol. XXXVI.

[10] "*L'Ordo Judiciarius*' Medioevale (Riflessioni su un Modello Puro di Ordine Isonomico)". In: Rivista di Diritto Processuale. Padova: Cedam, 1988, p. 603, vol. XLIII, parte II; "Prova (Prova in Generale – Filosofia del Diritto)". In: *Enciclopedia del Diritto*. Milano: Giuffrè, 1988, p. 522, vol. XXXVII.

[11] Logo depois de expor, sumariamente, a tese de Picardi, Knut Wolfgang Nörr passa a referir: "tuttavia bisogna obiettare a Picardi che, secondo l'etimologia, il termine *processus* appare già sotto Innocenzo III, quindi in un momento in cui l'*ordo judiciarius* dottrinale aveva visto il suo primo apice, ed inoltre il termine *procedere* che sta alla base del sostantivo si rinviene sovente nella sua accezione giuridico-processuale sin dai testi raccolti da Graziano. D'altra parte, in un certo qual modo alla fine dell'arco concettuale, ovvero nel processo prussiano, si definitiva il risultato legislativo finale del concetto di processo illuminato-assistenziale non come legge processuale o ordinamento processuale o símile, bensì come ordinamento giudiziario (*Allgemeine Gerichts-Ordenung für die PreuBischen Staaten*, 1795), espressione che rappresentava nient'altro che la traduzione di *ordo iudiciarius* (*Ordenung des Gerichts*). L'etimologia determina, pertanto, i primi dubbi sull'arco concettuale, ancora maggiori tuttavia per la circostanza che non è prodotta alcuna prova poggiante su scritti giuridici, dalla quale avremmo potuto trarre una riflessione sul contenuto del processo com l'utilizzazione dei termini avrebbe dovuto esprimere il contrasto tra una comprensione del processo extrastatuale ed una statuale" ("Alcuni Momenti della Storiografia del Diritto Processuale". In: *Rivista di Diritto Processuale*. Padova: Cedam, 2004, p. 6/7, parte I).

[12] Para um apanhado geral da tese de Picardi, consulte-se, entre outros, "Processo Civile (Diritto Moderno)". In: Enciclopedia del Diritto. Milano: Giuffrè, 1987, pp. 101/118, vol. XXXVI; "Audiatur el Altera Pars – Le Matrici Storico-Culturali del Contradditorio". In: *Rivista Trimestrale di Diritto e Procedura Civile*. Milano: Giuffrè, 2003, pp. 7/22, parte I.

[13] Anote-se, aliás, que o próprio Picardi não deixa de apontar o uso do termo *processus* no âmbito do direito comum, mas já aí com um significado bem diverso daquele que lhe emprestou a processualística moderna, conforme "L'Esame di Coscienza del Vecchio Maestro". In: *Rivista di Diritto Processuale*. Padova: Cedam, 1986, p. 537/538, vol. XLI.

que a jurisdição, na Idade Média, não ostentava caráter público. Uma vez mais, aqui, previne-se o jurista dos perigos da "historiografia retrospectiva", que pode conduzir a uma inadequada compreensão das instituições jurídicas do passado. Aliás, o próprio vocábulo *iurisdictio*, no medievo, tinha um espectro de abrangência muito mais amplo que aquele em que o direito moderno procurou circunscrever a Justiça, tendência, nesse especial, acompanhada pelo direito contemporâneo.[14] Com efeito, como nota Giovanni Tarello,[15] o valor semântico que hoje se empresta à palavra "jurisdição" é de todo moderno. Partindo da definição proposta por Irnério a respeito da iurisdictio (*iurisdictio est potestas cum necessitate iuris sclicet reddendi equitatisque statuende*), o glosador Rogério, mais ou menos na metade do século XII, já a definia como um *munus iniunctum publica auctoritate, cum necessitate dicendi, tuendi iuris vel statuende equitatis*.[16] Posteriormente, Bartolo confirma o caráter público da "iurisdictio" medieval, definindo-a como "potestas de iure publico introducta cum necessitate iuris dicendi et aequitatis statuendae tanquam a persona publica".[17] É o próprio Nicola Picardi, ademais, que reconhece o caráter público do ordo judiciarius, sem negar-lhe, no entanto, a sua "extra-estatalidade", já que formado pela praxe dos tribunais e pela doutrina.[18] O direito processual civil é que é, por assim dizer, extra-estatal; não os juízos e tribunais que o aplicam.

A maneira como os juristas medievais tratavam do direito em geral assume particular interesse na análise do processo civil medievo. Mais do que isso: a racionalidade de que os juristas medievais se serviam para tratar das cousas relativas ao jurídico chegou mesmo a condicionar toda a estrutura da ordem do juízo na Idade Média, todo o formalismo da experiência processual civil da época.

Tirante as concepções da Baixa Idade Média, em que o direito não ocupava um posto autônomo, restando açambarcado nos domínios da ética,[19] o direito, a partir da fundação do *studium civile* passa a ser identificado com tudo aquilo que consta do *Corpus Iuris Civilis*, que então passa a ocupar local de destaque na cultura jurídica européia. Com efeito, os legistas medievais vislumbravam no *corpus* romano a própria *ratio scripta*,

---

[14] Sobre o ponto, por todos, Antônio Manuel Botelho Hespanha, "Justiça e Administração entre o Antigo Regime e a Revolução". In: *Hespanha, Antônio Manuel Botelho, Justiça e Litigiosidade: História e Prospectiva*. Lisboa: Fundação Calouste Gulbenkian, 1992, p. 381/468.

[15] *Storia della Cultura Giuridica Moderna*. Bologna: Il Mulino, 1976, p. 53.

[16] Conforme Francesco Calasso, "Iurisdictio nel Diritto Comune Classico". In: *Studi in Onore di Vicenzo Arangio-Ruiz*. Napoli: Jovene, 1969, p. 429/430, vol. IV.

[17] Conforme, ainda, Francesco Calasso, Op. cit., p. 432.

[18] "Audiatur et Altera Pars – Le Matrice Storico-Culturali del Contraddittorio". In: *Rivista Trimestrale di Diritto e Procedura Civile*. Milano: Giuffrè, 2003, p. 8, parte I.

[19] Assim, por todos, Francesco Calasso, *Medio Evo del Diritto*. Milano: Giuffrè, 1954, p. 275, vol. I.

como observa Franz Wieacker,[20] o que levou o pensamento jurídico a comportar-se essencialmente como um pensamento orientado à interpretação de textos. O direito, pois, infere-se de *leges*, sendo compreendido como "uma normatividade que se infere de fontes prescritivo-textuais".[21] Pensa-se o direito com referencial à justiça,[22] seu substrato ético, mas justiça já aí entendida como *lex*, como leciona Antônio Castanheira Neves.[23]

Sendo o direito medieval baseado na autoridade dos textos romanos, cujo fundamento de legitimidade mesmo pendulou no tempo,[24] o jurista o trabalhava como um enunciado textual do qual, mercê da exegese e da argumentação, seria possível obter todos os critérios para a prática jurídica. A partir dos textos passava-se ao caso, que polarizava a atenção dos juristas no cenário judiciário.

E aqui temos um ponto de relevo. Ao contrário do que sucedeu no direito moderno, cujos padrões de racionalidade convocados para auxiliarem os juristas mais se afeiçoavam à lógica teórica, como teremos a oportunidade de assinalar adiante, a racionalidade do medievo identificava-se com uma racionalidade prática, buscando conceber o direito como um problema concreto que o jurista tem de resolver, visando ao consenso,[25] ao fim e ao cabo, critério de verdade e justiça no ambiente medieval.[26] Assume fundamental relevância, nesse especial, o diálogo entre as pessoas que participavam do processo, justamente aquelas que se dedicavam à resolução do problema em que se consubstanciava o próprio *ius*. A solução da problemática jurídica não se oferecia como a obra de uma razão individual, sendo, antes, o resultado do colóquio judiciário, como bem observa Alessandro Giuliani.[27] Não é à toa, pois, que o juízo era entendido como um ato de três pessoas, como referiam incessantemente os glosadores ("*iudicium est actus ad minus trium personarum: actoris, rei, iudicis*"),[28] o que restou recolhido mesmo em nossas Ordenações (por exemplo, Afonsinas, Livro III, Título

---

[20] *História do Direito Privado Moderno*, 2. ed. Lisboa: Fundação Calouste Gulbenkian, 1993, p. 49.

[21] Antônio Castanheira Neves, *Metodologia Jurídica – Problemas Fundamentais*. Coimbra: Coimbra Editora, 1993, p. 87.

[22] Como observa, entre outros, Alessandro Giuliani, "Logica (Teoria dell'Argomentazione)". In: Enciclopedia del Diritto. Milano: Giuffrè, 1975, p. 20, vol. XXV.

[23] *Metodologia Jurídica – Problemas Fundamentais*. Coimbra: Coimbra Editora, 1993, p. 87.

[24] Modificação que pode ser observada em Franz Wieacker, *História do Direito Privado Moderno*, 2. ed. Lisboa: Fundação Calouste Gulbenkian, 1993, p. 49.

[25] Sobre o problema da racionalidade jurídica em geral, consulte-se o excelente escorço de Antônio Castanheira Neves, *Metodologia Jurídica – Problemas Fundamentais*. Coimbra: Coimbra Editora, 1993, p. 34/81.

[26] Conforme Alessandro Giuliani, "Logica (Teoria dell'Argomentazione)". In: *Enciclopedia del Diritto*. Milano: Giuffrè, 1975, p. 20, vol. XXV.

[27] "Logica (Teoria dell'Argomentazione)". In: *Enciclopedia del Diritto*. Milano: Giuffrè, 1975, p. 20, vol. XXV.

[28] Como não deixou de observar, igualmente, Eduardo Grasso, "La Collaborazione nel Processo Civile". In: *Rivista di Diritto Processuale*. Padova: Cedam, 1966, p. 580, vol. XXI.

XX, § 1º: "primeiramente os Direitos Civees, e Canônicos, e os Doutores, que tratõ da Ordem do Juizo, dizem, que no dito Juizo faõ neceffarias tres peffoas, o Juiz, Autor, e Reo; o Autor pera demandar, e o Reo para fe defender, e o Juiz pera julguar"; Manuelinas, Livro III, Título XV, pr.: "tres peffoas fam por dereito neceffarias em qualquer Juizo, conuem a faber, Juiz que julgue, e Autor que demande, e Reo que defenda"), típicas consolidações de direito comum, consoante não deixou de notar Enrico Tullio Liebman.[29]

A observação de Castanheira Neves a respeito do ponto é bastante elucidativa da maneira como trabalhavam os juristas medievais: "o *modus* de que se socorria este último pensamento era decerto o que lhe oferecia também o ambiente cultural do tempo: a base formativa era o *trivium* e a metodologia era a da *escolástica* (v. Grabmann, *Die Geschichte der scholastischen Methode*, 1911) – a 'aplicação dos métodos da lógica aristotélica e da retórica' à *disputatio* sobre *questiones*, e assim uma discussão tópico-argumentativa sobre questões doutrinais, fossem elas suscitadas por problemas práticos reais ou imaginados, que invocava sempre como argumento textos sancionados e opiniões de autores (autoridades), e estas com tanto maior relevo quanto se conjugassem numa *communis opinio*, pois isso o exigiria um pensamento argumentativo-retórico do domínio do 'provável'. (...). Daí que o pensamento jurídico fosse hermenêutico na intenção epistemológica, posto que dialéctico-argumentativo ou lógico-dialéctico na perspectiva metódica".[30]

É evidente, pois, que a estrutura do processo civil deveria reagir à maneira como os juristas medievais pensavam, metodicamente, o próprio direito. A uma concepção jurídica desse jaez, a processualística medieval respondeu com o *ordo judiciarius*, cujo mote era justamente a construção de um modelo isonômico de participação na descoberta do direito.[31]

A estrutura do processo civil medieval encontra-se atada a pressupostos semânticos e lógicos, que, por assim dizer, acabaram por defini-lhe as suas feições mais proeminentes. Não é furtiva, pois, a utilização do termo *iudicium* para designação do processo de então, "palavra-chave da processualística",[32] que a identificava com a própria formação do juízo judiciário,

---

[29] "Il Nuovo 'Codigo de Processo Civil' Brasiliano". In: *Problemi del Processo Civile*. Napoli: Morano Editore, 1962, p. 483.

[30] Metodologia Jurídica – Problemas Fundamentais. Coimbra: Coimbra Editora, 1993, p. 87. Nesse mesmo sentido, ainda, Helmut Coing, *Elementos Fundamentais da Filosofia do Direito*. Porto Alegre: Sérgio Antônio Fabris Editor, 2002, p. 312/314.

[31] Note-se: *descoberta* do direito, já que esse era um dado extraível dos textos de lei, conforme, entre outros, Antônio Castanheira Neves, *Metodologia Jurídica – Problemas Fundamentais*. Coimbra: Coimbra Editora, 1993, p. 86/87 e Helmut Coing, Elementos Fundamentais da Filosofia do Direito. Porto Alegre: Sergio Antonio Fabris Editor, 2002, p. 313.

[32] Nicola Picardi, "Processo Civile (Diritto Moderno)". In: *Enciclopedia del Diritto*. Milano: Giuffrè, 1987, p. 102, vol. XXXVI.

da decisão judicial. Ademais, o *iudicium* ou *ordo judiciarius* orientava-se por um pensamento problemático, de razão prática, pautado pela dialética entre os participantes do processo, cujos critérios fundamentais vão identificados na opinião e no consenso.[33] Era raro, como nota Chaïm Perelman,[34] que o raciocínio judiciário pudesse redundar, como nas demonstrações matemáticas, em uma conclusão impositiva, já que se buscava o direito através das controvérsias e das oposições dialéticas.

Nessa quadra e com essas condicionantes é que surge o formalismo do *iudicium* ou do *ordo judiciarius* como um formalismo isonômico, em que se procurava, como refere Carlos Alberto Alvaro de Oliveira, "uma paritária e recíproca regulamentação do diálogo judiciário".[35] E o motor fundamental desse modelo de processo vinha representado justamente na garantia do contraditório, inspirado fundamentalmente na lealdade processual, seu pressuposto mais direto, decorrência da paridade entre os sujeitos do *ordo judiciarius*, consoante a precisa observação de Alessandro Giuliani.[36]

O *ordo judiciarius* ostentava como núcleo o *ordo substantialis*, formado pelo contraditório e pelo exame da causa, imposto pela prática à autoridade judiciária, cujo respeito a todos se mostrava imperioso, inclusive ao soberano.[37] Tais eram os requisitos essenciais de um *iustum iudicium*, consoante leciona Antônio Manuel Botelho Hespanha.[38] Qualquer agressão a esse módulo mínimo constituía uma *perversio ordinis*, como observa Nicola Picardi.[39] Sendo o processo um momento de descoberta do direito guiado pelo pensamento problemático, sobra evidente a relevância da argumentação expendida pelas pessoas que compunham o *iudicium*, residindo, aí, a imprescindibilidade que então se reconhecia ao contraditório, encarado como verdadeiro *cardine della ricerca diallettica*.[40] A dialética funcionava,

---

[33] Nicola Picardi, "Processo Civile (Diritto Moderno)". In: *Enciclopedia del Diritto*. Milano: Giuffrè, 1987, p. 107/108, vol. XXXVI.
[34] *Lógica Jurídica*. São Paulo: Martins Fontes, 2000, p. 10.
[35] "A Garantia do Contraditório". In: *Do Formalismo no Processo Civil*, 2. ed. São Paulo: Saraiva, 2003, p. 229. Essas idéias, aliás, já haviam sido expostas em ensaio anterior, de maneira seminal entre nós, que data de 1993 ("O Juiz e o Princípio do Contraditório". In: *Revista de Processo*. São Paulo: Revista dos Tribunais, 1993, p. 31/38, n. 71).
[36] "L'*Ordo Judiciarius* Medioevale (Riflessioni su un Modello Puro di Ordine Isonomico)". In: *Rivista di Diritto Processuale*. Padova: Cedam, 1988, p. 611, vol. XLIII.
[37] Assim, por todos, Nicola Picardi, "Processo Civile (Diritto Moderno)". In: *Enciclopedia del Diritto*. Milano: Giuffrè, 1987, p. 114, vol. XXXVI.
[38] "Justiça e Administração entre o Antigo Regime e a Revolução". In: Hespanha, Antônio Manuel Botelho (org.), *Justiça e Litigiosidade: História e Prospectiva*. Lisboa: Fundação Calouste Gulbenkian, 1992, p. 386.
[39] "'Audiatur et Altera Pars' – Le Matrici Storico-Culturali del Contraddittorio". In: *Rivista Trimestrale di Diritto e Procedura Civile*. Milano: Giuffrè, 2003, p. 9, parte I.
[40] Assim, Nicola Picardi, "'Audiatur et Altera Pars' – Le Matrici Storico-Culturali del Contraddittorio". In: *Rivista Trimestrale di Diritto e Procedura Civile*. Milano: Giuffrè, 2003, p. 22, parte I.

como ainda hoje funciona, na lição de Michel Villey,[41] como critério para aferição da "verdade provável".

Como bem apanha Carlos Alberto Alvaro de Oliveira, o processo comum, iniludivelmente influenciado pelas idéias expressas na retórica e na tópica aristotélica, "era concebido e pensado como *ars dissedendi* e *ars oponendi et respondendi*, exigindo de maneira intrínseca uma paritária e recíproca regulamentação do diálogo judiciário. Dado que nas matérias objeto de disputa somente se poderia recorrer à probabilidade, a dialética se apresentava, nesse contexto, como ciência que *ex probabilibus procedit*, a impor o recurso ao silogismo dialético. Na lógica do provável, implicada em tal concepção, a investigação da verdade não é o resultado de uma razão individual, mas do esforço combinado das partes, revelando-se implícita uma atitude de tolerância em relação aos 'pontos de vista' do outro e o caráter de sociabilidade do saber. A dialética, a lógica da opinião e do provável, intermedeia o certamente verdadeiro (raciocínio apodítico) e o certamente falso (raciocínio sofístico). No seu âmbito, incluem-se os procedimentos não demonstrativos, mas argumentativos, enquanto pressupõem o diálogo, a colaboração das partes numa situação controvertida, como no processo. Em semelhante ambiente cultural, o contraditório representa o único método e instrumento para a investigação dialética da verdade provável, aceito e imposto pela prática jurídica à margem da autoridade estatal, decorrente apenas da elaboração doutrinária, sem qualquer assento em regra escrita".[42]

Esse modo de conceber o contraditório vem fortemente influenciado pela idéia de paridade entre os sujeitos do *iudicium*, do qual se pode retirar a necessidade de lealdade entre os mesmos. O método tópico, argumentativo, impõe a divisão do trabalho de cognição, calcada na falibilidade da razão humana, sendo imperioso, a fim de que o processo não descambe em chicana, que as partes, liminarmente, prestem um juramento de calúnia, com o qual se obrigam a não desenvolverem manobras capciosas, fraudulentas ou dilatórias que importem em excessiva duração da cinca e, pois, em um abuso do processo.[43]

A fim de que se forme o juízo, o órgão judiciário tem o dever de oportunizar às partes a possibilidade de estas influenciarem na descoberta do direito, o que se engendra mediante a técnica do contraditório prévio, método que possibilita conceber o *ordo judiciarius*, em toda a sua extensão,

---

[41] *Filosofia do Direito – Definições e Fins do Direito e Os Meios do Direito*. São Paulo: Martins Fontes, 2003, p. 267.
[42] "A Garantia do Contraditório". In: *Do Formalismo no Processo Civil*, 2. ed. São Paulo: Saraiva, 2003, p. 229.
[43] Assim, Alessandro Giuliani, "L'Ordo Judiciarius' Medioevale (Riflessioni su un Modelo Puro di Ordine Isonomico)". In: *Rivista di Diritto Processuale*. Padova: Cedam, 1988, p. 610/611, vol. XLIII, parte II.

como uma autêntica *ars dissedendi* e *ars oponendi et respondendi*. Para isso, contanto, é de rigor que se conceba, como um valor político, a igualdade entre os sujeitos do processo, a experiência jurídica como um fenômeno problemático e a lealdade entre os sujeitos processuais, sem o que não se estará, de modo nenhum, diante de um modelo isonômico de processo. Tais as principais características, sumamente apresentadas, da experiência comum no terreno do processo civil, notadamente no campo de divisão do trabalho entre os sujeitos processuais.

1.2. Modelo de prova no *ordo judiciarius* medieval: modelo persuasivo de prova

A prova no *iudicium* medieval vinha trabalhada na praxe dentro de um modelo persuasivo de prova, encarada como um argumento.[44] É como refere Danilo Knijnik: o modelo de prova então praticado "é fruto de uma perspectiva problemática, tópica, argumentativa".[45]

Tendo em conta a lógica dialética que pautava metodologicamente o pensamento jurídico do medievo, que trabalha com o contingente, com o provável, não se atando ao necessário, ao verdadeiro,[46] o modelo de prova de que se socorreram os juristas do direito comum oferecia-se como um modelo persuasivo. Vale dizer: a prova funcionava como um instrumento que visava à persuasão acerca das alegações de fato,[47] sem que se pudesse cindir, no entanto, a questão de fato da questão de direito, que iam compreendidas como um todo unitário,[48] buscando-se uma aproximação com a "verdade provável".[49] Nessa perspectiva, pertencia ao diálogo do *ordo ju-*

---

[44] Assim, por todos, Alessandro Giuliani, "Prova. I – Prova in Generale: a) Filosofia del Diritto". In: Enciclopedia del Diritto. Milano: Giuffrè, 1988, p. 521, vol. XXXVII; "Logica del Diritto: b) Teoria dell'Argomentazione". In: Enciclopedia del Diritto. Milano: Giuffrè, 1975, p. 16, vol. XXV; "*L'Ordo Judiciarius* Medioevale (Riflessioni su un Modello Puro di Ordine Isonomico)". In: *Rivista di Diritto Processuale*. Padova: Cedam, 1988, p. 606/607, vol. XLIII, parte I.

[45] *O Recurso Especial e a Revisão da Questão de Fato pelo Superior Tribunal de Justiça*. Rio de Janeiro: Forense, 2005, p. 72.

[46] Nesse sentido, por todos, Alessandro Giuliani, "Prova. I – Prova in Generale. a) Filosofia del Diritto". In: *Enciclopedia del Diritto*. Milano: Giuffrè, 1988, p. 525, vol. XXXVII.

[47] Assim, Hermes Zaneti Júnior, "O Problema da Verdade no Processo Civil: Modelos de Prova e de Procedimento Probatório". In: *Introdução ao Estudo do Processo Civil – Primeiras Linhas de um Paradigma Emergente*. Porto Alegre: Sérgio Antônio Fabris Editor, 2004, p. 140, em co-autoria com Daniel Francisco Mitidiero.

[48] Nesse sentido, por todos, Hermes Zaneti Júnior, "O Problema da Verdade no Processo Civil: Modelos de Prova e de Procedimento Probatório". In: *Introdução ao Estudo do Processo Civil – Primeiras Linhas de um Paradigma Emergente*. Porto Alegre: Sergio Antonio Fabris Editor, 2004, p. 128/129, em co-autoria com Daniel Francisco Mitidiero.

[49] Nesse sentido, por todos, Danilo Knijnik, *O Recurso Especial e a Revisão da Questão de Fato pelo Superior Tribunal de Justiça*. Rio de Janeiro: Forense, 2005, p. 73. Ademais, sobre as relações entre verdade, prova e processo, consulte-se o clássico ensaio de Piero Calamandrei, "Verità e Verosimiglianza nel Processo Civile". In: *Opere Giuridiche*. Napoli: Morano Editore, 1972, p. 615/640, vol. V e, bem assim, as judiciosas considerações de Michele Taruffo a propósito do tema, *La Prueba de los Hechos*. Madrid: Editorial Trotta, 2002, p. 21/87.

diciarius tanto o que o pensamento jurídico moderno, à luz de uma razão teórica do tipo positivista, convencionou chamar de *questão de fato* como a *questão de direito*, ambas colocadas ao debate e sujeitas, em bloco inconsútil, ao contraditório (daí porque se costuma referir a estupefata modernidade dos brocardos *iura novit curia* e da *mihi factum dado tibo ius*, que têm como premissa justamente a separação radical entre questão de fato e questão de direito, hoje sabidamente impraticável).[50]

Dessarte, o procedimento probatório no *ordo judiciarius* vinha caracterizado por duas notas essenciais: primeiro, tudo que se fizesse em juízo em tema de prova assumia uma dimensão dialogal; segundo, não tinha o juiz poder para ordenar de ofício a prova de determinada alegação de fato (*iudex non potest in facto supplere*),[51] o que funcionava como uma garantia de imparcialidade e independência jurisdicionais[52] e possibilitava a livre valoração probatória.[53] O processo civil de nossas Ordenações, a propósito, movia-se dentro dessas mesmas balizas, inadmitindo-se a instrução probatória oficial, já que o juiz deveria julgar conforme achasse alegado e provado pelo feito (Afonsinas, Livro III, Título LXIX, § 1°; Manuelinas, Livro

---

[50] Sobre a relativização dos brocardos antes citados, consulte-se, por todos, Carlos Alberto Alvaro de Oliveira, "O Juiz e o Princípio do Contraditório". In: *Revista de Processo*. São Paulo: Revista dos Tribunais, 1993, p. 31/38, n. 71 e "A Garantia do Contraditório". In: *Do Formalismo no Processo Civil*, 2. ed. São Paulo: Saraiva, 2003, p. 227/243; sobre o contraditório como dever de debate, além dos estudos de Carlos Alberto Alvaro de Oliveira, consulte-se o recente ensaio de Antônio do Passo Cabral, "Il Principio del Contradittorio come Diritto d'Influenza e Dovere di Dibattito". In: *Rivista di Diritto Processuale*. Padova: Cedam, 2005, p. 449/464, n. 2; sobre a superação da dicotomia questão de fato questão de direito, consulte-se Antônio Castanheira Neves, *Questão-de-Facto – Questão-de-Direito, O Problema Metodológico da Juridicidade (Ensaio de uma Exposição Crítica), I – A Crise*. Coimbra: Almedina, 1967, p. 11 e seguintes e, mais brevemente, "A Distinção entre a Questão-de-Facto e a Questão-de-Direito e a Competência do Supremo Tribunal de Justiça como Tribunal de Revista". In: *Digesta – Escritos acerca do Direito, do Pensamento Jurídico, da sua Metodologia e Outros*. Coimbra: Coimbra Editora, 1995, p. 483/530, vol. I e Danilo Knijnik, *O Recurso Especial e a Revisão da Questão de Fato pelo Superior Tribunal de Justiça*. Rio de Janeiro: Forense, 2005, p. 23 e seguintes; enfim, sobre a superação da teoria silogística a que essa dicotomia leva, consulte-se, por todos, Michele Taruffo, *La Motivazione della Sentenza Civile*. Padova: Cedam, 1975, p. 149/170.

[51] Assim, por todos, Alessandro Giuliani, "*L'Ordo Judiciarius* Medioevale (Riflessioni su un Modello Puro di Ordine Isonomico)". In: *Rivista di Diritto Processuale*. Padova: Cedam, 1988, p. 604/607, vol. XLIII, parte I. É certo, porém, que esse veto aos poderes instrutórios do juiz no direito comum medieval não se oferece como uma constante absoluta, como o próprio Alessandro Giuliani reconhece (conforme "*L'Ordo Judiciarius* Medioevale (Riflessioni su un Modello Puro di Ordine Isonomico)". In: *Rivista di Diritto Processuale*. Padova: Cedam, 1988, p. 601, nota de rodapé n. 9, vol. XLIII, parte I). Seja como for, a caracterização desse modelo de prova suscitou duas ácidas críticas de Michele Taruffo (conforme "Modelli di Prova e di Procedimento Probatorio". In: *Rivista di Diritto Processuale*. Padova: Cedam, 1990, p. 421 e 424/425, vol. XLV, parte I), as quais, porém, foram bem respondidas por Hermes Zaneti Júnior (conforme "O Problema da Verdade no Processo Civil: Modelos de Prova e de Procedimento Probatório". In: *Introdução ao Estudo do Processo Civil – Primeiras Linhas de um Paradigma Emergente*. Porto Alegre: Sérgio Antônio Fabris Editor, 2004, p. 140/143, em co-autoria com Daniel Francisco Mitidiero.

[52] Conforme, por todos, Alessandro Giuliani, "*L'Ordo Judiciarius* Medioevale (Riflessioni su un Modello Puro di Ordine Isonomico)". In: *Rivista di Diritto Processuale*. Padova: Cedam, 1988, p. 611, vol. XLIII, parte I.

[53] Idem, p. 607.

III, Título L, § 1º; Filipinas, Livro III, Título LXVI, § 1º), consoante já tivemos a oportunidade de observar.[54]

Em suma, a prova no *ordo judiciarius* medieval vinha condicionada pelo ambiente filosófico-metódico que lhe impunha as vertentes culturais da época, entendida como um argumento que visava ao convencimento do juiz, que nessa sede deveria comportar-se de maneira, por assim dizer, neutra, sendo-lhe vedada qualquer iniciativa a respeito, submetendo ao debate das partes as alegações fáctico-jurídicas e suas respectivas provas.

2. Processo assimétrico moderno

2.1. O processus moderno: uma aproximação

A maneira como se dá a organização interna do processo na Idade Moderna é marcada por uma grave fratura em relação ao modelo medieval,[55] ruptura destrinchada iniludivelmente por uma gama de fatores que ora nos parece aconselhável particularizar. À passagem do *ordo judiciarius* isonômico ao *processus* assimétrico confluíram elementos culturais, políticos e ideológicos que imprimiram uma nova feição ao jurídico, tendo imediato reflexo na concepção do processo civil.

Consoante já se anotou, o processo não é infenso à cultura, sobrando antes profundamente influenciado por essa. O clima cultural da Europa de seiscentos, com efeito, condicionou todo direito posterior, propiciando a radical transformação do *iudicium* em *processus*, como agudamente observa Nicola Picardi,[56] acompanhado, entre nós, por Carlos Alberto Alvaro de Oliveira[57] e Hermes Zaneti Júnior.[58]

Se o direito medieval servia-se da dialética, campo do discurso argumentativo e do provável, o direito moderno alçou mão, para estruturação da "ciência" jurídica, da lógica apodítica, que trabalha com a demonstração e com a verdade.[59] O direito deixa de ser um problema que o jurista tem de

---

[54] *Comentários ao Código de Processo Civil*. São Paulo: Memória Jurídica Editora, 2004, p. 548, tomo I; nesse mesmo sentido, José Duarte Nogueira e Silvia Alves, "O Direito Processual Civil Português. Linhas Gerais". In: *Diritto e Processo – Studi in Memoria di Alessandro Giuliani*. Napoli: Edizioni Scientifiche Italiane, 2001, p. 538, vol. III.
[55] Conforme, por todos, Nicola Picardi, "Processo Civile (Diritto Moderno)". In: *Enciclopedia del Diritto*. Milano: Giuffrè, 1987, p. 102, vol. XXXVI.
[56] "Audiatur et Altera Pars – Le Matrici Storico-Culturali del Contraddittorio". In: *Rivista Trimestrale di Diritto e Procedura Civile*. Milano: Giuffrè, 2003, p. 14, parte I.
[57] "A Garantia do Contraditório". In: *Do Formalismo no Processo Civil*, 2. ed. São Paulo: Saraiva, 2003, p. 229.
[58] "O Problema da Verdade no Processo Civil: Modelos de Prova e de Procedimento Probatório". In: *Introdução ao Estudo do Processo Civil – Primeiras Linhas de um Paradigma Emergente*. Porto Alegre: Sergio Antonio Fabris Editor, 2004, p. 120, em co-autoria com Daniel Francisco Mitidiero.
[59] Conforme, por todos, Nicola Picardi, "Processo Civile (Diritto Moderno)". In: *Enciclopedia del Diritto*. Milano: Giuffrè, 1987, p. 107/108, vol. XXXVI.

resolver, trabalhando em um esquema sujeito-sujeito para ser um objeto que o operador do direito tem de conhecer, compreendido numa relação sujeito-objeto:[60] passa-se de uma racionalidade prática à racionalidade teórica,[61] notadamente na sua expressão de positivismo jurídico, ocorrendo uma verdadeira geometrização do jurídico, como bem observa Ovídio Araújo Baptista da Silva,[62] já que o protótipo do conhecimento, dentro desse peculiar ambiente, passa a ser a matemática, como refere, entre outros, Boaventura de Sousa Santos.[63]

O deslocamento do substrato lógico com que trabalhavam os juristas medievais e modernos não passou despercebido de Nicola Picardi,[64] que bem surpreendeu o movimento que levou os juristas da dialética aristotélica, de usança geral entre os medievais, à lógica de Pierre de la Ramée, também conhecido como Petrus Ramus, que conduziu o discurso dos modernos, instalando o paradigma racionalista dentro do direito processual civil, como não deixou de notar igualmente Alessandro Giuliani.[65] Sirva de exemplo a comparação procedida por Nicola Picardi entre dois juristas de seiscentos: o italiano Sigismondo Scaccia e o alemão Giovanni Althusio, fins de ilustração do predito.

O discurso processual de Scaccia vinha centrado na figura do *iudicium*, então compreensivo de toda experiência judiciária, definido como *legitimus actus trium personarum in iudicio contendentium*.[66] De seu turno, Althusio entendia o *iudicium* apenas como um momento do *processus*, compreendido esse último como *constans, necessarius et immutabilis ordo et forma quaestionis tractandae*.[67] Essas duas impostações a respeito do processo civil, longe de resolverem-se em uma questão meramente terminológica, vêm alimentadas por dois tipos diversos de lógica, a sugerir mesmo

---

[60] Conforme Arthur Kaufmann, "A Problemática da Filosofia do Direito ao Longo da História". In: Kaufmann, Arthur e Hassemer, W. (orgs.), *Introdução à Filosofia do Direito e à Teoria do Direito Contemporâneas*. Lisboa: Fundação Calouste Gulbenkian, 2002, p. 57.

[61] Para um panorama acerca do problema da racionalidade jurídica, consulte-se, por todos, Antônio Castanheira Neves, *Metodologia Jurídica – Problemas Fundamentais*. Coimbra: Coimbra Editora, 1993, p. 34/81; para um panorama acerca do problema da racionalidade em geral, consulte-se, por todos, Boaventura de Sousa Santos, Um Discurso sobre as Ciências, 13. ed. Porto: Edições Afrontamento, 2002, p. 10/58.

[62] *Jurisdição e Execução na Tradição Romano-Canônica*, 2. ed. São Paulo: Revista dos Tribunais, 1997, p. 102/133. A mesma temática fora retomada recentemente por Ovídio Araújo Baptista da Silva em *Processo e Ideologia – O Paradigma Racionalista*. Rio de Janeiro: Forense, 2004, p. 69 e seguintes.

[63] *Um Discurso sobre as Ciências*, 13. ed. Porto: Edições Afrontamento, 2002, p. 14.

[64] "Processo Civile (Diritto Moderno)". In: *Enciclopedia del Diritto*. Milano: Giuffrè, 1987, p. 107/110, vol. XXXVI.

[65] *Il Concetto di Prova – Contributo alla Logica Giuridica*. Milano: Giuffrè, 1971, p. 216.

[66] Conforme Nicola Picardi, "Processo Civile (Diritto Moderno)". In: *Enciclopedia del Diritto*. Milano: Giuffrè, 1987, p. 106, vol. XXXVI.

[67] Conforme, ainda, Nicola Picardi, "Processo Civile (Diritto Moderno)". In: *Enciclopedia del Diritto*. Milano: Giuffrè, 1987, p. 107, vol. XXXVI.

dois instrumentos diversos para análise do direito processual civil: enquanto Scaccia trabalhava com a dialética aristotélica, o que permitia a compreensão do direito como um fenômeno cultural, hermenêutico, Althusio pressupunha a lógica ramista em suas aproximações, outorgando ao jurídico a certeza própria das ciências exatas.

Na obra processual de Scaccia, declaradamente inspirada na dialética aristotélica, o processo civil vinha pautado pela arte do diálogo, da discussão e da persuasão, tudo voltado ao alcance da verdade provável. Nesse específico ambiente, o critério fundamental de juízo era constituído pela opinião e pelo consenso. O verdadeiro e o falso eram categorias que não compareciam ao processo, já que esse se oferecia dominado pela lógica do provável.[68]

Em outra ponta, Althusio procurava estruturar o processo civil tendo como substrato lógico as concepções de Pierre de la Ramée, o que impunha ao direito os métodos próprios das ciências exatas, notadamente da matemática. Seu programa de direito processual civil, apresentado de maneira panorâmica e esquemática, orientado ao sistema, tinha o ambicioso objetivo de buscar através do processo a verdade absoluta, convocando aos domínios do jurídico as categorias do certo e do errado.[69] Não é sem razão, pois, que Nicola Picardi identifica em Althusio o precursor da idéia moderna de processo.[70] Sendo o direito subjugado aos padrões das ciências exatas, o diálogo judiciário pouco poderia contribuir para resolução dos casos concretos, já que a razão individual poderia conhecer tão bem ou melhor a verdade que o esforço conjugado dos juristas. A marca do individualismo moderno já estava então a avançar sobre o processo.

Essa guinada cultural não deixa de ter um endereço político e ideológico certo: através dela, busca-se domesticar o direito, tornando-o tão certo quanto o resultado de uma equação algébrica. Mais profundamente, a lógica teórica impingida ao jurídico busca assegurar a concentração de todo poder no Estado, notadamente, em um primeiro momento, na figura do Rei,[71] tornando-o uma ciência técnica, despolitizando os seus atores.[72] Busca,

[68] Tudo conforme Nicola Picardi, "Processo Civile (Diritto Moderno)". In: *Enciclopedia del Diritto*. Milano: Giuffrè, 1987, p. 107/108, vol. XXXVI.

[69] Idem, p. 108/110.

[70] "Processo Civile (Diritto Moderno)". In: *Enciclopedia del Diritto*. Milano: Giuffrè, 1987, p. 108, vol. XXXVI.

[71] A concentração de poder na figura do Rei, como ensina Cesar Saldanha Souza Junior, é uma das características fundamentais do Estado Nacional Moderno (O Tribunal Constitucional como Poder – Uma Nova Teoria da Separação dos Poderes. São Paulo: Memória Jurídica Editora, 2002, p. 32); nesse mesmo sentido, afirmando a concentração do poder político como uma das características essenciais do Estado Moderno, nada obstante a advertência de que a concentração de poder no Estado não configura, por si só, uma concentração de poderes nas mãos do Rei, Mario de la Cueva, *La Idea del Estado*. México: Fondo de Cultura Económica, 1996, p. 55.

[72] Sobre a organização jurídica européia nos séculos XVII e XVIII, consulte-se Giovanni Tarello, *Storia della Cultura Giuridica Moderna*. Bologna: Il Mulino, 1976, p. 43/95.

como diria Nicola Picardi,[73] implantar um modelo de legislação sem jurisdição.[74] Nessa vertente, a concepção do direito estatal perfeito, demonstrável, acaba revelando uma empresa profundamente tirânica, antidemocrática, na medida em que elimina a possibilidade de crítica ao direito posto, consoante anota Arthur Kaufmann,[75] eliminando igualmente a possibilidade de compreensão do fenômeno jurídico pelo diálogo[76] e, pois, a direta participação dos cidadãos no manejo do poder estatal. De resto, a educação jurídica da época não deixa margem a dúvidas acerca do adestramento técnico a que se submetiam os então aspirantes a juristas.[77]

Com efeito, a apropriação do direito pelo Estado e, em especial, a apropriação do direito processual civil pelo soberano, constituiu-se em um "evento traumático" dentro da historiografia do direito processual civil, como observa Nicola Picardi,[78] que, quando conjugado com a mudança da lógica subjacente ao discurso judiciário, revela o ideal moderno de identificar todo o jurídico com aquilo que provém do Estado,[79] com o que se atende à preocupação central de Leibniz com a certeza jurídica, bem surpreendida por Giovanni Tarello,[80] e, concomitantemente, aniquila-se o poder criativo ínsito à jurisdição praticada no direito medieval. Com o raciocínio judiciário sendo guiado pela lógica ramista, preso o magistrado a esquemas puros de subsunção, à certeza do direito junta-se a segurança jurídica, possibilitando-se a previsibilidade das decisões[81] (o que, aliás, funcionou como um poderoso fator de desenvolvimento do capitalismo mo-

---

[73] "Il Giudice e la Legge nel Code Louis". In: *Rivista di Diritto Processuale*. Padova: Cedam, 1995, p. 48, vol. L, parte I.

[74] Já que à jurisdição caberia apenas a verbalização da vontade do soberano, então convertido em legislador, conforme Giovanni Verde, "Sul Monopolio dello Stato in Tema di Giurisdizione". In: *Rivista di Diritto Processuale*. Padova: Cedam, 2003, p. 373.

[75] "A Problemática da Filosofia do Direito ao Longo da História". In: Kaufmann, Arthur e Hassemer, W. (orgs.), *Introdução à Filosofia do Direito e à Teoria do Direito Contemporâneas*. Lisboa: Fundação Calouste Gulbenkian, 2002, p. 82.

[76] Assim, por todos, Ovídio Araújo Baptista da Silva, *Processo e Ideologia – O Paradigma Racionalista*. Rio de Janeiro: Forense, 2004, p. 93.

[77] Sobre o assunto, Nicola Picardi, "La Formazione di Base del Giurista". In: *Rivista di Diritto Processuale*. Padova: Cedam, 2005, p. 355/376, parte II.

[78] "Processo Civile (Diritto Moderno)". In: *Enciclopedia del Diritto*. Milano: Giuffrè, 1987, p. 114, vol. XXXVI.

[79] O que, decerto, só fora possível mesmo com a laicização do direito, fruto principalmente das doutrinas de Samuel Pufendorf e Cristian Thomasius, como anota Giovanni Tarello, *Storia della Cultura Giuridica Moderna*. Bologna: Il Mulino, 1976, p. 109. Não é por outro motivo, de resto, que Georg Jellinek observa que o Estado Moderno só se formou em função desse ter dominado o dualismo poder espiritual-poder temporal, conforme *Teoría General del Estado*. México: Fondo de Cultura Económica, 2000, p. 311/312.

[80] *Storia della Cultura Giuridica Moderna*. Bologna: Il Mulino, 1976, p. 133/134.

[81] Assim, Winfried Hassemer, "Sistema Jurídico e Codificação: a Vinculação do Juiz à Lei". In: Kaufmann, Arthur e Hassemer, W. (orgs.), *Introdução à Filosofia do Direito e à Teoria do Direito Contemporâneas*. Lisboa: Fundação Calouste Gulbenkian, 2002, p. 282.

derno, como observa Max Weber).[82] O direito, incluso o direito processual civil, resume-se à vontade do soberano, devidamente formalizada, sendo reservada ao juiz tão-somente a verbalização, através de silogismos, das palavras da lei, sem qualquer margem de discrição, já que, partindo-se de uma premissa verdadeira, só se pode chegar a uma única conclusão verdadeira.[83] Como se vê, o pensamento chiovendiano, de que à jurisdição calha aplicar a vontade concreta da lei,[84] e a concepção de Alfredo Rocco, de que a sentença é um ato preponderantemente intelectivo do magistrado,[85] de que se serviram abundantemente nossos processualistas,[86] são iniludivelmente expressões de doutrinas de cariz moderno, deitando raízes nos filósofos racionalistas de setecentos. Nessa vertente, não pode surpreender, igualmente, que um dos mais importantes teóricos da relação jurídica processual, Adolf Wach, tenha sido também um dos pais da "teoria objectivista da interpretação jurídica",[87] como anotam Karl Larenz[88] e Antônio Castanheira Neves,[89] tal o espírito da época.

Nesse quadro cultural, a compreensão acerca do formalismo do processo civil e do papel dos sujeitos que nele tomam parte vem bastante alterada, se comparada com a situação precedente verificada no direito medieval. Se o direito deixa de ser um problema que deve encontrar solução

---

[82] *Economia e Sociedade*. Brasília: Editora Universidade de Brasília, 1999, p. 104, vol. II.

[83] Os silogismos, como ensina Chaïm Perelman (*Lógica Jurídica*. São Paulo: Martins Fontes, 2000, p. 1/2), são os padrões de linguagem dos raciocínios analíticos, que trabalham com premissas verdadeiras e necessárias e que conduzem a conclusões igualmente verdadeiras e necessárias através de inferências válidas.

[84] *Instituições de Direito Processual Civil*, 3. ed. São Paulo: Saraiva, 1969, p. 3, vol. II.

[85] *La Sentenza Civile*. Milano: Giuffrè, 1962, p. 29.

[86] Aludindo à jurisdição como atividade voltada à descoberta da vontade concreta da lei, entre outros, Athos Gusmão Carneiro, *Jurisdição e Competência*, 4. ed. São Paulo: Saraiva, 1991, p. 3 ("o juiz é a *longa manus* do legislador, pois transforma, pela jurisdição, em comando concreto entre as partes as normas gerais e abstratas da lei"); Arruda Alvim, *Manual de Direito Processual Civil*, 7. ed. São Paulo: Revista dos Tribunais, 2000, p. 179, vol. I ("em virtude da atividade jurisdicional, o que ocorre é a substituição de uma atividade/vontade privada, por uma atividade pública, que é a 'vontade da lei' a imperar"); Humberto Theodoro Júnior, *Curso de Direito Processual Civil*, 40. ed. Rio de Janeiro: Forense, 2003, p. 32, vol. I ("jurisdição é a função do Estado de declarar e realizar, de forma prática, a vontade da lei diante de uma situação jurídica controvertida"); aludindo à sentença como um ato preponderantemente intelectivo do órgão jurisdicional, entre outros, Antônio Carlos de Araújo Cintra, *Comentários ao Código de Processo Civil*. Rio de Janeiro: Forense, 2000, p. 273/274, vol. IV; Arruda Alvim, *Manual de Direito Processual*, 7. ed. São Paulo: Revista dos Tribunais, 2001, p. 636, vol. II ("a sentença é ato intelectual de índole, ou com estrutura, predominantemente lógica (formal e material), que pressupõe apuração dos fatos e identificação da norma, através da qual o Estado-juiz se manifesta, concretizando imperativamente a vontade do legislador, traduzida ou expressada pela lei"); Carlos Silveira Noronha, *Sentença Civil – Perfil Histórico-Dogmático*. São Paulo: Revista dos Tribunais, 1995, p. 279 ("a idéia que temos de sentença, em perspectiva moderna, é a de que é o ato judicial através do qual se opera o comando abstrato da lei às situações concretas, que se realiza mediante uma atividade cognitiva, intelectiva e lógica do juiz, como agente da jurisdição").

[87] Confira-se: *Manual de Derecho Procesal Civil*. Buenos Aires: Ejea, 1977, p. 353/418, vol. I.

[88] *Metodologia da Ciência do Direito*, 3. ed. Lisboa: Fundação Calouste Gulbenkian, 1997, p. 40.

[89] *Metodologia Jurídica – Problemas Fundamentais*. Coimbra: Coimbra Editora, 1993, p. 99.

através do diálogo, cujo objetivo central é a busca do consenso, e passa a ser entendido como um objeto que os juristas têm de conhecer para encontrar a verdade, apouca-se o papel da dialética, das opiniões das partes a respeito da *res in iudicium deducta*, já que o resultado do processo será fruto de um silogismo judiciário, pensado solitariamente, na medida em que a razão, segundo os cânones científicos da época, pode guiar individualmente os homens, sendo esse um valor completo em si mesmo, pensado como indivíduo.[90] Como agudamente observam Alessandro Giuliani[91] e Nicola Picardi,[92] passa-se da *ars disserendi* à *ars ratiocinandi*, da arte do diálogo à idade da razão. Nessa vertente, o contraditório, como nota Carlos Alberto Alvaro de Oliveira,[93] "deixa de ser visto como necessário e intrínseco mecanismo de investigação da 'verdade'" e vai "rebaixado a princípio externo e puramente lógico-formal". A igualdade pressuposta nessa concepção de processo é uma igualdade perante a lei, puramente formal, bem ao sabor da primeira dimensão dos direitos fundamentais então vicejante,[94] ao contrário do que sucedia no esquema do *ordo judiciarius* medieval, em que a isonomia substancial entre os sujeitos implicados no *iudicium* oferecia-se como um pressuposto inarredável.[95] O juiz converte-se em um sujeito *superpartes*, vértice do discurso judiciário, tornando assimétrico o processo antes isonômico[96] (dessa época a valorização máxima dos aforismos *Iura Novit Curia* e *Da Mihi Factum, Dado Tibi Ius*, a sugerir a interpretação jurídica como algo atinente tão-somente ao Estado).[97] A lealdade passa a ser enten-

---

[90] Não se pode perder de vista, aliás, que o "indivíduo" é mesmo o ponto de partida de qualquer experiência liberal, tal como a que estamos empenhados em compreender, como observa, entre outros, José Carlos Vieira de Andrade, *Os Direitos Fundamentais na Constituição Portuguesa de 1976*, 2. ed. Coimbra: Almedina, 2001, p. 49.

[91] "Prova (Prova in Generale – Filosofia del Diritto)". In: *Enciclopedia del Diritto*. Milano: Giuffrè, 1988, p. 549, vol. XXXVII.

[92] "'Audiatur et Altera Pars' – Le Matrici Storico-Culturali del Contraddittorio". In: *Rivista Trimestrale di Diritto e Procedura Civile*. Milano: Giuffrè, 2003, p. 16, parte I.

[93] "A Garantia do Contraditório". In: *Do Formalismo no Processo Civil*, 2. ed. São Paulo: Saraiva, 2003, p. 230.

[94] Preferimos aludir à "dimensão" dos direitos fundamentais do que à "geração", porquanto entendemos adequada a crítica de José Joaquim Gomes Canotilho no sentido de que os direitos fundamentais são direitos de todas as gerações, idéia que pode restar obscurecida pela compartimentação geracional dos direitos fundamentais, conforme *Direito Constitucional e Teoria da Constituição*, 3. ed. Coimbra: Almedina, 1999, p. 362.

[95] Reflexo mesmo do modelo de democracia grega em que se fundamentava institucionalmente essa concepção de processo, conforme anota Alessandro Giuliani, "*L'Ordo Judiciarius* Medioevale (Riflessioni su un Modello Puro di Ordine Isonomico)". In: *Rivista di Diritto Processuale*. Padova: Cedam, 1988, p. 608, vol. XLIII, parte II, a sugerir a paridade entre "governantes" e "governados", como observa ainda Carlos Alberto Alvaro de Oliveira, "Poderes do Juiz e Visão Cooperativa do Processo". In: *Revista da Ajuris*. Porto Alegre: s/ed., 2003, p. 61, n. 90.

[96] Assim, entre outros, Nicola Picardi, "'Audiatur et Altera Pars' – Le Matrici Storico-Culturali del Contraddittorio". In: *Rivista Trimestrale di Diritto e Procedura Civile*. Milano: Giuffrè, 2003, p. 16, parte I.

[97] Como observa, por todos, Carlos Alberto Alvaro de Oliveira, "A Garantia do Contraditório". In: *Do Formalismo no Processo Civil*, 2. ed. São Paulo: Saraiva, 2003, p. 233/236.

dida como lealdade entre as partes e das partes, com larga margem de tolerância ao abuso, como um dever que grava somente os sujeitos parciais do processo.[98] O processo assume os contornos de um jogo, na notória imagem de Piero Calamandrei.[99]

É nesse ambiente cultural, comprometida com essas condicionantes, que nasce a ciência processual. Os séculos XVII e XVIII preparam em termos políticos, lógicos e ideológicos o nascimento do processualismo no século XIX: o processo deixa de ser *procedura*, como observa Salvatore Satta,[100] e passa a ser propriamente *processus*. O processo deixa de ser um *iudicium*, em que a preocupação com a descoberta do jurídico grava todos os seus estádios, passando a atenção dos processualistas ao processo como forma abstrata, enfim, como uma relação jurídica processual autônoma, consoante anota Giuseppe Capograssi.[101] Aliás, a figura do processo como relação jurídica processual, marco mesmo da cientificidade do direito processual civil, já criticada por nós em outro lugar,[102] esboça bem o retrato da época.

---

[98] Assim, por exemplo, ante o direito brasileiro (arts. 14 e 17, CPC), entre outros, Rui Stoco (*Abuso do Direito e Má-Fé Processual*. São Paulo: Revista dos Tribunais, 2002, p. 55), que chega mesmo a afirmar que não há dever de lealdade entre as partes no processo civil brasileiro; diante do direito italiano (art. 88, CPC), Enrico Redenti (*Diritto Processuale Civile*, 3. ed. Milano: Giuffrè, 1980, p. 205, vol. I) e Crisanto Mandrioli ("Dei Dovere delle Parti e dei Defensori". In: Allorio, Enrico (coord.), *Commentario del Codice di Procedura Civile*. Torino: UTET, 1973, p. 959, vol. I, tomo II), que afirmam a existência do dever de lealdade entre as partes na disciplina "vagamente moralizante" do Codice di Procedura Civile.

[99] "Il Processo come Giuoco". In: *Rivista di Diritto Processuale*. Padova: Cedam, 1950, p. 23/51, vol. V, parte I.

[100] "Diritto Processuale Civile". In: *Enciclopedia del Diritto*. Milano: Giuffrè, 1964, p. 1101, vol. XII. Observa Salvatore Satta que "processo e procedura vengono così a costituire una autentica opposizione e non soltanto su un piano scientifico, ma sul piano storico e sul piano legislativo". Logo após, argumenta: "processo era in sostanza il termine in cui confluivano alcune idee Madri, qualla dello Stato, della Legge, del Diritto publico, del Giudice, quindi della risoluzione del diritto soggettivo nel diritto oggettivo, del distacco dell'azione dal diritto, e via dicendo. Nella parola processo si esprimeva l'idea di un'autonoma organizzazione (impresa, dice a un certo punto Chiovenda) per l'attuazione del diritto oggettivo, della Legge, retta da una legge regolatrice del rapporto sostanziale: anzi, poiché l'organizzazione, l'impresa, coinvolge necessariamente i sogetti di questo rapporto insieme col giudice, processo significa che tra questi soggetti si è stabilito un nuovo autonomo rapporto, un rapporto giuridico detto appunto processuale. Ad abracciare e comprendere tanta vastità di orizzonte appariva inadeguata l'umile procedura, la quale, col suo stesso valore semantico, evocava una dipendenza dell'azione dal diritto, una semplice forma imposta a questo diritto (soggettivo) nel suo faris valere, l'irrilevanza e l'indifferenza dell'apparato pubblicistico messo a disposizione del privato, insomma la negazione di tutti quei postulati che il processo comporta" ("Diritto Processuale Civile". In: *Enciclopedia del Diritto*. Milano: Giuffrè, 1964, p. 1101, vol. XII).

[101] "Giudizio, Processo, Scienza, Verità". In: *Rivista di Diritto Processuale*. Padova: Cedam, 1950, p. 15, vol. V, parte I.

[102] Daniel Francisco Mitidiero, *Elementos para uma Teoria Contemporânea do Processo Civil Brasileiro*. Porto Alegre: Livraria do Advogado, 2005, p. 138/145, nada obstante a tenhamos encampado em outros trabalhos (como, por exemplo, *Comentários ao Código de Processo Civil*. São Paulo: Memória Jurídica Editora, 2004, p. 16/20, tomo I; *Comentários ao Código de Processo Civil*. São Paulo: Memória Jurídica Editora, 2005, p. 244/249, tomo II).

A idéia de que o processo é uma relação jurídica, um vínculo jurídico que une e constrange autor-Estado-réu, veio de Hegel, mais tarde lembrada por Bethmann-Holweg e trabalhada de maneira seminal por Oskar Bülow, consoante afiança Pontes de Miranda.[103] Segundo Bülow, com efeito, o processo é uma relação jurídica de direitos e obrigações recíprocos entre as partes e o Estado,[104] que avança gradualmente e que se desenvolve passo a passo,[105] estando em um constante movimento e transformação.[106] O processo, ainda consoante Bülow, é uma relação de direito público, que tem requisitos próprios de existência e desenvolvimento, não se confundindo, pois, com a relação jurídica substancial que pode lhe estar subjacente.[107] Articulava-se, essencialmente aí, a autonomia do processo e, conseqüentemente, do direito processual civil, rompendo-se com os grilhões que até então lhe acorrentavam ao direito material.

A teoria de Oskar Bülow fez fortuna, granjeando prontamente a simpatia da maioria dos autores de então.[108] Entre eles, desponta Adolf Wach, para quem "onde há processo, há relação jurídica",[109] nada obstante algumas observações críticas que esse pontualmente tenha endereçado a Oskar Bülow.[110] E aqui temos um dado de relevo: Adolf Wach entende o processo como uma relação jurídica que se estabelece entre as partes e o Estado, podendo ser representado graficamente como um triângulo, estando o magistrado no vértice desse.[111] Aliás, já Oskar Bülow assim pretendia geometricamente o processo, como não deixa de observar Jaime Guasp.[112]

Embora Cândido Rangel Dinamarco entenda que pouco importa a representação gráfica que se possa fazer da relação jurídica processual como uma linha, um ângulo ou um triângulo, sendo essa uma questão de

---

[103] *Comentários ao Código de Processo Civil*, 4. ed. Rio de Janeiro: Forense, 1997, p. 435, tomo III.
[104] *La Teoría de las Excepciones Procesales y los Presupuestos Procesales*. Buenos Aires: Ejea, 1964, p. 1.
[105] Idem, p. 2.
[106] Idem, p. 3.
[107] Idem, p. 4/9. De resto, os resultados da pesquisa de Bülow no que toca aos pressupostos processuais encontram-se mais precisamente nas p. 287/302 da precitada obra.
[108] Conforme anota, entre outros, Eduardo Juan Couture, *Fundamentos del Derecho Procesal Civil*. Buenos Aires: Aniceto Lopez Editor, 1942, p. 67.
[109] *Manual de Derecho Procesal Civil*. Buenos Aires: Ejea, 1977, p. 64, vol. I.
[110] Como, por exemplo, ter Oskar Bülow acentuado demasiadamente o caráter unitário da relação jurídica processual, conforme *Manual de Derecho Procesal Civil*. Buenos Aires: Ejea, 1977, p. 64/65, vol. I.
[111] A representação da relação jurídica processual ora como uma linha (somente entre as partes), ora como um ângulo (autor-Estado-réu) e ora ainda como um triângulo (entre as partes e o Estado reciprocamente) é um dado absolutamente corrente na processualística. Exposições desse jaez podem ser encontradas, por exemplo, em Pontes de Miranda, Comentários ao Código de Processo Civil, 5. ed. Rio de Janeiro: Forense, 1997, prólogo, p. XXI, tomo I, e em James Goldschmidt, *Derecho Procesal Civil*. Barcelona: Labor, 1936, p. 7.
[112] *Concepto y Metodo de Derecho Procesal*. Madrid: Civitas, 1997, p. 33.

somenos e sem qualquer relevância prática ou teórica para o estudo do direito processual civil,[113] certo é que essa representação geométrica não deixa de revelar a profunda assimetria em que se encontravam os sujeitos processuais no quando do direito moderno. Ao contrário do que ocorria no direito medieval, em que o processo se apresentava como um *ordo* isonômico, o direito moderno, com a sua conhecida deliberação de acentuação de poder no Estado e todas as conseqüências que daí dimanam, tornou o órgão jurisdicional um sujeito processual que se alocava, topograficamente, acima das partes, tornando assimétrico o processo.[114]

Em largas linhas, assim se passavam as cousas no *processus* moderno: todo processo era pensado de modo a possibilitar a observância do direito estatal, sendo o juiz superpartes o centro do processo, apoucando-se o papel das partes na definição do jurídico. Toda estrutura do processo refletia o intento de fazer observar tão-somente a própria normatividade estatal, convertendo-se a "pessoa" em "sujeito" do direito.[115]

2.2. Modelo de prova no processus *moderno*: *modelo demonstrativo de prova*

Tendo em conta a viragem lógica do direito processual civil com o advento da modernidade, a prova deixa de ser compreendida como um argumento, atitude própria do modelo persuasivo do *ordo judiciarius* medieval, e passa a ser entendida como demonstração. Síntese feliz a de Danilo Knijnik a propósito do modelo de prova do *processus* moderno, apontando-a como "fruto do iluminismo e do racionalismo, tendo um sentido objetivista, cientificista, absoluto".[116]

A prova como demonstração pressupõe essa como um instrumento científico para a persecução e alcance da verdade, entendido esse vocábulo não no sentido de verdade provável, mas sim como verdade absoluta, iniludivelmente matematizada.[117] Esse modelo postulava, ainda, uma rígida

---

[113] *Instituições de Direito Processual Civil*, 3. ed. São Paulo: Malheiros, 2003, p. 215, vol. II. É possível conferir o mesmo alvitre, ainda, na p. 506, nota de rodapé n. 2 da precitada obra.

[114] Em versões mais radicais, como aquela oferecida pela experiência do nacional-socialismo alemão, a exaltação da figura do juiz e de sua posição dentro do processo leva a doutrina mesmo a falar em uma "monarquia judiciária", conforme Peter Böhm, "Processo Civile e Ideologia nello Stato Nazionalsocialista". In: *Rivista di Diritto Processuale*. Padova: Cedam, 2004, p. 627.

[115] Sobre essa fecunda contraposição entre a "pessoa" contemporânea, centro do qual irradiam os direitos fundamentais, valor-fonte do ordenamento jurídico, e o "sujeito" do direito moderno, consulte-se o excelente e instigante ensaio de Giorgio Oppo, "Declino del Soggetto e Ascesa della Persona". In: *Rivista di Diritto Civile*. Padova: Cedam, 2002, p. 829/835, n. 6.

[116] *O Recurso Especial e a Revisão da Questão de Fato pelo Superior Tribunal de Justiça*. Rio de Janeiro: Forense, 2005, p. 72.

[117] Nesse campo, aliás, a distinção entre "verdade provável" e "verdade necessária" nem chega a colocar-se, uma vez que a verdade é só uma, como a "lógica"; toda verdade é uma verdade absoluta ou não é verdade, conforme, por todos, Alessandro Giuliani, "Prova. I – Prova in Generale. a) Filosofia del Diritto". In: *Enciclopedia del Diritto*. Milano: Giuffrè, 1988, p. 526, vol. XXXVII.

separação entre o mundo fáctico e o mundo jurídico, tomando como coisas absolutamente distintas as questões de fato e de direito (dada a constatação da questão de fato, a conclusão jurídica é necessária, automática e inarredável) e, bem assim, um juiz-burocrata, vértice do discurso processual, fortemente jungido à consecução do direito posto pelo Estado e, portanto, ativo no recolhimento e na construção do material probatório.[118] Não custa lembrar, aliás, que o art. 130 do Código de 1973 tem sua inspiração mais remota no § 275 da *ZivilProzessOrdenung* austríaca, donde outrora se viu, no preciso diagnóstico de Carlos Alberto Alvaro de Oliveira,[119] uma verdadeira publicização e socialização do processo civil.

O influxo dessas idéias estava afinado, ademais, com a teoria de que o raciocínio judiciário poderia ser afeiçoado a um silogismo, em que se oferecesse divorciável de maneira límpida o fato do direito.[120] Às partes tocaria levar ao processo os fatos, tocando ao juiz o direito; o contraditório fazia-se necessário quanto às questões de fato, inclusive quando houvesse prova *ex officio*, não, porém, quanto às questões jurídicas, pertencentes unicamente ao órgão judiciário. O fáctico não pertencia ao jurista, que só deveria se ocupar do mundo jurídico, sem sujar as mãos com a realidade.

Consoante se vê, as duas notas essenciais que caracterizavam o modelo de prova do *ordo judiciarius* vão frontalmente contrariadas no *processus*: a prova se destina unicamente ao juiz e tem esse poder para ordená-la de ofício. Mais uma vez aí a cultura da época a moldar a feição do direito processual civil.

Conclusões

Do breve apanhado a que se procedeu com a comparação entre o *ordo judiciarius* medieval e o *processus* moderno, importa reter que a lógica do direito que informava uma e outra experiência determinava um significado e uma importância maior a esse ou aquele mecanismo processual, o que pode ser bem evidenciado no campo da prova: à lógica dialética respondeu a comunidade de juristas com um modelo de prova como argumento; à lógica apodítica, com um modelo demonstrativo. O processo civil brasileiro contemporâneo há de buscar, num e noutro modelo, o seu próprio, a fim de

---

[118] Nesse sentido, Danilo Knijnik, *O Recurso Especial e a Revisão da Questão de Fato pelo Superior Tribunal de Justiça*. Rio de Janeiro: Forense, 2005, p. 74/78; Hermes Zaneti Júnior, "O Problema da Verdade no Processo Civil: Modelos de Prova e de Procedimento Probatório". In: *Introdução ao Estudo do Processo Civil – Primeiras Linhas de um Paradigma Emergente*. Porto Alegre: Sergio Antonio Fabris Editor, 2004, p. 143, em co-autoria com Daniel Francisco Mitidiero.
[119] *Do Formalismo no Processo Civil*, 2. ed. São Paulo: Saraiva, 2003, p. 50.
[120] Nesse sentido, por todos, Alessandro Giuliani, "Prova. I – Prova in Generale. a) Filosofia del Diritto". In: *Enciclopedia del Diritto*. Milano: Giuffrè, 1988, p. 527, vol. XXXVII.

que se responda com suficiência e altivez aos reclames da teoria do direito contemporânea e do nosso Estado Democrático de Direito.[121]

Referências bibliográficas

ALVARO DE OLIVEIRA, Carlos Alberto. "O Juiz e o Princípio do Contraditório". In: *Revista de Processo*. São Paulo: Revista dos Tribunais, 1993, n. 71.

———. *Do Formalismo no Processo Civil*, 2. ed. São Paulo: Saraiva, 2003.

———. "A Garantia do Contraditório". In: *Do Formalismo no Processo Civil*, 2. ed. São Paulo: Saraiva, 2003.

———. "Poderes do Juiz e Visão Cooperativa do Processo". In: *Revista da Ajuris*. Porto Alegre: s/ed., 2003, n. 90.

ALVES, Silvia; NOGUEIRA, José Duarte. "O Direito Processual Civil Português. Linhas Gerais". In: *Diritto e Processo – Studi in Memoria di Alessandro Giuliani*. Napoli: Edizioni Scientifiche Italiane, 2001, vol. III.

ANDRADE, José Carlos Vieira de. *Os Direitos Fundamentais na Constituição Portuguesa de 1976*, 2. ed. Coimbra: Almedina, 2001.

ARRUDA ALVIM, José Manuel. *Manual de Direito Processual Civil*, 7. ed. São Paulo: Revista dos Tribunais, 2000, vol. I.

———. *Manual de Direito Processual*, 7. ed. São Paulo: Revista dos Tribunais, 2001, vol. II.

BAPTISTA DA SILVA, Ovídio Araújo. *Jurisdição e Execução na Tradição Romano-Canônica*, 2. ed. São Paulo: Revista dos Tribunais, 1997.

———. *Processo e Ideologia – O Paradigma Racionalista*. Rio de Janeiro: Forense, 2004.

BÖHM, Peter. "Processo Civile e Ideologia nello Stato Nazionalsocialista". In: *Rivista di Diritto Processuale*. Padova: Cedam, 2004.

BÜLOW, Oskar. *La Teoría de las Excepciones Procesales y los Presupuestos Procesales*. Buenos Aires: Ejea, 1964.

CABRAL, Antônio do Passo. "Il Principio del Contraddittorio come Diritto d'Influenza e Dovere di Dibattito". In: *Rivista di Diritto Processuale*. Padova: Cedam, 2005, n. 2.

CALAMANDREI, Piero. "Il Processo come Giuoco". In: *Rivista di Diritto Processuale*. Padova: Cedam, 1950, vol. V, parte I.

———. "Verità e Verosimiglianza nel Processo Civile". In: *Opere Giuridiche*. Napoli: Morano Editore, 1972, vol. V.

CALASSO, Francesco. *Medio Evo del Diritto*. Milano: Giuffrè, 1954, vol. I.

———. "Iurisdictio nel Diritto Comune Classico". In: *Studi in Onore di Vicenzo Arangio-Ruiz*. Napoli: Jovene, 1969, vol. IV.

CANOTILHO, José Joaquim Gomes. *Direito Constitucional e Teoria da Constituição*, 3. ed. Coimbra: Almedina, 1999.

CAPOGRASSI, Giuseppe. "Giudizio, Processo, Scienza, Verità". In: *Rivista di Diritto Processuale*. Padova: Cedam, 1950, vol. V, parte I.

CARNEIRO, Athos Gusmão. *Jurisdição e Competência*, 4. ed. São Paulo: Saraiva, 1991.

---

[121] Uma proposta de modelo contemporâneo de prova para o processo civil brasileiro desborda do objeto dessa pesquisa, que se cinge tão-somente a uma aproximação com os modelos de prova do *ordo judiciarius* medieval e do *processus* moderno; empresa desse jaez restará para outra sede. De qualquer sorte, uma fecunda tentativa de construção de um modelo contemporâneo de prova para o processo civil brasileiro pode ser encontrada em Hermes Zaneti Júnior, "O Problema da Verdade no Processo Civil: Modelos de Prova e de Procedimento Probatório". In: *Introdução ao Estudo do Processo Civil – Primeiras Linhas de um Paradigma Emergente*. Porto Alegre: Sergio Antonio Fabris Editor, 2004, p. 151/160, em co-autoria com Daniel Francisco Mitidiero.

CASTANHEIRA NEVES, Antônio. Questão-de-Facto – Questão-de-Direito, *O Problema Metodológico da Juridicidade (Ensaio de uma Exposição Crítica), I – A Crise*. Coimbra: Almedina, 1967.

——. *Metodologia Jurídica – Problemas Fundamentais*. Coimbra: Coimbra Editora, 1993.

——. "A Distinção entre a Questão-de-Facto e a Questão-de-Direito e a Competência do Supremo Tribunal de Justiça como Tribunal de Revista". In: *Digesta – Escritos acerca do Direito, do Pensamento Jurídico, da sua Metodologia e Outros*. Coimbra: Coimbra Editora, 1995, vol. I.

CINTRA, Antônio Carlos de Araújo. *Comentários ao Código de Processo Civil*. Rio de Janeiro: Forense, 2000, vol. IV.

CHIOVENDA, Giuseppe. *Instituições de Direito Processual Civil*, 3. ed. São Paulo: Saraiva, 1969, vol. II.

COING, Helmut. *Elementos Fundamentais da Filosofia do Direito*. Porto Alegre: Sergio Antonio Fabris Editor, 2002.

COUTURE, Eduardo Juan. *Fundamentos del Derecho Procesal Civil*. Buenos Aires: Aniceto Lopez Editor, 1942.

CUEVA, Mario de la. *La Idea del Estado*. México: Fondo de Cultura Económica, 1996.

DINAMARCO, Cândido Rangel. *Instituições de Direito Processual Civil*, 3 ed. São Paulo: Malheiros, 2003, vol. II.

GIULIANI, Alessandro. *Il Concetto di Prova – Contributo alla Logica Giuridica*. Milano: Giuffrè, 1971.

——. "Logica (Teoria dell'Argomentazione)". In: *Enciclopedia del Diritto*. Milano: Giuffrè, 1975, vol. XXV.

——. "L'*Ordo Judiciarius* Medioevale (Riflessioni su un Modello Puro di Ordine Isonomico)". In: *Rivista di Diritto Processuale*. Padova: Cedam, 1988, vol. XLIII, parte II.

——. "Prova. I – Prova in Generale. a) Filosofia del Diritto". In: *Enciclopedia del Diritto*. Milano: Giuffrè, 1988, vol. XXXVII.

GOLDSCHMIDT, James. *Derecho Procesal Civil*. Barcelona: Labor, 1936.

GRASSO, Eduardo. "La Collaborazione nel Processo Civile". In: *Rivista di Diritto Processuale*. Padova: Cedam, 1966, vol. XXI.

GUASP, Jaime. *Concepto y Metodo de Derecho Procesal*. Madrid: Civitas, 1997.

HASSEMER, Winfried. "Sistema Jurídico e Codificação: a Vinculação do Juiz à Lei". In: KAUFMANN, Arthur e HASSEMER, W. (orgs.), *Introdução à Filosofia do Direito e à Teoria do Direito Contemporâneas*. Lisboa: Fundação Calouste Gulbenkian, 2002.

HECK, Luís Afonso. *O Tribunal Constitucional Federal e o Desenvolvimento dos Princípios Constitucionais – Contributo para uma Compreensão da Jurisdição Constitucional Federal Alemã*. Porto Alegre: Sergio Antonio Fabris Editor, 1995.

HESPANHA, Antônio Manuel Botelho. "Para uma Teoria da História Institucional do Antigo Regime". In: HESPANHA, Antônio Manuel Botelho (org.), *Poder e Instituições na Europa do Antigo Regime*. Lisboa: Fundação Calouste Gulbenkian, 1984.

——. "Lei e Justiça: História e Prospectiva de um Paradigma". In: HESPANHA, Antônio Manuel Botelho (org.), *Justiça e Litigiosidade: História e Prospectiva*. Lisboa: Fundação Calouste Gulbenkian, 1992.

——. "Justiça e Administração entre o Antigo Regime e a Revolução". In: HESPANHA, Antônio Manuel Botelho, *Justiça e Litigiosidade: História e Prospectiva*. Lisboa: Fundação Calouste Gulbenkian, 1992.

JELLINEK, Georg. *Teoría General del Estado*. México: Fondo de Cultura Económica, 2000.

KAUFMANN, Arthur. "A Problemática da Filosofia do Direito ao Longo da História". In: KAUFMANN, Arthur e HASSEMER, W. (orgs.), *Introdução à Filosofia do Direito e à Teoria do Direito Contemporâneas*. Lisboa: Fundação Calouste Gulbenkian, 2002.

KNIJNIK, Danilo. *O Recurso Especial e a Revisão da Questão de Fato pelo Superior Tribunal de Justiça*. Rio de Janeiro: Forense, 2005.

LARENZ, Karl. *Metodologia da Ciência do Direito*, 3. ed. Lisboa: Fundação Calouste Gulbenkian, 1997.

LIEBMAN, Enrico Tullio. "Il Nuovo 'Codigo de Processo Civil' Brasiliano". In: *Problemi del Processo Civile*. Napoli: Morano Editore, 1962.

MANDRIOLI, Crisanto. "Dei Dovere delle Parti e dei Defensori". In: ALLORIO, Enrico (coord.), *Commentario del Codice di Procedura Civile*. Torino: UTET, 1973, vol. I, tomo II.

MITIDIERO, Daniel Francisco. *Comentários ao Código de Processo Civil*. São Paulo: Memória Jurídica Editora, 2004, tomo I.

——. *Comentários ao Código de Processo Civil*. São Paulo: Memória Jurídica Editora, 2005, tomo II.

——. *Elementos para uma Teoria Contemporânea do Processo Civil Brasileiro*. Porto Alegre: Livraria do Advogado, 2005.

——; ZANETI JÚNIOR, Hermes. *Introdução ao Estudo do Processo Civil – Primeiras Linhas de um Paradigma Emergente*. Porto Alegre: Sérgio Antônio Fabris Editor, 2004.

NOGUEIRA, José Duarte; ALVES, Silvia. "O Direito Processual Civil Português. Linhas Gerais". In: *Diritto e Processo – Studi in Memoria di Alessandro Giuliani*. Napoli: Edizioni Scientifiche Italiane, 2001, vol. III.

NORONHA, Carlos Silveira. *Sentença Civil – Perfil Histórico-Dogmático*. São Paulo: Revista dos Tribunais, 1995.

NÖRR, Knut Wolfgang. "Alcuni Momenti della Storiografia del Diritto Processuale". In: *Rivista di Diritto Processuale*. Padova: Cedam, 2004, parte I.

OPPO, Giorgio. "Declino del Soggetto e Ascesa della Persona". In: *Rivista di Diritto Civile*. Padova: Cedam, 2002, n. 6.

PERELMAN, Chaïm. *Lógica Jurídica*. São Paulo: Martins Fontes, 2000.

PICARDI, Nicola. "L'Esame di Coscienza del Vecchio Maestro". In: *Rivista di Diritto Processuale*. Padova: Cedam, 1986, vol. XLI.

——. "Processo Civile (Diritto Moderno)". In: *Enciclopedia del Diritto*. Milano: Giuffrè, 1987, vol. XXXVI.

——. "Il Giudice e la Legge nel Code Louis". In: *Rivista di Diritto Processuale*. Padova: Cedam, 1995, vol. L, parte I.

——. "'Audiatur el Altera Pars' – Le Matrici Storico-Culturali del Contraddittorio". In: *Rivista Trimestrale di Diritto e Procedura Civile*. Milano: Giuffrè, 2003, parte I.

——. "La Formazione di Base del Giurista". In: *Rivista di Diritto Processuale*. Padova: Cedam, 2005, parte II.

PONTES DE MIRANDA, Francisco Cavalcanti. *Comentários ao Código de Processo Civil*, 4. ed. Rio de Janeiro: Forense, 1997, tomo III.

REDENTI, Enrico. *Diritto Processuale Civile*, 3. ed. Milano: Giuffrè, 1980, vol. I.

ROCCO, Alfredo. *La Sentenza Civile*. Milano: Giuffrè, 1962.

SANTOS, Boaventura de Sousa. *Um Discurso sobre as Ciências*, 13. ed. Porto: Edições Afrontamento, 2002.

SATTA, Salvatore. "Diritto Processuale Civile". In: *Enciclopedia del Diritto*. Milano: Giuffrè, 1964, vol. XII.

SOUZA JÚNIOR, Cezar Saldanha. *O Tribunal Constitucional como Poder – Uma Nova Teoria da Divisão dos Poderes*. São Paulo: Memória Jurídica Editora, 2002.

STOCO, Rui. *Abuso do Direito e Má-Fé Processual*. São Paulo: Revista dos Tribunais, 2002.
TARELLO, Giovanni. *Storia della Cultura Giuridica Moderna*. Bologna: Il Mulino, 1976.
TARUFFO, Michele. *La Motivazione della Sentenza Civile*. Padova: Cedam, 1975.
——. "Modelli di Prova e di Procedimento Probatorio". In: *Rivista di Diritto Processuale*. Padova: Cedam, 1990, vol. XLV, parte I.
——. *La Prueba de los Hechos*. Madrid: Editorial Trotta, 2002.
THEODORO JÚNIOR, Humberto. *Curso de Direito Processual Civil*, 40. ed. Rio de Janeiro: Forense, 2003, vol. I.
VERDE, Giovanni. "Sul Monopolio dello Stato in Tema di Giurisdizione". In: *Rivista di Diritto Processuale*. Padova: Cedam, 2003.
VILLEY, Michel. *Filosofia do Direito – Definições e Fins do Direito e Os Meios do Direito*. São Paulo: Martins Fontes, 2003.
WACH, Adolf. *Manual de Derecho Procesal Civil*. Buenos Aires: Ejea, 1977, vol. I.
WEBER, Max. *Economia e Sociedade*. Brasília: Editora Universidade de Brasília, 1999, vol. II.
WIEACKER, Franz. *História do Direito Privado Moderno*, 2. ed. Lisboa: Fundação Calouste Gulbenkian, 1993.
ZANETI JÚNIOR, Hermes; MITIDIERO, Daniel Francisco. "O Problema da Verdade no Processo Civil: Modelos de Prova e de Procedimento Probatório". In: *Introdução ao Estudo do Processo Civil – Primeiras Linhas de um Paradigma Emergente*. Porto Alegre: Sérgio Antônio Fabris Editor, 2004.

— 5 —

A ampla defesa como proteção dos poderes das partes: proibição de inadmissão da prova por já estar convencido o juiz

FELIPE CAMILO DALL'ALBA

Sumário: Introdução; I – Momento da prova; II – Conceito de *thema probandum* e objeto da prova à luz dos ensinamentos de Michele Taruffo; III – Definição do juízo de relevância, dando-se um enfoque à prova dos fatos inverossímeis e impossíveis; IV – O precedente convencimento do juiz como motivo para exclusão da prova; Conclusão; Referências bibliográficas.

Introdução

É absolutamente dispensável demonstrar a importância do estudo do direito probatório para o processo vivido, ou seja, para prática forense. Um dos autores que melhor sintetizou isso foi Niloca Picardi, para quem "a prova é o coração do processo. Trata-se precisamente de uma série de instrumentos úteis para verificação da hipótese de fato formulada, com o objetivo de que o juiz atinja a verdade provável, aplicando-se, assim, a norma jurídica de forma justa".[1]

Dessa feita, o presente estudo propõe-se a, de forma breve, e com o auxílio de Michele Taruffo, apresentar o problema, no dia-a-dia forense, em que o Magistrado, sob o pretexto, muitas vezes explícito, e, outras vezes, não, denega a possibilidade da produção de prova por já estar convencido.

O estudo será composto de uma primeira parte, na qual se abordará o momento da prova, dando-se especial atenção àquele em que o juiz nega ou denega sua produção. Após, num segundo momento, explorar-se-ão os con-

---

[1] "La prova è, il cuore del processo. Si tratta, piú precisamente, di una serie di instrumenti con i quali vengono verificate le ipotesi di fatto formulate nel processo, al fin di consentire al giudice di attingere la verità probabile (unica verità conseguibile, dati i limiti imamanenti della conoscenza umana) e pervinire, così, ad una applicazione "giusta" delle norme giuridiche alia fattispecie controversa". (tradução livre). (PICARDI, Nicola. *Appunti di diritto processuale civile. Processo ordinario di cognizione le impugnación*. Milano: Giuffrè, 2003, p. 19).

ceitos de *fato probandum* e objeto da prova, para, a seguir, estudar o juízo de relevância. E, por fim, analisar-se-á se o sistema admite que prévio convencimento se constitua num motivo para exclusão da prova.

I – Momentos da Prova

As partes levam para o processo um conjunto de alegações fáticas, as quais necessitam ser comprovadas, para demonstração de sua existência. E esse procedimento de demonstração dos fatos, para efeitos didáticos, a fim de que o fenômeno seja compreendido na sua inteireza, é classificado pela doutrina desde a sua proposição até a sua avaliação. Nesse sentido, Dinamarco ensina que os momentos da prova, no processo civil brasileiro, são o da *propositura pela parte,* o da sua *admissão pelo juiz,* o da sua *realização* mediante participação de todos os sujeitos processuais e o da *valoração,* que compete ao juiz com exclusividade.[2]

Entrementes, seguindo o caminho do procedimento comum ordinário, primeiramente, a parte que pretende comprovar sua afirmação propõe sua prova, isto é, diz quais são os instrumentos que utilizará. Segundo dispõe a legislação de regência, o autor fará o requerimento de prova com a inicial (Código de Processo Civil, art. 282, inciso VI), e o art. 324, no caso de revelia sem seus efeitos, manda que o autor especifique as provas que pretende produzir. Já o réu requer a produção de provas na contestação (art. 300). Porém, é bom ressaltar que a prática forense não segue à risca o modelo legal, pois, em qualquer hipótese, depois de cumpridas as providências preliminares e, em momento anterior, caso estas não sejam necessárias, o Magistrado abre oportunidade para que autor e réu especifiquem as provas que pretendem produzir.[3]

No próximo passo, vem a admissão da prova, momento em que o Magistrado verifica a regularidade do meio, ou seja, sua validade e relevân-

---

[2] DINAMARCO, Cândido Rangel. *Instituições de direito processual civil.* 4. ed. São Paulo: Malheiros, 2004, p. 89. v. 3. Adverte ainda o autor: "Por isso, ao menos em face do direito positivo brasileiro é mais adequado designar como *produção da prova* todo conjunto de atividades que vão desde a *propositura,* quando a parte indica ao juiz a fonte de prova que pretende utilizar (ela *pro-duz* o meio de prova), até sua *realização* mediante as formas procedimentais determinadas em lei. Desse modo, aqueles quatro pólos ficam reduzidos a dois: a produção e a valoração da prova, sendo o primeiro composto da propositura, admissão e realização da prova". (p. 89)

[3] Para uma abordagem mais profunda, consultar DINAMARCO, Cândido Rangel. *Instituições de direito processual civil.* 4. São Paulo: Malheiros, 2004, p. 90. v. 3. Diz Calmon de Passos, com apoio em Lopes da Costa, que a indicação dos meios de prova genericamente é inútil e ridícula. O art. 407 permite que as testemunhas sejam arroladas antes da audiência, então se não fizer na inicial, nenhuma preclusão ocorrerá. Os documentos são anexados à inicial, integram-na, instruindo-a. A hipótese não é de indicação, mas de produção. Por sua vez, o depoimento pessoal da parte é prova que o juiz pode determinar de ofício e será quase sempre conseqüência da imposição legal de proceder o juiz à conciliação prévia. Mesmo não havendo protesto por depoimento pessoal, podem as partes provocar o juiz para que ele, de ofício, determine sua produção. A mesma coisa se dando com a prova pericial. (CALMON DE PASSOS, José Joaquim. *Comentários ao Código de Processo Civil.* 8. ed. Rio de Janeiro: Forense, 2001, p. 163. v. III).

cia. Consoante Dinamarco, "o momento idealizado pelo Código para o juiz deferir ou indeferir provas no procedimento ordinário é o da audiência preliminar (art. 331, § 2º), mas eventuais requerimentos ulteriores serão apreciados depois".[4]

Em seguida, a prova é produzida, isto é, entra em definitivo para dentro do processo, como um instrumento de convencimento judicial. Já a valoração é o momento final, aquele em que o órgão judicial analisa se determinada prova teve o condão de demonstrar os fatos que até aquele momento eram duvidosos.

O estudo, como já explicitado, tem por objetivo examinar, em específico, o momento relativo à admissão da prova pelo juiz, pois se devem evitar atos inúteis e protelatórios. Porém, há de se encontrar um ponto de equilíbrio entre o direito à prova e o juízo de relevância, pois, no que pese não ser o momento da verificação da eficácia probatória, que será efetivada mais adiante, quando do julgamento, há uma tendência de sua antecipação, passando o juiz a pré-julgar o processo em momento impróprio. É o estudo dessa relevância da prova que irá ocupar os próximos itens.

II – Conceito de *thema probandum* e objeto da prova à luz dos ensinamentos de Michele Taruffo

É importante referir, desde o início, que não se provam fatos, mas as afirmações referentes a eles,[5] pois as afirmações materializam os fatos no processo. De toda forma, já no direito romano, notadamente no período formulário, o *iudex*, depois de analisar a fórmula, produzia a prova tendo em vista o *thema probandum*.[6] Nesse passo, numa primeira visão, é correto dizer que não integram o *thema probandum* os fatos não contestados, nem aqueles que, embora contestados, sejam juridicamente irrelevantes.[7] Com isso, não se quer dizer que não existam alguns casos que, mesmo não contestados, necessitam de prova, como são os fatos que envolvem interesse indisponível. Muito menos, que embora contestados, os fatos não precisem ser provados, a exemplo dos fatos notórios.

---

[4] DINAMARCO, Cândido Rangel. *Instituições de direito processual civil*. 4. ed. rev. e atual. São Paulo: Malheiros, 2004, p. 90, v. 3.

[5] Nesse mesmo sentido, SILVA, Ovídio A. Baptista. *Curso de processo civil*. 7. ed. rev. e atual. Rio de Janeiro: Forense, 2005, p. 325. v. 2 Arremata Sentis Melendo "que se an de verificar la realidad de las afirmaciones formuladas; y, naturalmente, estas afirmaciones han de tener un contenido, un objeto, una materia. Las afirmaciones, normalmente, generalmente, se refiren a hechos; he ahí viene la confusión que hace decir que se prueban hechos; de ahí viene también la confusión de que aparezca en algún precepto legal la idea de que, en determinadas circunstancias, las normas jurídicas son hechos; y que el derecho haya de probarse [...] (SENTIS MELENDO, Santiago. *La prueba, los grandes temas de derecho probatorio*. Buenos Aires: Ejea, 1978, p. 13-14).

[6] TUCCI, José Rogério Cruz e AZEVEDO, Luiz Carlos de. *Lições de história do processo civil romano*. 1. ed. 2. tir. São Paulo: Revista dos Tribunais, 2001, p. 124.

[7] TARUFFO, Micheli. *Studi sulla rilevanza della prova*. Padova: Cedam, 1970, p. 47.

Assim, segundo Taruffo, "pode-se, portanto, definir o concreto *thema probandum* como o conjunto de fatos jurídicos relevantes, cuja existência ou inexistência deve ser demonstrada no curso do processo".[8] Como regra geral, no direito brasileiro, é no despacho saneador, caso a prova tenha de ser produzida em audiência, o momento adequado para se definir qual será seu tema (fixação dos pontos controvertidos), porque, nesse instante, os debates escritos através da petição inicial, contestação e réplica já se findaram (CPC, art. 331, § 2º).

Além disso, apenas para espancar qualquer dúvida, em outro plano, encontra-se o ônus da prova, que possui dinamicidade, pois ao conjunto de alegações feitas pela parte-autora pode o réu simplesmente negar os fatos, ou, com outra afirmação positiva, impor fatos impeditivos, modificativos e extintivos do direito. E é, nessa quadra, que se irá determinar a quem incumbe o ônus da prova, ou seja, a qual das partes se irá impor a derrota em caso de não se estabelecer a verdade possível. Não se olvidando que o ônus da prova é uma regra de julgamento, ou seja, somente em não se havendo prova dos autos, independentemente de quem as trouxe, é que se aplica a regra do art. 333 do CPC.

Mas, ao lado do tema da prova, é lícito, como faz Taruffo, trazer, à baila, outra classificação, como a do objeto da prova. Esse conceito é imprescindível para o correto desenvolvimento do tema, em especial no juízo de relevância.

Dessa forma, se de um lado tem-se o *thema probandum* como o conjunto de alegações controvertidas, de outro, tem-se o objeto da prova, que se constitui em cada proposição factual que terá ligação umbilical com o *thema probandum*, isto é, aquele é uma parcela, e este diz respeito a toda controvérsia. Então, para Taruffo, o "objeto da prova é o fato específico, principal ou secundário, que vem indicado em sede de dedução da prova mesmo".[9] Taruffo, com habilidade, mostra que a diferença entre objeto da prova e tema da prova tem uma importância estrutural, pois [...] "uma coisa é considerar um fato em relação a aquilo que é necessário provar em juízo, outra é considerar como objeto de um particular procedimento de cognição que possui o nome de prova".[10]

Esses conceitos são de especial importância, como se verá no próximo item, para o delineamento do juízo de relevância, pois é necessário dar-se um limite ao poder judicial, no momento em que defere ou indefere uma prova, através de um critério objetivo.

---

[8] Si può pertanto definirei l concreto thema probandum come linsieme dei fatti giuridicamente rilevanti, la cui esistenza o inesistenza debba esser demonstrata nel corso dell' istruzine probatória. (TARUFFO, Micheli. *Studi sulla rilevanza della prova*. Padova: Cedam, 1970, p. 53)

[9] TARUFFO, Micheli. *Studi sulla rilevanza della prova*. Padova: Cedam, 1970, p. 37.

[10] Ibidem, p. 35.

III – Definição do juízo de relevância, dando-se um enfoque à prova dos fatos inverossímeis e impossíveis

De início, é importante referir que o autor descreve os fatos na petição inicial que sejam relevantes juridicamente, com possível incidência em alguma norma, ou, a seu parecer, apresentem pertinência para o deslinde da lide. Pode-se falar, dessa feita, em relevância jurídica. Outra é a noção de relevância das proposições factuais que deverão ser provadas. Essa tem relação com os meios probatórios que conduzirão à demonstração do objeto da prova. Por sua vez, a relevância jurídica tem o sentido de que os fatos que não possuem conseqüências jurídicas não têm importância para o processo; logo, nem as provas sobre às quais verteria. *Veja-se que são duas noções diversas que, quando da análise do juízo de relevância da prova, podem ser confundidas.*

Para Taruffo, "Enquanto a primeira noção de relevância representa o critério para seleção preventiva dos meios de prova, e resulta, como melhor se verá em seguida, de uma certa relação lógica entre o fato sobre qual verte a prova e os fatos que devem ser acertados em juízo, a segunda representa o critério para individuação da juridicidade do fato, isto é, da sua correspondência a um tipo normativo [...]".[11]

Porém, o problema relativo ao juízo de relevância não é tão simples. De posse dos conceitos de *thema probandum* e de objeto da prova, já é possível, em linha de princípio, estabelecer uma noção do juízo de relevância. Lembrando-se que provas nem sempre referem-se aos fatos jurídicos, mas podem dizer respeito a fatos secundários que, por indução, serão relevantes para solução da questão. Por isso, afigura-se, equivocado pensar que a prova deve ser dirigida somente aos fatos jurídicos, sendo irrelevante a prova dos demais fatos. Com Taruffo, é correto afirmar que a instrução probatória que tem por escopo demonstrar a existência dos fatos principais, podendo ser feita, através da prova, diretamente desses fatos ou também através da prova dos fatos secundários.[12] A relevância, então, estará umbilicalmente ligada à possível utilização do fato que verte a prova para o deslinde da controvérsia.[13] Além disso, fazendo uso dos conceitos até aqui descritos, obtempera Taruffo:

> É antes de tudo necessária uma observação: fala-se genericamente de relevância da prova e do meio de prova, mas expressões deste gênero, que são usadas por comodidade de linguagem, são aptas a gerarem confusão. O que se pode definir relevante não é a prova como instrumento de cognição ou, em gênero, como instrumento para o acertamento da existência de um fato, nem o meio de prova como coisa ou pessoa que fornece os elementos necessários para esta operação, bem assim o

---
[11] TARUFFO, Micheli. *Studi sulla rilevanza della prova*. Padova: Cedam, 1970, p. 25.
[12] Ibidem, p. 30.
[13] Ibidem, p. 56.

fato do qual a prova entende demonstrar a existência; com maior precisão, antes, o juízo de relevância verte sobre a proposição que enuncia o resultado do qual a prova deveria conseguir. A estrutura conceitual sobre qual deve se fundar a definição de relevância é portanto constituído de dois grupos de proposições factuais: aqueles que definem o objeto da prova e aquele que constituem o tema da prova, nas suas possíveis correlações.[14]

Disse, ainda, Taruffo: "É relevante cada prova que verte de uma proposição factual que, assumida por hipótese como verdadeira pode constituir elemento de confirmação da proposição descritiva do factum probandum".[15] Ou, com mais precisão, adverte o autor:

> Nas três diversas hipóteses possíveis, a prova pode portanto ser considerada relevante: a) quando o seu objeto é dado de uma proposição relativa a uma fato principal; b) quando o seu objeto é dado de uma proposição relativa a um fato secundário, que funda uma interpretação relativa à existência de um fato principal; c) quando o seu objeto é dado de uma proposição relativa a um fato secundário, que funda um interpretação relativa a um outro fato secundário, e é relevante também a respeito da existência de um fato principal. Em síntese, a relevância da prova se pode definir como a impossibilidade que a proposição factual da qual ela verte determine ou incida, diretamente ou indiretamente, sobre e status lógico de probabilidade confirma a proposição relativa a existência de um fato principal.[16]

Para exemplificar, far-se-á uso de um caso descrito por Luiso, em que a presença de Tício, em determinado lugar e em certo momento, era importante para o deslinde da querela. Portanto, todos os meios utilizados para comprovar tanto que Tício estava naquele lugar, como que não estava, seriam relevantes. Exemplifica, também, agora um caso de irrelevância, quando o que se pretende provar é a causa interruptiva da prescrição que se deu seis anos antes do ajuizamento da ação, todavia, na espécie, a prescrição operara em cinco anos. Por isso, há irrelevância no fato objeto da prova, pois não tem relação lógica com o tema da prova, eis que a causa interruptiva é posterior à consumação da prescrição.[17]

De mais a mais, a atividade que o juiz realiza no momento do juízo de relevância e a feita, quando do julgamento, são essencialmente diferentes, pois a primeira, como já foi ressaltado, busca uma relação lógica por hipótese, em tese, já a outra se dá quando da análise final da eficácia da prova, porém ambas as operações têm como foco "a relação lógica entre dois grupos de proposições factuais hipotéticas: o primeiro grupo os fatos colocados como objeto da prova; o segundo grupo os fatos principais contestados (thema probandum)".[18] Além do que, "[...] o conceito de relevância parece

---

[14] TARUFFO, Micheli. *Studi sulla rilevanza della prova*. Padova: Cedam, 1970, p. 54.

[15] Ibidem, p. 249. Na mesma esteira, CAROCCA PÉREZ, Alex. *Garantia constitucional de la defesa procesal*. Barcelona: Boch, 1998, p. 301.

[16] Ibidem p. 250 (tradução do autor do artigo).

[17] LUISO, Francesco P. *Diritto processuale civile*. 3. ed. Milano: Giuffrè, 2000. v. 2, p. 85/86.

[18] TARUFFO, Micheli. *Studi sulla rilevanza della prova*. Padova: Cedam, 1970, p. 233.

dotado de um relevo prático mais amplo do que o da eficácia probatória: só a prova relevante pode ser eficaz, mas nem toda prova relevante em abstrato em sede preliminar se releva pois, em concreto, dotada de real eficácia probatória".[19]

Outrossim, problema intrigante, pertencente também à matéria relativa à relevância probatória, e que é tratado exemplarmente por Taruffo, é a questão da prova dos fatos verossímeis, ou seja, em que medida deve ser produzida prova sobre fatos que não seguem aquilo que geralmente acontece. Ou melhor, seria permitido ao juiz negar a produção de uma prova, porque o fato a ser pesquisado foge à normalidade das coisas? A resposta é dada por Taruffo ao dizer que "a verossimilhança do objeto da prova não é jamais requisito de sua admissão". Ora, outra não poderia ser a conclusão, porque o direito à prova é forte o suficiente para impedir qualquer tipo de cerceamento, em especial aqueles que digam respeito a fatos que não são próximos à verdade, mas que, embora saiam da normalidade, podem ser comprovados, nem que seja através de novos experimentos.

No que diz respeito aos fatos impossíveis, a conclusão deve ser outra. Se as alegações contêm fatos impossíveis, esses não podem fazer parte do *thema probandum*; contudo, se dizem respeito ao objeto da prova, têm de ser excluídos no juízo de relevância. Afirma Taruffo que "se o fato é posto no objeto da prova, a valoração é implícita no juízo de relevância, pois que, evidentemente, um fato impossível não pode ser considerado relevante a respeito daquilo que deve ser provado em juízo".[20]

Proto Pisani é enfático ao dizer que "Se quer dizer que os fatos inverossímeis não necessitam de prova; a afirmação é inexata porque, mesmo por ser inverossível, o fatos necessitara de prova e antes de prova pontual. Exato, é ao contrário dizer que os fatos impossíveis não devem ser provados, mas tem de observar que o progresso da ciência reduz a área da impossibilidade".[21] É importante referir que Danilo Knijnik chega a mesma conclusão.[22]

Assim, delineadas essas premissas, é mister agora, como fechamento, tratar, no tópico seguinte, da forma pela qual o sistema age, para limitar a possibilidade de o juiz não admitir as provas relevantes, pelo fato de já estar convencido.

---

[19] TARUFFO, Micheli. *Studi sulla rilevanza della prova*. Padova: Cedam, 1970, p. 248.

[20] Ibidem, p. 80. No mesmo sentido, AMARAL DOS SANTOS, Moacir. *Primeiras linhas de direito processual civil*. 19. ed. São Paulo: Saraiva, 1998, 2. v.

[21] Si suole dire che i fatti inverosimili non sono bisognosi di prova; laffermazione è inesatta poichè, proprio perchè inversomile, il fatto sarà bisognoso di prova ed anzi di prova particolarmente puntuale. "Esatto è invece il dire che i fatti impossibili non devono essere provati, ma è appena il caso di osservare che i progressi delle scienze riducono sempre di più larea della impossibilita. (tradução livre). (PROTO PISANI, Andrea . *Lezioni di Diritto Processuale Civile*. 4. ed.. Napoli: Jovene, 2002, p. 408)

[22] KNIJNIK, Danilo. e-mail enviado gentilmente pelo autor, em 12/11/2004, às 14h53 min., referente ao livro que ainda está no prelo.

IV – O precedente convencimento do juiz como motivo para exclusão da prova

O Magistrado, e a experiência jurídica está repleta de exemplos, é tentado a expungir, em nome do princípio do livre convencimento, determinado meio de prova proposta pela parte, porque. no seu sentir, as afirmações já estariam provadas. Desse modo, indaga-se: poderia o juiz repelir determinada prova ou julgar o processo, antecipadamente, pois já formou seu convencimento? Ensina Taruffo:

> O *status* de verdade que caracteriza o resultado do acertamento judicial é caracterizado pela relatividade, isto é, do fato que é valido e na medida na qual a prova oferece elementos concretos (dados do conhecimento particular) idôneos a fundá-los, e, isto que mais importa, não é nunca definitivo, ao menos em linha de princípio, a fim de que não venha a formar o conteúdo da decisão. Isto implica, sempre em linha de princípio, que o convencimento judicial sobre o qual o juiz instrutor possui possa sempre ser modificado, ao menos enquanto seja possível colocar e tentar novas provas.[23]

Nessa quadra, ao se analisar a relevância da prova por esse ângulo, e ao juiz fosse permitido, em toda e qualquer hipótese, inadmitir meios probatórios pelo fato de já estar convencido, facilmente perceber-se-ia que a relevância ou irrelevância estaria sendo vista como eficácia da prova. Isto é, o juiz estaria, em momento anterior ao julgamento, já adiantando o resultado da prova que, no seu sentir, seria idônea ou inidônea. Mas, "essa valoração não pode ser realizada antecipadamente, não sendo possível fundar, por esse motivo, a exclusão de uma prova relevante".[24]

Outrossim, Proto Pisani colocou a questão com uma precisão cirúrgica, já que, exatamente, como o autor diz, está-se diante de um conflito entre o direito à prova e o direito ao caráter prático do processo. Isso porque, em muitas situações, a prova proposta é desnecessária para o andamento do processo, porém, ao mesmo tempo, a parte que a propôs tem esse direito, sob pena de lhe ser cerceada a defesa, pois o Tribunal poderá reexaminar a matéria. Afirma o mestre:

> Mais delicada é a reflexão sobre o enunciado segundo o qual os fatos já provados não necessitam de prova. Essa enunciação, a primeira vista banal, encontra base normativa no art. 209, que dispõe que o juiz declara fechada a instrução quando ele entende supérflua pela resultado já obtido, as ulteriores assunções. A norma é banal onde consente ao juiz de não assumir outros meios de prova diretos a corroborar a

---

[23] Lo *status* di verità che caratterizza il risultato dellaccertamento giudiziale è dunque caratterizzato della *relatività* , cioè dal fatto che esso è valido se e nella misura in cui lê provae offrono elementi concreti (dati di concoscenza particolare) idonei a fondarlo, e, ciò che piú importa, non è mai definitivo, almeno in linea di principio, finchè non venga a formarei l contenuto della decisione. Ciò implica, sempre in línea di principio, che il convincimento cui il giudice istruttore perviene possa sempre esser modividato, almeno in quanto sai possibilie ammettere ed esperirre nuove prove. TARUFFO, Micheli. *Studi sulla rilevanza della prova*. Padova: Cedam, 1970, p. 75.
[24] Idem, p. 77.

opinião que ele já formou sobre a base dos quais já estão no processo; é delicado, ao contrário, onde consente o juiz de emanar o mesmo juízo de superfluidade no instante em que o meio de prova pode contrastar a opinião que se formou com as provas já constantes. Com base no direito à prova, contesta-se radicalmente uma similar possibilidade (ou se considera o art. 209 nessa parte é constitucionalmente ilegítimo), porém outros afirmam que o caráter prático do processo e a exigência que ele tenha um fim justificam a existência e o uso de uma norma do art. 209, pois que dela o juiz deve fazer um uso atento e sobretudo conste na motivação do provimento as razões que estão na base do seu juízo de superfluidade (permitem de tal modo um controle também pela cassação ao senso do art. 306 n. 5).[25]

Nesse giro, é no caso concreto que será dada solução para a colisão entre os princípios, conforme as circunstâncias que rodeiam a situação, pois não há precedência entre princípios.[26] Danilo Knijnik, atento a essa questão, doutrina que "deve ser analisada com certa reserva a orientação jurisprudencial segundo a qual o juiz está autorizado a indeferir a prova se ele, juiz, está convencido dos fatos, visto que a prova deve ser produzida à vista de todas as qualificações jurídicas possíveis, sob pena de, por via transversa, prejulgar-se a demanda [...]".[27] No caso a seguir transcrito, o Tribunal gaúcho deu preferência ao direito à prova:

EMENTA: DESTITUIÇÃO DO PODER FAMILIAR. CERCEAMENTO DE DEFESA. NULIDADE DA SENTENÇA. 1. A destituição do pátrio poder é medida extremamente drástica, que rompe todos os liames jurídicos entre pais e filhos, e reclama cabal demonstração de alguma das hipóteses prevista na lei. 2. Há claro cerceamento de defesa quando a sentença é lançada sem que seja feita a devida instrução, mormente quando a parte arrolou testemunhas, que não foram ouvidas. 3. É imprescindível a

---

[25] Più delicata è la reflessione sullenunciazione secondo cui i fatti già provati non hanno bisogno di prova. Questa enunciazione, a prima vista banale, trova riscontro normativo nellart. 209 là dovce dispone che il giudice dichiara chiusa listruzione quando egli ravvisa superflua, per i resultati già raggiunti, la ulteriore assunzione. La norma, direi, è banale là dove consente al giudice di non assumere altri mezzi di prova diretti a corroborare lopinione che egli si è già formato sulla base di quelli già assunti; divenie delicatissima, invece, là dove consente al giudice di emanare il c.d. giudizio di superfluità nonostante che i mezzi di prova ancora da assumere siano diretti a contrastare lopinione che egli si è già formato sulla base di quelli già assunti. A fronte di coloro che, sulla base del c.d. diritto alla prova, contestano radicalmente una simile (seconda) possibilità (o considerano lart. 209 in parte qua costituzionalmente illegittimo), altri ritengono che il carattere pratico del processo e lesigenza che esso abbia una fine giustifichino lesistenza e luso di una norma quale lart. 209, purchè di essa il giudice faccia un uso particolarmente attento e sopratutto dia conto nella motivazione del provvedimento delle ragioni che sono alla base del suo giudizio di superfluità (consentendo in tal modo un controllo anche in cassazione ai sensi dellart. 306 n. 5). (tradução livre). (PROTO PISANI, Andréa. Lezioni di Diritto Processuale Civile. 4. ed. Napoli: Jovene, 2002, p. 408.) Interessante abordagem pode ser encontrada em PORTANOVA, Rui. *Princípios do processo civil*. 4. ed. Porto Alegre: Livraria do advogado, 2001, p. 211.

[26] Para uma análise completa, consultar ALEXY, Robert. *Teoria de los derechos fundamentales*. Madrid: CEPC, 2002, p. 90/95. Luiso, outrossim, verga-se a possibilidade de erro na decisão do juízo de relevância e diz que "do resto a irremediabilidade do erro judiciário é uma característica própria de todos os instrumentos que pretendem realizar a economia processual". (LUISO, Francesco P. *Diritto processuale civile*. 3. ed. Milano: Giuffrè, 2000. v. 2, p. 87).

[27] KNIJNIK, Danilo. e-mail enviado, gentilmente pelo autor, em 12/11/2004, às 14 h 53 min, referente ao livro que ainda está no prelo.

reabertura da instrução para que a genitora seja ouvida e submetida a exame toxicológico e psiquiátrico, bem como sejam analisados psicologicamente os infantes, com o devido estudo social, sendo ouvidas as testemunhas arroladas. Sentença desconstituída. (APELAÇÃO CÍVEL Nº 70007174709, SÉTIMA CÂMARA CÍVEL, TRIBUNAL DE JUSTIÇA DO RS, RELATOR: SÉRGIO FERNANDO DE VASCONCELLOS CHAVES, JULGADO EM 22/10/2003)[28]

Em seus pujantes comentários, em abono a tese aqui defendida, doutrina Daniel Mitidiero:

> Pode ocorrer, porém, de o órgão jurisdicional não admitir a produção de determinada prova a priori admissível por já ter formado o seu convencimento a respeito da causa. Tendo em conta a desnecessidade de prova em face de seu convencimento já formado, o juiz inclusive toma por bem julgar de maneira antecipada a lide. Pergunta-se: tal procedimento é legítimo diante do direito constitucional à prova previsto na Constituição? Responde afirmativamente a jurisprudência do Superior Tribunal de Justiça. Quer-nos parecer, todavia, na esteira da lição de Michele Taruffo, não ser legítimo tal procedimento: a rigor, confunde-se aí o juízo de admissibilidade da prova com o seu juízo de valoração. Na perspectiva do processo civil contemporâneo, o juiz não é dono da prova; essa serve antes ao juízo que ao juiz. Tendo em conta que há direito constitucional à prova no direito brasileiro, há direito das partes em aportar ao processo todos os elementos probatórios concernentes às alegações fácticas controversas, pertinentes e relevantes. Note-se: a desnecessidade de prova, a suportar o julgamento antecipado da lide, malgrado a jurisprudência do Superior Tribunal de Justiça, não pode assentar tão-somente no convencimento do magistrado. Dado que há direito fundamental à prova, como leciona Eduardo Cambi, o critério de seleção de necessidade ou de desnecessidade da prova recai na relação objetiva que se estabelece entre a prova e o thema probandum, à vista da exigência que conste no processo todos os elementos que as pessoas do juízo entendam necessários para que se alcance uma solução justa.[29]

Tentou Taruffo equacionar a celeuma. Para o autor, embora, como regra geral, o precedente convencimento do juiz não possa ser motivo de exclusão da prova, Taruffo propõe que os meios probatórios que venham a confirmar o já provado poderiam ser excluídos, porém aqueles meios probatórios em sentido contrário ao posto no processo não poderiam. Isso devido ao fato de, no primeiro caso, a reconstrução ficar a mesma, já, no segundo, outro resultado poderia ser obtido.[30] Um exemplo nos foi alcançado pelo Tribunal Constitucional Espanhol, na SSTC n. 205/1991:

---

[28] São inúmeros os precedentes nesse sentido, à guisa de exemplo, tem-se a decisão do STJ, Resp. 7319-DF, 3ª T. Rel. Min. Dias Trindade, j. 19.03.91. DJU de 22.4.91, p. 4.786. Consultar, ainda, o apanhado jurisprudencial realizado por JUNIOR MENDONÇA, Delosmar. Princípios da ampla defesa e da efetividade no processo civil brasileiro. São Paulo: Malheiros, 2001, p. 114-115. Como diz Eduardo Cambi, "se a decisão judicial incorrer em cerceamento de defesa, deve ser considerada eivada de nulidade absoluta, já que a violação do direito à prova, por ser corolário das garantias da ação, da defesa e do contraditório, todas instituídas no interesse da ordem pública, resulta na infringência à Constituição. (CAMBI, Eduardo. A prova Civil: admissibilidade e relevância. São Paulo: Revista dos Tribunais, 2006, p. 450.

[29] MITIDIERO, Daniel F. *Comentários ao Código de Processo Civil*. São Paulo: Memória Jurídica Editora, 2006, p. 456/457, tomo III.

[30] TARUFFO, Micheli. *Studi sulla rilevanza della prova*. Padova: Cedam, 1970, p. 78.

No presente caso, o exame das atuações na relação com a doutrina exposta, põem de manifesto, sem dúvida alguma, que a denegação da prova testemunhal proposta pelo recorrente é constitucionalmente inadmissível. Em efeito, em primeiro lugar, o juiz da instrução decreto a inadmissão da totalidade da prova testemunhas proposta, não por considerá-la impertinente em relação com os fatos, mas sim por considerar suficientemente informado com as declarações sumárias das pessoas proposta como testemunhas – prestadas, por certo, ante o Julgador de Pás de Otero de Rey, via auxílio judicial- razão pela qual a denegação decretada carece de justificação e é, por tanto, arbitrária. A denegação impediu o ora recorrente, em sua condição de acusado de fazer valer ante o Juiz em juízo oral dados que poderiam resultar determinantes para sua defesa. Não podemos esquecer que entre as testemunhas propostas figurava a lesionada e prejudicada dona Digna Varela Prado, e que as outras testemunhas propostas, ao parecer, havia presenciado o fatos, pelo que, quaisquer que fossem os sentido das declarações dessas pessoas em juízo oral é indubitável que as mesma, em princípio, poderiam influenciar para o descobrimento dos fatos, que se tratava, segundo o recorrente, de testemunhas presenciais, sendo que o acusado aduziu que havia agido em legítima defesa.[31]

Tendo em vista os argumentos expostos, pode-se dizer que ao juiz não é permitido inadmitir a prova pelo simples fato de já estar convencido, pois isso implicará cerceamento de defesa. Não se olvide, como bem ponderou Nicoló Trocker, que "a vedação à valoração antecipada da prova evita que se saia do lugar natural de sua avaliação que ocorre quando ela já foi produzida",[32] ou seja, a sentença é o palco natural para avaliação do conjunto probatório. Claro que, se a prova se afasta dos fatos debatidos no processo, seja ela direta ou indireta, correta é atitude do juiz ao não aceitar o meio probatório proposto.

Conclusão

O juízo de relevância, como se pôde constatar no decorrer da exposição, afigura-se em um dos temas importantes para resolução justa do pro-

---

[31] (Tradução livre) En el presente caso, el examen de las actuaciones en relación con la doctrina expuesta pone de manifiesto, sin duda alguna al respecto, que la denegación de la prueba testifical propuesta por el hoy recurrente es constitucionalmente inadmisible. *En efecto, en primer término, el Juez de Instrucción decretó la inadmisión de la totalidad de la prueba testifical propuesta, no por considerarla impertinente en relación con los hechos enjuiciados, sino por considerarse suficientemente informado con las declaraciones sumariales de las personas propuestas como testigos -prestadas, por cierto, ante el Juzgado de Paz de Otero de Rey, vía auxilio judicial-, razón por la cual la denegación así decretada carece de justificación y es, por tanto, arbitraria.* La denegación impidió al hoy recurrente, en su condición de acusado, hacer valer ante el Juez en el juicio oral datos que pudieran resultar determinantes para su defensa. No hay que olvidar, al respecto, que entre los testigos propuestos figuraba la lesionada y perjudicada, doña Digna Varela Prado, y que los demás testigos propuestos, al parecer, habían presenciado los hechos enjuiciados, por lo que, cualquiera que fuera el sentido de las declaraciones de estas personas en el juicio oral, es indudable que las mismas, en principio, podían tener influencia para el enjuiciamiento de los hechos, sobre todo teniendo en cuenta el supuesto de hecho enjuiciado -lesiones causadas en riña-, que se trataba, según el recurrente, de testigos presenciales y que el acusado adujo que había obrado en legítima defensa.
[32] (Tradução livre) TROCKER, Nicolò. *Processo Civile e Costituzione*. Milano: Giufrè, 1974, p. 522.

cesso. Conforme a direção que o juiz dê, haverá, possivelmente ofensa à ampla defesa. Portanto, segundo afirmam Marinoi e Arenhart, "é sempre bom lembrar que o juiz que se omite em decretar a produção de uma prova relevante para o processo estará sendo parcial ou mal cumprindo sua função".[33] Nessa quadra, nem o convencimento do juiz e muito menos a efetividade do processo, serão suficientes para brecar o direito à produção da prova.

Então, posto o tema seja difícil, espera-se tenha contribuído, para auxiliar à condução de um processo pautado pelo diálogo e cooperação entre o juiz e as partes, noção já de há muito advogada por Carlos Alberto Alvaro de Oliveira.[34]

Referências bibliográficas

ALEXY, Robert. *Teoria de los derechos fundamentales*. Madrid: CEPC, 2002.
ALVARO DE OLIVEIRA, Carlos Alberto. *Do formalismo no processo civil*. 2. ed. São Paulo: Saraiva, 2003.
AMARAL DOS SANTOS, Moacir. *Primeiras linhas de direito processual civil*. 19. ed. São Paulo: Saraiva, 1998, 2. v.
CALMON DE PASSOS, José Joaquim. *Comentários ao Código de Processo Civil*. 8. ed. Rio de Janeiro: Forense, 2001, v. 3.
CAMBI, Eduardo. A prova Civil: admissibilidade e relevância. São Paulo: Revista dos Tribunais, 2006.
CAROCCA PÉREZ, Alex. *Garantia constitucional de la defesa procesal*. Barcelona: Boch, 1998.
DINAMARCO, Cândido Rangel. *Instituições de direito processual civil*. 4. ed. São Paulo: Malheiros, 2004, v. 3.
JUNIOR MENDONÇA, Delosmar. Princípios da ampla defesa e da efetividade no processo civil brasileiro. São Paulo: Malheiros, 2001.
LUISO, Francesco P. *Diritto processuale civile*. 3. ed. Milano: Giuffrè, 2000, v. 2.
MARINONI, Luiz Guilherme; ARENHART, Sérgio Cruz. *Manual do processo de conhecimento*. 3. ed. São Paulo: Revista dos Tribunais, 2004.
MITIDIERO, Daniel F. *Comentários ao Código de Processo Civil*. São Paulo: Memória Jurídica Editora, 2006, p. 456/457, tomo III.
PICARDI, Nicola. Appunti di diritto processuale civile. Ilprocesso ordinario di cognizione le impugnación. Milano: Giuffrè, 2003.
PORTANOVA, Rui. *Princípios do processo civil*. 4. ed. Porto Alegre: Livraria do Advogado, 2001.
PROTO PISANI, Andrea Proto. *Lezioni di Diritto Processuale Civile*. 4. ed. Napoli: Jovene, 2002.
TUCCI, José Rogério Cruz e AZEVEDO, Luiz Carlos de. *Lições de história do processo civil romano*. São Paulo: Revista dos Tribunais, 2001.

---

[33] MARINONI, Luiz Guilherme; ARENHART, Sérgio Cruz. *Manual do processo de conhecimento*. 3. ed. São Paulo: Revista dos Tribunais, 2004, p. 323.
[34] ALVARO DE OLIVEIRA, Carlos Alberto. *Do formalismo no processo civil*. 2. ed. rev. ampl. São Paulo: Saraiva, 2003.

SENTIS MELENDO, Santiago. *La prueba, los grandes temas de derecho probatorio.* Buenos Aires: Ejea, 1978.

SILVA, Ovídio A. Baptista. *Curso de processo civil.* 7. ed. Rio de Janeiro, Forense, 2005, v. 2.

TARUFFO, Micheli. *Studi sulla rilevanza della prova.* Padova: Cedam, 1970.

TROCKER, Nicolò. *Processo Civile e Costituzione.* Milano: Giufrè, 1974.

— 6 —

Controle e verificação do juízo de fato no julgamento singular, no apelacional e no revisional/cassacional

GABRIEL PINTAÚDE

Sumário: Introdução; I – Modelos (probatórios) de constatação; II – Juízo de fato, julgamento singular e apelacional: reexame e revaloração/reapreciação probatória; III – Revisibilidade: juízo de fato e nomofilaquia; Conclusão.

Introdução

A distinção questão de fato-questão de direito, como categorização dicotômica, justifica-se pela sua essencialidade quanto à caracterização da juridicidade[1] ou como condição de configuração da cientificidade jurídica. A diferenciação perpassa todas as possíveis metodologias, enfoques e abordagens no estudo do fenômeno jurídico: perspectiva histórica, sociológica ou filosófica, por exemplo. Filosoficamente, a teoria da tricomponencialidade (*three-componential structure*) da fenomenologia jurídica (fato, valor e norma), consagrada pelo culturalismo experiencial de Miguel Reale e pela teoria egológica de Carlos Cossio, bem denota a desequiparação ontológico-entitativa entre fatualidade e normatividade (embora a "textura do real" seja composta pela "normatização do fático" e "fatualização do normativo", segundo Lourival Vilanova). Dogmaticamente, a dicotomia abarca usos em todos os subdomínios do Direito – Civil, Administrativo, Penal, Processual, etc. – servindo de base para diversas distinções doutrinárias, como matéria de direito/matéria de fato, razões de fato/razões de direito, erro de fato/erro de direito, erro de tipo/erro de proibição, *status facti/status iuris,* dentre outras. Também é utilizada para fins práticos procedimentais, como é o caso da proposição "matéria exclusivamente de direito", inserta em provimentos judiciais, a dispensar a realização de audiência. Para Alessandro Giuliani,

---
[1] Assim doutrinam Pontes de Miranda, Lourival Vilanova, Marcos Bernardes de Mello e Antonio Castanheira Neves. Sobre isso, Antonio Castanheira Neves, *Questão-de-facto – questão-de-direito ou o problema metodológico da juridicidade*. Coimbra, Almedina, 1967.

foi a concepção moderna de prova que promoveu a ruptura entre *quaestio facti* e *quaestio juris* e entre direito material e direito processual. Afirma o jurista italiano que o afastamento da concepção de prova como *argumentum* ocasionou essas duas "fraturas", pois, segundo sua divisão entre modelo probatório clássico e modelo moderno, o modo de conceber a prova condiciona não somente as relações entre questão de fato e questão de direito, mas também aquelas entre o direito substancial e o direito processual.[2]

I – Modelos (probatórios) de constatação

A compreensão do inter-relacionamento entre as questões de fato e de direito torna-se essencial para a *construção do juízo de fato,* realizada no processo judicial. Para a realização desse desiderato, necessária a existência de modelos (probatórios) de constatação (fática), que consubstanciam *standards* de (possível) controle do convencimento judicial. Vários são os modelos de prova utilizados em Direito Comparado, magistralmente analisados por Danilo Knijnik,[3] como o modelo da *"evidence beyond a reasonable doubt"*, o da *"preponderance of evidence"*, o das *"special rules"* (*"clear and conving evidence"*), o da mínima (suficiente) atividade probatória, o das dúvidas positivas-concretas, o da doutrina do absurdo e da arbitrariedade, o da congruência narrativa, o do *"défaut de motifs"* e os modelos matemático-probabilísticos. Miguel Reale, em sua Teoria Tridimensional, formulou a concepção de modelos jurídicos, resultantes da implicação e polaridade entre seus elementos formadores – objetos culturais, na sua dualidade existencial: suporte e significado (valor) –, almejando a construção de um novo paradigma hermenêutico. A tônica na configuração dos *standards* está na potencialidade de verificabilidade empírica, na máxima medida possível, pelos sujeitos processuais, da correção das constatações fáticas e da correção da atribuição das conseqüências sistemáticas de acordo com essas constatações, proporcionando a irradiação legitimatória-decisional extraprocessual, além da endoprocessual.

Knijnik entende haver uma relação de polaridade assimétrica entre o modelo probatório demonstrativo e o persuasivo no sistema brasileiro contemporâneo ("relação de tensão"). Apesar da correção da assertiva, três fatores contribuem para que o modelo seja encarado como preponderante-

---

[2] Alessandro Giuliani, *Il concetto di prova: contributo alla lógica giuridica*, Milano, Giuffrè, 1971, p. 232.
[3] Danilo Knijnik, "Os standards do convencimento judicial: paradigmas para o seu possível controle", *Revista Forense*, vol. 353 (separata), 2001, p.33-52. Knijnik menciona: a prova acima de dúvida razoável e a preponderância de prova, a mínima atividade probatória, o alto grau de verossimilhança sem dúvidas concretas, a doutrina do absurdo ou da absurdidade; os modelos lingüísticos-discursivos, como o da congruência narrativa, o da probabilidade indutiva ou lógica; o controle de motivação, incluindo a ausência de motivos, a contradição entre motivos, os motivos dubitativos ou hipotéticos, vícios da motivação (exposição defeituosa ou incompleta) e a falta de enfrentamento de uma questão; e os modelos probabilísticos ou matemáticos, como a probabilidade quantitativa e a *evidentiary value model.*

mente persuasivo: (1) a inelimínavel falibilidade humana (cognoscente ou ontognosiológica e ética), com tomada de consciência da possibilidade de erros na aferição da verdade (possível e/ou provável) estabelecida intraprocessualmente ("patologias da argumentação"); (2) a questão de fato e a questão de direito, embora de irrenunciável utilidade distintiva, não podem ser vislumbradas como categorias estanques ou totalmente independentes (conseqüentemente, não podem ser definidas pela heterogeneidade) e (3) o contraditório, hodiernamente, caracteriza-se como material-constitutivo; não pode ser encarado apenas como requisito formal de cientificação bilateral dos atos processuais.[4] Ele consubstancia uma garantia substancial de participação na formação do convencimento do juízo e na tomada de decisões judiciais, abarcando os juízos de fato e os juízos de direito (para evitar "surpresas" – deslealdade – em interpretações normativas), configurando-se como elemento nuclear da estrutura dialógica do processo judicial ("procedimento em contraditório" – módulo processual). É este contraditório redimensionado que oferece os contornos da cooperatividade processual (*pathos* da colaboração, incluindo a lealdade), recuperando a lógica dialética e a tópica-retórica para o interior do *iter* procedimental e para a processualística, como mecanismos de resolução efetiva de problemas práticos (problematicidade inerente ao fenômeno jurídico – prisma aporético).

II – Juízo de fato, julgamento singular e apelacional: reexame e revaloração/reapreciação probatória

No julgamento apelacional, o modelo probatório viabiliza a revaloração/reapreciação da prova, e um dos mecanismos conceituais utilizados para a realização de tal desiderato é a denominada "qualificação jurídica dos fatos".[5] Ada Pellegrini Grinover menciona que os Tribunais Superiores

---

[4] Sobre a garantia do contraditório, Carlos Alberto Alvaro de Oliveira, *A garantia do contraditório*, In: *Do formalismo no processo civil*, São Paulo, Saraiva, 2004 e José Carlos Barbosa Moreira, "A garantia do contraditório na atividade de instrução", In: *Temas de direito processual*, São Paulo, Saraiva. Também José Souto Maior Borges, *O contraditório no processo judicial: uma visão dialética*, São Paulo, Malheiros, 1996. Imprescindível, ainda, os ensaios de Ovídio Baptista da Silva, *O contraditório nas ações sumárias* e *Plenitude da defesa no processo civil*, In: *Da sentença liminar à nulidade da sentença*, Rio de Janeiro, Forense, 2001 e "Os fundamentos do procedimento ordinário e Demandas plenárias e sumárias", In: *Processo e ideologia. O paradigma racionalista*, Rio de Janeiro, Forense, 2004. Consoante Giuseppe Tarzia, "il diritto alla prova implica anche il diritto delle parti al contraddittorio sulle prove, prima che queste vengano usate in sede di decisione. Per quanto attiene alle prove disposte d'ufficio dal giudice, ciò significa: a) poterne contestare la rilevanza e la ammissibilità; b) partecipare alla loro assunzione; c) poter dedurre prove contrarie; d) poter discutere l'efficacia delle prove d'ufficio, prima della decisione", *Problemi del contraddittorio nell'istruzione probatoria civile*, Riv. dir. proc., 1984, p. 634.

[5] Sobre *qualificação jurídica dos fatos*, conferir o ensaio de José Manoel Arruda Alvim e Teresa Arruda Alvim Wambier, "Qualificação jurídica dos fatos feita erroneamente dá azo à ação rescisória", *Revista de Processo 76/166 a 179*. A *qualificação jurídica dos fatos* obtém inteligibilidade com a *teoria do fato jurídico*. Sobre isso, Marcos Bernardes de Mello, *Teoria do fato jurídico*, São Paulo, Saraiva, 2004.

consideram a qualificação jurídica dos fatos e das provas como *quaestio juris*, sujeita, portanto, ao controle da legalidade via recurso especial;[6] segundo a processualista, configura-se como *importante hipótese de aferição e controle do raciocínio judicial pelos Tribunais Superiores*. Em Luis Eulálio de Bueno Vidigal, *qualificação jurídica dos fatos* significa a correta qualificação jurídica das situações decorrentes dos fatos provados, o confronto das situações jurídicas resultantes da qualificação com as situações previstas na lei e a determinação do efeito jurídico. Grinover transcreve algumas ementas jurisprudenciais das instâncias superiores, ilustrativas do conceito aludido: "definição errônea do fato da causa. Sabe-se que a incidência da lei federal pode ser afastada pelo deixar-se de aplicá-la no fato em que é aplicável, como também pode ser afastada pelo definir-se erroneamente o fato em que, definido com acerto, ela incidiria"; "se o fato é certo, e o Tribunal de origem sobre ele faz incidir dispositivo legal inaplicável, há negativa de vigência do que deveria ter sido a ele aplicado"; "não constitui matéria de fato, mas de direito, a valoração jurídica das provas, quando a decisão nega qualquer efeito à adequada, como a perícia contábil, para apurar-se a simulação disfarçada nos livros mercantis do simulador"; "se o Tribunal *a quo* definiu erroneamente o fato da causa e, desse modo, ofendeu o direito federal, seu acórdão pode ser impugnado por meio de recurso especial"; "responsabilidade civil, acidente de trânsito, súmula 229, sendo induvidosos os fatos, pelo que não se trata de reexaminá-los, o que não teria cabido em via especial, mas deles resultando inquestionável a inexistência de culpa do recorrente no acidente, não há como atribuir-lhe o ônus da responsabilidade civil pelo evento".[7] Grinover, na esteira do pensamento de José Carlos Barbosa Moreira, entende que a garantia da motivação compreende a verificação dos nexos de implicação e coerência entre os vários enunciados da sentença e a aferição do *iter* lógico-jurídico percorrido pelo juiz. A análise do raciocínio judicial quanto à qualificação jurídica dos fatos e das provas, no âmbito das instâncias superiores, ocorre por meio do reexame do procedimento/*iter* lógico-jurídico seguido pelo juízo, substituindo-o com a correta qualificação das situações decorrentes dos fatos provados, seguida da determinação de efeitos jurídicos diversos dos aplicados pelos Tribunais *a quo*.

Se a revisão dos fatos enquanto tais não logra cabimento em sede de recurso especial, ao passo que a revaloração dos critérios jurídicos de apreciação da prova pode ser realizada em tal âmbito (*error iuris in iudicando* e *error iuris in procedendo*, e não o *error facti in iudicando*), não se deve, entretanto, fazer dessa distinção uma "tábua de salvação" para a resolução

---

[6] Ada Pellegrini Grinover, "O controle do raciocínio judicial pelos Tribunais Superiores brasileiros", *Revista da Ajuris*, 37.
[7] Ibidem.

de todos os problemas práticos e concretos envolvendo a controlabilidade da *quaestio facti* nas instâncias superiores. Knijnik alerta sobre a incompatibilidade entre a *tricotomização de questões* e as dificuldades/problemas em levar a diferenciação *reexame da prova/revaloração probatória* às últimas conseqüências: "no extremo oposto estaria a tese de que a questão mista, por definição, seria aprioristicamente suscetível de revisão porque sempre representaria uma questão de direito, ou, quando menos, uma valoração do material posto e configurado em determinado acórdão. O problema, pensa-se, seria subsuntivo. A questão mista, nesse caso, resolver-se-ia num controle de subsunções, orientação predominante, enquanto formulação teórica, no direito brasileiro, que, com pequenas variantes, encaminha o assunto a partir da idéia de 'valorização da prova' em oposição ao mero reexame de fatos. Trata-se, contudo, de teoria incapaz de justificar, racionalmente, a prática jurisprudencial, não ensejando, por isso, real contraditório, além de que, levada às suas últimas conseqüências – ou, simplesmente, aplicada em sua formulação teórica – acarreta uma revisão ilimitada de toda e qualquer decisão judiciária, convertendo o Superior Tribunal de Justiça, definitivamente – e em prejuízo do cumprimento de sua missão e do atendimento aos jurisdicionados – numa verdadeira terceira instância".

Portanto, afastar a teoria dicotômica, porque insuficiente e inoperante, implica, em contrapartida, afastar o reducionismo que lhe é subjacente, vale dizer, afastar a possibilidade de reduzir o problema ou a uma questão de fato ou a uma questão de direito, para daí extrair as conseqüências que seriam próprias. Repele-se, assim, a condenável lógica hermenêutica do "tudo ou nada". Concluindo, se as questões são tripartites – e não parece legítimo recusar essa realidade – os critérios de seleção não poderão ser aqueles e, muito menos, a distinção entre valoração da prova e mero reexame de prova.[8]

III – Revisibilidade: juízo de fato e nomofilaquia

A essencial problematicidade da distinção (e a "erosão de sua heterogeneidade") no *continuum quaestio facti-quaestio juris* decorre, segundo

---

[8] Danilo Knijnik, *O recurso especial e a revisão da questão de fato pelo Superior Tribunal de Justiça*, Rio de Janeiro, Forense, 2005, p. 196-197. O Superior Tribunal de Justiça faz o "controle do mérito probatório" por meio da avaliação da "eficácia em tese da prova". Assim, essa Corte já considerou como *quaestio juris*, por exemplo, o "valor legal da prova", o ônus da prova, o valor da confissão, o valor da perícia, o valor do documento público, a necessidade do começo de prova por escrito, a prova nula e, ainda, ratificou a tese de que o "controle dos indícios, conjecturas e presunções" seria matéria de direito. A Corte de Cassação já forneceu critério para se saber quando uma questão sobre prova é de fato ou de direito: o exame da eficácia, em tese, de determinado meio de prova é cabível em recurso especial ("força/valor probante"). Inadmissível é reapreciar o poder de convicção das provas no caso concreto, para concluir se bem ou mal as apreciou a decisão recorrida. Para Knijnik, essa distinção é sustentável, porque "eficácia", assim como "validade" ou "idoneidade" do meio probatório escolhido são questões passíveis de aferição sob o ângulo jurídico, *tout court*, independentemente do substrato fático subjacente, isto é, da fonte de onde exsurgiu a prova e a impressão intelectiva (=convicção) que ela causou no destinatário da prova: o juiz.

Knijnik, por três *causas: hermenêutica, dogmática* e *processual*. Quanto à primeira, resta assentado, pelas modernas correntes jusfilosóficas, que o *fato* e o *direito* são inseparáveis no contexto da decisão judicial, tendo em vista o entrelaçamento entre ambos no ato de decidir, resultante da *pré-compreensão* e do *círculo hermenêutico (espiralidade)*. Quanto à segunda, a técnica de legislação da contemporaneidade, diante das contingências socioculturais e históricas, utiliza conceitos vagos e termos indeterminados e polissêmicos, ganhando em importância os denominados "conceitos jurídicos indeterminados", as cláusulas gerais, os postulados e os princípios jurídicos, com sua abertura semântica e elevado *quantum* axiológico. Quanto à terceira, o processo contemporâneo é informado pelo enfoque da tutela jurisdicional (efetividade e inter-relação – interdependência – com o direito material, com a Constituição e com os direitos fundamentais), adquirindo importância o paradigma do formalismo-valorativo;[9] também são evidenciados os limites do conceito moderno de prova; o processo absorve uma função transcendental (transindividualidade/supra-individualidade)[10] em relação ao interesse individual e privado, adquirindo, ainda, a característica da prospectividade (ao contrário da retrospectividade) e da regulatividade (ao contrário da resolutividade), conformando comportamentos futuros e vindouros. Além disso, os precedentes judiciários ganham cada vez mais importância no contexto das fontes de direito. Por isso a necessidade de construção da teoria tricotômica ou teoria das *mixed questions* (questão mista).

Nomofilaquia identifica-se com uniformização jurisprudencial tendencial e dialética; apresenta simetria definicional com controle e definição da produção juscriadora do Poder Judiciário (unidade do Direito, com enfoque voltado ao futuro): função jus-unitária da definição e produção do Direito pela judicatura (atividade judicante), em perspectiva evolucional. A função nomofilácica identifica o "ponto culminante" de controle e definição da criação jurisprudencial do Direito, afastadas todas as concepções interpretativistas defensoras da existência da "exata" interpretação da lei ou do "verdadeiro" sentido da norma; em suma, concepções que ainda propugnam pela manutenção do *mito do sentido unívoco da lei* ou da doutrina dworkiniana da *one right answer*. A nomofilaquia propugna por uma interpretação exclusiva (necessidade da "última palavra" no âmbito jurisdicional – mínimo de certeza e estabilidade) num dado momento (provisório), como aquela que tenha a mais adequada significação – mais universalizá-

---

[9] O formalismo-valorativo processual, delineado por Carlos Alberto Alvaro de Oliveira, propugna não só pela implementação do Direito Material, mas, precipuamente, pela *concretização da justiça do caso concreto*.

[10] Sobre isso, conferir Teori Albino Zavascki, "Defesa de direitos coletivos e defesa coletiva de direitos", *Revista de Processo*, 78. Também, do mesmo autor, "Reforma do sistema processual civil brasileiro e reclassificação da tutela jurisdicional", *Revista de Processo*, 88.

vel –, uma vez construída de forma legítima e satisfatória, tornada aceitável racionalmente, porque afinada com os princípios constitucionais.

Em Knijnik, três são os *elementos necessários para a revisionabilidade/cassacionabilidade*. Primeiro, o *enquadramento categorial* de uma *questão* no âmbito das *questões mistas*: o sentido da norma ou da questão discutida contém elevada carga de indeterminação e polissemia (como os conceitos jurídicos indeterminados, as cláusulas gerais e as normas de critérios de avaliação da prova ou de natureza de apreciação probatória). Segundo, a dúvida a respeito da observância das "margens de decisão" pelo juiz da apelação na aplicação das normas vagas: trata-se dos limites correspondentes às zonas de certeza positiva ou negativa do conceito.[11] E terceiro, a possibilidade de o Superior Tribunal de Justiça realizar um desenvolvimento posterior do direito (transmutação das *mixed questions* em *quaestio juris*), que (re)dimensione os limites da margem de decisão questionada, assim compreendida a possibilidade de serem fixadas regras que concretizem, do ponto de vista tópico, a aplicação do direito, circunscrevendo as correspondentes margens de decisão.[12]

Os denominados *elementos contribuintes*, por seu turno, são indicadores da habilitação da questão à revisão *in jure*: (1) a *exemplificabilidade* ou questão com *efeito exemplificativo* (efeito de possível constituição de precedente ou de pauta geral para o futuro – "casos paradigmáticos orientadores"); (2) a *repetibilidade* ou questão com *efeito repetitivo* (efeito de situação massificada e freqüente no Poder Judiciário); (3) a *relevancialidade* ou questão com *efeito relevante* (efeito de importância econômica, política, institucional ou jurídica. Apesar de constituir *questão individual*, configura uma *questão fundamental*) e (4) *transcendentalidade* ou questão com *efeito transcendente* (efeito de importância transcendental para a sociedade de maneira geral).[13]

Conclusão

Teresa Arruda Alvim Wambier entende que o fenômeno jurídico envolve, necessariamente, fato e direito; em rigor, as questões de fato são *predominantemente de fato*, e as questões de direito são *predominantemente de direito*: o aspecto problemático do fenômeno jurídico pode estar girando ora em torno dos fatos, ora em torno do direito. Segundo a jurista, dois são os critérios que podem subdividir as aludidas questões: "o primeiro

---

[11] Sobre isso, Celso Antônio Bandeira de Mello, *Discricionariedade e controle jurisdicional*. São Paulo, Malheiros, 2003, p. 22.
[12] Danilo Knijnik, *O recurso especial e a revisão da questão de fato pelo Superior Tribunal de Justiça*, Rio de Janeiro, Forense, 2004, p. 239.
[13] Idem, p. 240.

deles é o ontológico ou substancial, que diz respeito à natureza mesma, ao 'ser' dessas questões. O segundo é de natureza técnico-processual e não se pode dizer que, a partir de uma visão pragmática do direito, seja menos importante que o outro. Segundo este último critério, classificam-se as questões em fáticas e jurídicas, para efeito de *possibilidade de reexame* por meio de remédios de estrito direito, a partir do *mecanismo processual* por meio do qual deve operar-se este reexame. No plano ontológico, deve-se admitir (tanto quanto no plano técnico-processual) *graus* de predominância do aspecto jurídico da questão. Ter-se-á, por exemplo, uma questão quase que exclusivamente jurídica, se o *foco de atenção do raciocínio do juiz* estiver situado em *como* deve ser entendido o texto normativo, já que estariam 'resolvidos' os aspectos fáticos (= que fatos ocorreram e *como* ocorreram) e o mecanismo de subsunção. Estas primeiras etapas do raciocínio do aplicador da lei terão sido superadas e, agora, sua atenção se centra *na exata compreensão do mandamento legal*".[14]

A *filtragem seletiva* no âmbito do Superior Tribunal de Justiça opera mediante (a) a deferência à soberania do Tribunal de Apelação em matéria de provas (*apreciação soberana*) e (b) a função nomofilácica da cassação civil, que busca a unidade (também na faceta, formal e materialmente coerencial do ordenamento jurídico), a inteireza positiva, a autoridade, a validade e a uniformidade de interpretação/uniformidade jurisprudencial ao direito federal infraconstitucional (para garantir o respeito à isonomia e à segurança jurídica). Assim, o controle do juízo fático ocorrerá, na cassação civil, em casos excepcionais; e o modelo probatório possibilita essa possível revisão ou *torna possível essa revisão*. A cassação civil atua mediante um procedimento de *abstração da tese jurídica* prequestionada no Tribunal de Apelação: não se examina, na instância especial/revisional, os elementos de fato/prova *soberanamente* apreciados na instância ordinária/apelacional, mas apenas determinadas *questões*, depuradamente tornadas *quaestio juris*.

---

[14] Teresa Arruda Alvim Wambier, "Questões de fato, conceito vago e a sua controlabilidade através de recurso especial", In: *Aspectos polêmicos e atuais do recurso especial e do recurso extraordinário*, São Paulo, RT, 1997. Também, Teresa Arruda Alvim Wambier, "Distinção entre questão de fato e questão de direito para fins de cabimento de recurso especial", *Revista de Processo*, 92. Ainda, da mesma jurista, *Controle das decisões judiciais por meio de recursos de estrito direito e de ação rescisória*, São Paulo, RT, 2002.

— 7 —

Dever de veracidade no Processo Civil brasileiro e sua relação com o instituto da *discovery* do processo norte-americano da *common law*

GIOCONDA FIANCO PITT

Sumário: 1. Introdução; 2. Do dever de veracidade no Processo Civil brasileiro; 3. Discovery; 4. Conclusão; Referências.

1. Introdução

A concepção individualística do processo foi substituída por uma concepção publicística,[1] na qual foram dados maiores poderes ao juiz na condução do litígio, mas também passou-se a exigir das partes uma maior colaboração com o Poder Judiciário na busca da efetividade, exigindo-se para tanto uma conduta processual adequada. É indispensável durante o trâmite processual que haja um comportamento leal e honesto das partes litigantes, utilizando-se do processo para fins lícitos, com base no princípio ético do dever da verdade. Neste contexto, nos últimos anos, várias reformas introduzidas no Código de Processo Civil pátrio fortificaram a idéia de efetividade da prestação jurisdicional, e, entre elas, pode-se citar a Lei 10.358, de 27 de dezembro de 2001, que deu nova redação ao *caput* do artigo 14 estendendo os deveres processuais para todos aqueles que de qualquer foram participam do processo.[2] As partes foram instadas a cooperar com a

---

[1] Como assinala DINAMARCO, Cândido Rangel. *A instrumentalidade do processo*. 11. ed. São Paulo: Malheiros, 2003, p. 67: "A publicização do direito processual é, pois, forte tendência metodológica da atualidade, alimentada pelo constitucionalismo que se implantou a fundo entre os processualistas contemporâneos; tanto quanto esse método, que em si constitui também uma tendência universal, ela remonta à firme tendência central no sentido de entender e tratar o processo com instrumento a serviço dos valores que são objeto das atenções da ordem jurídico-substancial".

[2] Refere José Rogério Cruz e Tucci que o escopo da alteração "foi a de robustecer a ética no processo, em especial, os deveres de lealdade e de probidade que devem nortear a atuação dialética não apenas das partes e de seus procuradores, mas igualmente a intervenção de quaisquer outros participantes" (CRUZ E TUCCI, José Rogério. Repressão ao dolo processual: o novo art.14 do CPC. *Revista Jurídica*, v. 50, n. 292, p. 15-17, fev. 2002, p.16).

prestação jurisdicional, o que proporcionou uma maior efetividade do órgão judicial na aplicação do direito e busca da Justiça.[3]

Desta forma, faz-se necessário primeiramente termos uma correta compreensão acerca do que significa e implica o dever de veracidade no nosso sistema processual, que advém do dever genérico de colaboração, para após ser abordado o instituto da *discovery* previsto na legislação norte-americana, e por fim estudarmos a sua possibilidade de concretização no direito pátrio que adota o sistema jurídico da *civil law*.

2. Do dever de veracidade no Processo Civil brasileiro

Dentre os escopos do processo civil brasileiro, pode-se destacar o objetivo da justa composição da lide. Para tanto, deve-se atentar que as partes ajam com boa-fé processual, ou seja, deveres de lealdade, verdade, respeito mútuo e até mesmo, obviamente, a cooperação entre os litigantes, como destacado por Fernando Luso Soares.[4] Exige-se, para tanto, um comportamento honesto das partes, agindo com verdade e probidade, numa conduta retilínea, não alterando os fatos nem as circunstâncias. Nesse contexto, destaca Oscar da Cunha que o dever de verdade se enquadra mais na ética do que no direito.[5]

O dever de veracidade é um dos deveres gerais do processo e nada mais é do que uma exigência legal de que as partes declarem sobre as circunstâncias fáticas de modo completo e determinado. Nas palavras de Guillén: "se trata simplesmente de um deber de sinceridad; *no debem producirse afirmaciones cuja mendacidad concoce la parte*".[6] As partes não podem se servir de falsidades e mentiras para criarem, por meio de uma farsa, uma situação irreal que não corresponda à verdade, iludindo ao juiz.[7]

---

[3] Destaca DINAMARCO, op. cit., p.359 que "a efetividade do processo está bastante ligada ao modo como se dá curso à participação dos litigantes em contraditório e à participação inquisitiva do juiz, os primeiros sendo admitidos a produzir alegações, a recorrer, a comprovar os fatos de seu interesse e este sendo conclamado a ir tão longe quanto possível em sua curiosidade institucionalizada com aqueles".

[4] SOARES, Fernando Luso. *A responsabilidade processual civil*. Coimbra: Almeida, 1987, p. 159.

[5] CUNHA, Oscar. *Atti del Congresso Internazionale di Diritto Processuale Civile*. Padova, 1953, p. 219.

[6] FAIRÉN GUILLÉN, Victor. La humanización del proceso: lenguaje, formas, contacto ente los jueces y las partes: desde Finlandia hasta Grecia. *Revista de Processo*, São Paulo, v. 6, n. 14/15, p. 127-171, 1979, p. 149.

[7] Com razão, CARPENA, Marcio Louzada. *Da (des) lealdade no processo civil*: visões críticas do processo civil brasileiro. Porto Alegre: Livraria do Advogado, 2005, p.34, sustenta que, "A deslealdade, o abuso de direito e a chicana processual, de fato, descredibilizam a prestação da Justiça, não só porque maltratam a parte adversa que sofre os seus efeitos, mas também porque prejudicam o Estado e a própria sociedade, que acabam pagando o preço de ter uma prestação jurisdicional que perde tempo e dinheiro com atitudes desarrazoadas e absolutamente despropositadas, deixando-se de atender, nesse momento, pleitos legítimos".

Há diferença entre o dever de verdade e o de probidade, pois pode a parte não mentir e transgredir o dever de probidade quando, por exemplo, ofende sem necessidade o adversário por meio de palavras injuriosas ou difamatórias. Ou seja, a probidade implica que as partes devem sustentar suas razões dentro da ética e da moral. Em que pese tal distinção, no presente trabalho, será feita menção ao dever de verdade em sentido amplo, abrangendo também o dever de probidade.

Impõe-se salientar que o dever de veracidade tem origem histórica remota. No direito romano, havia a previsão do *iusiurandum calumniae*, ligado à idéia de evitar a mentira processual e, no antigo direto germânico, o juramento de asto, de criação longobarda, como apontado por Elicio de Cresci Sobrinho.[8]

Um litígio dentro dos ditames da veracidade conduz a uma prestação jurisdicional mais eficiente, razão pela qual tal conduta está prevista em diversas legislações processuais. Na legislação pátria, o Código de Processo Civil de 1939 dispunha no artigo 63 a condenação em custas e honorários para a parte vencida que tivesse alterado intencionalmente a verdade. Tal artigo englobava diversas hipóteses de fraude processual. Já o inciso I do artigo 14 do atual CPC dispõe que as partes devem expor os fatos em juízo conforme a verdade. O artigo 17 refere que se reputa litigante de má-fé aquele que alterar a verdade dos fatos. Inclusive, no nº 17 da exposição de motivos do CPC de 1973, explicando as inovações, o Professor Alfredo Buzaid destacou expressamente a conduta processual das partes consoante com o dever de verdade, em razão da índole dialética do processo civil. Também não se pode esquecer que a Lei 9.784/99, que regula o processo administrativo no âmbito da Administração Pública Federal, preceitua no inciso IV do parágrafo único do artigo 2º que nos processos administrativos serão observados, entre outros, os critérios de atuação segundo padrões éticos de probidade, decoro e boa-fé, o que nada mais é do que o dever de veracidade em sentido amplo. Percebe-se, pois, que o direito de veracidade é ínsito no direito processual, como modalidade do dever de lealdade e probidade, em função da finalidade da atividade judicial.

É questão controvertida, seja na doutrina ou na jurisprudência, se há ou não dever de as partes dizerem a verdade sobre os fatos trazidos ao processo, até mesmo quando for contra seus interesses, acarretando prejuí-

---

[8] CRESCI SOBRINHO, Elicio de. *Dever de veracidade das partes nos processo civil*. Porto Alegre: Fabris, 1988, p. 9-29. Acerca das origens do dever da verdade, é importante também fazer menção aos ensinamentos de MENDONÇA LIMA, Alcides de. O dever de verdade no Código de Processo Civil Brasileiro. *Revista Forense*, Rio de Janeiro, n. 172, p. 42-46, data, p. 42, ao referir que "mesmo sem remontarmos às origens bíblicas, com suas diversas passagens condenando a mentira, inclusive na formulação dos mandamentos clássicos encontramos fontes remotas no direito grego, no direito romano e no direito canônico, conforme as investigações precisas relatadas no excelente estudo de Kaethe Grossmann".

zo. Não há dúvida, pelo contrário, pode-se dizer que é incontroverso que no processo penal o réu não tem o dever de dizer a verdade, sendo-lhe permitido ficar em silêncio ou até mesmo mentir acerca dos fatos que lhe são imputados (art.5º, LXIII, da CF/88). Todavia, tal questão no processo civil ganha contornos diversos, de modo que há respeitável e abalizada doutrina afirmando que no processo civil as partes têm o dever de dizer a verdade acerca dos fatos controvertidos em juízo, sendo indiferente que sofra uma completa derrota (como é a doutrina exposta por Rosenberg e Lent).[9] Igualmente, Couture leciona que não é apenas um preceito moral e de conduta, mas norma positiva e vigente no direito.[10]

De outro lado, Micheli e Satta defendem a tese de que as partes não estão sujeitas a qualquer dever de verdade, como destaca o doutrinador Fernando Luso Soares.[11] Já para Stein e Kohler, trata-se de um dever com caráter moral, e não jurídico, pois não há como impor às partes uma obrigação de dizer a verdade em um procedimento que visa a dar satisfação a seus interesses pessoais.[12]

Em sua obra *A responsabilidade Processual Civil*, Soares apregoa que "o sistema processual civil impõe um amplo (eu diria quase pleno) dever de verdade, reportando-se à lição de Castillo Y Gomeéz". Inclusive, cita artigos do Código de Processo Civil português, que impõem o dever de verdade, mesmo que ela resulte contra si (nº 3 dos arts. 264 e 456).[13] O direito processual austríaco, por iniciativa de Franz Klein, consagrou expressamente em sua legislação, no ano de 1895, o dever de dizer a verdade. Nesse sentido também é o Código de Direito Canônico, Código húngaro, legislação cantonial suíça e lei alemã de 1933, que no § 138 da ZPO dispõe sobre a obrigação de dizer a verdade.

Percebe-se, pois, que as legislações modernas estão preocupadas em elevar à categoria de dever jurídico o dever moral de dizer a verdade. Não poderia ser diverso, pois penso que o dever de verdade nada mais é do que um dever de conduta humana, de sinceridade, sendo, portanto, ínsito no processo civil, independente do sistema adotado (*civil* ou *common law*), vez que visa a combater a simulação e o engano.

Vigora até mesmo nas legislações que não contenham normas expressas, como sustentado por Alcides Mendonça Lima (fl.46). Segundo lição de Eduardo Couture, pode ser considerada uma norma de superlegalidade, isto é, está por cima de todas as leis, apesar do silêncio.[14]

---

[9] SOARES, *A responsabilidade...*, p. 168.
[10] COUTURE, Eduardo. *El deber de decir la verdad en juicio civil*. Montevideo, 1938, p. 31.
[11] SOARES, op. cit., p. 168.
[12] MENDONÇA LIMA., O dever da..., p. 42.
[13] SOARES, *A responsabilidade...*, p. 169.
[14] COUTURE, *El deber...*

Destaca Couture,[15] em uma primeira análise, que se pode dizer que o dever de dizer a verdade é estrito aos juízos em que há interesse público, pois o juiz está habilitado a levar a investigação dos fatos aos últimos extremos, como ocorre nas ações de nulidade de matrimônio, divórcio, guarda de filhos. Nesses casos, a vontade da parte se subordina ao interesse público, de modo que as partes têm o dever de dizer a verdade mais ampla e efetiva. Ouso criticar tal assertiva, pois, a meu ver, o dever de dizer a verdade é ínsito ao interesse e função social do processo, e não está diretamente relacionado ao direito posto em causa, sob pena de ser legalizado o uso do processo simulado quando houver interesse meramente patrimonial, o que também deve ser coibido.

Para que seja eficiente a aplicação do dever de verdade, é necessário que haja disposições estabelecendo sanções para caso de descumprimento. Assim, quando não respeitado pelas partes, gera responsabilidade por dolo processual, e não ônus,[16] revelando-se ato atentatório à dignidade da justiça e por tal razão necessita de exemplar reprovação do Poder Judiciário. Não deve haver tolerância em caso de a parte faltar com a verdade, vez que seria um estímulo à litigância de má-fé, bem como um desrespeito para com o Poder Judiciário. Deve-se lembrar que se trata de responsabilidade objetiva.

Preceitua Elicio de Cresci Sobrinho que o dever de veracidade não é um dever a uma verdade objetiva, mas sim a verdade subjetiva.[17] O livre querer das partes fica limitado pela imposição do dever de veracidade.

Devem-se combater as situações de simulação do processo, pois é reprovável a conduta das partes que se servem do processo para mentir, faltando com a verdade a fim de distorcer os fatos trazidos ao litígio. Outrossim, não se deve esquecer que a conduta das partes pode influenciar na busca dos fatos que constituem o *thema probandum*. Igualmente, pode assumir valor probatório a ser apreciado pelo juiz.[18] Tal é o que acontece, por exemplo, em ações de investigação de paternidade, em que o réu se recusa injustificadamente a se submeter a exame de DNA, conduta esta que pode ser interpretada a seu desfavor, vez que assim está agindo para obstaculizar o normal andamento do processo, sem falar que vai de encontro ao interesse público da descoberta da verdade acerca do estado de filiação (Súmula 301

---

[15] COUTURE, *El deber...*, p. 29.
[16] Acerca da distinção entre ônus e deveres processuais, faz-se importante leitura do parágrafo 7 do livro de CRESCI SOBRINHO, *Dever de...*
[17] Ibidem, p. 100. Igualmente, GOUVEIA, Lucio Grassi; ROCHA, Iasmina. Conteúdo e alcance do dever de dizer a verdade no sistema processual civil brasileiro. *Revista da ESMAPE*, v. 10, n. 21, data, p. 373.
[18] Destaca MICHELI, Gian Antonio. Título. *Revista de Processo*, São Paulo, n. 3, p. 11-18, jul./set. 1976, p. 14 que" O comportamento das partes se torna, portanto, fonte de significativos indícios de prova, de dados que, unidos a outros dados, decorrentes de outras fontes de prova, concorrem para dar a representação, no processo, de fatos e de eventos que se verificaram fora do processo".

do STJ). É o que também se sucede quando as partes fazem requerimentos desconexos ou contraditórios e se recusam em atender as determinações judiciais.

De observar, ainda, que o dever de dizer a verdade deve ser visto em sua plenitude, o que significa que não admite o silêncio do litigante. Desta maneira, também compreende a omissão intencional a respeito do fato, pois é forma de alterar a verdade.

Walter Zeiss,[19] ao abordar o dever de veracidade e a repulsa geral ao dolo previsto na legislação alemã, salienta que também se deve coibir o abuso por reclamação inoportuna, ou seja, quando a parte cria dificuldades para seus adversários sem defender seus interesses próprios e legítimos. Sustenta tal assertiva com amparo no § 138 I da ZPO alemã, referindo que é norma especial do dever de dizer a verdade e de repulsa ao dolo, podendo ser dividida em 3 grupos de casos: 1º) A mentira processual pode tomar forma de ato antijurídico e punível quando o litigante busca assegurar a si mesmo ou terceiro vantagem patrimonial ilegítima mediante alegações falsas com prejuízo patrimonial para outras pessoas. O exemplo citado é quando o litigante reclama por dívida que não existe. 2º) A fraude também abarca certos processos simulados, por exemplo, quando as partes estão perseguindo fins escusos ou quando o demandante já deu ao demandado o que ele pretende. 3º) Por fim, refere que não há fraude no processo simulado se as partes, ainda que enganem o tribunal, não o fazem para procurar a elas ou outros um benefício patrimonial ilegítimo em prejuízo de um terceiro. Neste caso, o dolo seria apenas de solicitar a tutela jurídica. Nesse contexto, pode-se afirmar que o dever de verdade significa que as partes não devem declarar somente aquilo que sabem ser inverídico, a mentira processual é que se proíbe.

Feita essa abordagem, fica claro que o direito de veracidade processual se faz presente como norma jurídica em nossa legislação, o que não poderia ser diferente, vez que durante o litígio as partes devem levar ao conhecimento do julgador todo o material probatório a respeito do fato controvertido, possibilitando desta forma a obtenção da verdade apta a embasar uma decisão justa. Ocorre que nem sempre esse dever de veracidade é lembrado pelas partes e advogados, que em muitas ocasiões não têm interesse na solução do litígio, seja para retardar o seu andamento ou até mesmo sair vitorioso a qualquer custo. Todavia, tal pensamento deve ser modificado, conscientizando-se as partes e advogados do dever de agirem com veracidade, sob pena de não serem eficazes as reformas legislativas que visam à celeridade processual, sem falar no descrédito do Poder Judiciário. Agindo

---

[19] ZEISS, Walter. *El dolo procesal*: aporte a la precisacion teorica de una prohibicion del dolo en el proceso de cognicion civilistico. Traducción y presentación Tomas A. Banzhf. Buenos Aires: Europa-Americana, 1979, p. 38-40.

a parte com deslealdade e empregando artifícios fraudulentos, revela conduta inapropriada às normas constitucionais que garantem o livre acesso à justiça, direito à prova e, sobretudo, que enfatiza a dignidade da pessoa humana, princípio basilar previsto no artigo 1°, inciso III, da Carta Magna. O dever de veracidade deve ser analisado casuisticamente e escalonado em graus, de modo que se a parte tem conhecimento de um determinado fato ou documento de suma importância para o litígio e o mesmo está ao seu alcance, deverá fornecê-lo para que seja obtida a efetiva prestação jurisdicional, a não ser que haja disposição em contrário, como a norma que faculta a escusa de depor (art.347 do CPC). Não é outra a interpretação conferida com base na redação do artigo 339 do CPC que assim dispõe: "Ninguém se exime do dever de colaborar com o Poder Judiciário para o descobrimento da verdade". É preciso lembrar que compete ao juiz analisar a prova produzida e que depois de vinda aos autos a prova é do processo, podendo o juiz valorá-la contra ou a favor da parte que a produziu.

Como destacado acima, existe preceito legal dispondo que as partes não alterem a verdade dos fatos. Entretanto, diversos fatores e dentre eles podemos citar as diferenças culturais e socioeconômicas obstaculizam que este preceito seja observado por alguns aplicadores do direito que litigam imbuídos do desejo de sair vitorioso até mesmo a qualquer custo. Não é só com a aplicação de sanções legais que se deve responsabilizar civilmente a parte quando age com má-fé processual, procurando ocultar a verdade dos fatos, mas também incutindo tal dever na fase extrajudicial, agindo com princípios éticos que norteiam uma sociedade justa e solidária.

Por fim, enfatizo a todos os aplicadores do direito, sejam advogados, juízes, promotores ou partes, que o dever de veracidade processual produz efeitos na "humanização do processo".[20]

3. Discovery

No processo civil norte-americano, as partes, antes da fase de julgamento, realizam uma série de diligências para esclarecimento dos fatos e das provas, sendo permitida a realização de extensas investigações, procedimento este denominado de *discovery*. Trata-se de um procedimento prévio de investigação e levantamento de provas previsto em alguns países que adotam o sistema da *common law*. As principais propostas da *discovery* são encontrar evidências, evitar surpresas durante o litígio, delimitar as questões e perpetuar testemunhos.[21] A utilização deste procedimento implica o

---

[20] FAIRÉN GUILLÉN, *La humanización...*, p. 151.
[21] CORSINI. Filipo. Le proposte di privatizzazione dell' atività istruttoria alla luce delle recenti vicende della discovery anglosassone. *Rivista Trimestrale di Diritto e Procedura Civile*, Milano, n. 4, dic. 2002, p. 1294, assinala que "O objetivo da *discovery* não consiste somente em obrigar a parte a fornecer informações a respeito da instrução para favorecer um debate justo e sem surpresa, mas se reveste de uma finalidade de delimitar o objeto da causa".

direito probatório documental, por exemplo, que as partes têm o dever de apresentar todos os documentos que estão em seu poder, o que guarda relação com o dever de veracidade assinalado acima. Como afirmado pelo professor Danilo Knijnik durante as aulas ministradas no Curso de Pós-Graduação em Direito da UFRGS, no segundo semestre de 2005, impede que se escondam as armas para o litígio, evitando ser surpreendido por uma prova obscura, mesmo que venha em prejuízo à parte que disponha do documento. Após a realização da *discovery*, as partes têm conhecimento dos documentos produzidos e fatos que fundamentarão o litígio, situação esta que permitirá, com maior facilidade, a realização de um acordo, eliminando, assim, os custos e os riscos de um julgamento. Saliento que a *discovery* também pode ser postulada durante o processo, mas não é tão comum.

Considerando que a *discovery* tem finalidade de providenciar aos litigantes oportunidade de revisão de todas as provas pertinentes ao julgamento, podem ser realizadas mediante tal procedimento três formas básicas de produção de prova: *written discovery, document production, depositions*.[22] Cabe ressaltar que no presente artigo apenas será abordado o procedimento previsto na legislação norte-americana, mais precisamente na *Federal Rules of Civil Procedure*.

A *written discovery* (*discovery* escrita) se consubstancia em *interrogatories* (interrogatórios) e *request for admission* (requerimentos de confissão). O *interrogatório* consiste em questionários, podendo conter no máximo 25 questões específicas sobre o caso, que as partes apresentam umas às outras requerendo a versão dos fatos (*Rule* 33). O objetivo é perceber a linha de argumentação do adversário, tanto no que se refere a fatos como no tocante ao direito. As questões podem variar do vasto até o específico. Se as questões perguntadas não estiverem corretas ou há dificuldade em entender, pode o advogado da parte ajudar a decidir o que deveria responder. *Pedidos de confissão* (*Rule* 36) não são muito usados, mas podem ser uma ferramenta muito poderosa. As partes interpelam-se reciprocamente para que o oponente admita ou negue certas alegações fáticas. Há penalidades em caso de não haver resposta, resposta falsa ou até mesmo responder tardiamente, podendo o fato ser reputado como verdadeiro e até mesmo podem ser deferidos pedidos de prisão civil (*contempt of court*).

Document Production implica que qualquer parte tem o direito de ver os documentos relacionados ao caso e até mesmo discuti-los, sem que para tanto seja necessária ordem judicial ou até mesmo existência de demanda. As cortes norte-americanas permitem o acesso aos arquivos de computador como parte dos documentos da *discovery*. Em alguns casos, tem-se até mes-

---

[22] Também há previsão legal de inspeção de lugares e da realização de exames físicos e mentais de pessoas nas regras 34 e 35 do *Civil Procedure Rules*.

mo permitido aos litigantes reconstruir os arquivos deletados (assim como *e-mail*), embora esta prática não tenha ainda se tornado comum. Este procedimento inicia normalmente com um pedido escrito, endereçado à outra parte, requerendo determinados documentos e objetos relevantes para a lide. Concede-se geralmente prazo de 30 dias para a apresentação, prorrogável mediante acordo entre as partes. Todavia, há exceções legais prevendo vedação para alguns documentos solicitados quando por exemplo envolvem informações privilegiadas ou que dizem respeito a produto de trabalho da outra parte. Tal forma foi bastante utilizada em processos de responsabilidade civil envolvendo as grandes empresas fumageiras dos EUA, permitindo o acesso aos arquivos que continham informações desde décadas passadas acerca dos malefícios causados pela nicotina, fatos estes que foram decisivos para embasar a culpa. Nesse contexto, podemos citar na jurisprudência do Tribunal de Justiça do nosso Estado o importante acórdão redigido pelo Des. Adão Cassiano Nascimento, em que no julgamento de litígio envolvendo responsabilidade civil de uma empresa fumageira pela morte de um fumante, em seu voto, fundamentou a culpa em dados obtidos em processos norte-americanos, que, em busca nos arquivos secretos das indústrias de fumo, atestaram que as empresas sempre tiveram pleno conhecimento e a consciência de todos os males causados pelo fumo.[23]

Depositions são declarações feitas sob juramento por uma pessoa, na presença de um advogado, as quais são transcritas. Embora os advogados tenham suas próprias estratégias para *depositions*, existem 3 razões para fazer: a) trancar a pessoa em suas próprias histórias, b) ver o que o outro lado tem a dizer e c) ter uma idéia prática do julgamento, ou seja, ver o que a testemunha vai apresentar e conduzi-la antes do juiz ou do júri. Os depoimentos são produzidos em ambientes privados, geralmente em salas de reunião de escritórios de advocacia, ou seja, são prestados extrajudicialmente. Tomam-se depoimento também por telefone ou via satélite.

Uma das principais características da *discovery* é que há mínima intervenção da corte, eliminando, assim, a necessidade de uma estrutura cartorial. Sequer existem autos e despachos judiciais, quadro este que garante uma maior celeridade na prestação jurisdicional.[24] Em se tratando de um processo extrajudicial, podem as partes, após a realização de tal procedimento, decidir que não há interesse no ajuizamento de demanda judicial, seja devido à falta de provas para embasar a pretensão, dúvida razoável de que a demanda não procederia, e até mesmo por ter sido firmado um acordo.

---

[23] RIO GRANDE DO SUL. Tribunal de Justiça. Apelação Cível nº 70000144626.
[24] Ver abordagem conferida por Valtércio Pedrosa em artigo entitulado A lentidão do Judiciário brasileiro, no qual faz comparação com o procedimento norte-americano, abordando o uso da *discovery* (PEDROSA, Valtércio. *A lentidão do Judiciário brasileiro*. Disponível em: http://www.jus.com.br. Acesso em: 3 mar. 2006).

É certo que no ordenamento processual pátrio não há qualquer instituto semelhante ao da *discovery*, pois a parte interessada não tem poder, por meio de advogado, sem a intervenção judicial, de exigir que a outra parte apresente documentos ou produza determinada prova. A aplicação da *discovery*, em um primeiro momento, causaria alvoroço e estranheza para alguns advogados que não estão imbuídos do dever de cooperação entre as partes. Não se pode negar a prática costumeira de esconder provas importantes para o litígio da parte contrária, se o mesmo acarreta prejuízo para o cliente. Há, sobretudo, uma questão de cultura, não só de alguns advogados, mas também das partes e aplicadores em geral do direito que litigam na maioria das vezes imbuídos unicamente com o sentimento de vitória, faltando com o dever de veracidade. Em se tratando de prova documental, o ordenamento pátrio prevê a medida cautelar de produção antecipada de provas (arts.846 a 851 do CPC) ou pedido incidental de exibição de documentos (arts.355 a 363 do CPC) como institutos processuais que o interessado pode utilizar para solicitar que alguém seja compelido a exibir documentos que estejam em seu poder. Todavia, é medida que não alcança a mesma natureza e força obrigatória do procedimento da *discovery* vigente no direito norte-americano, sem falar que as cautelares prevêem uma série de requisitos necessários para que seja concedida judicialmente, o que não é exigido na *discovery*.

É tão discutível a aplicabilidade da *discovery* em nosso sistema processual que o Decreto nº 1.925, de 1996, que promulga a Convenção Interamericana sobre Prova de Informação acerca do Direito Estrangeiro, concluída em Montevidéu, prevê no artigo 9º que "a autoridade judiciária requerida poderá recusar, de acordo com o inciso I do artigo 2º, o cumprimento da carta rogatória quando tiver por objeto o recebimento ou obtenção de provas previamente a processo judicial, ou quando se tratar do procedimento conhecido nos países do *Common Law* pela denominação de *pre-trial discovery of documents*". Percebe-se, pois, que há restrição de utilização do procedimento da *discovery* em cartas rogatórias que tenham que ser cumpridas no Brasil. O embasamento para o juiz se recusar a cumprir a carta rogatória está no inciso I do artigo 2º, que dispõe que serão cumpridas as cartas rogatórias se a diligência solicitada não for contrária às disposições legais no Estado requerido que expressamente a proíbam, o que é o caso em tela, vez que não há previsão legal do uso da *discovery*.

Cumpre ressaltar que um dos motivos que inviabilizam a adoção da *discovery* em nosso ordenamento pátrio é a diferença entre os sistemas jurídicos da *civil* e da *common law*, no que diz respeito ao procedimento probatório. Adverte Barbosa Moreira que os ordenamentos anglo-saxônicos atribuem a tarefa probatória principalmente aos advogados, enquanto nos da família romano-germânica assume relevância maior o papel do órgão judicial.[25] Assim, enquanto o nosso sistema confere ao órgão judicial não apenas poderes para fiscalizar e assegurar a produção da prova, mas também para determinar a sua produção se entender necessário para embasar o convencimento (art. 130 do CPC), o juiz da *common law* não produz a prova, apenas fiscaliza as provas produzidas pelas partes.[26] Igualmente, Gian Antonio Micheli e Michele Taruffo destacam que "o objeto da prova no processo civil da *common law* nasce não somente dos pedidos das partes, mas também do próprio processo, isto é, do desenvolvimento do *trial* diante do juiz, ou mesmo do procedimento de *pre trial* que abreviam o processo", enquanto nos países de *civil law* "a definição do objeto das provas está umbilicalmente ligada aos diversos pedidos e às defesas das partes", exercendo influência sobre os meios de prova e convicção do juiz.[27] Também não se pode esquecer que o processo civil da família da *civil law* tem como um de seus objetivos a busca da verdade, sendo que para tanto são conferidos maiores poderes ao órgão judicial com o objetivo de esclarecer os fatos, enquanto a *common law* "é, em verdade, um método de combate entre as partes, mais que um método direcionado à pesquisa da verdade sobre os fatos do litígio",[28] razão pela qual sofre críticas no que diz respeito à passividade do juiz.

Tal visão certamente é um obstáculo para que se legitime a *discovery,* vez que esta reside justamente na possibilidade que se abre aos advogados de pesquisar e explorar fontes de prova fora do âmbito judicial. Merece ser lembrado que no sistema processual norte-americano a d*iscovery* é largamente utilizada quando o litígio será submetido a julgamento por jurados, o que acontece por exemplo em litígios de responsabilidade civil que são julgados pelo júri, prática não adotada em nosso ordenamento processual, que apenas prevê jurados para julgamento de crimes dolosos contra a vida.

Nesse contexto, também haveria resistência por parte do órgão judicial quanto ao uso da *discovery,* já que na *civil law* o juiz é responsável pela obtenção da prova e das evidências necessárias para obter a verdade dos fatos trazidos aos autos, tarefa esta que teria seu campo de abrangência

---

[25] BARBOSA MOREIRA, José Carlos. O processo civil contemporâneo: um enfoque comparativo. *Revista Forense*, Rio de Janeiro, v. 99, n. 370, p. 53-63, data, p. 54.

[26] Acerca dos poderes instrutórios do órgão judicial na atividade probatória, faz-se importante a leitura da obra de MATTOS, Sergio Luís Wetzel de. *Da iniciativa probatória do juiz no processo civil.* Rio de Janeiro: Forense, 2001.

[27] MICHELI, Gian Antonio; TARUFFO, Michele. A prova. *Revista de Processo*, São Paulo, n. 16, p. 155-168, data, p. 156-157.

[28] MICHELI; TARUFFO, *A prova*, p. 167. Igualmente, HAZARD JÚNIOR, Geoffrey C. Discovery and the role of the judge in civil law jurisdictions. *Notre Dame Law Revue*, n. 73, p. 1017-1028, 1998, p.1019, assinala que: "o juiz da *common law* não é responsável por obter a verdade. O juiz simplesmente escolhe entre a disputa da lei e as versões dos fatos deixadas pelas partes", enquanto que no sistema da *civil law* "o juiz é responsável por decidir o caso de acordo com a verdade do problema. O juiz decide o fato e a lei porque não há júri".

reduzido, limitando-se os poderes instrutórios judiciais, caso adotado o procedimento da *discovery*. Como destaca Geoffrey C. Hazard Jr, "se uma ação de *discovery* americana é endereçada diretamente a outra parte isto alcança como uma tentativa de evitar o Poder Judiciário".[29]

O artigo 14 do CPC ampliou os deveres das partes no processo, elencando no inciso I, como antes visto, o dever de expor os fatos em juízo conforme a verdade. Tal norma implica um dever de colaboração entre as partes na solução do litígio, o que em um primeiro momento acarreta o dever de veracidade, e conseqüentemente a obrigação de levar ao conhecimento do julgador e até mesmo da outra parte, qualquer documento relacionado com a contenta, mesmo podendo ele vir de encontro aos interesses do cliente. É uma nova visão do processo que merece ser refletida com cuidado, e, principalmente, seriedade.

4. Conclusão

Na primeira parte deste trabalho, foi ressaltado que é dever das partes e de todos aqueles que participam da relação processual agir com lealdade e boa-fé processual, e apresentar os fatos em consonância com a verdade, não devendo postular o que sabem não lhes ser devido, bem como alterar a verdade dos fatos no processo. O dever da verdade é inerente a todo o processo pela própria finalidade de atividade jurisdicional em sua concepção moderna. Embora tal assertiva esteja prevista na legislação pátria, às vezes não é lembrada, ou pior, é riscada por alguns "sedizentes" aplicadores do direito. Não se tolera que os aplicadores do direito, de um modo geral, utilizem o processo com falsidades, mentiras, de modo a criarem uma situação irreal, iludindo o juiz.

Também foi abordado que, em sistemas jurídicos da *common law*, mais precisamente no direito norte-americano, há previsão do procedimento prévio de apuração de provas antes da fase judicial que se chama de *discovery*. Tal procedimento está diretamente vinculado ao dever de veracidade processual, pois as partes, em fase anterior à demanda judicial, são compelidas a prestar as informações solicitadas, seja realizando depoimentos, testemunhos ou fornecendo documentos que estão em seu poder e relacionados ao litígio. Embora não tenha norma legal semelhante a esse procedimento no direito pátrio, penso que está na hora de o assunto ser ao menos debatido entre os aplicadores do direito, pois inegavelmente acarreta celeridade processual, sem falar que enfatiza uma cooperação intersubjetiva, mas para tanto é preciso que o dever de veracidade não advenha apenas da letra fria da lei, mas sim que represente um dever moral lembrado por todos aqueles que procuram o Judiciário para alcançar uma pretensão.

---

[29] HAZARD JÚNIOR, Geoffrey C. *Discovery*..., op. cit., p. 1022.

Por fim, merece ser ressaltado que "dizer a verdade, e tão somente a verdade, será o ideal para a consecução da sentença justa, mas a delicadeza e as dificuldades da solução desse árduo problema dependem muito mais da consciência do homem do que da argúcia do legislador.[30]

Referências

BARBOSA MOREIRA, José Carlos. O processo civil contemporâneo: um enfoque comparativo. *Revista Forense*, Rio de Janeiro, v. 99, n. 370, p. 53-63, data.

CARPENA, Marcio Louzada. *Da (des)lealdade no processo civil*: visões críticas do processo civil brasileiro. Porto Alegre: Livraria do Advogado, 2005.

CORSINI. Filipo. Le proposte di privatizzazione dell' atività istruttoria alla luce delle recenti vicende della discovery anglosassone. *Rivista Trimestrale di Diritto e Procedura Civile*, Milano, n. 4, dic. 2002.

COUTURE, Eduardo. *El deber de decir la verdad en juicio civil*. Montevideo, 1938.

CRESCI SOBRINHO, Elicio de. *Dever de veracidade das partes nos processo civil*. Porto Alegre: Fabris, 1988.

CRUZ E TUCCI, José Rogério. Repressão ao dolo processual: o novo art.14 do CPC. *Revista Jurídica*, v. 50, n. 292, p. 15-17, fev. 2002.

CUNHA, Oscar. *Atti del Congresso Internazionale di Diritto Processuale Civile*. Padova, 1953.

DINAMARCO, Cândido Rangel. *A instrumentalidade do processo*. 11. ed. São Paulo: Malheiros, 2003.

FAIRÉN GUILLÉN, Victor. La humanización del proceso: lenguaje, formas, contacto ente los jueces y las partes: desde Finlandia hasta Grecia. *Revista de Processo*, São Paulo, v. 6, n. 14/15, p. 127-171, 1979.

GOUVEIA, Lucio Grassi; ROCHA, Iasmina. Conteúdo e alcance do dever de dizer a verdade no sistema processual civil brasileiro. *Revista da ESMAPE*, v. 10, n. 21, data.

HAZARD JÚNIOR, Geoffrey C. Discovery and the role of the judge in civil law jurisdictions. *Notre Dame Law Revue*, n. 73, p. 1017-1028, 1998.

MATTOS, Sergio Luís Wetzel de. *Da iniciativa probatória do juiz no processo civil*. Rio de Janeiro: Forense, 2001.

MENDONÇA LIMA, Alcides de. O dever de verdade no Código de Processo Civil Brasileiro. *Revista Forense*, Rio de Janeiro, n. 172, p. 42-46.

MICHELI, Gian Antonio. Título. *Revista de Processo*, São Paulo, n. 3, p. 11-18, jul./set. 1976.

——; TARUFFO, Michele. A prova. Revista de Processo, São Paulo, n. 16, p.155-168, data.

PEDROSA, Valtércio. *A lentidão do Judiciário brasileiro*. Disponível em: http://www.jus.com.br. Acesso em: 3 mar. 2006.

SOARES, Fernando Luso. *A responsabilidade processual civil*. Coimbra: Almeida, 1987.

ZEISS, Walter. *El dolo procesal*: aporte a la precisacion teorica de una prohibicion del dolo en el proceso de cognicion civilistico. Traducción y presentación Tomas A. Banzhf. Buenos Aires: Europa-Americana, 1979.

---

[30] CUNHA, *Atti del Congresso...*, p. 224.

— 8 —

Verdade, justiça e dignidade da legislação: breve ensaio sobre a efetividade do processo, inspirado no pensamento de John Rawls e de Jeremy Waldron

GUILHERME RIZZO AMARAL

Sumário: 1. Introdução; 2. Verdade e Processo; 3. Considerações sobre a busca da "verdade" e sobre a finalidade do processo (realização de justiça); 4. Verdade e Justiça; 5. Legitimação para criação de *standards* e dignidade da legislação; 6. Conclusões; 7. Referências bibliográficas,

1. Introdução

Não obstante o reconhecimento, pela doutrina processual, do permanente conflito entre *efetividade* e *segurança*[1] (e, portanto, da necessidade de se concretizar de forma equilibrada tais valores), é inegável que a tônica das discussões atuais, no que se refere ao processo civil, é a busca por sua *efetividade*.[2]

Resultado da globalização e do exponencial desenvolvimento tecnológico (em especial dos meios de comunicação), a intolerância com a eventual demora na satisfação dos interesses privados é crescente. Quando tais interesses são legítimos e decorrentes de direitos reconhecidos, a intolerân-

---
[1] ALVARO DE OLIVEIRA, Carlos Alberto. *O processo civil na perspectiva dos direitos fundamentais*. In ALVARO DE OLIVEIRA (org) [*et al.*]. *Processo e Constituição*. Rio de Janeiro: Forense, 2004, p. 15. Já CÂNDIDO RANGEL DINAMARCO fala de conflito entre *celeridade* e *ponderação* (DINAMARCO, Cândido Rangel. *A instrumentalidade do processo*. São Paulo: Malheiros, 2002. 10ª edição, p. 318). Discordamos da idéia, pois *(i)* a *celeridade* processual é parte de um todo maior, que é a *efetividade* processual e *(ii) ponderação* não é valor em si. É *método*. *Ponderam*-se valores entre si, ou princípios, mas não o próprio método (ponderação) com um valor (celeridade).
[2] "A força das tendências metodológicas do direito processual civil na atualidade dirige-se com grande intensidade para a *efetividade do processo*, a qual constitui expressão resumida da idéia de que o *processo deve ser apto a cumprir integralmente toda a sua função sociopolítico-jurídica, atingida em toda a plenitude todos os seus escopos institucionais*." (DINAMARCO, Cândido Rangel. *A instrumentalidade do processo*. 10ª ed. São Paulo: Malheiros, 2002, p. 330).

cia passa a ser de toda a sociedade, que não entende – e, assim, não aceita e condena – como o sistema de realização dos direitos possa estar tão desconectado da realidade dinâmica em que vivemos.

Embora muito se tenha feito em matéria de aprimoramento legislativo em busca de maior efetividade do processo (lei da ação civil pública, código de defesa do consumidor, antecipação da tutela e, mais recentemente, a nova sistemática de cumprimento das sentenças), remanesce ainda hoje um traço cultural muito forte em nosso processo civil, qual seja o de exigir, salvo em situações de urgência (real ou ficta), o esgotamento da atividade instrutória antes de se promover qualquer alteração no *status* das partes litigantes e, em alguns casos, o esgotamento de todas as instâncias ordinárias para que tal modificação venha a ocorrer.

Em outras palavras, o juiz não está autorizado a antecipar a tutela ao autor com base *apenas* na maior probabilidade do direito deste último, sendo necessário aliar à mesma situação de perigo (art. 273, I, do CPC), abuso de direito de defesa do réu (art. 273, II, do CPC) ou o caráter incontroverso do pedido (art. 273, §6º). A mera *probabilidade*, ainda que *forte probabilidade*, não é suficiente, por si só, para modificar o *status* das partes em relação ao bem da vida disputado em juízo.

Tentaremos, valendo-nos das idéias de dois importantes pensadores (John Rawls e Jeremy Waldron), não apenas demonstrar que este estado de coisas não é compatível com a finalidade do processo e com o ideal de justiça, como também indicar um possível (e legítimo) caminho para solucionar o problema ora posto.

Antes disso, no entanto, precisamos traçar algumas considerações sobre a relação entre *verdade* e *processo*, tendo em vista que qualquer modificação do *status quo* das partes antes do término da investigação sobre as versões dos fatos trazidas pelas mesmas deve levar em conta os riscos envolvidos, dentre os quais, o mais evidente é o momentâneo desvio em relação à *verdade* (o próprio conceito de verdade deve ser, aqui, explicado). Neste caso, precisamos encontrar a *legitimação* para este *desvio*.[3]

2. Verdade e Processo

Cumpre-nos, como dito, traçar algumas considerações sobre o papel da verdade no processo, ou melhor, sobre o papel do processo na busca pela verdade. Ao pregarmos, por exemplo, a possibilidade de decisões alterarem o *status* das partes em relação ao bem da vida em disputa com base em juízos de mera *probabilidade*, não queremos deixar a falsa impressão de estarmos

---

[3] DINAMARCO, Cândido Rangel. *A instrumentalidade do processo*. 10ª ed. São Paulo: Malheiros, 2002, p. 350.

descomprometidos com o ideal da verdade no processo. É preciso entender, também, de que verdade estamos a falar.

É corrente, no meio acadêmico e nos tribunais, a idéia de que o processo não é o palco adequado para a busca da verdade absoluta. Galeno Lacerda a exprime bem, afirmando que "(...) a luta e as imperfeições do processo não constituem ambiente próprio à pesquisa da verdade científica absoluta".[4]

Em tempos de valorização suprema da efetividade processual, de um processo de resultados, não faltam aplausos a tal lição. Afinal, para baixar as "pilhas" de autos que se aglomeram nos cartórios pelo país, costuma-se valorizar mais um juiz expedito e despojado do que um minucioso investigador dos fatos.

O problema se dá quando o abandono da busca pela chamada *verdade científica absoluta* – e veremos o quanto é ilusório tal conceito – acaba se transformando em abandono da busca pela *verdade* (ainda que relativa), tornando o processo um mero jogo retórico, em que a linguagem e a veemência dos argumentos das partes – *rectius,* de seus advogados – preponderam sobre a investigação acerca das versões fáticas por elas apresentadas. Premido pela demanda social por celeridade processual (não à toa elevada ao nível de garantia constitucional pela Emenda Constitucional n° 45),[5] o juiz é atraído para este jogo retórico, fazendo da sentença, muitas vezes, um castelo argumentativo sem nenhuma conexão com o mundo dos fatos. Com efeito, é muito mais fácil encontrar correspondência para seus argumentos no restrito mundo do processo ou da própria sentença, do que buscar, fora do processo, as premissas fundamentais para a sua conclusão.

E, assim, o princípio segundo o qual "o que não está nos autos não está no mundo" pende perigosamente para "o que está no mundo não está nos autos".

Se o conjunto probatório passa a assumir um papel secundário no processo decisório, cedendo lugar para a argumentação e coerência interna da decisão judicial, é claro que os critérios de valoração da prova e de convencimento judicial são também facilmente postos de lado, possibilitando ao juiz valer-se das evidências colhidas no processo não como o principal ingrediente da sua decisão, mas como um último e dispensável tempero, cuja dosagem não descaracteriza o prato principal.

O preço a se pagar, todavia, é muito alto. Não que os fatos bastem, por si só, para o processo decisório. Como salienta Ovídio Baptista da Silva, "a

---
[4] LACERDA, Galeno. *Processo e Cultura. Revista de Direito Processual Civil* n. 3 (1962), p. 80.
[5] "Art. 5° Todos são iguais perante a lei, sem distinção de qualquer natureza, garantindo-se aos brasileiros e aos estrangeiros residentes no País a inviolabilidade do direito à vida, à liberdade, à igualdade, à segurança e à propriedade, nos termos seguintes: () LXXVIII a todos, no âmbito judicial e administrativo, são assegurados a razoável duração do processo e os meios que garantam a celeridade de sua tramitação".

busca da verdade dos fatos será sempre uma tarefa indispensável, porém preliminar, não conclusiva." Isto porque, "como diz Dworkin, o processo não trata de fatos em estado puro mas, ao contrário, de fatos que carecem de interpretação que lhes atribua significado".[6] O problema também não está no receio de que a percepção errônea dos fatos desvie o juiz da *vontade da lei*, até mesmo porque "aqueles que têm experiência prática, que convivem com a atividade forense, sabem que essa inefável 'vontade da lei' não passa de uma doce miragem".[7] O juiz não é a boca que pronuncia as palavras da lei, nem a fonte reveladora da vontade desta.[8]

O problema central, efetivamente, é que, na medida em que se abandona a busca pela verdade, por entendê-la impossível, irrelevante ou inadequada, corre-se o risco de se desprender o juiz e a sua decisão do mundo empírico, tornando a aplicação do direito imprevisível diante da conduta dos agentes no plano material, pois sempre dependente da efetividade da retórica desempenhada pelos advogados e pelo próprio magistrado na condução do processo.

Perde-se duplamente: no processo, não têm as partes garantias acerca dos critérios para o convencimento judicial; fora dele, tem-se a insegurança jurídica generalizada, pois toda e qualquer conduta comprovável poderá ser ignorada se confrontada com um belo argumento retórico.

Por outro lado, não se pode negar por completo a já citada afirmativa de Galeno Lacerda. Há importantes limitações para a investigação acerca dos fatos no processo, pois no constante conflito entre os valores da segurança e da efetividade,[9] que pauta todo o conjunto de normas do processo civil, nem sempre o primeiro prevalecerá sobre o segundo, sendo necessário balanceá-los de forma proporcional, levando-se em conta os valores reconhecidos por uma determinada sociedade, num dado momento histórico e cultural.

Não nos filiamos àqueles que entendem haver impossibilidade – seja ela teórica, ideológica ou prática – para a busca da verdade no processo.[10] Em um processo despreocupado com a verdade, o que se valoriza não é a

---

[6] SILVA, Ovídio Baptista da. *Verdade e Significado*. Artigo disponível no *site* www.abdpc.org.br. Acesso em 10 de julho de 2005.

[7] Idem.

[8] Acrescente-se, ainda, a acertada conclusão de Danilo Knijnik, que afirma: "é impossível, impraticável e ilusório o corte proporcionado pelo critério fato-direito, ou, quando menos, o sentido tradicional que se assinou a tal dicotomia" (KNIJNIK, Danilo. *O recurso especial e a revisão da questão de fato pelo Superior Tribunal de Justiça*. Rio de Janeiro: Forense, 2005, p. 46).

[9] A este respeito, veja-se ALVARO DE OLIVEIRA, Carlos Alberto. *O processo civil na perspectiva dos direitos fundamentais*. In ALVARO DE OLIVEIRA (org.). [et al.]. *Processo e Constituição*. Rio de Janeiro: Forense, 2004, p. 15.

[10] Segundo MICHELE TARUFFO (TARUFFO, Michele. *La Prueba de Los Hechos*. Madrid: Editorial Trotta, 2002) a negação da verdade no processo se daria por três fundamentais razões: *(a)* impossibilidade teórica; *(b)* impossibilidade ideológica; e *(c)* impossibilidade prática.

prova, mas a atividade processual das partes e dos advogados, na construção de uma realidade virtual válida apenas e tão-somente para aquele feito, despreocupada em relacionar-se e interagir com o mundo empírico, vale dizer, com o mundo real.

Partimos de outra visão acerca da relevância da verdade para o processo, e da estreita relação que há entre ambos.

É inegável que o processo pode oferecer restrições à pesquisa sobre os fatos, restrições estas ligadas às regras sobre prova legal, sobre o ônus da prova, bem como, e especialmente, em razão da preclusão, necessária para que o processo chegue ao fim. Todavia, daí não se pode extrair a conclusão de que existiria uma impossibilidade prática em se descobrir a verdade por meio do processo. Para Michele Taruffo, as normas legais que regulam as provas não esgotam estes temas – muito pelo contrário – são residuais e afetam apenas alguns aspectos ou partes da *machinery* processual.[11] E, ainda, tais normas tendem a ver sua importância reduzida, ante a crescente importância que se dá a princípios como a liberdade da prova e do convencimento do juiz. Conclui o jurista italiano:

> Há, seguramente, uma diferença derivada da regulação jurídica das provas, mas esta diferença não exclui, *a priori*, que também o processo chegue a estabelecer, sobre os fatos, uma verdade controlável segundo critérios lógicos e epistemológicos.[12]

Embora seja importante, neste particular, ressaltar que no processo não se trata de estabelecer verdades absolutas, mas, sim, verdades relativas, tal afirmação *não gera nenhuma distinção com a verdade obtida fora do processo que é, também, irredutivelmente relativa.*[13]

A verdade no processo é relativa pela *limitação instrumental dos meios cognoscitivos* – que pode variar de acordo com o sistema processual ou com o procedimento específico – e por sua necessária *contextualização*, dado que as diferentes pressuposições, conceitos, linguagens, ou seja, marcos de referência, limitarão a análise dos fatos. As versões do mundo partem de outras versões. Como se pode perceber, tais limitações verificam-se, também, fora do processo. Assim, o que determinará a diferença das verdades encontradas dentro ou fora do processo serão justamente as diferenças dos meios cognoscitivos encontrados dentro e fora do processo, assim como as noções de verdade encontradas no vocabulário processual e extraprocessual. Podem existir vocabulários processuais que contenham noções de verdade idênticas àquelas encontradas fora do processo.

Parece-nos irretocável a conclusão a que chega Michele Taruffo:

> Que tipo de verdade é estabelecida no processo, em que medida resulta aceitável a sua proximidade ou distanciamento da verdade que pode ser estabelecida em outros

---
[11] TARUFFO, Michele. *La Prueba de Los Hechos*. Madrid: Editorial Trotta, 2002, p. 72.
[12] Idem, p. 72 (tradução livre)
[13] Idem, p. 74.

contextos cognoscitivos, é um problema que só pode ter soluções concretas e específicas em função da natureza, da amplitude e da incidência dos limites que impõem as normas de um determinado ordenamento à busca de uma versão verdadeira dos fatos.[14]

Como visto, a relatividade da verdade está ligada à condição humana, limitada em diversos aspectos, não obstante os avanços da ciência, pois esta é também obra humana. A verdade absoluta é inatingível, dentro ou fora do processo.

Portanto, não é *a priori* que podemos afirmar haver uma desvantagem para o ambiente processual em relação aos demais meios onde se possa pretender buscar a verdade. É necessário analisar o tipo de procedimento, as regras processuais sobre a prova, para, somente então, concluirmos acerca do grau de proximidade das conclusões do processo sobre os fatos, com aquelas obtidas fora do processo. No entanto, não podemos falar em duas verdades, uma processual, e uma extraprocessual. A verdade obtenível pelo homem é uma só, e relativiza-se à medida da própria imperfeição humana, e das circunstâncias do tempo e do lugar onde se dá a investigação sobre a verdade.

Com apenas um exemplo, desdobrado em duas hipóteses, podemos comprovar a assertiva anterior.

Não há praticamente nenhuma diferença entre a possibilidade de se descobrir a paternidade de uma criança dentro ou fora do processo. O exame de DNA, principal ferramenta científica para a verificação da paternidade, pode ser realizado no curso do processo. E, como há muito vem decidindo o STJ, sequer a coisa julgada material pode impedir a reabertura da investigação acerca da paternidade, com o ajuizamento de idêntica ação para se realizar o exame, outrora não implementado.[15]

Todavia, a recusa do suposto pai em realizar o exame poderá, no curso do processo, e nos termos da Súmula 301 do STJ, induzir à presunção *juris tantum* de paternidade.[16] Isto porque o processo civil brasileiro e o sistema de garantias previsto na Constituição não autoriza a coleta *à força* de material para realização de exame de DNA.

Se, na primeira hipótese, a verdade alcançável no processo é a mesma que poderia ser buscada fora do processo, já na segunda hipótese tal não ocorre, pois de forma alguma podemos dar à presunção legal a mesma segurança obtida com o exame de DNA. Alguém poderá afirmar que, assim como no processo judicial, fora dele o suposto pai poderia se recusar a fornecer material para o exame. Isto é verdade. No entanto, poder-se-ia

---

[14] TARUFFO, Michele. *La Prueba de Los Hechos*. Madrid: Editorial Trotta, 2002, p. 79.
[15] Vide REsp 226436/PR. *In* DJ 04.02.2002, p. 370. RBDF 11/73; RDR 23/354; RSTJ 154/403.
[16] "Súmula 301 (STJ): Em ação investigatória, a recusa do suposto pai a submeter-se ao exame de DNA induz presunção *juris tantum* de paternidade." Publicada no DJ: 22/11/2004, p. 425.

obter o material, até mesmo à força (e, portanto, ilicitamente) ou clandestinamente, e a realização do exame traria um resultado impossível de ser ignorado pela *ciência*. Para o processo, no entanto, tal resultado seria imprestável, por originar-se de prova ilícita.[17] Veja-se, no entanto, que o obstáculo na pesquisa sobre os fatos se deu por questões externas ao processo (recusa do suposto pai), e não intrínsecas ao mesmo.

É possível verificar que normas acerca dos meios probatórios e sua avaliação podem influenciar de diferentes formas o processo de "obtenção da verdade". Todavia, a verdade obtida no processo pode muito bem ser de qualidade procedimental idêntica àquela obtida fora dele, como na primeira hipótese. O que definirá a distância entre a verdade obtenível processo e aquela possível de ser obtida com o esgotamento de todos os mecanismos investigatórios fora do processo será, assim, o conjunto de normas aplicáveis em um dado procedimento e as próprias garantias individuais capazes de "blindar" a esfera do sujeito ou do objeto investigado. Em outras palavras, não se pode falar de um distanciamento natural ou "apriorístico" entre o processo e a verdade.

3. Considerações sobre a busca da "verdade" e sobre a finalidade do processo (realização de justiça)

Estabelecemos, no tópico anterior, que a mesma verdade possível de ser obtida fora do processo pode sê-lo dentro deste, mas que determinadas normas aplicáveis ao processo podem limitar a investigação do juiz e das partes, distanciando, aí sim, as possíveis conclusões alcançáveis num e noutro contexto.

Estas limitações somente se justificam à medida que atendam para a finalidade precípua do processo.

Embora já tenhamos reconhecido o processo civil como meio de realização material (concreta) do direito,[18] e dentro desta perspectiva, percebamos o processo como *técnica*, não podemos ignorar tratar-se o processo, também, de fenômeno cultural, algo que Galeno Lacerda já sustentara há mais de quarenta anos, em seu brilhante artigo *"Processo e Cultura"*.[19] Uma visão, antes de excluir a outra, enriquece a compreensão do processo civil e de seus diferentes escopos.

---

[17] "A prova será ilícita – ou seja, antijurídica e portanto ineficaz a demonstração feita – quando o acesso à fonte probatória tiver sido obtido de modo ilegal ou quando a utilização da fonte se fizer pode modos ilegais" (DINAMARCO, Cândido Rangel. *Instituições de Direito Processual Civil*. 4ª ed. Vol. III, São Paulo: Malheiros, 2004. p. 49-50).

[18] AMARAL, Guilherme Rizzo. *As astreintes e o processo civil brasileiro – multa do art. 461 e outras*. Porto Alegre: Livraria do Advogado, 2004, p. 21 e segs.

[19] LACERDA, Galeno. Processo e Cultura. *Revista de Direito Processual Civil*, nº 3 (1962), p. 74-86.

O processo, como fato social, cultural, e, acima de tudo, como *obra humana*, padece da imperfeição e da angústia que é inerente ao ser humano.[20] Não obstante, é deste último a tarefa de aperfeiçoar o processo, de acordo com as necessidades prementes de sua época e da sociedade em que está inserido. "Costumes religiosos, princípios éticos, hábitos sociais e políticos, grau de evolução científica, expressão do indivíduo na comunidade, tudo isto, enfim, que define a cultura e a civilização de um povo, há de retratar-se no processo, em formas, ritos e juízos correspondentes".[21]

A história confirma tais assertivas. Em recente obra, Luiz Guilherme Marinoni demonstra como a preocupação do estado liberal clássico com a liberdade dos cidadãos, aliada à desconfiança havida contra os juízes, cunhou um processo eminentemente declaratório, onde do magistrado se retirava toda e qualquer atividade criativa, assim como executiva do direito, atribuindo-lhe a função de mera *bouche de la loi*, outorgando-lhe um *poder nulo*.[22]

Hoje, no entanto, a evolução cultural do homem, aliada às novas demandas sociais, tem influenciado na transformação do processo e, até mesmo, na variação de sua própria *função*. Como asseverou Galeno Lacerda, nada mais natural "que a própria função do processo varie conforme a época e a mentalidade reinante".[23]

Assim, se tínhamos, em determinados estágios históricos do processo civil, como no período das *legis actiones* do direito romano e no processo germânico primitivo, a total *impertinência* e *desprezo* pela justiça do caso concreto (primazia da função social do processo – o processo se exaure na forma e no rito), e, noutros estágios, a busca incessante pela "verdade científica" (função individual do processo – ânsia de realizar justiça plena), hoje se reconhece não ser nem um, nem outro, o modelo adequado à realidade em que vivemos.

Afirma-se, hoje, que a *justiça* deve não apenas marcar presença na decisão jurisdicional, como também permear todo o *procedimento em contraditório*,[24] conceito atual de processo. É, hoje, a *realização de justiça*, e não a mera eliminação de litígios ou a pacificação social, que se erige à condição de finalidade precípua do processo.[25]

---

[20] LACERDA, Galeno. Processo e Cultura. *Revista de Direito Processual Civil*, nº 3 (1962), p. 76.

[21] Idem, p. 75. foi Carlos Alberto Alvaro de Oliveira quem levou às últimas conseqüências a idéia do processo como fenômeno cultural, como se vê no formalismo-valorativo que é pregado na obra *Do formalismo no processo civil*. São Paulo: Saraiva, 1997.

[22] MARINONI, Luiz Guilherme. *Técnica processual e tutela dos direitos*. São Paulo: Revista dos Tribunais, 2004, p. 35 e segs.

[23] LACERDA, Galeno. Processo e Cultura. *Revista de Direito Processual Civil*, nº 3 (1962), p. 75.

[24] FAZZALARI, Elio. *Instituizoni di Diritto Processuale*. Padova: Cedam, 1975, p. 29.

[25] Cândido Rangel Dinamarco destaca a relevância do valor justiça: "Eliminar conflitos mediante critérios justos – eis o mais elevado escopo social das atividades jurídicas do estado." (DINAMARCO, Cândido Rangel. *A instrumentalidade do processo*. 10ª ed. São Paulo: Malheiros, 2002, p. 196). Carlos Alberto Alvaro de Oliveira afirma que "na essência de todas as relações entre processo e direito

Assim, se deve o processo ser "posto realmente ao serviço daqueles que pedem justiça",[26] logicamente toda e qualquer limitação à busca da verdade somente pode ser justificada se vier a atender um bem maior, qual seja, a justiça da decisão. E, para tanto, é necessário adotar critérios justos para o delineamento de tais limites. Afinal, "A eliminação de litígios sem o critério de justiça equivaleria a uma sucessão de brutalidades arbitrárias que, em vez de apagar os estados anímicos de insatisfação, acabaria por acumular decepções definitivas no seio da sociedade".[27]

Há, com efeito, uma íntima relação entre a investigação dos fatos no processo e a justiça da decisão. Vale transcrever, neste particular, a importante lição de Cândido Rangel Dinamarco:

(...) o comprometimento do juiz com o ideal de justiça há de transparecer também na maneira como interpreta os fatos provados no processo e os próprios resultados da experiência probatória. Não bastaria ver pela ótica correta a norma que está nos textos legais, se pela via de uma visão distorcida dos fatos acabasse chegando a decisões injustas.
(...)
Exacerbar o ônus da prova e considerar inexistente um fato apesar da razoável probabilidade que resultou da prova constitui uma dessas atitudes distorcidas e apoiadas no falso pressuposto de que o processo busca a verdade objetiva e o estado subjetivo de certeza absoluta.[28]

Podemos concluir, assim, que somente será legítima e aceitável uma limitação à busca pela verdade no processo, se a mesma fundar-se em critérios justos, e visar à maximização das possibilidades de obtenção de justiça no processo.

4. Verdade e Justiça

Fácil é *pregar* justiça e amaldiçoar a injustiça. Difícil é proscrever esta última, no eterno conflito entre a efetividade e a segurança.[29] Difícil é lidar,

---

substancial, está um específico problema de justiça (...)". ALVARO DE OLIVEIRA, Carlos Alberto. *Do formalismo no processo civil.* São Paulo: Saraiva, 1997, p. 183. José Carlos Barbosa Moreira aponta como critério para aferição da efetividade social do processo, a verificação de sua capacidade "de veicular aspirações da sociedade como um todo e de permitir-lhes a satisfação por meio da Justiça". BARBOSA MOREIRA, José Carlos. *Por um processo socialmente efetivo.* In Revista de Processo nº 105 (janeiro/março 2002), p. 181. A idéia de um processo *justo* é também destacada, sob o ângulo do direito comparado, por Luigi Paolo Comoglio, em trabalho publicado entre nós. COMOGLIO, Luigi Paolo. Il "giusto processo" civile nella dimensione comparatistica. *In Revista de Processo* nº 108 (outubro/dezembro 2002), p. 133-183.

[26] ALVARO DE OLIVEIRA, Carlos Alberto. "O processo civil na perspectiva dos direitos fundamentais". In ALVARO DE OLIVEIRA, Carlos Alberto (org). *Processo e Constituição.* Rio de Janeiro: Forense, 2005, p. 15.

[27] DINAMARCO, Cândido Rangel. *A instrumentalidade do processo.* 10ª ed. São Paulo: Malheiros, 2002. p. 359/360.

[28] Idem.

[29] Sobre o conflito destes dois valores no processo civil, veja-se ALVARO DE OLIVEIRA, Carlos Alberto. *O processo civil na perspectiva dos direitos fundamentais.* Op. cit., 2004, p. 15.

ao mesmo tempo, com a necessidade de uma resposta rápida do processo e com o risco do açodamento e do erro na análise dos fatos e aplicação do direito; ou, ainda, conciliar a busca incessante da verdade com a ameaça do perecimento do direito pelo decurso do tempo ou, ainda, com a própria espera que se mostre injusta (o que geralmente ocorre nos casos em que o autor *tem razão*).

Ocorre que, para atingir este escopo, o de realizar *justiça* por meio de um processo *justo* – esta é, enfim, a finalidade do processo – precisamos, antes, definir exatamente *o que* queremos, ou *qual* justiça queremos. Isto porque há diferentes concepções, diversas teorias que buscam explicar o papel, o objeto, enfim, os elementos caracterizadores da *justiça*. Afirmar que uma determinada regra processual é justa ou injusta, apenas do ponto de vista empírico, de nossa experiência prática, sem a definição clara do que verdadeiramente seja justiça ou, ao menos, de *qual* justiça estamos a falar, nada mais é do que um palpite, mas com o terrível potencial de erigir-se em dogma.

Como salienta o filósofo John Rawls, em uma sociedade bem-ordenada todos aceitam e sabem que os outros aceitam os mesmos princípios da justiça, e as instituições sociais geralmente satisfazem, e geralmente se sabe que satisfazem, tais princípios. Se é verdade que homens possuem diferentes concepções de justiça, afirma Rawls que o conceito de justiça naturalmente será produzido pelo papel que as diferentes concepções de justiça têm em comum. Este razoável consenso será um dos pré-requisitos para uma comunidade humana viável.[30] Justas serão as instituições que, em sua organização, se guiarem pelos princípios da justiça, e justos serão os indivíduos que em suas escolhas de ações no campo social também o façam. Podemos afirmar, assim, que justo será o processo, como instituição e obra humana, se for guiado por princípios da justiça.

Como definir os princípios da justiça aplicáveis ao processo?

Em primeiro lugar, é preciso reconhecer que os interesses em jogo no processo não são apenas aqueles pertencentes às partes litigantes. O processo é uma instituição de caráter evidentemente público. Quando o juiz decide pelo direito de aborto, não atua apenas sobre a esfera jurídica da mulher grávida, do pai e do feto, mas sobre as consciências de todos os cidadãos e sobre as opiniões que os mesmos têm sobre a questão, sejam elas fundadas em crenças religiosas, bases educacionais, culturais, etc. Quem pensa ser falsa esta assertiva, nega uma realidade estampada nos meios de comunicação, toda a vez em que questões semelhantes – *hard cases* – são postas à análise jurisdicional (vejam-se, exemplificativamente, nos Estados

---

[30] RAWLS, John. *Uma Teoria da Justiça*. Trad. Almiro Pisetta e Lenita M. R. Esteves. São Paulo: Martins Fontes, 2000, p. 6.

Unidos da América, a recente discussão sobre eutanásia gerada a partir do caso Terri Schiavo,[31] ou, no Brasil, a discussão acerca do aborto por anencefalia).[32]

É evidente que não encontraremos polêmicas semelhantes em um conflito entre credor e devedor, mas isto decorre do maior consenso existente entre as pessoas sobre a solução justa no caso. Bastariam os tribunais passarem a decidir que o devedor possui um legítimo direito de descumprir o pactuado sem justa causa, e os impactos na sociedade e na economia em geral seriam evidentes – aliás, não é outra coisa que ocorre, hoje, no sistema de crédito bancário e nos altos juros praticados, em decorrência da relativização ou desprestígio do *pacta sunt servanda*.

Em segundo lugar, ao definirmos princípios de justiça aplicáveis ao processo, não podemos nos colocar na posição específica de um dos sujeitos do processo, ou de pessoa aparentemente alheia ao mesmo, mas, pelo contrário, devemos nos desprender de quaisquer dos interesses das pessoas antes apontadas para adotarmos critérios que nos seriam adequados em qualquer posição em que estivéssemos.

Voltemos à obra de John Rawls. Este propõe, para alcançarmos os princípios da justiça, a ótica de uma *posição original*. Ela é o *status quo* apropriado para assegurar que os consensos básicos nele estabelecidos sejam eqüitativos.[33] Note-se que a posição original é uma situação ideal, cuja função é balizar o raciocínio daqueles que buscam a descoberta dos princípios da justiça. Sustenta o filósofo que a escolha dos princípios, na posição original, será sempre decorrente de um consenso, ou *overlapping consensus*.

Na chamada posição original, encontram-se homens representativos, ou seja, retirados de diversos níveis sociais distintos. Devem ser estabelecidas diversas premissas: primeiramente, estes homens devem estar livres para decidir acerca dos princípios da justiça. Sobre eles não deve haver qualquer espécie de coerção ou constrangimento. Em segundo lugar, devem os mesmos ser racionais, devem ter conhecimento de que sua vida deverá seguir um plano racional.[34]

---

[31] Aos 26 anos (em 1990), Theresa Marie Schiavo sofreu acidente cardiorrespiratório, vindo a sofrer dano cerebral e entrando em coma no mês seguinte. Seu estado foi diagnosticado como vegetativo permanente ou persistente. Em 1998, seu marido, Michael Schiavo, peticionou à *circuit court* do Condado de Pinellas (Florida, EUA), a retirada do tubo de alimentação de Terri. Após anos de litígio, e amplo debate na mídia mundial, foi determinada a retirada do tubo de alimentação em 18 de março de 2005 (foi a terceira retirada do tubo no curso do litígio), vindo Terri a falecer por desidratação 13 dias após. (fonte: http://www.terrisfight.org/terri.html. Acesso em 23 de setembro de 2005).

[32] Matéria objeto de Argüição de Descumprimento de Preceito Fundamental (ADPF) N° 54, no Supremo Tribunal Federal.

[33] RAWLS, John. *Uma Teoria da Justiça*. Trad. Almiro Pisetta e Lenita M. R. Esteves. São Paulo: Martins Fontes, 2000, p. 19.

[34] Idem, p. 153.

Entretanto, nesta posição original, deve ser colocado sobre estes homens o *véu da ignorância*. Para Rawls, o véu da ignorância impediria que estes homens soubessem quais suas posições na sociedade para a qual estão escolhendo os princípios da justiça. Não devem saber sequer em qual sociedade vivem, ou em que época. Enfim, devem despir-se de toda e qualquer característica que os individualize de um contexto genérico. Na posição original, o homem representativo sequer conhece sua concepção do bem.

Neste ponto, cabe uma pausa. Para alguém não acostumado à abstração, a proposta de Rawls pode parecer algo vindo diretamente de um filme de ficção científica. Um grupo de homens, representantes de sua sociedade, é subitamente submetido a uma lavagem cerebral. Levados para um lugar totalmente distante geográfica e cronologicamente da sociedade em que vivem, são encarregados de descobrir os princípios da justiça. Evidentemente, a cômica descrição não poderia estar mais distante da formulação de Rawls. Mais fácil de entender esta última é submeter-se, o próprio leitor, à posição original, "vestindo o véu da ignorância" para toda e qualquer situação em que a descoberta dos princípios da justiça se faça necessária. Isto porque os chamados *homens representativos* não são representantes da sociedade, mas pessoas aleatoriamente extraídas do campo social por Rawls para a demonstração de sua tese. Qualquer um de nós poderia colocar-se, assim, na posição original.

Voltando à tarefa de definirmos princípios da justiça para o processo, pensemos a seguinte hipótese: "A" ajuíza ação contra "B" afirmando ter emprestado dinheiro a este, que se recusa a quitar o empréstimo. "B" afirma ter quitado o empréstimo, afirmando ter testemunhas (e não um recibo) que amparam a sua versão. O quão justa ou necessária será a limitação da busca pela verdade até que se profira a decisão alterando o *status quo* das partes neste processo? Poderíamos argumentar que a pesquisa sobre a verdade dos fatos devesse ser a mais exaustiva possível, e que antes de seu completo desenvolvimento nenhuma alteração pudesse ser procedida no estado das partes e na sua relação com o bem em disputa.

Todavia, tal opção teria de levar em consideração que todo o ônus do tempo estaria colocado sob os ombros do autor, suposto credor, *independentemente de o mesmo ter ou não ter razão*. É preciso reconhecer, neste caso, que o processo "é um instrumento que sempre prejudica o autor que tem razão e beneficia o réu que não a tem!".[35] Optar pelo necessário esgotamento da pesquisa fática antes de autorizar qualquer alteração no estado das partes significa colocar nas mãos da pura aleatoriedade o destino de qualquer um de nós que tenha a pouca sorte de se envolver em um processo

---

[35] MARINONI, Luiz Guilherme. *Tutela antecipatória e julgamento antecipado: parte incontroversa da demanda*. 5ª ed. São Paulo: Revista dos Tribunais, 2002. p. 22.

judicial. O réu sempre será beneficiado. Se tiver razão, terá o processo sido justo. Do contrário, necessariamente produzirá injustiça, pois enquanto durar o feito o autor ver-se-á privado de seu direito, e o réu usufruirá de seu arbítrio.

Arriscamos-nos a afirmar que nenhuma pessoa, sabendo poder estar representada tanto na figura do réu quanto na do autor (aqui, a idéia do *véu da ignorância*), concordaria com a eleição deste critério para guiar o processo. Não é outro o sentimento popular de morosidade da justiça. Muito antes do que uma insatisfação quanto ao tempo de duração do processo, parece-nos que a revolta se dá em função dos direitos, ainda que *evidentes*, ficarem suprimidos no curso do litígio.

Colocando-nos na chamada posição original, sob o véu da ignorância, não sabemos qual o nosso poderio no jogo de forças que antecede ao processo; não podemos definir nossa capacidade de exercer qualquer coerção sobre o outro e, ainda, não sabemos qual o nosso distanciamento em relação ao bem da vida disputado. Parece lícito, assim, afirmar que o critério adotado hoje em nossos sistema de tutela dos direitos é tão aleatório quanto jogar uma moeda para o ar. Estabelecer como regra geral a de que o autor deve suportar o ônus do tempo no processo, salvo em situações peculiares, geralmente envolvendo o perigo ou o abuso do direito de defesa (art. 273 do CPC), é fiar-se de que o *status quo ante* ao processo será sempre provavelmente o mais justo, o que, sabemos, é algo totalmente falso. A completa *aleatoriedade*, e somente ela, é que marca a situação das partes *antes* do processo.

Mostra-se necessário, assim, estabelecer critérios de distribuição do ônus do tempo no processo que possam ser praticamente consensuais, entre indivíduos desinteressados e não identificados com qualquer situação preestabelecida. Em suma, tais critérios visam a, objetivamente, definir em que circunstâncias, em que hipóteses estará o juiz autorizado a proceder à alteração no *status quo* processual, em que medida poderá alterá-lo e de que natureza será tal alteração. *Justo terá sido o processo no qual os critérios adotados possam justificar-se como um suposto consenso de pessoas desinteressadas.*

Estamos convencidos de que o nascimento destes critérios decorrerá do permanente conflito entre os valores segurança e efetividade. A idéia exposta por Carlos Alberto Alvaro de Oliveira, acerca deste constante entrechoque, é precisa: "com a ponderação desses dois valores fundamentais – efetividade e segurança jurídica – visa-se idealmente a alcançar um processo tendencialmente justo".[36]

---

[36] ALVARO DE OLIVEIRA, Carlos Alberto. O processo civil na perspectiva dos direitos fundamentais. In ALVARO DE OLIVEIRA (org.). [*et al.*]. Processo e Constituição. Rio de Janeiro: Forense, 2004, p. 15. Importante mencionar, ainda, que esta ponderação entre valores ou princípios valer-se-á

Não podemos, é claro, nutrir ilusões. Reconhecendo a falibilidade humana, devemos reconhecer também que qualquer critério poderá, nas hipóteses de erro, prejudicar o titular do direito. Neste particular, parece-nos importante a reflexão de Galeno Lacerda na abertura da célebre obra *Despacho Saneador*:

> Todo o processo implica ônus para as partes. Se não aforar o pedido, arrisca-se o autor a jamais ver satisfeita sua pretensão. Se não exercer a defesa, o réu corre o risco de perder a causa.
>
> A prestação jurisdicional cumpre-se, pois, mediante uma atividade onerosa, forçada pelo próprio interesse dos litigantes e, necessariamente, desenrolada no tempo. Essa atividade, acrescida do fator temporal, representa custo, o passivo, da composição da lide.
>
> O bem resultante da sentença padece, portanto, do desgaste, do *déficit* proveniente de despesas de obtenção e prejuízos causados pelo tempo de não uso, ou, pelo menos, não uso pacífico, por parte de seu titular.
>
> Dessa contingência o processo, atividade humana, não se livra. Jamais logrará realizar justiça perfeita, isentando o resultado de um passivo, material, e também moral – pelas energias gastas, esperanças desfeitas, paixões incontidas.
>
> Diminuir esse passivo, sem prejudicar o acerto da decisão, será tender par ao ideal de justiça.[37]

Pensamos que, sob o chamado *véu da ignorância* proposto pelo filósofo John Rawls, o primeiro consenso possível acerca de critérios decisionais seria o de que não se pode exigir, em todos os casos, a investigação exaustiva dos fatos para que se permita alteração no estado das partes. Qualquer um de nós preferiria submeter-se ao juízo racional de um terceiro, ponderando circunstâncias evidentes ou não, do que se submeter à pura sorte (ao jogar de uma moeda...).

A partir daí, os critérios deverão corresponder às soluções dadas ao conflito entre efetividade e segurança, por meio da aplicação do postulado da proporcionalidade, em raciocínio *desinteressado* e *desvinculado* de eventuais relações do indivíduo com o bem em disputa no processo.

A justiça definir-se-á pela ponderação (postulado da proporcionalidade) dos princípios da efetividade e da segurança. Assumindo que é inevitável o desgaste no processo – neste sentido é a lição de Galeno Lacerda, antes citada – mas não sabendo *a priori* de que lado estaremos, tenderemos a adotar critérios que reflitam o balanço adequado e razoável dos dois princípios antes mencionados, de forma a minimizar as probabilidades de injustiça, seja para autor, seja para o réu, seja ainda para aqueles que, em

---

do postulado aplicativo-normativo da proporcionalidade, tal qual exposto por Humberto Bergmann Ávila (ÁVILA, Humberto. Teoria dos Princípios – da definição à aplicação dos princípios jurídicos. São Paulo: Malheiros, 2003, p. 121).
[37] GALENO LACERDA. *Despacho Saneador*. Porto Alegre: Sulina, 1953, p. 5.

maior ou menor grau, são afetados pela inércia ou pelo movimento da máquina processual.

Aqui se inserem, em nosso sentir, os *standards* de convencimento judicial.[38] A verdade não é, *prima facie*, requisito indispensável à concretização da justiça. Mas qualquer limitação na busca da verdade somente será legítima se resultar da correta ponderação entre os valores *efetividade* e *segurança*. Em outras palavras, a distância entre a *prova suficiente*[39] para a decisão judicial e a verdade decorre da prévia resolução daquele conflito axiológico. E a resolução do mesmo ficará estampada justamente no *standard* de convencimento judicial eleito.

Exemplificando, temos que a distância necessária entre a prova suficiente para uma sentença favorável e a *verdade* em uma ação de cobrança, ou de usucapião, ou de declaração de falsidade documental, para ficarmos

---

[38] Em trabalho doutrinário indispensável para quem quer que se debruce sobre o direito probatório e, em especial, sobre o tema aqui proposto, DANILO KNIJNIK apresenta uma série de *standards*, oriundos do direito comparado, e discorre sobre a importância da adoção dos mesmos. Para que se evite a violação às regras sobre o ônus da prova e sobre a valoração da mesma, e, ao fim e a cabo, a arbitrariedade, é curial, segundo o autor, que recorramos a *standards, modelos de constatação,* ou instrumentos de análise da prova, que permitam, através de um *processo inferencial*, constatar o acerto da decisão: "(...) deveriam necessariamente existir 'controles', 'modelos de constatação', 'standards jurídicos' ou 'instrumentos' capazes de evitar que a discricionariedade judicial, aguçada neste delicado setor da experiência processual, se viesse a traduzir em arbítrio. (...) Por *modelos de controle do juízo de fato* (ou *standards, critérios etc.*) provisoriamente definimos enunciados teóricos capazes de ensejar o controle da convicção judicial objeto de uma determinada decisão. (...) Com SERGI GUASCH FERNÁNDEZ, 'em todo juízo de fato, devemos diferenciar, portanto, o aspecto que corresponde à imediação do órgão jurisdicional com respeito aos meios de prova praticados pela decisão e, de outro lado, o raciocínio inferencial que permite a justificação da decisão'. É nesta segunda dimensão que *paradigmas, standards jurídicos* ou *modelos de constatação* entram em cena. (...) os *standards* podem colaborar na denúncia de desvios lógico-inferenciais, no sentido de *indiciar* a ocorrência de erros, subjetivismos, arbitrariedades, a partir do exame lógico do '*como*', do '*por que meios*', do '*por que maneira*' etc. atingiu-se uma certa convicção.' (...) 'os *standards* (...) eles nada mais serão do que *critérios para orientar a análise da prova, critérios* para efetivamente submeter ao contraditório, a par de um diálogo comum, as opções valorativas do juiz." (KNIJNIK, Danilo. *Os Standards do Convencimento Judicial: Paradigma para o seu possível Controle* Artigo disponível no site . Acesso em 01 de junho de 2005.) Quando o autor se refere a submeter ao contraditório as opções valorativas do juiz, demonstra estar de acordo com a visão cooperativa do processo exposta por Carlos Alberto Alvaro de Oliveira: "Daí a necessidade de estabelecer-se o permanente concurso das atividades dos sujeitos processuais, com ampla colaboração tanto na pesquisa dos fatos quanto na valorização jurídica da causa. Colaboração essa, acentue-se, vivificada por permanente diálogo, com a comunicação das idéias subministradas por cada um deles: juízos históricos e valorizações jurídicas capazes de ser empregados convenientemente na decisão. Semelhante cooperação, ressalte-se, mais ainda se justifica pela complexidade da vida atual". (ALVARO DE OLIVEIRA, Carlos Alberto. *Poderes do Juiz e Visão Cooperativa do Processo*. Revista da Ajuris, n° 90, Junho/2003, p. 63).

[39] Sobre a dimensão do ônus da prova e a *prova suficiente*, discorre Cândido Rangel Dinamarco: "A certeza, em termos absolutos, não é requisito para julgar. Basta que, segundo o juízo comum do homo medius, a probabilidade seja tão grande que os riscos de erro se mostrem suportáveis. (...) O juiz que pela obsessão da verdade considerasse inexistentes os fatos afirmados, somente porque algum leve resquício de dúvida ainda restasse em seu espírito, em nome dessa ilusória segurança para julgar estaria com muito mais freqüência praticando injustiças do que fazendo justiça (...). Esses são os parâmetros racionalmente possíveis da prova suficiente, com a qual o processo civil se satisfaz." (DINAMARCO, Cândido Rangel. *Instituições de Direito Processual Civil*. São Paulo: Malheiros, 2004. 4ª edição. V. III, p. 81-82).

com três exemplos, é bem menor do que aquela verificada em ação cautelar de busca e apreensão. Isto porque os *standards* aplicáveis são distintos. Nas primeiras demandas, exige-se a verdade, ainda que sempre *relativa*. Já na ação cautelar de busca e apreensão, apenas a *aparência* do direito mostra-se suficiente para a prestação da tutela jurisdicional e conseqüente modificação no plano material.

Os *standards* são distintos porque os valores *segurança* e *efetividade* são balanceados de forma diversa nas situações específicas acima indicadas.[40]

Assim, a decisão judicial que se vale de *standards* pré-definidos, permitindo ainda às partes que discutam a escolha dos mesmos (não no sentido de escolher pura e simplesmente, mas de fiscalizar a correta adoção, pelo juiz, do *standard* fixado pelo legislador) e a sua aplicação, legitima-se duplamente, seja por calcar-se em critérios justos preestabelecidos, seja por ter conferido às partes a oportunidade de participar na formação do convencimento judicial a partir de tais critérios.

Todavia, se esta ponderação da qual *resultam* os *standards* (não a *aplicação* dos mesmos, esta sempre a cargo do órgão jurisdicional) devesse ficar sempre a cargo do juiz diante do caso concreto, então os mesmos (*standards*) seriam dispensáveis, bastando ao juiz (re)fazer o raciocínio antes exposto (como diria Rawls, colocar-se na posição original, sob o véu da ignorância), no momento da decisão judicial. Até poderia verificar-se a sedimentação de determinados *standards* pela reiteração da prática judiciária, porém, tal seria aleatório e quiçá improvável em função das vicissitudes que cercam a atividade jurisprudencial. Neste cenário, perder-se-ia a *previsibilidade* em torno dos *standards* e, por conseqüência, a própria segurança jurídica seria ameaçada.

Por isso, tentaremos demonstrar adiante que é o legislador quem deve, previamente, empreender esta tarefa de definir em que hipóteses e em que medida pode a busca da verdade ser limitada por algum outro valor, como, por exemplo, a efetividade processual, no momento da tomada de decisão.

5. Legitimação para criação de *standards* e dignidade da legislação

Há diversas razões, em nosso sentir, pelas quais devam os *standards* de convencimento judicial ser determinados genericamente pelo legislador,

---

[40] A distância ente a prova suficiente e a verdade pode também ser analisada sob o ângulo proposto por KAZUO WATANABE, quando este explica a classificação da cognição nos planos horizontal e vertical. Nos interessa, aqui, o plano vertical, que determina o grau de profundidade da cognição, se *exauriente* (completa) ou *sumária* (incompleta) (WATANABE, Kazuo. *Da cognição no processo civil*. São Paulo: Perfil, 2005, p. 127. Os *standards* se situariam no plano vertical da cognição, aumentando em profundidade gradativamente (em direção a uma verdade relativa), de tal forma que, por exemplo, após a verossimilhança, teríamos a preponderância de provas, e após esta a prova acima da dúvida razoável.

e não pelo juiz, no caso concreto. Estas razões são de ordem filosófica, jurídica e pragmática.

Positivistas atuais, como Joseph Raz, tendem a apresentar a legislação como algo *indigno*. Segundo Raz, não é essencial para os sistemas modernos a existência de órgãos responsáveis pela criação de normas, mas, sim, de órgãos *aplicadores* de normas.[41] Este posicionamento denota uma atribuição meramente periférica, contingente e acidental à legislação, em oposição à jurisprudência, que teria participação e importância acentuadas. E esta *indignidade* da legislação decorre da necessidade que se tem de atribuir ao direito o maior grau de anonimato e, assim, de neutralidade possível. Requer-se a maior distância possível entre o direito e a política, e tem-se a pretensão de se obter este resultado retirando da legislação a sua importância fundamental.

Todavia, Jeremy Waldron, em sua obra *"The dignity of legislation"*, ressalta a importância da legislação, a iniciar pela análise da teoria de Kant sobre o direito positivo. Afirma ser patente que muitos de nós discordem sobre a justiça, sobre a solução justa em determinados casos. Ocorre que, em muitas situações, não podemos conviver com o desacordo, mormente quando há interesses opostos que demandam uma solução privilegiando, total ou parcialmente, uma ou outra posição subjetiva. Nessas hipóteses, há um consenso geral de que *uma resolução se faz necessária*. Isto não significa que não possamos ter *opiniões* distintas sobre à resolução, mas que, não obstante nossa opinião particular, devemos obedecer a resolução adotada pela sociedade, ainda que a mesma nos pareça injusta, imoral ou desvirtuada do bem comum. Esta resolução, encontrada na lei, é evidência da existência do desacordo moral no seio da comunidade. Não há necessidade de lei na ausência de tal desacordo.

Deixar de aplicar a lei em benefício de posições individuais, ou permitir que cada cidadão atue contrariamente à lei desde que a entenda injusta, equivale a abandonar a própria idéia de direito, ou seja, a idéia de a comunidade adotar uma posição em matéria sobre a qual haja desacordo.[42] Trata-se de um retorno à situação em que cada pessoa age de acordo com seu interesse particular, fazendo qualquer coisa que lhe parecer bom ou certo.[43]

---

[41] "Hence, Raz concludes that 'the existence of norm-creating institutions, though characteristic of modern legal systems, is not a necessary feature of all legal systems, but the existence of certain types of norm applying institutions [i.e. courts] is." (WALDRON, Jeremy. *The Dignity of Legislation*. Cambridge University Press, 1999, p. 16)

[42] WALDRON, Jeremy. *The Dignity of Legislation*. Cambridge University Press, 1999, p. 37.

[43] Algo semelhante ao estado de natureza de Hobbes, onde se tem a luta de "todos contra todos". Vale transcrever importante passagem de Kant citada no livro de Waldron: "Experience teaches us the maxim that human beings act in a violent and malevolent manner, and that they tend to fight among themselves until an external coercive legislation supervenes. (...) Thus the first decision the individual is obliged to make, if he does not wish to renounce all concepts of right, will be to adopt the principle that one must abandon the state of nature in which everyone follows its own desires, and unite with everyone

Acrescente-se: ainda que ausente o interesse particular (supondo que estejamos tratando da figura do juiz), mesmo assim a recusa na aplicação da lei seria um retorno ao mais primitivo estágio do homem.

O processo legislativo se dá pela adoção da regra da maioria, que, é bem verdade, não pode apenas ser considerada óbvia – *cannot be taken for granted* – devendo, isto sim, ser explicada e ter a sua adoção justificada. É o que faz Waldron, adiantando não haver nada particularmente democrático sobre a decisão por maioria.[44] O dever de obediência à resolução tomada pela maioria e, assim, a autoridade da legislação, não se justifica apenas pela força, pois se uma minoria mais forte se vê em condições de desobedecer a lei, não haveria sentido falar-se em existência de um *dever* para esta minoria. É o consentimento individual, e o acordo de vontades, que permite a coesão. A lógica do consentimento individual passa a ser a força motriz da política ("the moving force of politics").[45] E o consentimento diz com a autoridade e legitimação do indivíduo ("consent is a matter of individual authority and legitimation").[46]

Esta legitimação se dá pelo reconhecimento e pelo respeito dos indivíduos como iguais. Em outras palavras, a legitimação e a autoridade da legislação se dão pelo reconhecimento de que o consentimento de um membro do grupo é *tão bom quanto o do outro*.[47] Waldron exprime bem esta idéia ao afirmar que nosso respeito pela legislação é, em parte, "um tributo que devemos pagar ao alcance de uma ação coletiva, cooperativa, coordenada e consertada nas circunstâncias da vida moderna".[48] Esta ação coletiva consiste na tomada de decisão por maioria, que se apresenta não apenas como um efetivo processo decisório, mas como um processo respeitoso dos indivíduos, de suas posições e opiniões sobre a justiça e o bem comum.[49]

Não bastassem estas razões, de ordem filosófica, é preciso acrescentar um dado inegável. No ordenamento jurídico brasileiro, a lei (*lato sensu*) é fonte direta do direito processual. Os precedentes judiciais, ainda que com recentes tentativas de atribuir-lhes efeito vinculativo (veja-se a figura da

---

else (with whom he cannot avoid having intercourse) in order to submit to external, public and lawful coercion." (Ob. cit, p. 42-43)

[44] Waldron cita exemplos, como a Câmara dos Comuns do Século XVIII na Inglaterra e a Suprema Corte Americana.

[45] Ob. cit., p. 142.

[46] Idem, p. 143-144.

[47] Idem, p. 149.

[48] Idem, p. 156 (tradução livre).

[49] Idem, p. 158. Conclui Waldron afirmando: "Thus in the circumstances of politics, all one can work with is the 'implausibly narrow understanding' of equal respect; and I hope I have convinced the reader that majority-decision is the only decision-procedure consistent with equal respect in this necessarily impoverished sense" (p. 162).

súmula vinculante criada pela Emenda Constitucional nº 45),[50] constituem fonte supletiva[51] ou mediata[52] do direito processual civil. É inegável não ser a lei *lato sensu* – constitucional e infraconstitucional – suficiente para a solução de todas as questões processuais, porém, "em razão do caráter púbico do direito processual é a lei, sem dúvida, sua principal fonte".[53]

Esta primazia da lei justifica-se, especialmente no plano das garantias individuais do cidadão, na qual se inclui a do devido processo legal. Em um estado democrático de direito, careceria de sentido que a definição do devido processo legal ficasse a cargo do juiz singular, caso a caso. A tendência à insegurança jurídica seria por demais clamorosa para ser ignorada.

Tem-se ainda que a dinâmica das decisões judiciais é complexa. A linguagem utilizada nos tribunais definitivamente não é a mesma do legislador, esta tendencialmente voltada para o homem comum aquela, muitas vezes empedernida e carente de objetividade, aproximando-se muito da retórica doutrinária. Além disso, são constantes as modificações de posicionamento jurisprudencial ou, o que é ainda mais importante, o convívio de diferentes posicionamentos. Assim, maior segurança haverá para os indivíduos, se suas garantias estiverem estatuídas em textos mais ou menos estáveis. Maior segurança experimentará o cidadão se um dispositivo de lei estatuir que a verossimilhança lhe assegurará uma tutela assecuratória de seu direito, do que se a lei for omissa neste ponto e ainda assim muitos juízes disserem o mesmo e agirem conforme tal assertiva.

Por fim, a lei, embora não seja garantia, constitui importante elemento na luta contra o arbítrio judiciário. Mais ou menos simpático à causa do autor ou do réu, o fato é que o juiz deverá estar voltado para o *norte* legal quando for proferir a sua decisão. Não poderá, sob pena de incorrer em arbítrio, julgar *contra legem*. Não se prega aqui, como já foi dito alhures, que o juiz seja meramente a boca que pronuncia as palavras da lei. Como salienta Gerson Lira, "se é certo que não se pode mais sustentar a velha tese reducionista que via no juiz um aplicador mecânico da lei, não é menos certo que uma irracional atividade decisionista atenta contra valores democráticos, conquistados por meio de lutas seculares, tais como a legalidade, o garantismo, a segurança jurídica, a tipicidade, etc.".[54]

---

[50] "Art. 103-A. O Supremo Tribunal Federal poderá, de ofício ou por provocação, mediante decisão de dois terços dos seus membros, após reiteradas decisões sobre matéria constitucional, aprovar súmula que, a partir de sua publicação na imprensa oficial, terá efeito vinculante em relação aos demais órgãos do Poder Judiciário e à administração pública direta e indireta, nas esferas federal, estadual e municipal, bem como proceder à sua revisão ou cancelamento, na forma estabelecida em lei."

[51] CARREIRA ALVIM, J. E. *Teoria Geral do Processo*. Rio de Janeiro: Forense, 2004, p. 236.

[52] THEODORO JÚNIOR, Humberto. *Curso de Direito Processual Civil*. 41ª ed. Rio de Janeiro: Forense, 2004. V. 1, p. 18.

[53] Idem, p. 17.

[54] LIRA, Gerson. A motivação na apreciação do direito. In ALVARO DE OLIVEIRA, Carlos Alberto (org). *Processo e Constituição*. Rio de Janeiro: Forense, 2004, p. 262.

A prévia determinação legal dos *standards* de convencimento judicial enriquece a garantia constitucional da motivação das decisões (art. 93, IX da Constituição Federal), pois lhe dá um sentido racional e maiores possibilidades de controle. Com isto não estamos a dizer que esteja a jurisprudência simplesmente impedida de desenvolver critérios ou *standards* próprios, quando for a lei omissa a este respeito (art. 4°, Lei de Introdução ao Código Civil), ou mesmo que interprete os *standards* legais em acordo com os valores reconhecidos pela sociedade numa determinada época. O desvio da lei, puro e simples, neste particular, é que constitui reprovável arbítrio. Assim, age arbitrariamente o juiz ao exigir mais do que verossimilhança e perigo para deferir tutela cautelar, e no mesmo pecado incorre o julgador que com base na mera verossimilhança julgue antecipadamente a ação de usucapião.

Concluímos, assim, que idealmente é o legislador quem deve definir, previamente, *standards* de convencimento judicial, consistentes em critérios de distanciamento entre a prova suficiente e a verdade, que autorizem o juiz a tomar determinadas decisões que venham a repercutir no mundo dos fatos e no estado das partes litigantes. Estes *standards*, verdadeiros critérios de suficiência da prova, podem e devem ser interpretados pelo juiz, mas nunca criados pelo mesmo, salvo em hipóteses de omissão da lei.

6. Conclusões

Procuramos demonstrar, neste breve ensaio, que o processo civil não pode virar as costas para a verdade, ainda que relativa, pois tal eliminaria a correspondência entre a lógica interna da decisão e o mundo empírico, ocasionando injustiça. Este diálogo entre o processo e a verdade deve apresentar *diferentes graus de intimidade*, de acordo com a situação material concreta para a qual se busca a tutela jurisdicional. A situação de iminente risco de perecimento do direito já permite, hoje, que a decisão judicial produza efeitos no plano material com um diálogo mais distante entre processo e verdade, do que aquelas situações em que tal risco não se apresenta.

Este estado de coisas, no entanto, é insuficiente, e incompatível com a concepção de justiça aqui proposta, na linha do pensamento de John Rawls. Cremos ter demonstrado que não podemos admitir a supressão de direitos, no curso do processo, quando os mesmos forem *evidentes* ou bastante *prováveis*, ainda que não se vislumbre, necessariamente, situação de *perigo*.

Tal conscientização não só autoriza como impõe a proposição de uma mudança significativa do processo civil, como, por exemplo, a autorização de juízos de probabilidade *initio litis*, por meio dos quais o juiz, mediante requerimento do autor, e verificando que maior probabilidade de razão está com este último, ficaria autorizado – independentemente do *periculum in mora* – a provocar mudança no estado dos fatos, colocando sob os ombros do réu (quem, no exemplo dado, *provavelmente,* não tem razão) o ônus do tempo do processo.

As recentes reformas do processo civil brasileiro estão deixando passar a oportunidade de incluir semelhante regra em nosso ordenamento, talvez pelo temor de que a mesma conferiria demasiados poderes aos juízes, ou que haveria violação do devido processo legal ("ninguém será privado [...] de seus bens sem o devido processo legal").[55]

Quanto ao receio do arbítrio judiciário, seríamos ingênuos ao considerá-lo completamente infundado. Todavia, para evitá-lo, a opção tem sido submeter-nos ao arbítrio do particular! Ora, se toda e qualquer violação do direito que não gera iminente situação de risco (uma dívida impaga, o descumprimento de um contrato, etc.) só pode ser reparada após o longo trâmite processual e a exaustão dos meios cognitivos, então vivemos no império do arbítrio privado, o que, obviamente (pelo *interesse individual e em conflito* que é intrínseco ao ser privado em litígio), é bem pior do que o hipotético e incerto arbítrio do juiz (veja-se, o *risco* existe, mas a concretização do arbítrio está longe de ser algo certo e, certamente, é menos provável do que o arbítrio privado do réu).

Já com relação à suposta violação do devido processo legal, cremos que se trata de argumento totalmente superado, pois o instituto da antecipação da tutela há muito trouxe consigo a idéia de contraditório diferido, possibilitando, em situações de urgência, que alguém seja privado de seus bens *antes mesmo de ser ouvido*. Veja-se, no entanto, que não é isto que estamos a propor. Cremos que, justamente por se tratar de um *standard* a ser utilizado em situações onde o *risco de perecimento do direito* está ausente, o *momento* para sua aplicação seria sempre *após* a oitiva do réu.

Assim, nossa proposta consiste em introduzir na legislação processual a possibilidade de antecipar-se a tutela naqueles casos em que, após a defesa do réu, o direito do autor mostre maior grau de probabilidade que o daquele, independentemente de qualquer situação de urgência. Aí sim, ter-se-ia a correta distribuição do ônus do tempo no processo, e a garantia de um processo mais justo, ou ao menos consentâneo com as idéias sobre justiça aqui expostas. Em suma, o legislador criaria *standards* (*v.g.* probabilidade, verossimilhança, evidência, prova acima da dúvida razoável, preponderância de provas, etc.) que definiriam o grau de suficiência da prova para que ocorresse a modificação no *status quo* das partes em relação ao bem da vida em disputa, e não limitariam esta alteração, como ocorre hoje, ao esgotamento da instrução ou, em grande parte dos casos – o que é pior – ao

---
[55] Constituição Federal, art. 5º, inciso LIV.

esgotamento das instâncias ordinárias![56] Não se trata de um retorno à prova legal, mas do estabelecimento de *standards* de convencimento judicial que permitam ao juiz proceder a alterações no plano dos fatos com base em juízos iniciais de probabilidade, independentemente da presença de perigo de dano irreparável ou de difícil reparação.

Por que a necessidade de mudança pelo *legislador*? Outorgar ao órgão jurisdicional total autonomia para definir os *standards* do relacionamento necessário entre verdade e processo, além de potencializar as oportunidades de arbítrio, deslegitima o processo civil como um todo, pois praticamente elimina os valores do estado democrático de direito, em especial a regra da maioria e a representação do poder legislativo. Daí por que, na medida do possível, o legislador é quem deve definir os *standards* gerais de convencimento judicial, conferindo-se ao juiz a possibilidade de estendê-los e adaptá-los a situações não previstas em lei, embora estas, em matéria de *regras gerais*, devam ser raras.

Não ignoramos que o mesmo Rawls acima citado em apoio à nossa tese não confere à legislação a mesma importância de Waldron.[57] Tal dissonância não interfere, em nosso sentir, no aproveitamento que *parte* das idéias de ambos os filósofos teve no presente ensaio.

É evidente, outrossim, como salienta Luhmann, que "nem todo o direito pode ser cunhado de forma genérica na lei",[58] mas "a instauração de processos legislativos como componente institucional da vida político-estatal é uma condição imprescindível para a reorientação global do direito em termos de positivação no sentido de uma premissa para decisões".[59]

Qualquer limitação na investigação dos fatos e qualquer processo decisório calcados em mera *subjetividade*, e não em critérios, *standards* definidos previamente (ou seja, não calcados em *premissas*), não podem ser admitidos em um estado democrático de direito onde o *devido processo legal* erige-se em garantia constitucional. Por outro lado, se estes mesmos *standards* forem previamente estabelecidos dentro de parâmetros constitucionalmente aceitos, a sua expressa adoção pelo órgão judicial legitimará eventual limitação na investigação dos fatos, bem como o próprio processo decisório.

Talvez não haja, em torno da presente proposta, o *overlapping consensus* de que fala Rawls. Mas se nos permitirmos pensar sobre a mesma,

---

[56] Note-se que a regra geral insculpida no artigo 520 do CPC é a de suspensividade do recurso de apelação, o que impõe geralmente o esgotamento das instâncias ordinárias para que se proceda à efetivação dos julgados.

[57] Sobre a divergência, veja-se a crítica de Waldron (WALDRON, Jeremy. *The Dignity of Legislation*. Cambridge University Press, 1999, p. 71).

[58] LUHMANN, Niklas. Rio de Janeiro: *Sociologia do Direito I*. Edições Tempo Brasileiro, 1983, p. 235.

[59] Idem.

veremos que outras situações vigentes, como, por exemplo, o já mencionado efeito suspensivo da apelação como *regra geral* (e, até pouco tempo, o efeito suspensivo dos embargos à execução de título judicial também como regra geral),[60] são situações completamente inadmissíveis e anacrônicas se pensarmos o processo em seu principal escopo, qual seja, o de realizar justiça.

Talvez seja tempo de pararmos de pensar apenas no funcionamento e aperfeiçoamento dos mecanismos processuais, para refletirmos se este emaranhado procedimental reflete e é consentâneo com nossas mais íntimas convicções sobre a justiça e sobre o papel do processo, ou se ele vem sendo construído e retocado de forma alheia a estas mesmas convicções.

7. Referências bibliográficas

ALVARO DE OLIVEIRA, Carlos Alberto. *Do formalismo no processo civil.* São Paulo: Saraiva, 1997.

——. *O processo civil na perspectiva dos direitos fundamentais.* In ALVARO DE OLIVEIRA (org.). [*et al.*]. Processo e Constituição. Rio de Janeiro: Forense, 2004.

——. *Poderes do Juiz e Visão Cooperativa do Processo.* Revista da Ajuris, n° 90, Junho/2003. p. 55-84.

AMARAL, Guilherme Rizzo. *As astreintes e o processo civil brasileiro – multa do art. 461 e outras.* Porto Alegre: Livraria do Advogado, 2004.

ÁVILA, Humberto. *Teoria dos Princípios – da definição à aplicação dos princípios jurídicos.* São Paulo: Malheiros, 2003.

BARBOSA MOREIRA, José Carlos. *Por um processo socialmente efetivo.* In Revista de Processo n° 105 (janeiro/março 2002).

CARREIRA ALVIM, J. E. *Teoria Geral do Processo.* Rio de Janeiro: Forense, 2004.

COMOGLIO, Luigi Paolo. Il "giusto processo" civile nella dimensione comparatistica. *In Revista de Processo* n° 108 (outubro/dezembro 2002), p. 133-183.

DINAMARCO, Cândido Rangel. *A instrumentalidade do processo.* São Paulo: Malheiros, 2002. 10ª edição.

——. *Instituições de Direito Processual Civil.* V. III. 4ª ed. São Paulo: Malheiros, 2004.

ECO, Umberto. *O nome da rosa.* Tradução de Aurora Fornoni. São Paulo: Folha de São Paulo, 2003.

FAZZALARI, Elio. *Instituizoni di Diritto Processuale.* Padova: Cedam, 1975.

KNIJNIK, Danilo. *O recurso especial e a revisão da questão de fato pelo Superior Tribunal de Justiça.* Rio de Janeiro: Forense, 2005.

——. *Os Standards do Convencimento Judicial: Paradigma para o seu possível Controle.* Revista Forense, vol. 353 (separata), 2001. Artigo disponível no site www.abdpc.com.br. Acesso em 01 de junho de 2005.

LACERDA, Galeno. *Despacho Saneador.* Porto Alegre: Sulina, 1953.

——. *Processo e* Cultura. Revista de Direito Processual Civil n. 3 (1962).

LIRA, Gerson. *A motivação na apreciação do direito.* In ALVARO DE OLIVEIRA, Carlos Alberto (org). Processo e Constituição. Rio de Janeiro: Forense, 2004.

---

[60] Situação modificada com a substituição dos mesmos embargos por *impugnação*, esta, *de regra*, sem efeito suspensivo (vide Lei 11.232/05).

LUHMANN, Niklas. Rio de Janeiro: *Sociologia do Direito I.* Edições Tempo Brasileiro, 1983.
MARINONI, Luiz Guilherme. *Técnica processual e tutela dos direitos.* São Paulo: Revista dos Tribunais, 2004.
——. *Tutela antecipatória e julgamento antecipado: parte incontroversa da demanda.* 5ª ed. São Paulo: Revista dos Tribunais, 2002.
RAWLS, John. *Uma Teoria da Justiça.* Trad. Almiro Pisetta e Lenita M. R. Esteves. São Paulo: Martins Fontes, 2000.
SILVA, Ovídio Baptista da. *Verdade e Significado.* Artigo disponível no *site* www.abdpc.org.br. Acesso em 10 de julho de 2005.
TARUFFO, Michele. *La Prueba de Los Hechos.* Madrid: Editorial Trotta, 2002.
TESHEINER, José Maria Rosa. *Litisregulação.* Revista da Consultoria-Geral do Estado. Porto Alegre, (3): 55-69, 1972.
——. *Medidas Cautelares.* São Paulo: Saraiva, 1974.
THEODORO JÚNIOR, Humberto. *Curso de Direito Processual Civil.* V. 1. 41ª ed. Rio de Janeiro: Forense, 2004.
VANDEVELDE, Kenneth J. *Pensando como um advogado – uma introdução ao raciocínio jurídico.* Trad. Gilson Cesar Cardoso de Souza. São Paulo: Martins Fontes, 2000.
WALDRON, Jeremy. *The Dignity of Legislation.* Cambridge University Press, 1999.
WATANABE, Kazuo. *Da Cognição no Processo Civil.* São Paulo: Perfil, 2005.

— 9 —

Standards probatórios

JOSÉ PAULO BALTAZAR JUNIOR

Sumário: 1. Introdução; 2. "Standards" probatórios; 2.1. Conceito e função; 2.2. Principais modelos no direito comparado; 2.2.1. Prova acima de dúvida razoável e preponderância de prova; 2.2.2. Mínima atividade probatória; 2.2.3. Alto grau de verossimilhança sem dúvidas concretas; 2.2.4. Doutrina do absurdo ou da arbitrariedade; 2.2.5. Modelos lingüísticos; 2.2.5.1. Congruência narrativa; 2.2.5.2. Probabilidade indutiva; 2.2.6. Controle de motivação; 2.2.7. Modelos probabilísticos ou matemáticos; 3. "Standards" probatórios no Direito brasileiro; 3.1. Há "standards" probatórios no Brasil?; 3.2. Há diferença entre prova civil e prova penal?; 3.3. "Standards" probatórios adotados no Brasil; 3.3.1. Ausência de motivos; 3.3.2. Contradição entre motivos; 3.3.3. Motivos dubitativos ou hipotéticos; 3.3.4. Falta de enfrentamento de uma questão; 4. Conclusões; 5. Bibliografia.

> "Na idéia de uma ordem judicial supõe-se o fato de que a sentença do juiz não surja de arbitrariedades imprevisíveis, mas de uma ponderação justa do conjunto." (Hans-Georg Gadamer)

1. Introdução

O tema da prova é da maior importância, seja para a ciência, seja para a atividade judicial, pois a todo momento o cientista e o jurista prático tem de provar a veracidade ou o acerto de suas afirmações, de modo que a questão que se coloca é da maior relevância prática, não ficando limitada ao interesse meramente acadêmico.

A doutrina distingue, porém, duas concepções sobre o conceito de prova, a saber: moderna e clássica. A primeira: "é fruto do iluminismo e do racionalismo, tendo um sentido objetivista, cientificista, absoluto".[1] Pretendendo atribuir caráter científico ao direito, vale-se dos métodos das ciências naturais, reduzindo o raciocínio judicial ao silogismo, figurando o fato como premissa menor, provado o qual será aplicável a solução jurídica

---
[1] KNIJNIK, Danilo. "Os *standards* do convencimento judicial: paradigmas para o seu possível controle". *Revista Forense*, n. 353, Rio de Janeiro, jan.-fev. 2001, p. 27.

prevista na lei, com rígida separação entre questão de fato e questão de direito, admitindo que se alcance a verdade, mediante demonstração do acerto da prova dos fatos. A segunda: "dominante na Idade Média, é fruto de uma perspectiva problemática, tópica, argumentativa (...)".[2] Assume papel de relevo a possibilidade do erro e a falibilidade humanas, não havendo separação rígida entre questões de fato e de direito, nem se admitindo a demonstração de uma verdade absoluta ou inquestionável, abrindo-se espaço para a persuasão, que busca demonstrar a verdade provável ou judicial ou instrumental.[3]

Ainda assim, na atividade judicial a busca da verdade é uma constante, por razões práticas. Com efeito, tendo em vista a necessidade de solução dos conflitos, não se apresenta viável a adoção de uma postura cética, que nega a possibilidade de alcançar a verdade, que conduziria a um abandono da necessária atividade judicial.[4] Ao juiz contemporâneo não é dado deixar de decidir porque os fatos não estão claros, sendo obrigado a decidir, a chegar a uma "certeza oficial".[5]

Assim como na determinação do direito aplicável não há uma única resposta correta, também em relação aos fatos, não há como alcançar a verdade total[6] ou absoluta, devendo agir o juiz com pretensão de correção. Assim como na teoria geral do direito superou-se a lógica binária de decisão certa ou errada, admitindo-se a busca da melhor solução, também no campo da prova passou a buscar-se a solução da verdade mais provável.[7] Com efeito: "a necessidade de resolver as controvérsias é de algum modo mais urgente que a necessidade de justiça abstrata ou precisão. Em conseqüência, em algum ponto o direito deve estabelecer uma linha e dizer que algum modo de verificação deve servir como verdade".[8] Nesse sentido, para Walter: "A verdade é o valor de aproximação, o norte que o juiz tem que tentar alcançar".[9]

---

[2] KNIJNIK, Danilo. "Os *standards* do convencimento judicial: paradigmas para o seu possível controle", p. 27.

[3] Para uma exposição sobre as concepções moderna, clássica e contemporânea de prova, ver também: ZANETI JÚNIOR, Hermes. O problema da verdade no Processo Civil: modelos de prova e de procedimento probatório. Revista Gênesis de Direito Processual Civil, n. 31, jan.-mar. 2004, p. 34-68.

[4] BADARÓ, Gustavo Henrique Righi Ivahy. *Ônus da Prova no Processo Penal*. São Paulo: Editora Revista dos Tribunais, 2003, p. 24-25.

[5] CALAMANDREI, Piero. El Juez y El Historiador. In: *Estudios sobre el Proceso Civil*. Trad. Santiago Sentis Melendo, Buenos Aires: Editorial Bibliográfica Argentina, 1945, p. 116.

[6] TONINI, Paolo. *A prova no processo penal italiano*. Trad. Alexandra Martins; Daniela Mróz, São Paulo: Revista dos Tribunais, 2002, p. 50.

[7] "De um modo interessante, essa mudança reflete uma mudança análoga na filosofia da ciência deste século da visão da ciência envolvida em uma marcha inexorável rumo à verdade, para a visão do progresso medido pela articulação de teorias melhores, onde 'teorias melhores' significa 'melhores que as alternativas disponíveis". (ALLEN, Ronald J. *Factual Ambiguity and a Theory of Evidence*. Northwestern University Law Review, v. 88, n. 2, 1993, p. 605)

[8] ISAACS, Nathan. *The Law and the facts*. 22 Columbia Law Review, 1922, n. 1, p. 6.

[9] WALTER, Gerhard. *Libre Apreciación de la Prueba*. Trad. Tomás Banzhaf. Bogotá: Temis, 1985, p. 71.

Na mesma linha, já afirmou o Tribunal Federal Alemão, em decisão de 17 de março de 1970, que: "o juiz pode e deve contentar-se, naqueles casos nos quais efetivamente haja dúvidas, com um grau de certeza válido na ordem prática, que manda calar as dúvidas sem descartá-las por inteiro".[10]

Do ponto de vista da regulamentação legal, a superação do conceito moderno de prova implica o abandono do sistema de prova legal, substituído pela livre apreciação ou persuasão racional.[11] A expressão livre, aqui, diz respeito à inexistência de critérios rígidos como na prova legal,[12] sem que se possa afirmar uma liberdade total do julgador, no sentido de que esteja dispensado de justificar, intersubjetivamente, suas conclusões, o que caracterizaria um sistema de íntima convicção. Nessa linha, para Germano Marques da Silva:

> A livre valoração da prova pelo julgador não deve também ser entendida como uma operação puramente subjetiva pela qual se chega a uma conclusão unicamente por meio de impressões ou conjecturas de difícil ou impossível objectivação, mas antes como valoração racional e crítica, de acordo com as regras comuns da lógica, da razão, das máximas da experiência e dos conhecimentos científicos, que permite objectivar a apreciação, requisito necessário para uma efectiva motivação da decisão.[13]

Abandonado o sistema da prova legal, que tinha por fim diminuir os poderes do julgador, ganha-se na possibilidade de melhor apreender todas as nuanças da problemática da aplicação judicial do direito, com o entrelaçamento das questões de fato e direito, mas perde-se em segurança, na medida em que nem sempre fica claro o caminho percorrido pelo julgador para adotar uma versão dos fatos. Como refere Taruffo: "O verdadeiro problema, por conseguinte, é determinar como o 'espaço vazio' criado pelos princípios de livre apreciação é 'preenchido' pela prática dos tribunais e pelos critérios sugeridos pelos teóricos do direito".[14]

Não raramente confunde-se íntima convicção com persuasão racional, faltando, na prática judicial e na doutrina, clareza sobre qual o grau de suficiência exigido na motivação de fato. É sabido que o juiz tem a obrigação de fundamentar, mas não há padrões, modelos, ou regras claras sobre

---

[10] BGH, GA, 1954, 210.

[11] No sistema do livre convencimento, "o juiz se encontra liberado de quaisquer vínculos para apreciação do conjunto probatório, sendo despicienda mesmo a fundamentação de suas opções valorativas em matéria de prova." Já no sistema da persuasão racional, "tem o órgão jurisdicional de dar as razões de seu convencimento." (MITIDIERO, Daniel. *Comentários ao Código de Processo Civil.* Tomo I. São Paulo: Memória Jurídica Editora, 2004, p. 555)

[12] Há, porém, ainda, rasgos de prova legal, como no caso da comprovação do estado de pessoa (CPP, art. 155) ou de tempo de trabalho para fins previdenciários (Lei nº 8.213/91, art. 55, § 3º).

[13] SILVA, Germano Marques da. Registo da prova em processo penal. Tribunal colectivo e recursos. In: *Estudos em Homenagem a Cunha Rodrigues.* FIGUEIREDO DIAS, Jorge de (Org.). Coimbra: Coimbra Editora, 2001, p. 804.

[14] TARUFFO, Michele. *Rethinking the standards of proof.* 51 American Journal of Comparative Law 659 2003, p. 666.

como isso deve ser feito, papel cumprido pelos *standards* of proof nos países da *common law*.

No presente trabalho, após examinados o conceito e a função dos *standards* probatórios, com uma visão das soluções no direito comparado, é avaliada a situação brasileira sobre o problema, com enfoque, à moda de perguntas, sobre a existência de modelos de constatação no Brasil, a diferenciação entre a prova civil e penal e os principais modelos adotados na jurisprudência pátria.

2. *Standards* probatórios

2.1. Conceito e função

De acordo com Knijnik: "Por modelo de controle do juízo de fato (ou *standards*, critérios, etc.) provisoriamente definimos enunciações teóricas capazes de ensejar o controle da convicção judicial objeto de uma determinada decisão)".[15] No Black's Law Dictionary, figura o verbete *standard* of proof, definido como: "O grau ou nível de prova exigido em um caso específico, como o 'além de dúvida razoável' ou 'por preponderância de prova'".[16]

Os modelos de constatação, na terminologia construída por Danilo Knijnik, que adotamos, têm a como função principal permitir o controle sobre o raciocínio judicial no terreno da prova e dos fatos. Nessa linha, para Knijnik:

> O emprego dos modelos de constatação ou *standards* permite que se traga ao debate, regrado e inteligível, critérios decisionais importantes (p. ex., o optar o juiz por um indício ou outro, o entender subjetivamente insuficiente a prova produzida, o pretender a parte a prevalência de determinada interpretação ou inferência, etc.), que, até então, não possuíam um código comum e, de certo modo, ficavam à margem de uma decisão crítica.[17]

A definição e a função pretendidas vão ao encontro do conceito filosófico de critério, como segue:

> Em geral, entende-se por critério o sinal, a marca, a característica ou nota por meio da qual algo é reconhecido como verdadeiro. Portanto, critério é, nesse sentido, o critério da verdade. (...) O problema do critério foi examinado, por um lado, em estreita relação com o problema da verdade (sobretudo para as orientações que pressupuseram que somente a verdade pode ser o critério para o verdadeiro), e, por

---

[15] KNIJNIK, Danilo. *Os standards do convencimento judicial: paradigmas para o seu possível controle*. Revista Forense, Rio de Janeiro, n. 353, jan.-fev. 2001, p. 21. Neste trabalho usaremos as expressões *standard* e modelo como sinônimos.

[16] GARNER, Bryan A. *Blacks Law Dictionary*. 7th Ed. Saint Paul: West Group, 1999, p. 1.413.

[17] KNIJNIK, Danilo. "Os *standards* do convencimento judicial: paradigmas para o seu possível controle", p. 29.

outro lado, em relação com as questões suscitadas pelo grau de veracidade das diferentes fontes do conhecimento, em particular os chamados sentidos externos.[18]

2.2. Principais modelos no direito comparado

Nesse item, arrolamos os principais modelos adotados, com base em levantamento efetuado por Danilo Knijnik, no artigo citado.[19]

2.2.1. Prova acima de dúvida razoável e preponderância de prova

O *standard* da prova acima de dúvida razoável, que concretiza a presunção de inocência,[20] é aplicado em casos criminais, nos países da *common law*, desde o século XVIII, e já era adotado de forma geral mesmo antes do reconhecimento de seu status constitucional pela Suprema Corte na decisão do caso In re Winship.[21] Na hipótese, havia sido aplicada uma medida a adolescente por prática de furto, com base na preponderância de prova, como exigia a lei local. A Suprema Corte entendeu que, assim como para os adultos, deveria ter sido exigida a prova acima de dúvida razoável, em razão do devido processo substantivo, assim constitucionalizando a exigência.[22]

Embora a questão não seja tranqüila na jurisprudência, Diamond defende que o conceito não é evidente, como demonstrado em pesquisa empírica com júris simulados, divididos em grupos em relação a um dos quais não houve a referida instrução, devendo ser esclarecido seu conteúdo aos jurados, sob pena de nulidade absoluta, independentemente de prejuízo.[23] Com efeito, se cada jurado der a sua interpretação acerca do que é dúvida razoável, não há segurança, deixando de existir um *standard*.[24]

Bem por isso, nas Instruções para Júri Federal figura a seguinte definição:

> [Dúvida razoável] é uma dúvida baseada na razão e no senso comum. É uma dúvida que uma pessoa razoável possui após cuidadosamente sopesar todas as provas. É

---

[18] MORA, José Ferrater. *Dicionário de Filosofia*. Trad. Maria Stela Gonçalves et alli. São Paulo: Loyola, 2000, p. 619.

[19] KNIJNIK, Danilo. "Os *standards* do convencimento judicial: paradigmas para o seu possível controle".

[20] DIAMOND, Henry A. *Reasonable doubt: to define, or not to define*, p. 1.717.

[21] 397 U.S. 358 (1970).

[22] HALL, Kermit L. *et alli*. *The Oxford Companion to the Supreme Court of the United States*. Oxford: Oxford Press, 1992, p. 933-934.

[23] DIAMOND, Henry A. *Reasonable doubt: to define, or not to define*. Columbia Law Review, 1716 (1990), p. 1719.

[24] DIAMOND, Henry A. *Reasonable doubt: to define, or not to define*, p. 1728. Veja-se que, no Brasil, o art. 479 do CPP determina ao juiz que explique a significação legal dos quesitos, adotando o mesmo procedimento em caso de contradição nas respostas (art. 489).

uma dúvida que leva uma pessoa razoável a hesitar em tomar uma decisão em uma questão de importância para sua vida pessoal. (...) Uma dúvida razoável não é uma fantasia ou capricho; não é uma especulação ou suspeita. Não é uma desculpa para evitar o cumprimento de um dever desagradável. E não é compaixão.

Outra definição, do Centro Judicial Federal, constante nas Instruções Padrão para Júri, afirma que prova acima de dúvida razoável é aquela que: "deixa você firmemente convencido da culpa do acusado e não leva você a pensar que há uma 'real possibilidade' de que ele seja inocente". De notar que a dúvida razoável é concreta, e não abstrata, à semelhança do que se dá com o modelo de constatação do direito alemão, a ser examinado abaixo.

Ao lado desse, há outros *standards* secundários, como a prova clara e convincente, utilizado em alguns casos civis. Mesmo em matéria criminal, a exigência de prova acima de dúvida razoável não é o único utilizável, pois em caso de defesas afirmativas (affirmative defenses), ou seja, de causas excludentes da ilicitude ou da culpabilidade, o ônus da defesa, que deve provar a presença da causa defensiva por preponderância de prova (preponderance of evidence).[25]

2.2.2. Mínima atividade probatória

Construção do Tribunal Constitucional espanhol, que tem como ponto de partida a necessidade de que a justificação se dê em bases que não sejam arbitrárias, exigindo-se suficiência probatória, ou seja, que tenham sido eliminadas quaisquer dúvidas racionais sobre a culpabilidade do acusado. São aspectos básicos dessa teoria: a) a eliminação do convencimento judicial baseado em meras suspeitas, pressentimentos, intuições, convicções pessoais do julgador, conjecturas ou impressões; b) procura-se exigir uma prova que elimine a existência de dúvidas racionais, segundo um critério qualitativo.

A crítica a ser feita, porém, é que tal construção não deixa claro o que é a suficiência de prova,[26] motivo pelo qual não nos parece possa ser considerado, verdadeiramente, um *standard* probatório. Confirma tal assertiva, de modo indireto, Andrés Íbañez, ao afirmar que, na Espanha: "o legislador não se preocupa em impor ao juiz, quando da redação da sentença (art. 142,2), alguma cautela, para garantir a efetividade do imperativo de vinculação da convicção sobre os fatos ao resultado 'das provas praticadas em juízo', contido no art. 741".[27]

---

[25] DRIPPS, Donald A. *The Constitutional Status of the Reasonable Doubt Rule*. California Law Review, n. 75, 1987, p. 1.666.
[26] KNIJNIK, Danilo. "Os *standards* do convencimento judicial: paradigmas para o seu possível controle", p. 36.
[27] ANDRÉS ÍBAÑEZ, Perfecto. *Valoração da prova e sentença penal*. Trad. Lédio Rosa de Andrade, Rio de Janeiro: Lumen Juris, p. 64.

2.2.3. Alto grau de verossimilhança sem dúvidas concretas

Construção jurisprudencial, de origem germânica, que consiste na exigência de que haja um grau de verossimilhança acerca da prova dos fatos, afastadas dúvidas concretas. São impertinentes, nesse sentido, dúvidas meramente abstratas ou que pudessem ser adotadas por outro juiz.[28]

Assim, não se pode contar com hipóteses altamente improváveis, como, por exemplo, que todas as testemunhas tenham mentido, etc. Afinal, sempre haverá alguma possibilidade de que as coisas tenham se dado de modo diverso.[29] Cuida-se, então, de construção que está de acordo com a concepção contemporânea de prova, na qual:

> A certeza surge do influxo da verdade, ainda que não se confunda com a verdade mesma, dado que constitui um estado de espírito. Não obstante, se bem que não caiba confundi-las, tampouco cabe separá-las, já que a primeira reflete no espírito do magistrado a afirmação intelectual da conformidade entre idéia e realidade. Tampouco cabe que a certeza afaste todos os motivos contrários à afirmação, bastando que os considere indignos de ser tomados em conta, e, portanto, rechace-os.[30]

Assim: "A possibilidade meramente teórica ou abstrata de que o acusado não tenha sido o autor não pode impedir sua condenação. Tendo em vista que uma possibilidade desse tipo não pode nunca ser completamente excluída devido à falibilidade do conhecimento humano, toda averiguação judicial seria impossível. Esta concepção da essência da livre convicção judicial sempre foi sustentada na jurisprudência dos tribunais mais altos (RGSt 61, 202; 66, 164)".[31]

A jurisprudência alemã distingue entre dúvidas teórico-abstratas e dúvidas positivo-concretas ou pessoais, na visão do julgador. Assim: "segundo o princípio da livre apreciação da prova o que interessa são as dúvidas que sinta o próprio juiz dos fatos. Para que a condenação seja procedente é necessário e suficiente que, para o juiz dos fatos a questão fática esteja indubitavelmente estabelecida. Essa certeza pessoal é a única decisiva".[32]

Não se trata, porém, de um total subjetivismo, de uma mera crença, pois apoiado em elementos de convencimento.[33] Em outras palavras, estar convencido de que um fato ocorreu, ou não, não é um ato de vontade.[34]

De todo modo, como a convicção é livre, no sentido de liberta das provas legais, avulta o papel do juiz, pois o critério é pessoal, não se podendo invocar um homem médio, um juiz médio ou um juiz mais ou menos

---

[28] WALTER, Gerhard. *Libre Apreciación de la Prueba*, p. 115.
[29] WALTER, Gerhard. *Libre Apreciación de la Prueba*, p. 169.
[30] VARELA, Casimiro A. *Valoración de la prueba*. 2ª ed. Buenos Aires: Astrea, 2004, p. 85.
[31] Neue Juristiche Wochenschrift-NJW, 1951, 122.
[32] WALTER, Gerhard. *Libre Apreciación de la Prueba*, p. 115.
[33] WALTER, Gerhard. *Libre Apreciación de la Prueba*, p. 170.
[34] WALTER, Gerhard. *Libre Apreciación de la Prueba*, p. 191.

escrupuloso como termo de comparação. Como adverte Walter: "O inevitável preço à renúncia das provas legais é a posição livre do juiz e sua escassa controlabilidade. (...) Mas no que concerne às constatações de fato, a lei quer que o juiz decida só, sob sua própria responsabilidade".[35]

No processo civil alemão, com base no § 286 do *Zivilprozessordnung*, utiliza-se a formulação da alta probabilidade (*hohe Wahrscheinlichkeit*).[36]

2.2.4. Doutrina do absurdo ou da arbitrariedade

Veda a desconsideração do material probatório, bem como a conclusão que escapa às leis lógicas ou formais, adotando uma versão inconcebível, equivocada, discutível, objetável ou pouco convincente da prova.[37] Como exemplo, podemos citar a adoção de uma versão dos fatos completamente inverossímil ou a sentença contraditória, também chamada de suicida.

2.2.5. Modelos lingüísticos

Cuida-se de modelos persuasivos, partindo da idéia já referida de que a verdade, nas ciências humanas, não é demonstrável, mas persuasiva. Com efeito: "Para a semiótica, nenhum discurso por si só é mais verdadeiro do que outro, mas necessita sempre ser convincente. Do ponto de vista semiótico, é preciso construir a verdade para fazer-crer, para persuadir".[38]

2.2.5.1. Congruência Narrativa

A racionalidade externa, segundo Magalhães, com base em Neil Mac Cormick, diz respeito à congruência ou coerência narrativa, entendida como a adoção de uma versão razoável dos fatos. A coerência promove a unidade de sentido do texto, propiciando a sua compreensão e interpretação, servindo como instrumento de interlocução comunicativa entre o autor e o leitor. Do ponto de vista pragmático, "depende da intenção comunicativa, da situação e de fatores socioculturais".[39]

Sobre o referido modelo, estabelecido pelo jusfilósofo escocês Neil MacCormick, assim manifesta-se Atienza:

---

[35] WALTER, Gerhard. *Libre Apreciación de la Prueba*, p. 188-189.
[36] TARUFFO, Michele. *Rethinking the standards of proof*. 51 American Journal of Comparative Law 659 2003, p. 668.
[37] KNIJNIK, Danilo. "Os *standards* do convencimento judicial: paradigmas para o seu possível controle", p. 40.
[38] NOVAES, Ana Maria Pires. A argumentação como mecanismo discursivo: reflexões em torno da teoria da semiótica e da nova retórica. In: FETZNER, Néli Luiza Cavalieri (Coord.). *Argumentação Jurídica*. Rio de Janeiro, Freitas Bastos, 2004, p. 4.
[39] MARQUES, Alda da Graça. Coerência e a Argumentação Jurídica. In: FETZNER, Néli Luiza Cavalieri (Coord.). *Argumentação Jurídica*. Rio de Janeiro, Freitas Bastos, 2004, p. 25.

Provar significa estabelecer proposições verdadeiras sobre o presente e, a partir delas, inferir proposições sobre o passado. Assim, aceita-se que a testemunha é honesta, sua memória é confiável, etc.; que a casa do acusado e da vítima eram contíguas e que, em ambas, apareceram manchas de sangue; que a cabeça e os braços da vítima apareceram num pacote no sótão do acusado; que o acusado e outra mulher tinham a chave da casa da vítima...de tudo isso se pode inferir que o acusado, Louis Voisin, matou a vítima Emilienne Gerard. O que nos leva a afirmar essa proposição não é uma prova da sua verdade (pois esse tipo de prova, isto é, que uma proposição corresponda a determinados fatos, só é possível com relação a enunciados particulares que se refiram ao presente), e sim um teste de coerência, o fato de que todas as peças da história parecem se ajustar bem (e que não se tenha infringido nenhuma regra processual de avaliação da prova).

(...)"A coerência narrativa oferece um teste com relação a questões de fato, quando não é possível uma prova direta, por observação imediata, dessas questões. (...) O teste de coerência narrativa justifica assumirmos crenças – e rechaçarmos outras – com relação a fatos do passado, porque consideramos o mundo fenomênico como algo explicável em termos de princípios de tipo racional.[40]

2.2.5.2. Probabilidade Indutiva

Baseada no trabalho do filósofo inglês Jonathan Cohen, *The Probable and The Provable*, em tese que aplica critérios qualitativos, assim: "para determinar o grau de solidez de uma afirmação é necessário especificar a validade do suporte indutivo que fundamenta a generalização, deve-se, então, submeter essa generalização a uma série de procedimentos de indução eliminativa, pelos quais seja possível constatar a capacidade de resistência da afirmação à interferência de fatores que possam conduzir a outras conclusões".[41]

Exemplifica-se com a situação do réu encontrado no jardim de uma casa onde ocorreu um furto, com os objetos furtados. É preciso verificar, no entanto, se havia outras pessoas na casa, se os objetos foram encontrados por um terceiro, qual a versão apresentada pelo acusado, etc.

2.2.6. Controle de Motivação

Teoria de origem francesa, que estabelece quatro casos de vícios de motivação, a saber: a) ausência de motivos; b) contradição de motivos; c) motivos dubitativos ou hipotéticos; d) falta de enfrentamento de uma questão.[42]

---

[40] ATIENZA, Manuel. As Razões do Direito. *Teorias da Argumentação Jurídica*. Trad. Maria Cristina Guimarães Cupertino. São Paulo: Landy, 2000, p. 181 e 189.
[41] GOMES FILHO, Antônio Magalhães. *Direito à Prova no Processo Penal*, São Paulo: Editora Revista dos Tribunais, 1997, p. 53.
[42] KNIJNIK, Danilo. "Os *standards* do convencimento judicial: paradigmas para o seu possível controle", p. 45.

2.2.7. Modelos probabilísticos ou matemáticos

A base é o teorema de Bayes, ou seja: "um método de cálculo com base no qual, diante da necessidade de valorar a atentibilidade da hipótese sobre o fato X, se estabelece a provável freqüência de X em uma determinada classe de eventos, tendo em conta a distribuição de precedentes de X naquela classe. Trata-se de aplicação da probabilidade clássica, entendida como a relação entre o número de casos favoráveis e o número de todos os casos possíveis: a partir de uma análise estatística dos fenômenos de massa, busca-se a freqüência com a qual certo tipo de evento se verifica na totalidade de uma classe geral de eventos".[43]

A partir daí, foram construídos modelos de probabilidades como o *evidentiary value model*.

Badaró crítica tais teorias, nos seguintes termos:

> (...) muitas vezes, não se dispõe de uma base de dados relativas à freqüência geral dos fenômenos do tipo daquele que se precisa verificar. De outro lado, mesmo nos casos em que seja disponível a bases *rate information*, ela pode ser irrelevante para o caso concreto. Se não há tal base de dados, a teoria já se mostra inaplicável. De outro lado, mesmo nos casos em que a base *rates information* esteja disponível, ela se mostra irrelevante se, por exemplo, não houver dúvida de que o acidente foi provocado por um ônibus azul.[44]

O caso paradigmático na matéria foi People v. Collins, referente a um caso de roubo no qual a vítima declarava ter sido autora uma moça loira com rabo de cavalo, que fugiu em um veículo amarelo dirigido por um homem negro. Um cálculo estatístico indicou como uma em doze milhões a possibilidade de outras pessoas em tais condições, além dos acusados, tendo o júri condenado os acusados. A Suprema Corte da Califórnia anulou a decisão, afastando a possibilidade do julgamento *by mathematics*, por falta de prova dos pressupostos da decisão, que, mesmo se fossem corretas, não foram consideradas independentemente.[45]

Isso não leva, porém, a um abandono total da prova científica, largamente admitida em caso de exames periciais, por exemplo. Cabe aqui a advertência no sentido de que: "Não se deve confundir, porém, o emprego da probabilidade quantitativa como modelo de valoração das provas e o emprego da estatística enquanto fundamento para utilização de um determinado meio de prova".[46]

A seu turno, Taruffo adverte que:

> O recurso à ciência como instrumento de racionalização dos aspectos metajurídicos do raciocínio do juiz abre, portanto, numerosas perspectivas de indubitável interesse,

---

[43] BADARÓ, Gustavo Henrique Righi Ivahy. *Ônus da Prova no Processo Penal*, p. 41.
[44] BADARÓ, Gustavo Henrique Righi Ivahy. *Ônus da Prova no Processo Penal*, p. 42.
[45] BADARÓ, Gustavo Henrique Righi Ivahy. *Ônus da Prova no Processo Penal*, p. 42-43.
[46] BADARÓ, Gustavo Henrique Righi Ivahy. *Ônus da Prova no Processo Penal*, p. 44.

mas também dá motivo a uma série muito ampla de problemas de árdua solução, referentes não apenas a validade dos conhecimentos científicos utilizados no processo, como também a aspectos importantíssimos do modo como o juiz realiza seu mister e elabora suas avaliações. A resposta científica à necessidade da certeza e confiabilidade do raciocínio decisório é, pois, importante sempre que ela seja realmente possível, mas sem dúvida ela não pode ser considerada como uma solução fácil e completa de todas as dificuldades que se enfrentam para formular a decisão.[47]

Para o Tribunal provincial de Celle:

Mesclar ou confundir uma sentença de verossimilhança com uma sentença de certeza obedece a uma confusão entre métodos das ciências naturais e métodos das ciências do espírito. (...) A motivação matemática é algo totalmente distinto da formação do convencimento de um juiz na constatação de fato, que é uma atividade necessariamente valorativa e julgadora. Precisamente por não poder haver aqui segurança matemática, é necessário, por outro lado, conservar incólume a convicção na sentença da certeza subjetiva que exige o § 261 do Código de Processo Penal.[48]

2. *Standards* Probatórios no Direito Brasileiro

3.1. Há standards probatórios no Brasil?

No Brasil, como parece acontecer na maioria dos países de tradição romano-germânica,[49] não há *standard* probatório legalmente previsto ou jurisprudencialmente adotado com uma formulação clara, como a prova além de dúvida razoável e a preponderância de prova do direito norte-americano, valendo-se os juízes de critérios flexíveis de prova, com largo espaço para a discricionariedade judicial. O quadro é semelhante ao descrito em relação a outros países de *civil law*, como Espanha e Itália, onde devem ser aplicadas, respectivamente, as *reglas de la sana crítica* (arts. 316, 2 e 376 da Ley de Enjuiciamento Civil),[50] ou o prudente *aprezzamento* (CPC italiano, art. 116), o que acaba por traduzir-se na utilização de máximas de experiência[51] e inferências de senso comum.[52]

---

[47] TARUFFO, Michele. "Senso comum, experiência e ciência no raciocínio do juiz". *Revista Forense*, São Paulo, n. 355, maio-jun. 2001, p. 116.

[48] NJW 1976, 2030.

[49] TARUFFO, Michele. *Rethinking the standards of proof*. 51 American Journal of Comparative Law 659 2003, p. 665.

[50] Também no Paraguai, dispõe o art. 174 do Código Procesal Penal que: "Las pruebas serán valoradas con arreglo la sana crítica. El tribunal formará su convición de la valoración conjunta y armónica de todas las pruebas producidas."

[51] "A máxima de experiência é uma regra que expressa aquilo que acontece na maioria dos casos (*id quod plerumque accidit*), ou seja, é uma regra extraída de casos similares." (TONINI, Paolo. *A prova no processo penal italiano*. Trad. Alexandra Martins; Daniela Mróz, São Paulo: Revista dos Tribunais, 2002, p. 55).

[52] TARUFFO, Michele. *Rethinking the standards of proof*. 51 American Journal of Comparative Law 659 2003, p. 668.

No plano legal, embora seja claro o dever de motivar, que inclui a motivação de fato, não há clareza sobre os requisitos da motivação, limitando-se o CPP, em seu art. 381, incisos III e IV, a determinar como requisito da sentença a indicação "dos motivos de fato e de direito em que se fundar a decisão", bem como "dos artigos de lei aplicados". Na mesma trilha segue o CPC, ao apontar como requisito essencial da sentença, em seu art. 458, II: "os fundamentos, em que o juiz analisará as questões de fato e de direito".

O CPP italiano apresenta fórmula mais avançada, como relata Magalhães, nos seguintes termos:

> Assim, no art. 192, § 1º, o Código determina que "o juiz valora a prova dando conta na motivação dos resultados obtidos e dos critérios adotados", ao mesmo tempo em que, no art. 546, § 1º, letra e, inclui entre os requisitos da sentença 'a concisa exposição dos motivos de fato e de direito sobre os quais a decisão está fundada, com a indicação das provas adotadas como base da própria decisão e enunciação das razões pelas quais o juiz entende não aceitáveis as provas contrárias.[53]

Talvez por lacônica a disciplina legal na matéria, também a doutrina mais tradicional pouco disserta sobre o tema, enquanto a jurisprudência o faz, mas de forma fragmentária, sem maiores preocupações sistemáticas, como é característico da atividade judicial.

Isso não significa, porém, total ausência de critérios ou *standards*, podendo ser apontados alguns requisitos mínimos para a motivação de fato, reconhecidos jurisprudencialmente,[54] embora sem ostentar a clareza de formulação ou a carga de um verdadeiro standard, como a prova acima de dúvida razoável do direito norte-americano. Ainda assim, muitos dos critérios adotados na jurisprudência brasileira aproximam-se, porém, daqueles arrolados no levantamento dos paradigmas do direito comparado, como adiante se verá.

3.2. Há diferença entre prova civil e prova penal?

A inexistência da formulação ou da consciência sobre um modelo probatório não tem como conseqüência, tampouco, a identidade de tratamento entre questões cíveis e penais. Também nesse ponto, embora inexista a formulação de um *standard* explícito, parece inegável que há diferenciação na prática processual brasileira, como segue.

---

[53] GOMES FILHO, Antônio Magalhães. *A Motivação das Decisões Penais*. São Paulo: Editora Revista dos Tribunais, 2001, p. 149. No mesmo sentido: TONINI, Paolo. *A prova no processo penal italiano*, p. 63 e 103.

[54] Adotamos, como critério para responder à pergunta que dá título ao capítulo corrente, a verificação da aceitação dos *standards* na prática dos tribunais, sendo certo que na doutrina há construções bastante elaboradas a respeito, como, por exemplo, aquela exposta na seguinte obra: GOMES FILHO, Antônio Magalhães. *A Motivação das Decisões Penais*. São Paulo: Editora Revista dos Tribunais, 2001.

Tradicionalmente, afirma-se que no processo penal busca-se a verdade real, enquanto no processo civil seria suficiente a verdade formal, dicotomia rechaçada por doutrina mais recente, que se refere à verdade judicial, como a verdade possível de se obter no processo.[55] A também chamada verdade processual pode ser assim chamada porquanto a discussão judicial é limitada pelas regras processuais e pelo tempo, de modo que se obtém nada mais que uma verdade limitada às partes e condicionada também por suas iniciativas.[56]

A seu turno, Walter afirma que: "o processo civil se mostra inclinado a certos raciocínios que levam a admitir a constatação de um fato pelo convencimento de que esse fato é preponderantemente verossímil, o que não cabe dizer simplesmente em relação ao processo penal, governado pelo princípio do in dubio pro reo, de corte constitucional".[57] Na mesma linha, para Tonini:

> A peculiaridade do processo penal encontra-se no fato de que a dúvida deve favorecer o acusado, ainda quando lhe incumbe o ônus da prova, vale dizer, quando ele deve convencer o juiz acerca da existência de um fato que lhe é favorável. Nos termos do art. 530, inciso 3, do CPP, se existe prova de que o fato foi cometido na presença de uma excludente de ilicitude ou punibilidade, ou mesmo se existir dúvida em relação à existência das mesmas, o juiz profere sentença absolutória.[58]

Fletcher atribui ao princípio de presunção de inocência (*présomption d'innocence, Unschuldvermutung*) nos países de *civil law* o papel desempenhado pelo *standard* da prova acima de dúvida razoável nos países de common law, ambas fornecendo a afirmação retórica da tradicional preocupação ocidental no sentido de que somente os efetivamente culpados devem sofrer condenação criminal, sendo preferível que muitos culpados venham a ser absolvidos, do que condenado um inocente.[59]

De todo modo, os quadros fáticos e as conseqüências são muito diversas em matéria civil e penal, o que acaba por refletir-se no processo aplicável.[60] Em consequência, temos que, embora não se possa fazer uma separação ontológica de diferentes espécies de verdade para o processo civil e para o processo penal, não é possível negar, tampouco, que, em razão do influxo do direito material em jogo, bem como dos princípios do *in dubio pro reo* e da própria noção de culpabilidade, há conseqüências no campo

---

[55] BADARÓ, Gustavo Henrique Righi Ivahy. *Ônus da Prova no Processo Penal*. São Paulo: Editora Revista dos Tribunais, 2003, p. 36; SENTIS MELENDO, Santiago. "Naturaleza de la Prueba. La Prueba es Libertad", *Revista dos Tribunais*, n. 462, abr. 1974, p. 12.

[56] CALAMANDREI, Piero. El Juez y El Historiador. In: *Estudios sobre el Proceso Civil*. Trad. Santiago Sentis Melendo, Buenos Aires: Editorial Bibliográfica Argentina, 1945, p. 111-112.

[57] WALTER, Gerhard. *Libre Apreciación de la Prueba*, p. 98.

[58] TONINI, Paolo. *A prova no processo penal italiano*, p. 69.

[59] FLETCHER, George P. *Two Kinds of Legal Rules*: A Comparative Study of Burden-of-Persuasion Practices in Criminal Cases, p. 881.

[60] WALTER, Gerhard. *Libre Apreciación de la Prueba*, p. 177.

probatório, que consistem justamente na adoção de diferentes *standards* ou modelos de constatação para o processo civil e o penal.

Ocorre que, em virtude da adoção de diferentes modelos de constatação, do diverso grau de admissibilidade das presunções e da distribuição do ônus de prova, com a ampliação, em geral, no processo extrapenal, das possibilidades de inversão desse ônus, o resultado da avaliação dos fatos é diverso ou, pelo menos, as conseqüências dessa avaliação podem sê-lo.

Exemplifica-se com a inversão do ônus da prova em caso de direito do consumidor, em que se impõe ao fornecedor a prova do bom funcionamento do produto (Lei n° 8.078/90, art. 6°, VIII), mas a mesma prova seja considerada insuficiente para condenação criminal (CPP, art. 386, VI). Também é usual a assertiva no sentido de que a absolvição criminal por falta de prova suficiente para condenação não vincula a decisão civil, pois a avaliação das provas poderá ser diversa.

3.3. *Standards* probatórios adotados no Brasil

3.3.1. Ausência de motivos

À semelhança do que ocorre no direito francês, em que se reconhece a ausência de motivos como vício de motivação, também, no Brasil, o desrespeito ao dever de fundamentar acarretará nulidade da decisão. Sobre a matéria já me manifestei, nos seguintes termos:

> O dever de fundamentar é uma imposição que já figurava no inciso III do art. 381 do CPP, ao determinar ao juiz a indicação dos motivos de fato e de direito em que se fundar a decisão e assumiu, a partir de 1988, status constitucional, passando a figurar no inciso IX do art. 93 da Constituição, como já fazia a constituição portuguesa de 1976. Constitui uma garantia para o cidadão, que poderá contrastar a motivação do juiz através da apelação, bem como permite aos tribunais superiores acompanhar a aplicação do direito, tornando mais racional o sistema e evitando o arbítrio e o voluntarismo.[61]

3.3.2. Contradição entre motivos

A vedação da contradição é reconhecida no processo brasileiro, que arrola a contradição como uma das hipóteses que desafia a interposição de embargos de declaração (CPP, art. 619; CPC, art. 535, I).

Como reconhecido pelo STF: "É nula a sentença condenatória por crime consumado se a sua motivação afirma a caracterização de tentativa: a incoerência lógico-jurídica da motivação da sentença equivale à carência dela." (HC 83864/DF, Sepúlveda Pertence, 1ª. T., un., 20.4.04).

---

[61] BALTAZAR JUNIOR, José Paulo. *Sentença Penal*. 2ª ed. Porto Alegre: Verbo Jurídico, 2005.

3.3.3. Motivos dubitativos ou hipotéticos

Aproxima-se daquilo que Magalhães chama de correção, ou seja, a "correspondência entre elementos considerados como base da decisão e aqueles efetivamente existentes no processo".[62] Isso quer dizer que a sentença deve partir de pressupostos verdadeiros, ainda que não sejam os únicos possíveis.

Nessa linha, afirmou o TRF da 4ª Região que: "Evidentemente que a condenação não pode se lastrear em suposições e presunções dissonantes dos autos. Ao formarem a sua convicção, devem os julgadores proceder a uma análise crítica das provas trazidas aos autos ela acusação e pela defesa, de modo a solidificar a verdade processual".[63]

3.3.4. Falta de enfrentamento de uma questão

Embora a doutrina e a jurisprudência nacionais careçam de construções mais elaboradas sobre as questões probatórias, esse ponto constitui exceção. De fato, é tranqüila a jurisprudência, em especial no processo penal, como já tive a oportunidade de analisar, nos seguintes termos:

> Devem ser enfrentadas todas as teses da acusação e, principalmente, da defesa, tanto pessoal quanto técnica, em especial aquelas expressamente referidas nas alegações finais (TRF 4ª. R., ACR 2000.04.01.029834-4/RS, Élcio Pinheiro de Castro, 10.12.03). Assim, se no interrogatório o réu diz que se defendeu, deve o juiz examinar a ocorrência de legítima defesa, ainda que a linha do advogado seja, por exemplo a negativa de autoria.
>
> É decorrência do direito ao contraditório (CRFB, art. 5º, LV), e consiste no exame efetivo das razões das partes. Em outras palavras, a sentença é diálogo e não monólogo. É desse caráter dialógico, do enfrentamento sério do juiz sobre todas as teses da defesa e da acusação, e do tribunal de apelação sobre a motivação do juiz é que se poderá ter, no caso concreto, efetivo respeito às razões das partes e cumprimento do direito de ampla defesa e devido processo legal. Se o juiz não enfrenta os argumentos das partes e o tribunal de apelação ignora a motivação do juiz de primeiro grau, limitando-se todos os atores do processo a rodar os seus textos padronizados, perde-se o caráter dialógico essencial ao processo, do qual resta apenas a aparência, como em uma conversa de surdos, produzida no teatro do absurdo. Coletivamente, é a partir desse diálogo permanente, em múltiplos feitos judiciais, que poderá se construir a jurisprudência, contribuindo a prática judiciária para o progresso do Direito.[64]

Especificamente no campo probatório, é vedada a desconsideração das provas que não favoreçam a versão "escolhida" pelo juiz como verdadeira, a despeito das provas contrárias existentes. Cuida-se de emanação do prin-

---

[62] GOMES FILHO, Antonio Magalhães. *A Motivação das Decisões Penais*, p. 178.
[63] AC 2002.70.00.021510-6/PR, Fábio Rosa, 7ª T., un., 10.6.03.
[64] BALTAZAR JUNIOR, José Paulo. *Sentença Penal*, p. 67-8.

cípio do contraditório, do ponto de vista efetivo e não meramente formal, que implica a efetiva consideração da prova produzida pelas partes, como afirmado pelo STF ao anular decisão que determinou a regressão de regime desconsiderando "as contraprovas indicadas pela defesa para refutar a versão apresentada" (HC 74.674/RJ, Ilmar Galvão, 1ª. T., un., 10.12.96). Efetivamente, de nada adianta possibilitar a manifestação das partes se as provas por trazidas não são objeto de consideração pela decisão judicial.

4. Conclusões

1. *Standards* ou modelos de constatação probatórios são padrões mínimos para aferir a suficiência da motivação de fato nas decisões judiciais.

2. A função dos *standards* probatórios é permitir o controle da motivação judicial das decisões.

3. No direito comparado há várias e distintas soluções para a questão, observando-se os seguintes traços de ocorrência freqüente:

a) a dispensa de um grau absoluto de certeza, incompatível com as necessidades da vida prática;

b) a vedação de contradição;

c) a necessidade de motivação concreta, com base nas provas;

d) a admissão de dúvidas, que somente serão relevantes se concretas, e não fantasiosas ou absurdas;

e) a observância do contraditório, com o enfrentamento dialógico dos argumentos e provas trazidos pelas partes;

f) o predomínio da estrutura qualitativa e argumentativa na motivação de fato;

g) a importância do papel do Juiz e dos Tribunais Superiores, que ajam com pretensão de correção;

h) a impossibilidade de um regramento legal exaustivo, em virtude da pluralidade de casos.

4. Na doutrina brasileira, são escassos os trabalhos sobre a estrutura da motivação de fato, limitando-se os comentários, de modo geral, a referir a necessidade da fundamentação como garantia de controle, mas sem avançar sobre os seus requisitos mínimos.

5. Na jurisprudência brasileira não há formulação explícita e sistemática de padrões gerais para um determinado ramo do direito, tal como aquela da prova além de dúvida razoável, utilizada no processo penal norte-americano, observando-se a utilização de múltiplos critérios, de forma fragmentária.

6. Isso não significa, porém, total ausência de requisitos mínimos para a motivação, sendo reconhecidos os seguintes: a) necessidade de motiva-

ção; b) vedação de contradição; c) objetividade da motivação; d) obrigatoriedade do enfrentamento de todas as questões; e) distinção entre o grau de exigência de prova no processo civil e no processo penal.

7. A inexistência de critérios gerais pode ser debitado, ao menos em parte, ao vezo dos Tribunais Superiores de não adentrar nas "questões de fato", como cristalizado nas Súmulas 279 do STF e 7 do STJ, deixando, com poucas exceções, de avaliar os critérios em que se dá a apreciação dos fatos pelos Tribunais de apelação.

8. O trato da matéria poderia ser aprimorado por via legislativa, introduzindo requisitos de motivação, de forma mais explícita, na legislação processual penal, como levado a efeito no CPP italiano, acima referido, de modo a possibilitar o controle da matéria pelos tribunais superiores.

5. Bibliografia

ABBAGNANO, Nicola. *Dicionário de Filosofia*. 4ª ed. Trad. Alfredo Bosi e Ivone Castilhos Benedeti. São Paulo: Martins Fontes, 2000.

ALEXY, Robert. *Teoria de la Argumentación Jurídica*. Trad. Manuel Atienza e Isabel Espejo. Madrid: Centro de Estudios Constitucionales, 1997.

ALLEN, Ronald J. *Factual Ambiguity and a Theory of Evidence*. Northwestern University Law Review, v. 88, n. 2, 1993.

ANDRÉS ÍBAÑEZ, Perfecto. *Valoração da prova e sentença penal*. Trad. Lédio Rosa de Andrade, Rio de Janeiro: Lumen Juris.

ATIENZA, Manuel. *As Razões do Direito. Teorias da Argumentação Jurídica*. Trad. Maria Cristina Guimarães Cupertino. São Paulo: Landy, 2000.

BADARÓ, Gustavo Henrique Righi Ivahy. *Ônus da Prova no Processo Penal*. São Paulo: : Editora Revista dos Tribunais, 2003.

——. Vícios de Motivação da Sentença Penal. *Revista Brasileira de Ciências Criminais*, São Paulo, n. 38, p. 122-141, abr.-jun. 2002.

BARROS, Marco Antônio de. *A Busca da Verdade no Processo Penal*. São Paulo: Editora Revista dos Tribunais, 2002.

BALTAZAR JUNIOR, José Paulo. *Sentença Penal*. 2ª ed. Porto Alegre: Verbo Jurídico, 2005.

BARBOSA MOREIRA, José Carlos. Regras de Experiência e Conceitos Juridicamente Indeterminados. In: *Temas de Direito Processual*. 2ª ed. São Paulo: Saraiva, 1988.

CALAMANDREI, Piero. El Juez y El Historiador. In: *Estudios sobre el Proceso Civil*. Trad. Santiago Sentis Melendo, Buenos Aires: Editorial Bibliográfica Argentina, 1945.

DIAMOND, Henry A. *Reasonable doubt: to define, or not to define*. Columbia Law Review, 1716 (1990).

DRIPPS, Donald A. *The Constitutional Status of the Reasonable Doubt Rule*. California Law Review, n. 75, 1987, p. 1.665-1718.

FETZNER, Néli Luiza Cavalieri (Coord.). *Argumentação Jurídica*. Rio de Janeiro: Freitas Bastos, 2004.

FLETCHER, George P. *Two Kinds of Legal Rules: A Comparative Study of Burden-of-Persuasion Practices in Criminal Cases*. Yale Law Journal, n. 77, 1967-1968, p. 880-935.

GADAMER, Hans-Georg. *Wahrheit und Methode. Grundzüge einer philosophischen Hermeneutik*. 6. Aufl. Tübingen: J.C.B. Mohr, 1990.

GARNER, Bryan A. et alli. *Black's Law Dictionary*. 7th Ed. Saint Paul: West Group, 1999.
GOMES FILHO, Antônio Magalhães. *Direito à Prova no Processo Penal*, São Paulo: Editora Revista dos Tribunais, 1997.
———. *A Motivação das Decisões Penais*. São Paulo: Revista dos Tribunais, 2001.
HALL, Kermit L. et alli. *The Oxford Companion to the Supreme Court of the United States*. Oxford: Oxford Press, 1992.
ISAACS, Nathan. *The Law and the facts*. 22 Columbia Law Review, 1922, n. 1, p. 6.
KNIJNIK, Danilo. "Os *standards* do convencimento judicial: paradigmas para o seu possível controle". *Revista Forense*, Rio de Janeiro, n. 353, p. 15-52, jan.-fev. 2001.
MITIDIERO, Daniel. *Comentários ao Código de Processo Civil*. Tomo I. São Paulo: Memória Jurídica Editora, 2004.
MORA, José Ferrater. *Dicionário de Filosofia*. Trad. Maria Stela Gonçalves *et alli*. São Paulo: Loyola, 2000.
PERELMAN, Chäim. *Retóricas*. Trad. Maria Ermantina G. Galvão Pereira, São Paulo: Martins Fontes, 1997.
SENTIS MELENDO, Santiago. "Naturaleza de la Prueba. La Prueba es Libertad", *Revista dos Tribunais*, n. 462, abr. 1974, p. 11-21.
SILVA, Germano Marques da. Registo da prova em processo penal. Tribunal colectivo e recursos. In: *Estudos em Homenagem a Cunha Rodrigues*. FIGUEIREDO DIAS, Jorge de (Org.). Coimbra: Coimbra Editora, 2001
TARUFFO, Michele. "Senso comum, experiência e ciência no raciocínio do juiz". *Revista Forense*, São Paulo, n. 355, p. 101-118, maio-jun. 2001.
———. *Rethinking the standards of proof*. 51 American Journal of Comparative Law 659 2003.
TONINI, Paolo. *A prova no processo penal italiano*. Trad. Alexandra Martins; Daniela Mróz, São Paulo: Revista dos Tribunais, 2002.
WALTER, Gerhard. *Libre Apreciación de la Prueba*. Trad. Tomás Banzhaf. Bogotá: Temis, 1985.
VARELA, Casimiro. *Valoración de la Prueba*. 2ª ed. Buenos Aires: Astrea, 2004.
ZANETI JÚNIOR, Hermes. "O problema da verdade no Processo Civil: modelos de prova e de procedimento probatório". *Revista Gênesis de Direito Processual Civil*, n. 31, jan.-mar. 2004, p. 34-68.

— 10 —
Juízo de relevância da prova

LISANDRA DEMARI

Sumário: Introdução; 1. Juízo de relevância da prova; 1.1. O direito à prova e suas limitações; 2. O conceito de relevância e a necessidade de sua compreensão e aplicação no direito brasileiro; Conclusão; Referências.

Introdução

O objetivo principal do presente trabalho constitui-se na análise do juízo de relevância da provas. Justifica-se a escolha do tema em razão da necessidade de que o assunto seja compreendido e estudado pela doutrina brasileira, haja vista ter sido negligenciado ao longo dos anos, acarretando equívocos processuais decorrentes da confusão existente entre os planos de admissão e valoração da prova.

Para o desenvolvimento do assunto, no primeiro capítulo, procura-se examinar o direito à prova e suas limitações, passando pelo mito da verdade real e verificando-se a forma como os diversos sistemas jurídicos criaram mecanismos para limitar a cognição do juiz ao objeto da controvérsia. Por meio deste recuo histórico, procuram-se entender os motivos que levaram a doutrina brasileira a se mostrar tão reticente à matéria.

No segundo capítulo, busca-se formalizar um conceito de relevância, salientando-se a necessidade de que seja compreendido e aplicado no sistema pátrio a fim de que se eliminem ou se reduzam os equívocos cometidos no exame da admissibilidade da prova, o qual é deixado ao arbítrio judicial, sem a explicitação de critérios lógicos e predeterminados, acarretando violação ao dever constitucional de motivação das decisões judiciais.

1. Juízo de relevância da prova

1.1. O direito à prova e suas limitações

O direito das partes à produção de provas, embora de feição constitucional,[1] não se mostra absoluto, como aliás, ocorre com todos os demais

---
[1] Art. 5º, inciso LV, da Constituição Federal: "Aos litigantes, em processo judicial ou administrativo, e aos acusados em geral, são assegurados o contraditório e ampla defesa, com os meios e recursos a ele inerentes".

direitos, na medida em que são limitados em razão da proteção outorgada a outros valores igualmente protegidos pelo sistema, pois como leciona Canotilho:[2]

> A Constituição deve ser interpretada de forma a evitar contradições (antinomias, antagonismos) entre as suas normas. Como "ponto de orientação", "guia de discussão" e "fato hermenêutico de decisão", o princípio da unidade obriga o intérprete a considerar a Constituição na sua globalidade e a procurar harmonizar os espaços de tensão existentes entre as normas constitucionais a concretizar (ex: princípio do Estado de Direito e princípio democrático, princípio unitário e princípio da autonomia regional e local). Daí que o intérprete deva sempre considerar as normas constitucionais não como normas isoladas e dispersas, mas sim como preceitos integrados num sistema interno unitário de normas e princípios.

Portanto, a prova deve ser realizada segundo regras e limites previamente estabelecidos a fim de que a própria decisão a ser tomada ao final do processo se revista de legitimidade social.[3] No processo civil moderno, não há mais espaço para o mito da chamada "verdade real", em nome da qual o direito à prova poderia se configurar de forma ilimitada, permitindo, até, que o juiz julgasse de acordo com os seus conhecimentos privados[4] ou que a prova fosse produzida com a violação de regras legais ou constitucionais. A verdade que se busca no processo, necessariamente relativa, deve ser entendida como aquela que o juiz busca nas provas existentes nos autos e que possua a maior aproximação possível daquilo que se denomina verdade, *tout court*.[5]

Como lembra Gomes Filho:

> O método probatório judiciário constitui, na verdade, um conjunto de regras mais amplo, cuja função garantidora dos direitos das partes e da própria legitimação da jurisdição implica limitações ao objeto da prova, aos meios através dos quais os dados probatórios são introduzidos no processo, além de estabelecer os procedimentos adequados às operações relacionadas à colheita do material probatório, ou mesmo, em certas situações, o valor da prova obtida.[6]

Como o direito à prova não é absoluto, ele comporta limitações jurídicas, que objetivam a proteção de outros valores fundamentais (proibição

---

[2] CANOTILHO, J. J. Gomes. *Direito constitucional e teoria da constituição*. 2. ed. Coimbra: Almedina, 1998, p. 1096-1097.

[3] Conforme anota ALVARO DE OLIVEIRA, Carlos Alberto. *Do formalismo no prcesso civil*. 2.ed. São Paulo: Saraiva, 2003, p. 7: "O formalismo processual contém, portanto, a própria idéia do processo como organização da desordem, emprestando previsibilidade a todo o procedimento. Se o processo não obedecesse a uma ordem determinada, cada ato devendo ser praticado a seu devido tempo e lugar, fácil entender que o litígio desembocaria numa disputa desordenada, sem limites ou garantias para as partes, prevalecendo ou podendo prevalecer a arbitrariedade e a parcialidade do órgão judicial ou a chicana do adversário."

[4] Conforme Ibidem, p.147.

[5] Conforme BADARÓ, Gustavo Henrique Righi Ivahi. *Ônus da prova no processo penal*. São Paulo: Revista dos Tribunais, 2003, p. 37.

[6] GOMES FILHO, Antonio Magalhães. *Direito à prova no processo penal*. São Paulo: Revista dos Tribunais, 1997, p. 92.

de produção de provas por meios ilícitos, por exemplo) e lógicas, por intermédio do chamado juízo de relevância, no qual se verifica, antecipadamente e de forma hipotética, se as provas que se pretende introduzir no processo são realmente úteis e necessárias ou se apenas servirão para a demora no deslinde do feito.

Ambas as questões (as limitações jurídicas e a relevância da prova -critério lógico) devem ser analisadas no plano da admissibilidade da prova, em um momento anterior à sua produção e à valoração, mantendo com estes uma relação de preliminariedade.[7]

Alguns autores como Gomes Filho[8] e Cambi[9] entendem que a admissibilidade se constituiria de um critério de legalidade e constitucionalidade, recaindo sobre a qualificação jurídica do fato a ser provado ou sobre o meio escolhido para demonstrá-lo, enquanto a relevância estaria ligada a critérios tipicamente lógicos, que implicam um juízo de utilidade da prova. Eles estabelecem planos autônomos para cada um dos fenômenos, não incluindo a relevância no juízo de admissibilidade da prova.

No entanto, entendemos que o juízo de relevância pode ser incluído no plano da admissibilidade, sendo desnecessária a existência de categorias separadas (a admissibilidade e a relevância), que, na verdade, possuem o objetivo comum de limitar o direito à prova. É evidente que não se negam as distinções entre as questões de legalidade e constitucionalidade e o critério lógico da relevância, mas, como dito, parece mais adequado agrupar as duas espécies de limitações (admissibilidade *stricto sensu* e relevância) em um mesmo gênero (admissibilidade *latu sensu*) a fim de que se tenha melhor compreensão da relação de preliminariedade existente entre a admissibilidade e a valoração da prova.

Imperioso salientar, também, que mesmo entre a aqui denominada admissibilidade *stricto sensu* e a relevância existe uma relação de preliminaridade, sendo desnecessária a realização de juízo lógico de utilidade sobre determinada prova se sua produção for proibida em lei.[10]

---

[7] Importante salientar a diferença entre preliminariedade e prejudicialidade. Como lembra SCARANCE FERNANDES, Antonio. *Prejudicialidade:* conceito, natureza jurídica, espécies de prejudiciais. São Paulo: Revista dos Tribunais, 1988, p.51, "o critério mais apropriado para a distinção entre as questões prejudiciais e preliminares é este baseado na diversidade de subordinação imposta à questão subordinada. A preliminar impede, impossibilita a decisão sobre a subordinada. A prejudicial condiciona o teor da decisão sobre a subordinada". Portanto, tratando-se a admissibilidade da prova de questão preliminar, não poderá influenciar ou ser influenciada pela questão subordinada, qual seja, a valoração a ser realizada posteriormente.

[8] GOMES FILHO, *Direito à...*, Capítulo IV, p. 91-130.

[9] Cambi, Eduardo. *A prova civil:* admissibilidade e relevância. São Paulo: Revista dos Tribunais, 2006, p.33-36 e 255-262.

[10] Em sentido contrário, TARUFFO, Michele. *La prova dei fatti giuridici*. Milano: Giuffré, 1992, p. 397-398 entende que a prioridade cabe ao critério de relevância: se uma prova é irrelevante, não há sentido em se perquirir se ela é ou não juridicamente admissível porque sua aquisição seria, de qualquer forma, inútil.

Como se vê, o assunto em comento é tormentoso e importante. No entanto, não recebe o tratamento adequado pela doutrina brasileira, sendo difícil encontrar referências sobre a admissibilidade ou a relevância das provas.

Dinamarco não trata do juízo de admissibilidade, limitando-se a referir que os fatos irrelevantes não são objeto de prova, afirmando que "o fato é irrelevante quando, com ele ou sem ele, a decisão será a mesma".[11]

Jonatas Milhomens também trata o tema sob o aspecto da irrelevância e da impertinência dos fatos, afirmando que ambas as espécies (os fatos impertinentes e irrelevantes) são excluídas do *thema probandum*. Para ele,

> impertinentes são os fatos que não pertencem à causa, nenhuma relação têm com ela, não lhe dizem respeito, são estranhos. (ex: em ação de reintegração de posse, o réu querer provar que era credor do adversário) e irrelevantes: são os que, embora se refiram à causa, não influem sobre a decisão, não levam a nenhuma conclusão, são indiferentes.[12]

Moacir Amaral dos Santos[13] sistematiza um pouco melhor a questão, afirmando que a prova dos fatos deve ser relevante, isto é, admissível, pertinente e concludente. Entende ser admissível quando não proibida em lei e aplicável ao caso em questão; pertinente quando adequada à demonstração dos fatos e à aplicabilidade dos princípios de direito invocados, e concludente quando esclarece o ponto questionado ou confirma as alegações feitas.

Como visto, a doutrina brasileira não se preocupou em desenvolver uma teoria consistente sobre o assunto. Vittorio Denti,[14] por sua vez, observa que o tema também é negligenciado pela doutrina italiana, sendo analisado pelos juristas ingleses.

Na verdade, os sistemas jurídicos de tradição européia continental apresentam um caráter refratário cultural ao conceito de relevância da prova, não o desenvolvendo a contento.

Já nos países da *common law* a teoria da relevância da prova adquiriu grande desenvolvimento e se mostra essencial ao sistema.

Taruffo[15] explica as origens históricas da questão, salientando que a necessidade de limitação do âmbito de cognição do juiz para que se atenha ao objeto da controvérsia é comum aos sistemas processuais da *civil* e da *common law*. No entanto, assumiu importância e funções lógicas diversas

---

[11] DINAMARCO, Cândido Rangel. *Instituições de direito processual civil*. 3.ed. São Paulo: Malheiros, 2003, v. 3, p. 65.
[12] MILHOMENS, Jônatas. *A prova no processo*. Rio de Janeiro: Forense, 1982, p. 11.
[13] SANTOS, Moacyr Amaral dos. *Prova judiciária no cível e no comercial*. 4.ed. São Paulo: Max Limonad, 1971, v. 1, p. 223-224.
[14] DENTI, Vittorio. *La verificazione delle prove documentali*. Torino: Utet, 1957, p. 7.
[15] TARUFFO, Michele. *Studi sulla rilevanza della prova*. Padova: Cedam, 1970, p.88 *et seq.*

em relação à estrutura de cada uma das famílias jurídicas, pois os ordenamentos do tipo continental escolheram a predeterminação da eficácia da prova por parte do legislador, com o sistema da prova legal.[16] Os ordenamentos do tipo anglo-saxão, todavia, elaboraram uma teoria dos limites de admissibilidade e de relevância da prova.

De qualquer forma, ambos (a prova legal e o juízo de relevância) são instrumentos que respondem à exigência de determinar a estrutura lógica sobre a qual se modela a apreciação do juiz em torno das provas. Ocorre que enquanto a construção de uma teoria de admissibilidade e relevância, como critério de seleção preventiva dos meios de prova, é resultado da tendência de delimitar o objeto da cognição do juiz em torno dos fatos, tendo em vista a exigência de brevidade e simplicidade do processo, a construção de um sistema de prova legal, implicando a predeterminação da eficácia de determinadas provas, relaciona-se a uma tendência de falta de confiança no livre convencimento do juiz, porquanto subtrai a valoração dos fatos do seu arbítrio discricionário.

Nunca é demais lembrar que a Inglaterra, ao contrário do que aconteceu na França durante o *ancien régime*, não deu margem a sentimentos populares profundos contra o Judiciário, geralmente merecedor de amplo respeito pelo papel desempenhado na proteção das liberdades individuais.[17]

Também é preciso considerar que, no sistema anglo-americano, a instituição do júri contribuiu para o desenvolvimento da teoria da relevância dos meios de prova, pois, nas palavras de Gomes Filho.

> são as particularidades desse tipo de julgamento popular que determinam a estruturação de todo um sistema probatório voltado à seleção do material informativo a ser submetido aos jurados [...] A partir do momento em que o júri necessita decidir com base em provas, desenvolve-se um conjunto de regras de exclusão (*exclusionary rules*), cuja finalidade é controlar a qualidade das provas apresentadas aos jurados, evitando que este leigos pudessem ser induzidos a erros de apreciação.[18]

Dentre as regras de exclusão, assume particular significação a determinação da relevância, que representa o requisito lógico para a apresentação da prova ao júri, evitando-se que a multiplicação de questões possa desviar os jurados da questão principal a ser decidida.[19] Segundo a *common law*: "the golden rule of admissibility is that all evidence which is relevant to the facts in issue is admissible and that wich is irrelevant is inadimissible".[20]

---

[16] ALVARO DE OLIVEIRA, *Do formalismo...*, p. 156, esclarece "que o sistema da prova legal significa a minunciosa determinação dos critérios de apreciação da prova e concomitante limitação ou exclusão *a priori* de determinadas provas, a que se subtrai crédito formal perante o magistrado, com vistas restringir ao máximo a liberdade judicial."

[17] Conforme ALVARO DE OLIVEIRA, *Do formalismo...*, p. 96.

[18] GOMES FILHO, *Direito à...*, p. 38.

[19] Ibidem, p. 38.

[20] MAY, Richard. *Criminal evidence*. 2. ed. London, Sweet; Maxwell, 1990, p. 11, Apud GOMES FILHO, *Direito à...*, p. 38.

Assim, em que pese o desenvolvimento da teoria da relevância na *common law*, o sistema brasileiro, tipicamente de *civil law*, foi influenciado pela limitação das provas em decorrência do regime da prova legal, que ainda encontra resquícios no vigente CPC.[21]

Entretanto, com o abandono quase total da prova tarifária que se verificou com o desenvolvimento do processo civil continental, surgiu um vazio conceitual para a delimitação da necessidade da prova, gerando, em contrapartida, o excesso de arbítrio judicial, verificável facilmente nas decisões de nossos tribunais sobre a admissibilidade da prova, o que será visto no próximo capítulo.

2. O conceito de relevância e a necessidade de sua compreensão e aplicação no direito brasileiro

A construção de uma teoria sobre o juízo de relevância, com critérios de seleção preventiva dos meios de prova, mostra-se indispensável por um dúplice aspecto: de um lado, a oportunidade de se eliminar, *in limine*, as provas inúteis, mas tomando o cuidado de evitar a exclusão de qualquer possível elemento idôneo que possa contribuir com o esclarecimento dos fatos da causa, e de outro, a necessidade de outorgar um fundamento racional à decisão do juiz em torno da relevância dos meios de prova, eliminando as margens de imprecisão, que podem dar ensejo ao mero arbítrio judicial.[22]

Portanto, imprescindível definir-se o conceito de relevância, podendo-se, para tanto, utilizar-se das lições de Taruffo, incansável estudioso do assunto, para o qual a prova pode ser considerada relevante quando seu objeto versar sobre o fato principal[23] que constitui a demanda, correspondendo, neste caso, à *materiality*[24] da *common law*. Também mostra-se relevante a prova que verse sobre um fato secundário, mas da qual seja possível derivar consequências relativas ao fato principal. Na primeira hipótese, típica da prova direta, o critério de relevância da prova coincide com o da

---

[21] ALVARO DE OLIVEIRA, *Do formalismo...*, p.156, nota 61 aponta como exemplos de exclusão ou limitação de prova os arts. 302, 319, 334, IV, 343 e respectivos parágrafos, 359, 364, 366, 368, 370, 2ª parte, 373, 376, 378, 379, 401, 406 e respectivos parágrafos, todos do CPC.

[22] TARUFFO, *Studi...*, p. 250.

[23] Ibidem, p. 26, nota 54, esclarece que por fatos principais ou jurídicos entende-se aqueles fatos que podem ser ligados a uma eficácia constitutiva, extintiva, impeditiva ou modificativa do direito posto em juízo, enquanto os fatos secundários (ou simples) são aqueles que sem fundar-se diretamente na existência dos direitos afirmados em juízo, permitem, caso provados, levaram ao conhecimento dos fatos principais.

[24] Segundo GOMES FILHO, *Direito à...*, p. 131: "a expressão *materiality* diz respeito à conexão entre a prova oferecida e os fatos controvertidos, não concerne à idoneidade da prova, mas tão somente à sua pertinência com os fatos controvertidos; já através do teste de *relevancy*, verifica-se se a prova oferecida tem aptidão para estabelecer a existência ou inexistência, verdade ou falsidade, de um outro fato, através do qual seja possível realizar uma inferência lógica; sua aplicação é, portanto, tipicamente relacionada a prova indireta."

relevância jurídica do fato a ser provado. Na segunda, típica da prova indireta, a relevância da prova se determina segundo um critério lógico que dá ensejo à possibilidade de formular inferências probatórias do fato secundário sobre o qual versa a prova até chegar-se ao fato jurídico que precisa ser provado.[25]

Ao lado da função de exclusão do juízo de relevância, também se constata sua função inclusiva, no sentido de que toda a prova relevante para a verificação do fato principal deve ser admitida. Este princípio resta consagrado na *Rule 402* das *Federal Rules of Evidence* norte-americana, na qual se afirma que "all relevant evidence is admissible".[26]

Portanto, dentro destas concepções, não se verifica qualquer relação entre a admissibilidade da prova e a sua valoração. Como dito anteriormente, admissão e valoração representam planos diferentes no exame da prova, não possuindo relação de prejudicialidade, mas sim de preliminariedade, razão pela qual o exame de uma não pode ser feito com base em outra.

Como lembra Taruffo, embora o juízo de relevância se funde numa antecipação hipotética do juízo sobre a prova em relação ao fato, o êxito da prova é hipotetizado e não valorado, não significando uma valorização preliminar da eficácia da prova.[27]

No entanto, este equívoco (a confusão entre os planos) é o mais recorrente na jurisprudência brasileira, onde predominam expressões do tipo "o juiz é o destinatário da prova, sendo livre para admiti-la ou não, podendo dispensá-la se sua convicção já estiver formada".[28]

Ora, esta espécie de raciocínio despreza totalmente a independência entre os planos da admissão e da valoração, pois ao admitir ou não a prova, mesmo que o juiz realize um juízo hipotético antecipado, não deverá levar em conta sua convicção sobre a apreciação dos elementos já constantes nos autos.[29]

---

[25] TARUFFO, *La prova...*, p. 338-339.
[26] Conforme Ibidem, p. 341.
[27] TARUFFO, *La prova...*, p. 340.
[28] Exemplos desta forma de decidir podem ser encontradas nos seguintes julgados: RIO GRANDE DO SUL. Tribunal de Justiça. Agravo de Instrumento nº 70010709616. Relatora: Marta Borges Ortiz. Julgado em: 04 fev. 2005; RIO GRANDE DO SUL.. Tribunal de Justiça. Agravo nº 70010659050, Relator: Artur Arnildo Ludwig. Julgado em 16 fev. 2005 e RIO GRANDE DO SUL. Tribunal de Justiça. Agravo de Instrumento nº 70010419273. Relatora: Cláudia Maria Hardt, Julgado em 4 jan. 2005. Entretanto, embora esta seja uma posição francamente majoritária, não se pode deixar de mencionar as decisões que buscam rechaçar o mito do juiz como único destinatário da prova. Neste sentido: RIO GRANDE DO SUL. Tribunal de Justiça. Agravo nº 7009561960. Relator: Pedro Luiz Pozza. Julgado em 07 out. 2004 RIO GRANDE DO SUL. Tribunal de Justiça. Apelação Cível nº 70010773075. Relator: Pedro Luiz Pozza. Julgado em 07 abr. 2005.
[29] GOMES FILHO, *Direito à...*, p.133, nota 120, também realiza crítica ao prejulgamento realizado em nome do livre convencimento, argumentando ser comum também no processo penal, citando como exemplo os casos em que o magistrado deixa de determinar o exame pericial para constatação da dependência toxicológica, por entender ser o réu traficante para o qual não se aplicariam a isenção ou a redução de pena do art. 19 da Lei nº 6.368/76.

Além disto, ao fixar-se na livre convicção do magistrado, a decisão sobre a admissibilidade da prova fica praticamente relegada ao arbítrio judicial, aplicando o julgador critérios subjetivos, não explicitados e, muitas vezes, sequer fundamentados, violando a garantia constitucional da motivação das decisões judiciais.

Como lembra Alvaro de Oliveira, a utilização de critérios vagos e indefinidos, com referência a fórmulas puramente retóricas, despidas de conteúdo, aludindo por exemplo à "verdade material", "prova moral", "certeza moral", "prudente apreciação", "íntima convicção" não asseguram nenhuma racionalidade na valorização da prova, por implicarem falsa motivação da decisão tomada e impedirem, assim, o controle por parte da sociedade, do jurisdicionado e da instância superior.[30]

Portanto, a existência do princípio da relevância das provas, como condição de sua admissão no processo, resulta justificada pela exigência de garantir um correto desenvolvimento do processo, mediante uma obra de seleção, dirigida a excluir aquelas atividades probatórias que não parecem úteis à verificação dos fatos da causa, dando efetividade ao princípio da economia processual.

No entanto, esta atividade de exclusão deve ser realizada mediante a aplicação de critérios lógicos, devendo a prova ser considerada relevante quando ela é capaz de oferecer os elementos de cognição úteis para o acertamento dos fatos,[31] não podendo sua admissibilidade ser confundida com a valoração a ser realizada na sentença.

Conclusão

O trabalho teve como objetivo principal examinar o juízo de relevância da prova.

Inicialmente, verificou-se que o direito à prova, como qualquer outro, não se mostra absoluto, podendo ser limitado em razão da proteção outorgada a outros valores igualmente protegidos pelo sistema. Por tal razão, a prova deve ser realizada segundo regras e limites previamente estabelecidos. Dentre estes limites se destaca o chamado juízo de relevância da prova, por meio do qual se verifica, antecipadamente e de forma hipotética, se as provas que se pretende introduzir no processo são realmente úteis e necessárias ou se apenas servirão para a demora no deslinde do feito.

A seguir, constatou-se que o juízo de relevância praticamente não recebe atenção da doutrina e da jurisprudência no países de *civil law*, uma vez que nestes a limitação da cognição do juiz para que se atenha ao objeto

---

[30] ALVARO DE OLIVEIRA, *Do formalismo...*, p.162.
[31] Cambi, *A prova...*, p. 263.

da controvérsia foi realizada mediante a utilização do sistema de prova legal, enquanto nos países de *common law* houve a elaboração de uma teoria dos limites de admissibilidade e de relevância da prova, que está intimamente ligada à instituição do júri.

Então, chegou-se a uma definição do conceito de relevância, ressaltando-se que a prova pode ser considerada relevante quando seu objeto versar sobre o fato principal que constitui a demanda ou quando versar sobre um fato secundário, mas da qual seja possível derivar conseqüências relativas ao fato principal.

Finalmente, salientou-se que a existência do princípio da relevância das provas, como condição de sua admissão no processo, resulta justificada pela exigência de garantir um correto desenvolvimento do processo, mediante uma obra de seleção, dirigida a excluir aquelas atividades probatórias que não parecem úteis à verificação dos fatos da causa, dando efetividade ao princípio da economia processual. Mas esta atividade deve ser pautada por critérios lógicos, não podendo a admissibilidade da prova ser confundida com a valoração a ser realizada na sentença.

Referências

ALVARO DE OLIVEIRA, Carlos Alberto. *Do formalismo*. 2.ed. São Paulo: Saraiva, 2003.
BADARÓ, Gustavo Henrique Righi Ivahi. *Ônus da prova no processo penal*. São Paulo: Revista dos Tribunais, 2003.
CANOTILHO, J.J. Gomes. *Direito constitucional e teoria da constituição*. 2. ed. Coimbra: Almedina, 1998.
DENTI, Vittorio. *La verificazione delle prove documentali*. Torino: Utet, 1957.
DINAMARCO, Cândido Rangel. *Instituições de direito processual civil*. 3.ed. São Paulo: Malheiros, 2003. v. 3.
Cambi, Eduardo. *A prova civil:* admissibilidade e relevância. São Paulo: Revista dos Tribunais, 2006.
GOMES FILHO, Antonio Magalhães. *Direito à prova no processo penal*. São Paulo: Revista dos Tribunais, 1997.
MILHOMENS, Jônatas. *A prova no processo*. Rio de Janeiro: Forense, 1982.
SANTOS, Moacyr Amaral dos. *Prova judiciária no cível e no comercial*. 4.ed. São Paulo: Max Limonad, 1971. v. 1.
SCARANCE FERNANDES, Antonio. *Prejudicialidade:* conceito, natureza jurídica, espécies de prejudiciais. São Paulo: Revista dos Tribunais, 1988.
TARUFFO, Michele. *La prova dei fatti giuridici*. Milano: Giuffré, 1992.
———. *Studi sulla rilevanza della prova*. Padova: Cedam, 1970.

— 11 —

O artigo 335 do Código de Processo Civil à luz da categoria das máximas de experiência

LUCAS PEREIRA BAGGIO

Sumário: 1. Introdução; 2. As máximas da experiência como categoria autônoma; 3. Funções das máximas de experiência; 4. Considerações finais. Referências bibliográficas.

1. Introdução

Conta a Bíblia que o Rei Salomão recebeu de Deus o dom da sabedoria. Famosa é a história de duas mulheres que o procuraram para solucionar um conflito. Ambas reclamavam a maternidade de um bebê. O Rei ordenou aos guardas que lhe trouxessem uma espada. Afirmou que iria dividir o menino ao meio. Então, uma das mulheres sugeriu ao Rei que o menino fosse entregue vivo à outra, que de modo nenhum o matassem. O Rei Salomão, demonstrando sua "sabedoria divina", determinou que a criança fosse dada a esta mulher, reconhecendo-a como sua mãe.[1]

Na realidade, a sabedoria do Rei Salomão, no caso, identifica-se com a aplicação das máximas da experiência: o sentimento materno impõe a proteção de sua prole, e a verdadeira mãe prefere não criar o seu filho a vê-lo morrer.

Percebe-se que há muito tempo as máximas de experiência participam da lógica probatória, não sendo diferente nos dias de hoje. Embora de suma importância, seu estudo não tem despertado o devido interesse dos juristas brasileiros,[2] mesmo que sua aplicação seja rotineira em nossos

---
[1] BÍBLIA SAGRADA, Livro 1º dos Reis, capítulo 3, versículos 16: 28.
[2] Diante da importância do tema, pouca é a bibliografia nacional que se tem notícia. A obra de maior relevo sobre o assunto é a dissertação de Francisco Rosito, apresentada e defendida junto ao Programa de Pós-Graduação *Stricto Sensu* em Direito Processual Civil da Universidade Federal do Rio Grande do Sul, recebendo a nota máxima, com louvor e com a indicação para publicação: ROSITO, Francisco. *A aplicação das máximas de experiência no processo civil de conhecimento*. Porto Alegre: PPGDir, UFRGS, 2004. Esse trabalho está para ser publicado, como não poderia deixar de ser, por respeitável

tribunais[3] e exista expressa previsão legal no Código de Processo Civil, no Código de Defesa do Consumidor e na Lei dos Juizados Especiais.[4] Apli-

---

editora nacional. Aproveita-se a oportunidade para agradecer ao autor que cedeu gentilmente cópia de sua dissertação para a elaboração deste estudo. No mais, vale dizer que a obra de Rosito analisa criteriosamente os pontos mais importantes sobre o tema, razão pela qual serve de guia. Além dela, podem ser citados alguns artigos e partes de livros que tratam especificamente sobre as máximas de experiência: BARBOSA MOREIRA, José Carlos. *Regras da experiência e conceitos juridicamente indeterminados.* In Revista Forense, volume 261, ano 74, jan./fev./março, 1978, p. 13-19; BUZAID, Alfredo. *Máximas de experiência.* In Estudos e Pareceres de Direito Processual Civil: notas de adaptação ao Direito vigente de Ada Pellegrini Grinover e Flávio Luiz Yarshell. São Paulo: Revista dos Tribunais, 2002, p. 133-143; CREDIDIO, Georgius Luís Argentini Príncipe. *A interpretação jurídica do fato e as regras de experiência.* In Revista AJURIS, nº 96, ano XXXI, dezembro, 2004, p. 117-124; CRESCI SOBRINHO, Elício. *O juiz e as máximas de experiência.* In Revista Forense, volume 296, ano 82, out./nov./dez., 1986, p. 430-436; DINAMARCO, Cândido Rangel. *Instituições de direito processual civil.* 2ª ed. revista e atualizada. São Paulo: Malheiros, 2002, v. III, p. 105-107; DUTRA, Úrsula Petrilli. *A importância da aplicação das regras de experiência.* In Revista dos Juizados Especiais, Porto Alegre, nº 40/41, ano XIV, abril/agosto, 2004, p. 19-20; GRECO FILHO, Vicente. *Direito Processual Civil Brasileiro.* 16ª edição atualizada. São Paulo: Saraiva, vol. II, 2003, p. 194-198; LOPES, João Batista. *A prova no Direito Processual Civil.* São Paulo: Revista dos Tribunais, 1999, p. 61-64; MAIA FILHO, Napoleão Nunes. *As Regras de Experiência Comum na Formação da Convicção do Juiz.* In Revista Dialética de Direito Processual Civil, nº 17, agosto, 2004, p. 59-75; NICOLAU, Alessandro F. *AS presunções judiciais e as regras de experiência.* In Revista Gênesis de Direito Processual Civil, Curitiba, nº 28, abril,-junho, 2003, p. 418-431, RIBEIRO, Darcy Guimarães. *Provas Atípicas.* Porto Alegre: Livraria do Advogado, 1998, p. 105-110; SANTOS, Ernani Fidelis dos. *O ônus da prova no Código do Consumidor.* In Revista do Direito do Consumidor, nº 47, ano 12, julho-setembro, 2003, p. 269-279; SANTOS, Moacyr Amaral dos. *Prova Judiciária no cível e no comercial.* 2ª edição. São Paulo: Max Limonad, vol. I, 1952 e vol. II, 1955, p. 433-440. Trata da matéria de forma incidental ALVARO DE OLIVEIRA, Carlos Alberto. *Livre apreciação da prova: perspectivas atuais.* Disponível em http://www.abdpc.org.br, acesso em 28 de janeiro de 2006, e os comentadores do C.P.C. LEVENHAGEN, Antônio José de Souza. *Comentários ao código de processo civil.* São Paulo: Atlas, vol. II, 1995, p. 94-95; MARINONI, Luiz Guilherme & ARENHART, Sérgio Cruz. *Comentários ao Código de Processo Civil: processo de conhecimento.* Coordenação de Ovídio A. Baptista da Silva. São Paulo: Revista dos Tribunais, vol. V. 2000, p. 229-232; PONTES DE MIRANDA, Francisco Cavalcanti. *Comentários ao Código de Processo Civil.* 3ª edição revista e aumentada. Atualização de Sérgio Bermudes. Rio de Janeiro: Forense, Tomo IV, 2001, p. 280-281; PAULA, Alexandre de. *Código de processo Civil Anotado: do processo de conhecimento.* 7ª edição revista e atualizada. São Paulo: Revista dos Tribunais, vol. II, 1998, p. 1617-1619; PAULA, Jônatas Luiz Moreira de. *Comentários ao Código de Processo Civil.* Barueri: Manole, Vol. III, 2003, p. 138-145.

[3] Somente para exemplificar, cita-se o seguinte precedente do S.T.J.: RESP – COMERCIAL – LOCAÇÃO PREDIAL – SHOPPING CENTER – FUNDO DE COMÉRCIO – O fundo de comércio, instituto judicial do Direito Comercial, representa o produto da atividade do comerciante, que como passar do tempo, atraia para o local, onde são praticados atos de mercancia, expressão econômica; com isso, o – ponto – para usar *nomen iuris* nascido informalmente nas relações do comércio, confere valor próprio ao local. Evidente, ingressa no patrimônio do comerciante. Aliás, mostram as máximas de experiência, a locação e o valor da venda sofrem alterações conforme a respectiva expressão. Daí, como se repete, há locais nobres e locais de menos expressão econômica. Em regra não sofre exceção quando se passa nas locações em Shopping Center. Sem dúvida, a proximidade do estabelecimento com outro, conforme a vizinhança, repercutirá no respectivo valor. BRASIL. STJ. Recurso Especial/SP nº 189380. Sexta Turma. Ministro-Relator Luiz Vicente Cernicchiaro, julgado em 20.05.1999, DJ 02.08.1999.

[4] C.D.C., art. 6º São Direitos básicos do consumidor: VIII – a facilitação da defesa de seus direitos, inclusive com a inversão do ônus da prova, a seu favor, no processo civil, quando, a critério do juiz, for verossímil a alegação ou quando for ele hipossuficiente, segundo as regras ordinárias de experiências. Escreveu sobre o tema, especificamente, SANTOS, Ernani Fidelis dos. *O ônus da prova no Código do Consumidor.* In Revista do Direito do Consumidor, nº 47, ano 12, julho-setembro, 2003, p. 269-279. Lei nº 9.999/1995, art. 5º O juiz dirigirá o processo com liberdade para determinar as provas a serem produzidas para apreciá-las e para dar especial valor às regras de experiência comum ou técnicas.

cação que acaba à margem do controle desejável e, dessa forma, corre-se o risco do arbítrio judicial.

Em matéria probatória, a regra é que o juiz não utilize seus conhecimentos privados. Afirma-se que a causa deve ser decidida com base nos fatos alegados e provados pelas partes (*iudex secundum allegata et probata a partibus iudicare debet*); e declara-se que se não está no processo não está no mundo (*quod non est in actis non est in hod mundo*).[5] Trata-se de restrição ao saber privado do juiz.

Desde a obra de Friedrich Stein (*Das private Wissen des Richters: Untersuchungen zum Beweisrecht beider Prozesse*),[6] que "se produce fuera al proceso penal estamos hoy completamente en el punto de vista contrario y en lo que atañe al proceso civil, muy próximos a éste, de manera que cuando nuestro juez estima que está convencido de la verdad de un derecho o de una máxima, a pesar de la posibilidad de duda, sino al mismo tiempo su más elevada y última meta. *Lês choses parfaites ne sont pás du ressort de lhumanité*",[7] ressurgiu a consciência de que o juiz sempre compreenderá

---
[5] SILVA, Ovídio Baptista da. *Curso de Processo Civil*. 7ª edição, revista e atualizada de acordo com o Código Civil de 2002. Rio de Janeiro: Forense, 2005, vol. I, p. 328-329.

[6] Disse-o Stein: "La diferencia entre el pensamiento moderno y el escolástico de la Edad Media radica precisamente en que esta última época la ciencia consideraba sus experiencias como definitivas: cuando Copérnico expuso sus ideas, se le objetó que tenían que ser falsas al no haber em todo Aristóteles ninguna mención al respecto. Pero nosotros, hombres modernos – y en esto somos todos, tanto si vemos en el darwinismo una nebulosa hipótesis como si lo consideramos verdad libertadora –, estamos dispuestos a aceptar nuevas experiencias y a remodelar de acuerdo con ellas nuestros principios, a reconocer nuestros conocimientos como verdades relativas, en relación con el tiempo en que vivimos y el espacio en que nos movemos. En el año 1847 algunos periódicos alemanes daban noticia, presentándolo como um engaño americano, del descubrimiento de una máquina capaz de tejer en un dia un traje completo; hace tres generaciones, los efectos de la máquina de vapor pertenecían al campo de lo milagroso; hace 400 años se escribió el *Mallens maleficarum* en la honda creencia de la verdad del demonio y los pactos diabólicos, y hace 1.000 años se creia que el mismo Dios decidia sobre justicia e injusticia en la prueca de la cruz (o jucio de Dios). Nosotros, hijos del siglo XIX, hemos vivido en todos los terrenos científicos tal número de revoluciones y com tal violencia, que forzosamente hemos terminado por aprender a ser modestos. Incluso las verdades matemáticas se han mostrado sometidas al cambio. La geometria euclidiana se demonstró falsa tan pronto como se aplicó a superficies no planas, y tuvo que soportar el verse degradada del papel de geometría al mucho más modesto de una de entre las diversas geometrías que existen según los diversos tipos de superficie y que ofrecen en sí, todas ellas, la misma plenitud deductiva.

Cómo lograremos conseguir en el proceso la base firme que necesitamos para poder dictar una senteica justa? Cómo encontraremos esa base, si nada está quieto y todo se halla en movimiento? La respuesta que nos da el Derecho vigente es la misma para todas las cuestiones similares de la prueba: ninguna prueba puede lograr más que convencer a un hombre inteligente que se halle en la cumbre de la formación y cultura de su época. Tampoco el proceso puede en ningún momento ir por delante de la sabiduría de su tiempo y de su pueblo. La fuente de errores consiste en que el receptor e la prueba es un hombre mortal, susceptible de errar, y no un Dios omnisciente. Pero esa fuente de errores no se puede eliminar, a no ser que se renuncie absolutamente a la moderna prueba lógica y se quiera volver a la realización de meras formas probatorias, tal como las estableció el antiguo Derecho alemán a consecuencia de la aversión a someter un hombre libre al juicio de sus semejantes, o lo que es igual, al esforzarse por excluir en la apreción de la prueba un resultado que fuera individual, como es el caso, todavía en nuestros días, de la aseveración formal mi honor".

[7] STEIN, Friedrich. *El conocimiento privado del juez*. 2ª edição. Tradução da edição alemã por Andrés de La Oliva Santos. Madrid: Editorial Centro Estudios Ramón Areces, 1990, p. 29-30.

os fatos (e também as normas) submetidos a sua apreciação de acordo com o ambiente cultural em que se encontra.[8] O julgador, homem de seu tempo, não realiza uma atividade unicamente lógica,[9] como uma máquina de sentenciar.[10] A realidade em que vive acaba por influenciar seus atos, inclusive os decisórios. Assim, abriu-se espaço para uma visão mais flexível dos aforismos citados. Faz parte dessa ótica a aplicação das máximas de experiência.

O Código de Processo Civil brasileiro, em seu artigo 335, veio a dispor que "em falta de normas jurídicas particulares, o juiz aplicará as regras de experiência comum subministradas pela observação do que ordinariamente acontece e ainda as regras de experiência técnica, ressalvado, quanto a esta, o exame pericial".

Em linhas gerais, o presente estudo busca interpretar o artigo 335 do Código de Processo Civil à luz da teoria das máximas de experiência, objetivando compreendê-la através de sua definição como categoria autônoma e mediante a análise de suas funções no processo civil. Na realidade, o principal objeto do trabalho é chamar a atenção para a aplicação das máximas de experiência, a fim de que outros textos sejam produzidos e discutidos, desenvolvendo-se teoricamente para evoluir-se na prática desse instituto.

2. As máximas de experiência como categoria autônoma

Embora seja possível identificar uma aproximação entre as máximas de experiência e as *maximae propositiones* expostas por Pietro Abelardo,[11]

---

[8] Em última análise, trata-se de perceber que o sistema de direito não é fechado, isto é, não está alheio aos fatores externos que permeiam o plano normativo.

[9] Diz Eduardo Couture: "Luego de cuanto hemos dicho, no parece dificil admitir que la senticia no se agota en una operación lógica. La valoración de la prueba reclama, además del esfuerzo lógico, la contribución de las *máximas de experienza*, apoyadas en el conocimiento del juez del mundo y de las cosas." COUTURE, Eduardo J. *Fundamentos del derecho procesal civil*. Buenos Aires: Depalma, 1958, p. 288.

[10] Aliás, conforme Teresa Arruda Alvim Wambier, o termo *sententia* se originou de *sententiando*, gerúndio do verbo *sentire*, de onde se diz que o juiz, ao sentenciar, declara o que sente. WAMBIER, Teresa Arruda Alvim. *Nulidades do Processo e da Sentença*. 5ª edição, revista, atualizada e ampliada de acordo com as Leis 10.352/2001, 10.358/2001 e 10.444/2002. São Paulo: Revista dos Tribunais, 2004, p. 21. Sentimento que, embora deva ser objetivado para que não se caia no subjetivismo total e incontrolável, não poderá ser percebido, pelo menos nos dias de hoje, se proferida a sentença por uma máquina. Essa afirmativa pode até ser contraditada quando se tem em mente a verdadeira guerra de computadores existente no que se chamou de processos recorrentes (aquelas demandas de massa, especialmente proposta contra os órgãos da administração pública direta e indireta). Entretanto, o cotejo dos aspectos sociais e políticos do processo não pode ser feito pelas máquinas. A tecnologia ainda não chegou – e pode ser que nunca chegue – nesse ponto. O que se quer deixar claro é a participação indispensável do homem juiz e de sua humanidade nos atos processuais que são praticados.

[11] Massimo Nobili afirma que a obra de Pietro Abelardo (viveu entre 1079 e 1142) representa o abandono da lógica medieval da controvérsia, sendo substituída por uma concepção anti-retórica, em que o cálculo silogístico vem para anular os elementos circunstanciais da experiência concreta. NOBILI, Massimo. *Nuove polemiche sulle considette "massime di esperianza"*. In Riv. Italiana de Dir. Procedura Penale, 1969, p. 124, nota nº 1 apud ROSITO, *op. cit.*, p. 77-78, nota nº 355.

deve-se a Friedrich Stein a elaboração conceitual da categoria como ela é concebida contemporaneamente.[12] O autor, preocupado com a irreal limitação do juiz ("*o que não está nos autos, não existe no mundo*" e "*o juiz deve julgar segundo alegado e provado*"), procurou sistematizar a categoria das máximas de experiência e dos fatos notórios para possibilitar, nesses casos, a utilização de conhecimentos extra-autos pelo juiz. Trouxe o jurista o conceito de *máximas de experiência*:

> São definições ou juízos hipotéticos de conteúdo geral, desligados dos fatos concretos que se julgam no processo, precedentes da experiência, porém independentes dos casos particulares de cuja observação foram induzidos e que, sobrepondo-se a esses, pretendem ter validade para outros casos novos.[13]

Stein divide em duas categorias as máximas de experiência: ou são definições (juízos esclarecedores que decompõem uma palavra ou um conceito em suas notas constitutivas), ou são teses hipotéticas que expressam as conseqüências que se pode esperar a partir de determinados pressupostos. Na primeira categoria – indicada como de menor ocorrência prática – têm-se as máximas de experiência sobre o uso da linguagem, seja em geral, seja em ambientes mais específicos (dos comerciantes, de determinadas profissões, etc.), ou, ainda, como significado peculiar de certas palavras segundo o lugar do dialeto. Na segunda categoria, têm-se as máximas de experiência como uma idéia, uma previsão de que os fenômenos observados no passado possam repetir-se no futuro, diante das mesmas condições, conclusão que se chega através do caminho da indução.[14] Esta última categoria interessa particularmente ao presente ensaio, tendo em vista sua maior aplicação prática.

Nesse sentido, as máximas de experiência originam-se, fundamentalmente, da observação do que ordinariamente acontece no mundo físico,

---

[12] Informa Francisco Rosito que o conceito proposto por Stein foi acolhido pelos sistemas alemão e italiano, acabando por influenciar outros sistemas jurídicos, exceto o francês. Cita farta bibliografia. ROSITO, *op. cit.*, p. 81, nota 371. Convém, já no início, destacar que Friedrich Stein viveu em um ambiente positivista em que ao juiz não eram dadas muitas liberdades (sua obra trabalhada no texto foi publicada em 1893). Tratava-se de um processo civil essencialmente privado e se acreditava na validade formal e substancial do silogismo decisório. Em outras palavras, a atividade judicial estava restrita à aplicação silogística da regra geral posta pela lei ao caso concreto. Nesse sentido, Stein acabou identificando às máximas de experiência como uma premissa maior nesse raciocínio, pois são gerais, abstratas, independentes do caso concreto e assim, semelhante às regras jurídicas. Entretanto, não é nesse sentido que a categoria vai ser trabalhada nesse estudo. O avanço da hermenêutica jurídica condenou o silogismo judiciário em seu aspecto material, havendo, ainda hoje, quem defenda sua validade formal. Nesse sentido, fundamental é a leitura da obra de KNIJNIK, Danilo. *O recurso especial e a revisão da questão de fato pelo Superior Tribunal de Justiça*. Rio de Janeiro: Forense, 2005, p. 36-46.

[13] Tradução livre para o português. Assim na edição espanhola: "Son definiciones o juicios hipotéticos de contenido general, desligados de los hechos que se juzgan en el proceso, procedentes de la experiencia, pero independientes de los casos particulares de cuya observación se han inducido y que, por encima de esos casos, pretenden tener validez para otros casos nuevos". STEIN, Friedrich. *El conocimiento privado del juez*. 2ª edição. Tradução da edição alemã por Andrés de La Oliva Santos. Madrid: Editorial Centro Estudios Ramón Areces, 1990, p. 22.

[14] STEIN, *op. cit.*, p. 19.

derivadas de um procedimento que parte de fatos singulares à construção de uma regra geral referente a um determinado campo do conhecimento.[15] Com elas não se pode alcançar uma certeza absoluta, apenas se concebe um valor cognitivo de probabilidade.

Distingue-se a máxima da experiência do juízo plural. Este ocorre quando se repete uma série de acontecimentos em uma determinada situação e de uma mesma maneira. Essa constatação, por si só, não basta para que se tenha uma máxima de experiência. Para tanto, é preciso que se possa esperar (para o futuro) a ocorrência da mesma conseqüência quando a situação causadora seja idêntica. Trata-se de se pensar em uma espécie de regra geral para os casos que se encontrem e se encontrarão na mesma situação, expectativa que decorre da observação de casos anteriores e da conclusão de que é de tal forma que ordinariamente acontece.

O exemplo trazido por Friedrich Stein é elucidativo. Diz que não passa de um juízo plural o fato de A, B, C e mais vinte pessoas testemunharem, de forma consciente ou não, em favor de seu parente acusado. O que importa é poder esperar que as pessoas, ao se encontrarem em determinada situação, irão agir da mesma maneira. Em outras palavras, para que se possa retirar dos fatos ocorridos uma máxima de experiência é preciso verificar que qualquer parente de acusado se comportaria da mesma forma diante da mesma situação (aspecto geral e abstrato das máximas de experiência).[16]

É importante deixar claro que a existência de uma máxima de experiência independe do número de observações que tenham sido necessárias para a sua formação.[17] Independe, também, que as máximas de experiência refiram-se a juízos de verdade, tendo em vista que se relacionam com va-

---

[15] CRECI SOBRINHO, op. cit., p. 431. A categoria sofre, desde sua origem, a crítica de Stuart Mill ao negar a validade do juízo geral. Entende-se que o máximo onde se pode chegar com a observação de características presentes em determinado número de eventos particulares seria uma hipotética ilação de semelhança entre futuras situações similares. Em outras palavras, não haveria valor cognitivo decorrente das experiências gerais, advindas de um raciocínio que se obtém com a verificação de situações particulares. Sobre a crítica, diz Francisco Rosito: "No entanto, essa corrente filosófica não invalidade o juízo de caráter geral e abstrato, porque essa passagem inferencial não é uma mera associação de representações, mas uma inferência própria e verdadeira, à medida que é mediada pelo conceito de semelhança, que não é uma simples idéia particular, mas uma idéia universal e geral que é válida. Desde modo, a passagem do particular ao particular, mediante a mediação do conceito de semelhança, comporta a formação de uma regra geral, dado que, de casos observados, inferimos o que é verdade nos mesmos e também em casos similares ainda não observados (presentes, passados e futuros). Isso confirma a opinião tradicional, comungada pela maioria dos filósofos, que concebe a indução como o procedimento em que do particular se chega ao universal.
De fato, se proposições gerais permitem obter conclusões de caráter probabilístico, é porque evidentemente compreendem um valor de verdade que supera aquele dos dados observados dos quais derivam. Por esta razão, pode-se afirmar que existem, sim, juízos de caráter geral cujo valor cognitivo se estende a casos similares diversos daqueles observados, não de uma maneira absoluta, mas sim de forma relativa, o que confirma a natureza das máximas de experiência." ROSITO, op. cit., p. 90.
[16] STEIN, op. cit., p. 20-21.
[17] STEIN, op. cit., p. 21.

lores aproximados da realidade, com o que se pode concluir que elas não são estáticas, ou seja, estão em direta ligação com a realidade em que foram verificadas, ambiente cultural que pode, naturalmente, modificar-se no futuro.[18] Guardam, repita-se, uma relação de probabilidade.

De qualquer sorte, certas máximas de experiência possuem tal força que acabaram positivadas no sistema. É o caso dos impedimentos descritos no artigo 405, § 2º, do Código de Processo Civil, por exemplo, que limitam as pessoas autorizadas a serverem como testemunhas compromissadas no processo. Através da experiência, como regra geral e abstrata desvinculada com casos anteriores (não como juízo plural, portanto), acredita-se que a imparcialidade do cônjuge de quem litiga na demanda estará comprometida para atingir a finalidade da prova testemunhal. Não que o impedido não possa ser ouvido como informante ou que o juiz não possa dar valor suficiente às informações por ele prestadas. Nada disso. Somente se quer ressaltar o importante papel desempenhado pelas máximas da experiência, inclusive em sede legislativa.

Sua natureza jurídica é controversa na doutrina. Embora prevaleça a noção da máxima de experiência como regra, trata-se de uma categoria diversa do mero fato e da mera regra jurídica.[19] É o que pensa Piero Calamandrei ao afirmar que as máximas de experiência se referem a um *tertium genus* lógico que vincula fatos e normas jurídicas.[20]

Seu conteúdo é heterogêneo. Podem corresponder a leis científicas e lógicas, noções de ciência natural ou humana, generalização empírica, regras de senso comum, análises comportamentais, resultados experimentais adquiridos na valoração das ações humanas, etc. Trata-se, ao fim e ao cabo,

---

[18] *Idem*, p. 29-30. No mesmo sentido Francisco Ramos Mendes: "As máximas de experiência não são, por definição, algo estático, conceitos imóveis, senão precisamente o contrário: como imersas dentre da existência cotidiana, estão sujeitas ao dinamismo que impõem novas observações e ao enriquecimento pessoal da experiência do juiz." MENDES, Francisco Ramos. *Derecho procesal civil*. 5ª edição. Barcelona: Jose Maria Bosch Edito, 1992, Tomo I, p. 541.

[19] ROSITO, *op. cit.*, p. 88.

[20] CALAMANDREI, Piero. *Massime di esperienza in cassazione. Rigetto del ricorso a favore del ricorrente. In* Rivista di Diritto Procesuale Civile, v. II, 1927, p. 128 *apud* ROSITO, *op. cit.*, p. 89. Acredita-se que a doutrina que considera as máximas de experiência uma regra o faz em razão de sua posição no raciocínio silogístico decorrente do ambiente positivista em que foi dogmaticamente construída (ver nota nº 11) e diante da constatação de que são gerais e abstratas (Nesse último sentido, assim a lição de Buzaid: "As regras de experiência comum são juízos de valor, formulados no processo, com base no que ordinariamente acontece, que, por sua generalidade, se aproximam da lei, permitindo que para os litígios semelhantes se aplicar a mesma solução". BUZAID, *op. cit.*, p. 134). Entretanto, não seguem as máximas de experiência a mesma lógica das regras, tampouco sua função social. As regras – e aqui importam as regras jurídicas, e não outras – representam um ato de soberania do Poder Estatal, surgem para que o homem possa conviver em sociedade pacificamente. As máximas de experiência em nada se assemelham com as regras jurídicas nessa perspectiva. Da mesma forma, não se pode classificá-las como mero fato, tendo em vista que sua estrutura mesma possui um caráter de generalidade e abstração que as afastam dos fatos concretos da vida. Representam, portanto, uma categoria autônoma, um *tertium genus*, com o que até se pode iniciar uma crítica à contraposição "mundo jurídico x mundo dos fatos". Mas isso é assunto para outra oportunidade.

de uma generalização decorrente daquilo que ordinariamente acontece (*id quod plerumque accidit*), tanto no campo da experiência comum quanto no campo da experiência técnica ou científica.[21]

Dividem-se em duas espécies as máximas de experiência: comum e técnica ou científica. O primeiro grupo refere-se às generalizações empíricas fundadas sobre aquilo que ordinariamente ocorre em um determinado grupo social. Está inserido no patrimônio cultural do homem médio, relacionado com a vida em sociedade, sendo o juiz seu intérprete. Origina-se da reiterada observação de fatos que rotineiramente se repetem e permite a formulação de uma máxima que se pretende aplicável nas próximas situações em que as circunstâncias fáticas sejam idênticas.[22]

As máximas de experiência técnicas correspondem aos conhecimentos científicos que estão ao alcance do homem médio, independente de maiores aprofundamentos.[23] Essas máximas da experiência técnica acabam por se difundir naturalmente no meio cultural.[24]

A distinção apresentada respeita critérios de ordem teórica e prática. Primeiro, estão sujeitas a um processo de formulação diverso, ou seja, a lógica de sua concepção é diversa. Segundo, e em razão da primeira obser-

---

[21] ROSITO, *op. cit.*, p. 84.

[22] BUZAID, *op. cit.*, p. 134. Ressalta Francisco Rosito que "não estão inseridas nesse tipo de máximas de experiência aquelas simples noções de senso comum, as quais se referem a simples tendências de comportamento humano e possuem um conteúdo factual mínimo, resultado daquilo que se entende justo ou preferível, segundo uma chamada experiência comum. São exemplos de tais noções: quem não chora não está machucado; os bons genitores amam os filhos; quem se ruboriza mente; quem foge é culpado, etc. No seu conjunto, essas noções possuem um elevado componente subjetivo, baseado em proposições genéricas pouco confiáveis que não asseguram conclusões acertadas". ROSITO, *op. cit.*, p. 85. As máximas de experiência comum diferem-se dessas noções de experiência comum na medida em que, mesmo que apresentem um elemento valorativo, possuem um caráter objetivo mais intenso. Fundam-se em bases empíricas das quais é possível alcançar-se uma regra que se pretende aplicável às situações futuras que se encontrem em posição de igualdade.

[23] Diz Dinamarco: "São *regras de experiência* técnica, que também o art. 335 manda observar, certos conhecimentos técnicos ou científicos ao alcance do *homo medius* e não dependentes dos conhecimentos mais profundos de que são portadores os especialistas. Certos fenômenos físicos elementares, como a ebulição da água a cem graus Celsios ou alguns efeitos da eletricidade, são do conhecimento geral e o juiz não pode estar alheio a eles; também certos postulados de matemática ou geometria, como aquele de que *o quadrado da hipotenusa corresponde à soma do quadrado dos* catetos; ou mesmo de medicina, como o nexo causal entre certas atividades laborais e determinadas enfermidades *etc.*" DINAMARCO, Cândido Rangel. *Instituições de direito processual civil*. 2ª ed. revista e atualizada. São Paulo: Malheiros, 2002, v. III, p. 105-107.

[24] A partir dessa constatação, Mazzarella considera impossível diferenciar as máximas de experiência técnica da comum. Diz o jurista que não se pode precisar onde começa a generalidade do conhecimento de uma máxima. Além disso, afirma que a essência da máxima de experiência é sua identificação com uma verdade geral, não importando o fato de ser conhecida por um grupo de pessoas mais ou menos extenso. MAZZARELLA, Giuseppe. *Appunti sul fatto notorio*. Rev. Dir. Proc. Civ., vol. 11, pt 2, 1934, p. 64 *apud* ROSITO, *op. cit.*, p. 88. Em sentido semelhante, Barbosa Moreira afirma que a distinção obedece apenas a critérios doutrinários, pois a individuação epistemológica de cada espécie é tarefa difícil, tendo em vista que esses conhecimentos integram o mesmo patrimônio cultural. BARBOSA MOREIRA, José Carlos. *Regras da experiência e conceitos juridicamente indeterminados*. In Revista Forense, volume 261, ano 74, jan./fev./março, 1978, p. 14.

vação, as máximas de experiência técnicas estão calcadas em critérios científicos, de onde se pode dizer que apresentam maior objetividade quanto a sua validade do que as máximas de experiência comum.[25] De qualquer forma, convém ressaltar que ambas as categorias estão sujeitas ao erro, ou seja, a serem superadas em eventual desenvolvimento social e tecnológico.

A aplicação das máximas de experiência não depende de provocação das partes. Admite-se que o juiz possa, para a formulação de seu convencimento, valer-se dessa categoria, sem que isso corresponda à utilização de seu saber privado.[26] Em regra, a máxima de experiência comum independe de prova, tendo em vista que sua observação decorre da posição natural que ocupa o magistrado como cidadão de determinada sociedade.[27] O que importa considerar, no tratamento probatório dessa espécie, é a possível aplicação de uma falsa ou incorreta máxima de experiência. A transformação do saber científico em saber comum ocorre paulatinamente, sendo razoável admitir-se a manipulação ou a simplificação generalizante nesse processo. Além disso, não se pode descartar a hipótese de se tornar conhecimento comum uma "pseudociência".[28] Por isso, é fundamental que o juiz atente para o conteúdo e os limites do patrimônio cultural do homem médio, buscando identificar a validade das máximas de experiência.[29]

---

[25] Assim a lição de Francisco Rosito ao rebater as críticas de Barbosa Moreira e Mazzarella: "Conquanto tenha razão quanto à natureza comum entre esses dois tipos de máximas de experiência, essa doutrina vai de encontro a uma tradição que procura estabelecer essa diferenciação, cujo fundamento é, sobretudo, de ordem prática. Inegavelmente existe diferença de conteúdo entre as duas espécies de máximas de experiência, diferença essa que se reflete no tratamento probatório no convencimento judicial, visto que as regras de ordem técnica ou científica tendem a possuir um peso superior no convencimento judicial comparado com as regras de experiência comum". ROSITO, op. cit., p. 88.

[26] Pontes de Miranda afirma que a regra de experiência comum só é aplicável se não há regra jurídica especial a respeito. Há, diz ele, "subsidiariedade: não havendo regra jurídica particular (= no tocante à espécie), aplica-se a regra de experiência comum. De outro modo, a regra de experiência comum não se faz regra jurídica, porque, em verdade, o art. 335 é que é regra jurídica, incidente na falta de regras jurídicas particulares." PONTES DE MIRANDA, Francisco Cavalcanti. *Comentários ao Código de Processo Civil*. 3ª edição revista e aumentada. Atualização de Sérgio Bermudes. Rio de Janeiro: Forense, Tomo IV, 2001, p. 280-281. Lição seguida por PAULA, Jônatas Luiz Moreira de. *Comentários ao Código de Processo Civil*. Barueri: Manole, Vol. III, 2003, p. 140. Na realidade, as máximas de experiência ultrapassam a existência de regra jurídica específica, elas fazem parte da cultura – em especial da cultura do juiz – sem que seja possível ao magistrado deixar de estar influenciado pela categoria.

[27] Para Carnelutti – que enxergava as máximas de experiências como regras de direito – seria não só impróprio como inoportuno utilizar-se a palavra prova quando se pretende referir o conhecimento de regras de direito. CARNELUTTI, Francesco. *A prova civil*. Tradução da 2ª edição italiana por Lisa Pary Scarpa. Campinas: Bookseller, 2001, p. 71, nota 66.

[28] Essa é uma das críticas de Michele Taruffo à categoria das máximas de experiência, pois o senso comum que as origina é, por natureza, "cambiante, heterogêneo, incerto, incoerente, histórica e localmente variável, epistemologicamente dúbio e incontrolável", de onde não se poderia atribuir um grau maior de racionalidade e credibilidade ao contexto fático com a invocação da experiência. Além disso, não se poderia considerar verdadeiro um conhecimento apenas porque um número razoável de pessoas assim o admite. Em outras palavras, os juízos baseados na experiência comum podem ocasionar inúmeras possibilidades de erro. TARUFFO, Michele. *Senso Comum, experiência e ciência do raciocínio do juiz*. In Revista Forense, vol. 355, ano 97, maio-junho, 2001, p. 101-118, especialmente p. 107.

[29] ROSITO, op. cit., p. 112.

Outra é a lógica da máxima de experiência técnica quanto ao seu tratamento probatório. O Código de Processo Civil admite o exame pericial para a comprovação de uma máxima dessa espécie, o que deverá ocorrer sempre que ela, embora técnica, não esteja na seara comum do conhecimento. Aliás, é de todo conveniente que se produza a prova pericial de uma máxima de experiência técnica, pois as partes – especialmente através de seus assistentes – poderão dela participar, garantindo-se o devido processo legal mediante a observância do contraditório.[30] Recorde-se que a categoria impõe um juízo de caráter geral. Assim, mesmo que restrito a determinado grupo, é possível estar-se diante de uma máxima de experiência técnica, ainda que necessária a sua comprovação. Por outro lado, tratando-se de conhecimento técnico complexo – que não corresponda a um juízo geral e abstrato, mesmo que científico e restrito a determinado grupo – não se estará diante de uma máxima de experiência técnica, que se pretende aplicável como regra geral para futuros casos idênticos.

Para pesquisar-se a autonomia da categoria, convém distingui-la dos fatos notórios, das presunções, dos indícios e dos argumentos de prova, para, então, verificar-se suas possíveis funções.

Um fato é notório quando, por ser do conhecimento geral, o juiz também o conhece.[31] A razão para dispensar-se sua prova (C.P.C., art. 334, I) reside na inexistência de dúvida sobre ele e, sendo assim, não há o funda-

---

[30] Francisco Rosito adverte que mesmo possuindo o juiz conhecimentos especializados que o autorizem tecnicamente a aplicar uma máxima de experiência técnica, deve ele chamar o perito para produzi-la, oportunizando às partes a efetiva realização do contraditório. ROSITO, op. cit., p. 114. Imagine-se que o magistrado seja formado em engenharia e que se esteja discutindo justamente a responsabilidade civil decorrente de eventual dano ocasionado por defeito do material ou por excesso em sua utilização. O juiz não pode aventurar-se como engenheiro, impossibilitando às partes de contradizer possíveis conclusões técnicas. Deve o juízo produzir a prova pericial, caso contrário estará valendo-se de seu saber privado, tornando-se questionável sua imparcialidade. Pode-se imaginar outra situação: por hipótese, se discute eventual responsabilidade civil por erro médico grosseiro. Não poderá o magistrado ir à biblioteca em busca de bibliografia sobre o tema, deverá deixar ao perito de sua confiança que traga ao processo os elementos técnicos necessários para a solução justa do conflito.

[31] Stein diferencia três categorias: fatos notórios fora do processo, fatos notórios para o tribunal e o conhecimento especificamente judicial. Os primeiros correspondem àqueles fatos que se tornaram notórios diante da forma como ocorreram ou do modo como foram divulgados. Haverá um fato notório fora do processo quando existir uma generalidade que conheça sua existência, trata-se de um fato notoriamente público. O notório judicial (ou para o tribunal) refere-se aos fatos de domínio público de cuja notoriedade pré-processual participam os juízes, como privados, independente da forma com que tenha adquirido conhecimento. A última categoria, por sua vez, diz respeito ao conhecimento especificamente judicial, sendo aquele obtido pelos juízes em razão do exercício de sua atividade profissional. Admite Stein que esses fatos não estão na seara privada do juiz, diz que eles podem ser reconhecidos independente de prova se possuírem um caráter geral que os faça aptos a converterem-se em fatos do conhecimento público, desde que o juiz o recorde de forma convincente. STEIN, op. cit., p. 133-156. Hermano Devís Echandía afirma que a maioria da doutrina não inclui na noção de notoriedade os fatos conhecidos pelo juiz em razão de sua atividade, pois seria muito difícil a distinção entre eles e o conhecimento privado do juiz, inviabilizando o debate necessário à ampla defesa e ao contraditório. ECHANDÍA, Hermano Devis. Teoría general de la prueba judicial, t. I, p. 221 apud ROSITO, op. cit., p. 99.

mento lógico-jurídico de toda a necessidade de provar.[32] Diferencia-se da máxima de experiência, primeiro, por sua concepção. O fato notório é um acontecimento concreto e individualizado, enquanto a máxima de experiência advém de uma série de situações particulares em que se verifica uma possível semelhança para outras situações idênticas ou que guardem a mesma relação de condição. Em síntese, o fato notório é um fato, enquanto a máxima de experiência é um raciocínio, um juízo.[33]

Por ser concreto, o fato notório, em sua essência, não possui um sentido de relatividade, mesmo que sua notoriedade possa depender do espaço, do tempo e do meio social. A máxima de experiência, por ser geral e abstrata, estará sujeita aos juízos de experiência de determinada sociedade, em determinado tempo e espaço, além de não ser possível aferir a ela um caráter de certeza imutável. Dessa constatação, é possível dizer que a máxima de experiência, ao contrário do fato notório, possui essencialmente uma lógica de relatividade.[34]

Ambas as categorias, em regra, independem de prova, o que as aproxima. Entretanto, como se viu, representam fenômenos distintos e obedecem a uma lógica diversa, existindo diferenças quanto ao seu possível controle, razões pelas quais é de todo conveniente fazer a distinção.[35]

A categoria em exame também não se identifica com as presunções e com os indícios. Interessa o estudo das chamadas presunções simples,[36] que são conseqüências, assunções que o juiz, como ser humano criterioso, retira dos fatos da causa ou de circunstâncias, nos quais firma sua convicção quanto ao fato a ser provado, atendendo a ordem natural das coisas.[37] As

---

[32] Têm-se como exemplos de fatos notórios as virtudes de Madre Tereza de Calcutá, as façanhas de Pelé nos campos do futebol, etc. Há pouco tempo, o jogador Edmundo – hoje atuando no Palmeiras – teve sua pena dosada acima do mínimo, pois o juiz reconheceu que ele seria portador de personalidade *desrespeitosa, agressiva e debochada*, "o que é realmente de conhecimento geral da população brasileira". DINAMARCO, *op. cit.*, p. 64.

[33] PALAIA, Nelson. *O fato notório*. São Paulo: Saraiva, 1997, p. 52.

[34] *Idem*, p. 53.

[35] Não pensam assim Calamandrei (*Per la definicione del fatto notório*, p. 293) e Allorio (*Observazione sull fatto notório*), pois não visualizam uma distinção de ordem prática. Conforme ROSITO, *op. cit.*, p. 101.

[36] A doutrina costuma dividir as presunções em legais e simples. As primeiras seriam subdivididas em relativas ou absolutas. As relativas comportariam prova em contrário, pois, mesmo decorrente de lei, não proporcionariam qualquer informação empírica (*v.g.*, presunção de inocência). As absolutas não comportariam prova em contrário, pois possuiriam um caráter de verdade, enquanto as outras apresentariam apenas uma forte probabilidade. ROSITO, *op. cit.*, p. 71. Embora seja doutrinariamente sustentável, parece-nos que a própria locução "presunção absoluta" é uma contradição em termos. Se é presunção, é preciso ser possível desconstituí-la, sob pena de se cair em um normativismo irreal.

[37] Diz Moacyr Amaral dos Santos: "São – na lição de CHIOVENDA – aquelas presunções 'que o juiz, como homem, se serve no pleito para formar sua convicção, exatamente como, fora do processo, o faria qualquer homem que raciocinasse'. E esclarece PONTES DE MIRANDA: – 'É a experiência dêle (juiz), derivada do que se sabe sôbre as coisas, das suas relações de coexistência ou de causação, ou de duração, ou de localização, que as estabelece'. O juiz, fundado em fatos provados, ou suas circunstâncias, raciocina, guiado pela sua experiência e pelo que ordinariamente acontece e conclui por presumir a existência e de um ou de outro fato." SANTOS, Moacyr Amaral dos. *Prova Judiciária no cível e no comercial*. 2ª edição. São Paulo: Max Limonad, 1955, vol. V, p. 415.

presunções decorrem da busca pelo conhecimento de um fato ignorado (fato a ser provado) a partir de um fato conhecido e demonstrado (indício). Usualmente, as máximas de experiência participam dessa atividade intelectual dando a ela um critério de razoável probabilidade.

O indício, por sua vez, é o fato conhecido do qual parte o magistrado para chegar a uma presunção simples capaz de solucionar o problema posto a sua apreciação.[38] São indícios as circunstâncias ou os comportamentos que o juiz entende significativos para concluir a respeito do fato a ser provado (fato ignorado), ou seja, rastro, vestígio, pegada, impressão digital, enfim, qualquer fato conhecido – devidamente comprovado – que possa iluminar o caminho do julgador em sua tarefa de decidir sobre a ocorrência ou não de fatos fundamentais para o deslinde da controvérsia.[39]

Os indícios e as presunções se encontram em momentos diversos do raciocínio lógico probatório. Aqueles estão vinculados diretamente ao fato a ser provado, enquanto estas possuem, com o fato, um vínculo argumentativo. No raciocínio indutivo, o indício representa o início da causa, ou seja, o fato conhecido, já a presunção corresponde ao efeito, isto é, ao conhecimento do fato antes ignorado (fato a ser provado). O primeiro consiste em um particular elemento de prova, ao passo que a presunção refere-se ao resultado da avaliação probatória.[40]

Nesse raciocínio, há interessante relação com as máximas de experiência. Categoria que é visualmente diversa – tem função diversa –, embora atue conjuntamente no método probatório da prova indireta. Explica Francisco Rosito que "o indício representa o fato certo que, por inferência lógica baseada em uma máxima de experiência, permite chegar-se à demonstração de um fato incerto, o que representará uma presunção simples".[41]

Convém, agora, verificar a relação das máximas de experiência com os chamados argumentos de prova. Diz-se que o juiz pode retirá-los de certos eventos ou comportamentos das partes durante o processo. Podem

---

[38] Diz o Código de Processo Penal, em seu artigo 239: "Considera-se indício a circunstância conhecida e provada que, tendo relação com o fato, autorize, por indução, concluir-se a existência de outra ou outras circunstâncias".

[39] Adverte Francisco Rosito que "a formação e a força probante da presunção dependem da qualidade dos indícios verificados, dado que consistem no fundamento dessas ilações, a fim de que possam formar a convicção judicial. A propósito dessa questão, discute-se se os indícios têm um mesmo valor probatório de uma prova, se é possível basear o convencimento com base em um único indício, etc. É no direito processual italiano, no entanto, que as bases dogmáticas dessa categoria começaram a ser assentadas, partindo-se do entendimento de que o juiz possa utilizá-los desde que sejam graves (quanto à intensidade do convencimento), precisos (inequívocos) e concordantes (pluralidade convergente para o mesmo objeto). Porém, muito ainda se discute a respeito, principalmente quanto ao procedimento de aquisição do indício e quanto às suas regras de exclusão". ROSITO, op. cit., p. 104.

[40] SANTOS, Moacyr Amaral dos. *Prova Judiciária no cível e no comercial*. 2ª ed. São Paulo: Max Limonad, 1955, vol. V, p. 412-416.

[41] ROSITO, op. cit., p. 106.

ser tidos por argumentos de prova as respostas oferecidas pelas partes no interrogatório, da negativa injustificada de se consentir com a inspeção judicial, etc.[42] Enfim, trata-se de um comportamento da parte que pode importar na valoração da prova pelo juiz.[43]

Os argumentos de prova se aproximam das máximas de experiência na medida em que servem como critérios para a valoração das provas produzidas, função que também pode ser desempenhada por aquelas. Aproximam-se quando se tem a consciência de que os argumentos de prova, assim como as máximas de experiência, decorrem do senso comum. A doutrina que diferencia essas duas categorias afirma que os argumentos de prova não são suficientemente robustos para que se extraia deles uma regra geral e abstrata que se pretende válida para casos futuros. Diz-se, ainda, que por isso as máximas de experiência vinculam mais fortemente o julgador, ao passo que os argumentos de prova possuem valor probatório menor. Estes seriam sempre acessórios na valoração da prova, auxiliando o juiz em seu convencimento, enquanto aquelas poderiam, por si só, determinar a prova de um fato (prova *prima facie*).[44]

Percorreu-se esse importante caminho para firmar a premissa de que as máximas de experiência constituem uma categoria autônoma no campo do raciocínio probatório. Veremos, agora, quais funções são exercidas por essa categoria e a possibilidade de controlá-la.

3. Funções das máximas de experiência

Analisar-se-á a relação das máximas de experiência com a prova direta (ou representativa), com a prova indireta (ou indiciária), com a prova *prima facie* e com as próprias normas jurídicas.

No primeiro caso, das provas diretas, as máximas de experiência auxiliam o magistrado na valoração do elemento probatório existente no processo, garantindo-se a credibilidade das fontes ou dos meios de prova na conformação do juízo.[45] Na realidade, a utilização das máximas de expe-

---

[42] TARUFFO, Michele. *La prova dei fatti giuridici.*, p. 453 apud ROSITO, *op. cit..*, p. 107.

[43] Ver, entre outros, FAVARETTO, Isolde. *Comportamento processual das partes como meio de prova.* Porto Alegre: Livraria Editora Acadêmica, 1993, p. 51-59.

[44] Ver ROSITO, *op. cit.*, p. 108-109.

[45] Francisco Rosito propõe um exemplo: "suponhamos uma demanda indenizatória em virtude de acidente de trânsito no qual uma determinada testemunha presenciou o choque dos veículos. Neste exemplo, há evidente referência à prova direta. Nesse caso, ao realizar a verificação do fato, o juiz compreende o significado das declarações prestadas pela testemunha, controlando a sua credibilidade, com base em casos semelhantes já enfrentados. Por conseguinte, no caso da prova representativa, o juiz aplica as regras da experiência no momento em que valora a credibilidade da fonte e dos meios probatórios, utilizando parâmetros de caráter geral obtidos da ciência ou da experiência comum." ROSITO, *op. cit.*, p. 115-118. Diz Barbosa Moreira: "supondo-se que duas testemunhas, uma das quais daltônica, prestem depoimentos contraditórios sobre a cor do veículo que causou o acidente, o juiz naturalmente preferirá o depoimento da testemunha de visão normal, com apoio em corriqueira regra de experiência." BARBOSA MOREIRA, *op. cit.*, p. 14.

riência na valoração probatória decorre da própria natureza do juiz como ser humano. O magistrado não é uma máquina lógica descompromissada com a realidade em que se encontra. Pelo contrário, quanto maior for sua proximidade com a realidade, maior será sua habilidade para a solução dos conflitos submetidos a sua apreciação.[46]

As máximas de experiência também exercem função auxiliar na valoração da prova indireta. Não há, aqui, diferença entre essa função e a exercida na prova direta, uma vez que em ambas a experiência serve para valorar a credibilidade das fontes ou dos meios de prova.[47]

Ocorre que nem sempre será possível fazer a prova direta do fato, sendo necessário produzir-se prova circunstancial servindo as máximas de experiência para uma função diversa daquela vista acima. Nesses casos, elas são usadas para formular inferências no âmbito do juízo de fato, tornando possível alcançar-se o *factum probandum* (fato a ser provado) através de um fato conhecido e circunstancial (indício).[48] Nessa lógica, a máxima

---

[46] Watanabe, ao impulsionar o direito a adequada cognição judicial em sua obra clássica, diz que "não raro, são diferentes, por exemplo, no julgamento de uma ação de indenização por acidente automobilístico, a conclusão de um magistrado que sabe dirigir e o pratica diariamente, e a solução de outro magistrado que jamais dirigiu um veículo, pois a avaliação depende dos fatos depende de inúmeros conhecimentos prévios a respeito das circunstâncias que ordinariamente cercam o acidente. Aquele primeiro juiz é capaz de examinar o caso dentre do contexto global, considerando o que a experiência lhe sugere (fluxo de veículos, ritmo de circulação, hábito dos motoristas, sistema de sinalização, etc.), enquanto o segundo será certamente levado a equacionar o caso e a solucioná-lo na conformidade do critério abstrato e teórico que o estudo do sistema jurídico lhe proporcionou". WATANABE, Kazuo. *Da Cognição no Processo Civil*. 2ª edição atualizada. Campinas: Bookseller, 2000, p. 61. Úrsula Petrilli Dutra, por sua vez, destaca a importância das regras de experiência nos juizados especiais cíveis ao dizer que "aplicar, adequadamente, as regras de experiência, com um balanceado equilíbrio entre e lei e o bom senso, motivando-se corretamente a decisão e afastando a arbitrariedade, estar-se-á decidindo as vidas das pessoas como um verdadeiro juiz e, sobretudo, como um verdadeiro ser humano". DUTRA, *op. cit.*, p. 20.

[47] ROSITO, *op. cit.*, p. 118.

[48] Veja-se o seguinte exemplo: "a hipótese de uma demanda de investigação de paternidade, na qual restou provado que a mãe, nove meses antes do parto, havia tido relações sexuais com Tício. Vislumbra-se, nesse exemplo, prova indireta. Da mesma forma, o juiz deve examinar, antes de tudo, a credibilidade dos elementos probatórios, tal como realizado na prova direta ou representativa. Além disso, o juiz deve proceder a uma posterior avaliação dos dados indiciários, partindo do fato conhecido (relação sexuais entre a mãe e Tício) até chegar ao fato desconhecido (pai da criança), mediante o emprego de uma máxima de experiência que vincula os dois partos (é de nove meses o período de gestação do ser humano).
Como se percebe, nesses casos, as máximas de experiência são chamadas a desempenhar uma função instrumental lógica; não representam o fato conhecido (indício), nem são o fato a provar (objeto da presunção); constituem, isto sim, o meio necessário do qual o juiz se serve para coordenar esses dois fatos. Conseqüentemente, a presunção equivale a uma convicção fundada sobre a ordem natural das coisas". ROSITO, *op. cit.*, p. 119. Exemplo originalmente desenvolvido por BARBOSA MOREIRA, *op. cit.*, p. 14. Exemplo real ocorreu em julgamento realizado pelo Tribunal de Justiça do Estado do Rio Grande do Sul, esta a sua ementa: AÇÃO DE REPARAÇÃO DE DANOS MATERIAISE MORAIS. ARROMBAMENTO DE COFRE DE ALUGUEL EM BANCO. RESPONSABILIDADE OBJETIVA POR INADIMPLEMENTO CONTRATUAL. Prova do conteúdo. Aplicação das regras de experiência. Exame do conjunto probatório. Pedido de ressarcimento de danos morais acolhido. Provimento do apelo dos autores. (Apelação Cível nº 70001464676, Relator Desembargador Osvaldo Stefanello, Sexta Câmara Cível, Tribunal de Justiça do Estado do Rio Grande do Sul, julgado em 21/11/2001). No caso, o

de experiência representa a ligação entre o indício (fato conhecido) – causa – e a presunção (fato desconhecido) – efeito.[49]

Haverá casos, também, em que não será possível a produção da prova direta ou mesmo a prova indireta. Entretanto, não se pode deixá-los à margem que uma análise peculiar e criteriosa, sob pena de se afastar o exame de lesão ou ameaça de lesão do Poder Judiciário (C.F., art. 5º, XXXV).[50] Fala-se da chamada prova *prima facie* ou de primeira aparência. Esse método de prova possui como princípio a formação de uma prova com base na experiência do que ordinariamente acontece; porém, tem cabimento quando

---

voto do relator dava pela improcedência da ação, considerando que não havia prova suficiente do efetivo prejuízo decorrente do arrombamento do cofre, constando nos autos apenas provas indiciárias (faltava, por exemplo, a declaração de rendimento feita à Receita Federal para comprovar o conteúdo do cofre). Atuando como revisor, o Desembargador Carlos Alberto Alvaro de Oliveira votou em sentido contrário, vejamos: "As regras de experiência comum induzem à conclusão de que os demandantes não se aventuraram numa demanda judicial estimulados apenas pela possibilidade de lucro fácil, falseando a verdade para atingir esse lamentável objetivo.
O cofre, como se verifica da cópia do registro de abertura de f. 13, fornecida pelo Banco, era constantemente utilizado pelo casal. As jóias nele guardadas foram minuciosamente descritas, com desenho explicativo (f. 16-21) e algumas encontradas e devolvidas aos autores (f. 34), o que só demonstra a lisura destes e reforça a credibilidade em suas declarações. Pela lógica do razoável, se nessa parte a relação é verdadeira, não há porque duvidar de que não o seja no restante, evidenciada como ficou a boa-fé dos autores.
Acresce notar que, em 27.5.1994, os autores, juntamente com familiares, prometeram vender imóvel de elevado valor, a *omissis* (f. 35-40). Posteriormente foi firmada a escritura pública de compra e venda (f. 40)...
Nada mais razoável, portanto, que o valor recebido fosse convertido em dólares e depositado no cofre arrombado, ainda mais em época em que ainda não se havia estabilizado o valor da moeda brasileira...
Entendo, outrossim, que o fato de a maioria das testemunhas ser amiga íntima do casal, uma até sendo irmão do autor, não lhe retira a credibilidade, porquanto pelas regras da experiência só os integrantes do círculo íntimo é que têm acesso a esse tipo de informação, e o juiz, quando estritamente necessário, atribuirá ao depoimento dessas pessoas o valor que possam merecer (art. 405, § 4º, do CPC)...
(...)
Entendo, assim, como o julgador de 1º grau e de conformidade com as coordenadas acima estabelecidas, que esta prova se mostra suficiente para formar um juízo de verossimilhança a respeito das alegações formuladas na inicial, propiciando o acolhimento dos pedidos ali alinhados". Ver ROSITO, *op. cit.*, p. 148-154.

[49] Até Michele Taruffo, notável crítico da categoria, reconhece essa função das máximas de experiência. TARUFFO, Michele. *Studi sulla rilevanza della prova*, p. 235 apud ROSITO, *op. cit.*, p. 120. Vale ressaltar, como o fez Paolo Tonini, a incerteza do raciocínio indiciário: "É necessário que se tenha bem claro o aspecto de incerteza do raciocínio indiciário. O primeiro aspecto está em estabelecer, entre diversos fatos históricos humanos irrepetíveis, quais são os elementos 'similares' e se tais elementos prevalecem, ou não sobre os elementos 'não similares'. O segundo aspecto de incerteza está no fato de que, apesar de o comportamento humano ser, em boa parte, vinculado aos instintos e às paixões, não se pode dizer que o agir e um homem é completamente determinado, em concreto, pelas regras formuladas. As máximas de experiência nos indicam somente que existe probabilidade de que uma pessoa, em uma situação similar, comporte-se de uma determinada maneira". TONINI, Paolo. *A prova no Processo Penal Italiano*. Tradução de Alexandre Martins e Daniela Mróz. São Paulo: Revista dos Tribunais, 2002, p. 55-56.

[50] A efetividade da prestação da tutela jurisdicional repousa, também, no direito à adequada cognição. Não é razoável, portanto, que se impeça a aplicação das máximas de experiência para a solução dos casos em que seja difícil ou mesmo impossível a produção de determinada prova. Isso em reforço às regras de julgamento.

for extremamente difícil (ou mesmo impossível) a produção da prova direta ou circunstancial.[51]

Ensina Pistole que as máximas de experiência integram a formação própria da prova *prima facie*, na inexistência de indícios ou provas representativas, permitindo-se ao magistrado emitir juízos de probabilidade sobre a possibilidade ou impossibilidade de um fato com base naquilo que ordinariamente acontece.[52] Admitir-se essa possibilidade não significa ser conivente com o arbítrio, pois deverá o juiz fundamentar sua decisão explicitando as razões que fundamentam a adoção de determinada máxima de experiência (possibilidade de controle), analisando, sempre, as provas produzidas em sentido contrário.[53]

A categoria das máximas de experiência também pode desempenhar importantes funções quanto às normas jurídicas (regras e princípios).[54] Parte-se da premissa de que a experiência fornece elementos importantes para o juiz (e, em última análise, para toda a sociedade) na interpretação do sistema jurídico. Ressalte-se que o juiz não deve estar alheio à realidade

---

[51] A prova *prima facie* surgiu na Alemanha e depois de um estudo de Pistolese repercutiu na Itália e no direito anglo-saxão. Desenvolveu-se especialmente para a solução no campo probatório de demandas que objetivavam o ressarcimento de danos, mas a comprovação do nexo causal era de extrema dificuldade. Ver ROSITO, *op. cit.*, p. 121-122. Diz Moacyr Amaral dos Santos: "a aplicação da *prova prima facie* só tem lugar quando se reúnam três condições inseparáveis: dificuldade da prova do fato; facilidade da prova contrária; possibilidade de julgar por verossimilhança, através das máximas de experiência". SANTOS, Moacyr Amaral dos. *Prova Judiciária no cível e no comercial*. 2ª edição. São Paulo: Max Limonad, 1955, vol. V, p. 465 e seguintes.

[52] PISTOLESE, Gennaro Roberto. *La prova civile per presunzioni e lê cosiddette massime di esperienza*, p. 75 *apud* ROSITO, op. cit., p. 124. Nesse sentido, há inúmeras decisões reconhecendo, pelas máximas de experiência, que "mulher de rurícola, rurícola é". Exemplificativamente: BRASIL. STJ. Recurso Especial/SP nº 210935. Sexta Turma. Ministro-Relator Luiz Vicente Cernicchiaro, julgado em 30.06.1999, D.J. 23.08.1999.

[53] Diz Moacyr Amaral dos Santos: "a aplicação da *prova prima facie* só tem lugar quando se reúnam três condições inseparáveis: dificuldade da prova do fato; facilidade da prova contrária; possibilidade de julgar por verossimilhança, através das máximas de experiência". SANTOS, Moacyr Amaral dos. *Prova Judiciária no cível e no comercial*. 2ª edição. São Paulo: Max Limonad, 1955, vol. V, p. 465 e seguintes. Francisco Rosito ressalta a inocorrência prática da aplicação das máximas da experiência na prova *prima facie*, o que leva os tribunais a confundirem a categoria. Em caso julgado pelo Tribunal Regional Federal da 3ª Região, confundiu-se presunção *hominis* com a aplicação da máxima da experiência na prova *prima facie*. Foi dito que não "bastasse a conclusa pericial, é de se frisar que milita em favor da tese da ocorrência de dano uma presunção *hominis* porquanto parece mais razoável face às máximas de experiência acreditar-se que um vazamento de cinqüenta litros de óleo combustível provoque algum tipo de lesão ao ecossistema atingido do que imaginar o oposto, isto é, que tamanha quantidade de substância seria despercebidamente assimilada pelas populações de seres vivos do local atingido". (Apelação Cível nº 98.03.067546-0/SP, Relatora Desembargadora Federal Cecília Marcondes, 3ª Turma, TRF 3ª Região, DJU 29.01.2003, Revista Síntese de Direito Civil e Processual Civil nº 23, maio-junho, 2003, p. 89-94). Conforme Francisco Rosito, constata-se "que se trata de típica hipótese de aplicação das máximas de experiência para embasar a prova 'prima facie' e não para embasar uma presunção *hominis*, tal como constou no v. acórdão. Isso porque o fundamento da inferência não é um indício (elemento concreto extraído da prova dos autos), senão é a própria experiência comum, que faz crer que um vazamento de substância nociva causa dano ao meio ambiente, passível portanto, de ser indenizado". Ver ROSITO, *op. cit.*, p. 155-156.

[54] Especificamente quanto aos conceitos jurídicos indeterminados, BARBOSA MOREIRA, *op. cit.*

em que vive. Assim, na aplicação das regras e dos princípios, o magistrado estará vinculado aos conceitos provenientes do senso comum ou mesmo técnico.[55]

Concluindo o estudo, vale tratar de um possível controle da categoria. Antes, porém, é preciso deixar claro que a aplicação das máximas de experiência, embora usual, impõe ao magistrado uma grande responsabilidade.

O primeiro controle parte, justamente, do juiz, que deve escolher a noção de experiência mais adequada ao caso concreto, atendendo sua aceitação social e confiabilidade (probabilidade de estar certa). Embora as máximas de experiência sejam relativas por natureza, é preciso buscar a maior objetividade possível, excluindo-se juízos pessoais de valor. Sempre que possível, recomenda-se que a máxima de experiência seja submetida à atividade dialética das partes, buscando conceder maior legitimidade à decisão.[56]

Nessa idéia de legitimidade, repousa um dos deveres do juiz: a motivação de sua decisão. Ao fim e ao cabo, é com a motivação que se permite o controle (o que também influencia a legitimidade da decisão). O juiz de primeiro grau tem liberdade para apreciar a prova produzida nos autos e aplicar as máximas de experiência atinentes ao caso concreto, desde que motive adequadamente sua decisão. É preciso que sejam expressas as noções utilizadas e o raciocínio desenvolvido ao seu respeito. Aliás, defende-se que o juiz tem o dever de observar as máximas de experiência na verificação dos fatos da causa, sob pena de seu raciocínio estar viciado.[57]

A atividade do juiz singular, no controle e verificação do fato, não traz qualquer dificuldade se equiparada com a atividade exercida pelo juiz de segundo grau e, especialmente, pelos tribunais superiores. Ao juiz singular, compete apreciar livremente a prova produzida com base nos elementos constantes nos autos, fundamentando sua decisão com os motivos que lhe formaram o convencimento, espaço em que podem ser enquadradas as máximas de experiência.[58]

Ao juiz de segundo grau se impõem limites, especialmente os decorrentes do efeito devolutivo correspondentes aos recursos interpostos. Quanto

---

[55] Como ensina Karl Engisch, o direito é apenas uma parte da cultura global e, por conseguinte, o preceito da lei deve, na dúvida, ser interpretado de modo a ajustar-se o mais possível às exigências da nossa vida em sociedade e ao desenvolvimento de toda a nossa cultura. ENGISCH, Karl. *Introdução ao pensamento jurídico*. 3ª edição. Lisboa: Fundação Caloute Gulbenkian, 1997, p. 111-112.

[56] ALVARO DE OLIVEIRA, Carlos Alberto. *A garantia do contraditório*. In *Do formalismo no processo civil*. 2ª edição, revista e ampliada. São Paulo: Saraiva, 2003, p. 227-243.

[57] Ver o que ensina Humberto Ávila sobre a razoabilidade na aplicação das normas jurídicas considerando aquilo que normalmente acontece. ÁVILA, Humberto. *Teoria dos Princípios: da definição à aplicação dos princípios jurídicos*. 5ª ed. São Paulo: Malheiros, 2006, 140-141.

[58] ROSITO, *op. cit.*, p. 131.

ao exame das máximas de experiência, ultrapassados os limites mencionados, é perfeitamente possível seu controle nessa instância, independente de estarem relacionadas com a complementação de uma norma jurídica ou vinculadas às questões fáticas.[59]

Questão altamente complexa é saber se os tribunais superiores podem (devem) exercer o controle sobre as máximas de experiência. Há posicionamentos importantes nos dois sentidos.[60]

Sabe-se que os tribunais superiores buscam manter a interpretação das normas constitucionais e infraconstitucionais de maneira uniforme. Assim, a doutrina encontra certa paz ao admitir o controle da aplicação das máximas de experiência quando funcionalizadas para a integração de uma norma jurídica. Aqui, mesmo os que negam o controle das máximas pelos tribunais superiores, acabam por admiti-lo, pois concebem que, nesses casos, poderá haver falha de direito, o que importa em uma *quaestio iuris* apreciável pelo tribunal superior.[61]

Fora desses casos a solução é difícil, e a doutrina ainda não encerrou o problema. O Superior Tribunal de Justiça refere, em inúmeros julgados, a aplicação de máximas de experiência, ora afastando seu controle,[62] ora utilizando-a como fundamento para a ultrapassagem do óbice imposto pela Súmula 07.[63] Nos estreitos limites desse estudo, apenas indica-se que o caminho para a solução da controvérsia parece estar na adoção da teoria tricotômica, exposta magistralmente por Danilo Knijnik, ao desvendar as chamadas questões mistas.[64]

---

[59] O autor, apoiado na lição do Prof. Danilo Knijnik (KNIJNIK, Danilo. *Os "Standards" do Convencimento Judicial: Paradigmas para o seu Possível Controle*. Disponível em http://www.abdpc.org.br, acesso em 28 de janeiro de 2006), aponta para praxe de nossos tribunais que não analisam o *iter* lógico percorrido pelo julgador singular, limitando-se a uma renovação da convicção judicial sobre o juízo de fato. Adverte-se que para o aperfeiçoamento do controle sobre o juízo de fato tem fundamental importância examinar, como questão autônoma e relevante, sua congruência narrativa, sua consistência lógico-argumentativa. Trata-se de um controle objetivo dos fatos que formaram a convicção judicial e não renovação. ROSITO, *op. cit.*, p. 131.

[60] Por uma exposição da doutrina, ver, entre outros, BUZAID, *op. cit.*, p. 136-143.

[61] ROSITO, *op. cit.*, p. 136.

[62] Ao tratar da inversão do ônus probatório no direito do consumidor (C.D.C, art. 6º, VIII), o Superior Tribunal de Justiça, por sua Quarta Turma, afirmou que verificação dos requisitos necessários, entre eles a observação das máximas de experiência, deve ser feita no tribunal de origem. Assim, impôs o óbice da Súmula 07, não conhecendo do recurso. BRASIL STJ. Recurso Especial/RS nº 731333. Quarta Turma. Relator Ministro Jorge Scartezzini, julgado em 03.05.2005, D.J. 23.05.2005.

[63] Em Recurso Especial que buscava a redução da pensão alimentícia fixada, o S.T.J., por sua mesma Quarta Turma, reconheceu que o valor fixado ultrapassava o bom-senso, violando as máximas de experiência, a razoabilidade e a moderação, razão pela qual revisou a pensão e ultrapassou os limites da Súmula 07. BRASIL. STJ.Recurso Especial/GO nº 665561. Quarta Turma. Ministro Relator Jorge Scartezzini, julgado em 15.03.2005, D.J. 02.05.2005.

[64] KNIJNIK, Danilo. *O recurso especial e a revisão da questão de fato e de direito pelo Superior Tribunal de Justiça*. Rio de Janeiro: Forense, 2005.

4. Considerações finais

Para a conclusão desse breve ensaio, impõe-se a leitura do art. 335 do Código de Processo Civil: "Em falta de normas jurídicas particulares, o juiz aplicará as regras de experiência comum subministradas pela observação do que ordinariamente acontece e ainda as regras de experiência técnica, ressalvado, quanto a esta, o exame pericial".

Pode-se dizer que a aplicação das máximas de experiência independe de provocação das partes, pois inerentes à atividade do julgador. Em outras palavras, raros serão os casos em que não haverá a incidência de uma máxima de experiência, especialmente quando houver discussão fática.

Essa categoria autônoma deve ser aplicada com cuidados, sob pena de se cair no arbítrio. Deve o magistrado procurar aquela máxima que mais se ajuste ao caso concreto diante de suas peculiaridades, observando sua confiabilidade e a generalidade de sua aceitação social. Se for uma máxima de experiência técnica que ainda não esteja difundida no conhecimento comum, impõe-se a produção de sua prova. Em qualquer caso, recomenda-se que as partes venham a fazer parte, no diálogo judicial, de sua escolha e aplicação (respeito ao contraditório).

Como adverte Michele Taruffo, na sociedade em que vivemos, dita *multicultural,* sujeita a influências culturais diversas,[65] é perigosa a aplicação de juízos com base no senso comum. Agora, em sendo impossível dissipar da atividade jurisdicional decisória a influência dos valores sociais – aliás, é desejável que o juiz não siga apenas a lei, mas que decida conforme o Direito e, conseqüentemente, de acordo com os princípios (valores) –, é preciso que se possa identificá-los e controlá-los.[66] O mesmo ocorre com as máximas de experiência, que, em regra, não podem ser afastadas do julgamento concreto, impondo-se o respeito ao dever de motivação das decisões.

---

[65] Explica Taruffo: "Um modo que já chega a caracterizar cada vez mais claramente muitas sociedades modernas é aquele que se costuma denominar *multiculturalismo* e constitui a conseqüência cultural de muitos fatores que se misturam, como a presença de numerosas etnias diferentes no mesmo ambiente social e político, a estratificação econômica (que se acentua cada vez mais, em vez de reduzir-se) e a fragmentação social que também vem aumentando. Em substância, vivemos em sociedades cada vez mais desarticuladas e não-homogêneas, a despeito das grandes tendências à homogeneização econômica e cultural, também existentes no plano mundial. Realmente, não é por acaso que os teóricos da globalização individualizaram, ao lado das tendências à localização, tanto que no Japão se planou o termo *globalização,* depois difundido em todo o mundo, precisamente para pôr em destaque como a fragmentação interna e localizante é um aspecto incindível da globalização. Observou-se que até a globalização implica *the simultaneity of the universal and particular,* criando fortes tensões e conflitos entre a aspiração universalizante dos valores fundamentais da ética e da cultura política moderna, e as tendências a reforçar o papel das culturas específicas e locais, em contraste com as tendências à homogeneização global." TARUFFO, Michele. *Senso Comum, experiência e ciência do raciocínio do juiz. In* Revista Forense, vol. 355, ano 97, maio-junho, 2001, p. 101-118, especialmente p. 108-109.

[66] Nesse sentido, é referência a obra de ÁVILA, Humberto. *Teoria dos Princípios.* 4ª edição. São Paulo: Malheiros, 2004.

Por fim, ao contrário do pensa Michele Taruffo,[67] parece possível retirar das máximas de experiência uma verdadeira função metodológica, tendo em vista que essa categoria, bem compreendida, pode auxiliar o direito – em especial, o direito processual – na solução justa e adequada do caso concreto, mediante a equilibrada ponderação entre a realidade, os valores, os fatos e o plano normativo.[68]

Referências bibliográficas

ALVARO DE OLIVEIRA, Carlos Alberto. *Do Formalismo no Processo Civil*. 2ª edição. São Paulo: Saraiva, 2003.

——. *A garantia do contraditório*. In *Do formalismo no processo civil*. 2ª edição, revista e ampliada. São Paulo: Saraiva, 2003, p. 227-243.

——. *Livre apreciação da prova: perspectivas atuais.* Disponível em http://www.abdpc.org.br, acesso em 28 de setembro de 2005.

ÁVILA, Humberto. *Teoria dos Princípios: da definição à aplicação dos princípios jurídicos.* 5ª edição. São Paulo: Malheiros, 2006.

BARBOSA MOREIRA, José Carlos. *Regras da experiência e conceitos juridicamente indeterminados.* In Revista Forense, volume 261, ano 74, jan./fev./março, 1978, p. 13-19.

CARNELUTTI, Francesco. *A prova civil*. Tradução da 2ª edição italiana por Lisa Pary Scarpa. Campinas: Bookseller, 2001.

COUTURE, Eduardo J. *Fundamentos del derecho procesal civil*. Buenos Aires: Depalma, 1958.

CREDIDIO, Georgius Luís argentini Príncipe. *A interpretação jurídica do fato e as regras de experiência.* In Revista AJURIS, nº 96, ano XXXI, dezembro, 2004, p. 117-124.

CRESCI SOBRINHO, Elício. *O juiz e as máximas de experiência.* In Revista Forense, volume 296, ano 82, out./nov./dez., 1986, p. 430-436.

DINAMARCO, Cândido Rangel. *Instituições de direito processual civil.* 2ª ed. revista e atualizada. São Paulo: Malheiros, 2002, v. III.

---

[67] Diz o jurista: "Tem-se sugerido, em substância, o abandono da idéia de que a decisão judiciária deveria fundar-se em critérios aceitos intersubjetivamente, porque tais critérios nada mais fariam que reforçar o predomínio dos grupos ou das classes que já detêm o poder". Prossegue: "Nessa tendência, volta à tona, em termos culturalmente mais atuais e aderentes às características das sociedades evoluídas, a eterna e imprescindível inclinação a exigir que a decisão judiciária forneça verdadeira justiça efetiva aos titulares individualizados dos direitos, e também a mais moderna tendência a vislumbrar no juiz o garante da proteção efetiva dos direitos dos particulares.
Vai daí, porém, um mais elevado grau de incerteza quanto à possibilidade de remontar a valores fundamentais que em algum sentido sejam dotados de *generalidade*, a alguma *consciência comum* ou a uma ética de aceitação geral, bem como a possibilidade de ancorar o raciocínio judiciário em regras racionais por sua vez gerais, também, ou *standards* que possam permitir um controle intersubjetivo dos fundamentos e das peculiaridades da decisão; em outras palavras, permanece a dúvida se o juiz deve ou não comportar-se como um paladino dos valores e princípios compartilhados por todos no âmbito da cultura jurídica moderna, mesmo que isso implique uma decisão mal individualizada, ou se ele só pode seguir a perspectiva cultural específica dos sujeitos envolvidos." TARUFFO, Michele. *Senso Comum, experiência e ciência do raciocínio do juiz. In* Revista Forense, vol. 355, ano 97, maio-junho, 2001, p. 101-118, especialmente p. 109-111.

[68] Por uma relação entre a aplicação das máximas de experiência e os juízos de eqüidade, ver, entre outros MAIA FILHO, Napoleão Nunes. *As Regras de Experiência Comum na Formação da Convicção do Juiz. In* Revista Dialética de Direito Processual Civil, nº 17, agosto, 2004, p. 59-75.

DUTRA, Úrsula Petrilli. *A importância da aplicação das regras de experiência*. In Revista dos Juizados Especiais, Porto Alegre, n° 40/41, ano XIV, abril/agosto, 2004, p. 19-20.

ENGISCH, Karl. *Introdução ao pensamento jurídico*. 3ª edição. Lisboa: Fundação Caloute Gulbenkian, 1997.

FAVARETTO, Isolde. *Comportamento processual das partes como meio de prova*. Porto Alegre: Livraria Editora Acadêmica, 1993.

GRECO FILHO, Vicente. *Direito Processual Civil Brasileiro*. 16ª edição atualizada. São Paulo: Saraiva, vol. II, 2003.

KNIJNIK, Danilo. *O recurso especial e a revisão da questão de fato e de direito pelo Superior Tribunal de Justiça*. Rio de Janeiro: Forense, 2005.

———. *Os "Standards" do Convencimento Judicial: Paradigmas para o seu Possível Controle*. Disponível em http://www.abdpc.org.br, acesso em 28 de setembro de 2005.

LEVENHAGEN, Antônio José de Souza. *Comentários ao código de processo civil*. São Paulo: Atlas, vol. II, 1995.

LOPES, João Batista. *A prova no direito processual civil*. São Paulo: Revista dos Tribunais, 1999.

MAIA FILHO, Napoleão Nunes. *As Regras de Experiência Comum na Formação da Convicção do Juiz*. In Revista Dialética de Direito Processual Civil, n°. 17, agosto, 2004, p. 59-75.

MARINONI, Luiz Guilherme & ARENHART, Sérgio Cruz. *Manual do processo de conhecimento*. 4ª edição. São Paulo: Revista dos Tribunais, 2005.

———. *Comentários ao Código de Processo Civil: processo de conhecimento*. Coordenação de Ovídio A. Baptista da Silva. São Paulo: Revista dos Tribunais, vol. V. 2000.

MENDES, Francisco Ramos. *Derecho procesal civil*. 5ª edição. Barcelona: Jose Maria Bosch Edito, 1992, Tomo I.

NICOLAU, Alessandro F. *AS presunções judiciais e as regras de experiência*. In Revista Gênesis de Direito Processual Civil, Curitiba, n°. 28, abril,-junho, 2003, p. 418-431.

PONTES DE MIRANDA, Francisco Cavalcanti. *Comentários ao Código de Processo Civil*. 3ª edição revista e aumentada. Atualização de Sérgio Bermudes. Rio de Janeiro: Forense, Tomo IV, 2001.

PALAIA, Nelson. *O fato notório*. São Paulo: Saraiva, 1997.

PAULA, Alexandre de. *Código de processo Civil Anotado: do processo de conhecimento*. 7ª edição revista e atualizada. São Paulo: Revista dos Tribunais, vol. II, 1998.

PAULA, Jônatas Luiz Moreira de. *Comentários ao Código de Processo Civil*. Barueri: Manole, Vol. III, 2003.

RIBEIRO, Darcy Guimarães. *Provas Atípicas*. Porto Alegre: Livraria do Advogado, 1998, p. 105-110.

ROSITO, Francisco. *A aplicação das máximas de experiência no processo civil de conhecimento*. Porto Alegre: PPGDir, UFRGS, 2004.

SANTOS, Ernani Fidelis dos. *O ônus da prova no Código do Consumidor*. In Revista do Direito do Consumidor, n°. 47, ano 12, julho-setembro, 2003, p. 269-279.

SANTOS, Moacyr Amaral dos. *Prova Judiciária no cível e no comercial*. 2ª edição. São Paulo: Max Limonad, vol. I, 1952.

———. *Prova Judiciária no cível e no comercial*. 2ª edição. São Paulo: Max Limond, 1955, vol. V.

SILVA, Ovídio Baptista da. *Curso de Processo Civil: processo de conhecimento*. 7ª edição. Rio de Janeiro: Forense, vol. I, 2005.

STEIN, Friedrich. *El conocimiento privado del juez*. 2ª edição. Tradução da edição alemã por Andrés de La Oliva Santos. Madrid: Editorial Centro Estudios Ramón Areces, 1990.

TARUFFO, Michele. *Senso Comum, experiência e ciência do raciocínio do juiz.* In Revista Forense, vol. 355, ano 97, maio-junho, 2001, p. 101-118.

WAMBIER, Teresa Arruda Alvim. *Nulidades do Processo e da Sentença.* 5ª edição, revista, atualizada e ampliada de acordo com as Leis 10.352/2001, 10.358/2001 e 10.444/2002. São Paulo: Revista dos Tribunais, 2004.

WATANABE, Kazuo. *Da Cognição no Processo Civil.* 2ª edição atualizada. Campinas: Bookseller, 2000.

— 12 —
Esboço sobre o significado do ônus da prova no Processo Civil

MARISTELA DA SILVA ALVES

Sumário: Introdução; I – A função do ônus da prova; 1.1. O ônus da prova como regra de julgamento; 1.2. A distinção necessária: ônus, dever e obrigação; II – A distribuição do ônus da prova no processo civil; 2.1. Distribuição do ônus e inversão; 2.1.1. Momento da inversão; 2.2. A teoria das cargas probatórias dinâmicas; Conclusão. Referências bibliográficas.

Introdução

Neste trabalho, objetiva-se uma avaliação do delineamento do ônus da prova, com especial atenção para a sua imposição e inversão no direito do consumidor, bem como debater a teoria das cargas dinâmicas probatórias, cuja aplicação está aflorando nos tribunais.

Para a adequada compreensão do tema, será realizada uma breve abordagem histórica, assinalando, a passos largos, a evolução do sistema probatório e as relações com o modo de ser do processo.

I – A função do ônus da prova

1.1. O ônus da prova como regra de julgamento

Em nosso sistema jurídico, a prestação jurisdicional é um direito do cidadão e um dever do juiz. O juiz moderno não pode, à maneira do romano, encerrar um processo proferindo o *non liquet*, esquivando-se de exprimir, quando os fatos não estiverem comprovados, uma decisão de mérito a favor de uma parte e contrária à outra.[1]

Quem instaura o processo de cognição pleiteia o reconhecimento ou a produção de determinado efeito jurídico. Para produzi-lo, é necessária a incidência das normas jurídicas sobre a base fática, e, para julgar, o juiz

---
[1] MICHELI, Gian Antonio. *La carga de la prueba*. Tradução de Santiago Sentís Melendo. Buenos Aires: EJEA, 1961.

necessita reconstruí-la para a correta aplicação da norma.[2] A finalidade da prova é prestar-se como peça de argumentação no diálogo judicial:[3] quem faz as alegações, em regra, deve fazer as comprovações, e a instrução probatória é o momento em que as partes trazem as provas que têm como objetivo o convencimento judicial.[4] No entanto, sabemos que, em muitos casos, as partes não conseguem produzir provas capazes de levar o julgador à certeza necessária para o julgamento.

Nesse instante, o da avaliação da prova, que ocorre no momento do magistrado proferir a sentença, é que o instituto do ônus da prova ganha vida. Ao avaliar a prova e, percebendo a sua insuficiência, o julgador recorrerá ao ônus da prova.[5]

O ônus da prova,[6] portanto, serve como regra de julgamento para o juiz que, no momento de julgar, se encontra diante de um quadro de incerteza.[7] Em outras palavras, ele se utiliza do ônus quando o material probatório apresentado não for suficiente para formar, no seu espírito, uma convicção razoavelmente sólida a respeito dos fatos relevantes.

O sistema racional de valoração das provas, elemento essencial de uma ideologia democrática,[8] exige que, ao aplicar as regras de julgamento, haja ampla fundamentação, de modo a explicar racionalmente o resultado do julgamento.[9]

---

[2] BARBOSA MOREIRA, José Carlos. *Julgamento e ônus da prova.* In:Temas de direito processual. São Paulo: Saraiva, 2ª Série, p. 73/82.

[3] MARINONI, Luiz Guilherme. *Comentários ao código de processo civil,* v.5: Processo de Conhecimento, arts.332 a 341, Tomo I. 2. ed. São Paulo: Revista dos Tribunais, 2005, p. 83 e 84.

[4] A verificação do objeto de prova centraliza-se, em especial, nas afirmações controvertidas – nas afirmações formuladas por uma parte e contestada pela outra.

[5] No Código de Processo Civil, o ônus da prova encontra-se disciplinado no artigo 333.
Art. 333 – O ônus da prova incumbe:
I – ao autor, quanto ao fato constitutivo do seu direito;
II – ao réu, quanto à existência de fato impeditivo, modificativo ou extintivo do direito do autor.
Parágrafo único. É nula a convenção que distribui de maneira diversa o ônus da prova quando:
I – recair sobre direito indisponível da parte;
II – tornar excessivamente difícil a uma parte o exercício do direito.
Este critério utilizado pelo CPC, inegavelmente, atende a um grande número de situações; contudo, está sujeita à exceções. Por isso, não se pode fazer interpretação inflexível do artigo acima referido.

[6] "As regras que disciplinam o ônus da prova concorrem para firmar um juízo, afirmativo ou negativo, sobre a pretensão deduzida em juízo, malgrado as incertezas acerca das circunstâncias de fato. Na indicação ao juiz do conteúdo da decisão que há de proferir, em caso em que não se pode comprovar a verdade de uma afirmação de fato tão importante, é que residem a essência e o valor das regras sobre o ônus da prova". (ROSENBERG, Leo. La carga de La Prueba. Buenos Aires: EJEA, 1956, p. 2.)

[7] No processo penal, o juiz, na dúvida, absolve o réu por falta de prova – inc. VI do art. 386 do Código de Processo Penal.

[8] TARUFFO, Michele. *Il significato costituzionale dell'obbligo di motivazione.* In: PELLEGRINI GRINOVER, Ada; DINAMARCO, Cândido Rangel, WATANABE, Kazuo (Coords.) *Participação e processo.* São Paulo:Revista dos Tribunais, 1988. p. 38-40.

[9] O juiz deve explicar, de um lado, porque configurou os fatos relevantes daquele modo; de outro, porque considerou que era aplicável aquela norma e porque lhe deu aquele entendimento. (BARBOSA MOREIRA, José Carlos, *Julgamento e ônus da prova,* In: Temas de direito processual. São Paulo: Saraiva, *2ª Série,* p. 73).

Nem sempre prevaleceu essa concepção. No alto medievo, o processo era indiferenciado, pois tanto nas controvérsias civis como naquelas que tivessem por objeto delitos, o réu ou o acusado devia se liberar do peso da acusação, oferecendo provas de seu bom direito ou da sua inocência. Nas épocas primitivas e bárbaras, ministrar justiça não era dever do Estado, por isso o julgamento não era sancionado pela autoridade. Acreditavam que Deus não abandonaria aquele que estivesse com a razão ou estivesse sem culpa e, no momento da produção da prova, faria o necessário, indicando a inocência ou razão da parte.[10]

Nesse ambiente, dizer que o réu era onerado da prova não tinha absolutamente o significado que, na linguagem moderna, ser-se-ia induzido a atribuir à expressão. O processo, na realidade, era uma prova – testemunho – à qual eram sujeitos os contendores. Quando, nos confrontos de um com o outro, era formulada uma acusação, não se tratava mais de estabelecer a verdade dos fatos, mas a pureza do acusado. O sistema judiciário se apoiava sobre a confiante premissa de que, pelas ditas vias, se poderia chegar à verdade absoluta e, por tudo isso, terminou sem obter o menor crédito. No processo do alto medievo, nem mesmo surgia o problema da emanação da decisão por parte do juiz, porque o juiz tinha somente o dever de predispor as provas e, juntamente com os outros, era testemunha de uma solução que provinha *aliunde*. Na verdade, o juiz, juntamente com a comunidade, apenas declarava o vencedor.[11]

A afirmação da racionalidade do sistema probatório ocorre, de forma lenta e gradual, diante do afastamento da pretensão de se atingir a verdade absoluta, atribuindo ao juiz o dever de avaliar e valorar a prova. No entanto, nessa avaliação e valoração, remanesceu o problema da incerteza do julgador. As regras de julgamento são a conseqüência – necessária – de um sistema judiciário que confia na capacidade racional dos homens destinados a exercer a função relativa a julgar e aparecem como a contextualização de uma certa maneira de entender a função jurisdicional.

A convicção de não poder alcançar a verdade absoluta encorajou uma estruturação do processo que encontrou plena resposta na concepção liberal e individualista. Nessa perspectiva, o processo alcança o seu es-

---

[10] São as duas espécies de prova daquele período: os ordálios, ou Juízo de Deus, e o juramento. In: AMARAL SANTOS, Moacir. Prova Judiciária no Cível e no Comercial, Vol. I, 4. ed. São Paulo: Max Limonad. 1970, p. 24. A comunidade se convenceu de que os deuses, quando invocados nos pleitos judiciais, não vinham em socorro de quem não tinha razão. A vitória tocaria, por certo, a quem Deus viesse ajudar, não podendo contar com tal auxílio quem não tivesse boa razão. O juiz era uma espécie de testemunha de uma verdade que vinha revelada por outra via. Por outro lado, o juiz devia atingir *a verdade absoluta*, porque era a expressão da divindade ou das força da natureza que não podiam enganar. Por isso as provas de fogo, pelas quais os réus ou acusados passavam na busca da prova que vinha de Deus.
[11] Nesse sentido: VERDE, Giovanni. Considerazione sulla regola di giudizio fondata sull'onere della prova. In: *Rivista di Diritto Processuale*, 27(1972): 439-463, p. 446

copo, quando realiza a paz jurídica entre as partes, distanciando-se de buscar a verdade e a justiça. O juiz tende, assim, a meter-se a num canto, como árbitro de um combate que tem como protagonista as partes, confiando, exclusivamente, na iniciativa dos litigantes para a pesquisa do material probatório.[12]

As regras de julgamento baseadas sobre o ônus da prova constituem a conseqüência desta concepção de entender o processo e sua função, porque o juiz não pode intervir na situação material, mas deve se limitar a pôr termo na discussão que foi infrutífera do ponto de vista do material probatório.

A influência da concepção do Estado Social no processo civil, pronunciada na passagem do século XIX para o século XX, com o aumento dos poderes do Juiz, alterou de modo decisivo a visão sobre o processo em si, que não fica adstrito às partes, pois passa a haver um interesse estatal no resultado do julgamento.[13] No entanto, não houve como deixar de recorrer à regra de julgamento que é aplicada após as atividades das partes e do juiz em colaboração.

As diversas posições sobre a função do juiz e sobre a conseqüente estrutura do processo restringem ou ampliam a área sobre a qual a regra de julgamento deve incidir. Enquanto não eliminada a possibilidade de dúvida, é imprescindível a aplicação das regras de julgamento que são a fórmula que sintetiza e expressa o caráter racional do processo e do sistema probatório do qual é modelo.[14] Essas regras protegem, nos casos duvidosos, as partes da arbitrariedade judicial: se as regras de julgamento não existissem, correr-se-ia o risco de deixar que o juiz atribuísse ao autor ou ao réu o ônus da prova segundo o seu entendimento de justiça.

Entretanto, nem sempre o significado de ônus é corretamente apreendido. Por isso, torna-se adequado esclarecer a acepção em que o termo pode ser usado, buscando evitar confusões com conceitos que guardam aparente similitude, com conseqüente erro na condução do processo.

---

[12] VERDE, Giovanni. Considerazione sulla regola di giudizio fondata sull'onere della prova. In: *Rivista di Diritto Processuale*, 27(1972): 439-463, p. 450.

[13] Sobre o assunto, ver: Carlos Alberto Alvaro de Oliveira. *Do formalismo no processo civil*. São Paulo: Saraiva, 1997, p. 48 e segs.

[14] Segundo Giovanni Verde, é um esquema que encontra coerente e aceitável colocação na concepção liberal-individualística da realidade. Isso começa a parecer não satisfatório toda vez que se observa a necessidade de atender com o instrumento processual alguma coisa mais que a paz jurídica entre as partes. Vislumbra-se isso no caso do processo penal – a busca da verdade material. Em primeiro plano, está a exigência de colher com a sentença a verdade e a justiça. As regras de julgamento têm duplo obstáculo para serem admitidas no processo penal: a) a exigência de se chegar a uma verdade material, isto obstaculiza a introdução de mecanismos jurídicos para a fixação do fato; b) e a dificuldade de condenar, em caso de dúvida, dando como existente um fato sem que lhe seja oferecido prova suficiente. (Cfr. *Considerazione sulla regola di giudizio fondata sull'onere della prova*, p. 452-454).

1.2. A distinção necessária: ônus, dever e obrigação

Os ônus, embora apresentem algumas semelhanças com as obrigações e com os deveres, com estes não se confundem. Tal distinção foi formulada por James Goldschmidt quando demonstrou que o ônus processual é um imperativo do próprio interesse e que se distingue dos deveres, que representam imperativos impostos por interesse de um terceiro ou da comunidade.[15] A obrigação é o vínculo imposto à vontade do obrigado por um interesse alheio; vínculo cuja violação importa uma ilicitude.

Ônus difere de dever, pois esse pressupõe sanção. Sempre que a norma jurídica impõe um dever a alguém, em verdade está obrigando ao cumprimento, o que gera à parte oposta o direito de exigir o comportamento do obrigado.[16] Nada disso ocorre com o ônus da prova que, em caso de descumprimento, terá apenas uma conseqüência processual.[17] Ou melhor, ao praticar determinado ato, a parte terá um proveito, um favorecimento, um ganho. "Falamos de ônus, quando o exercício de uma faculdade é posto como condição para obter certa vantagem. Por isso ônus é uma faculdade, cujo exercício é necessário para a consecução de um interesse".[18]

O cumprimento do ônus interessa ao próprio sujeito onerado, enquanto, na obrigação, a satisfação interessa à outra parte, titular do direito subjetivo correspondente.[19] Não há relação direta entre aquele que é onerado e a outra parte. O benefício que a prática do ato pode proporcionar é para a própria parte. Não o praticando, o único prejudicado é o próprio encarre-

---

[15] GOLDSCHMIDT, James. *Principios generales del processo*. Buenos Aires: Ediciones Jurídicas Europa-America, 1961, p. 91 e 92. E explica: "La causa jurídica consiste en la lucha de las partes integra la esencia del pleito, y en que impone a las partes la necesidad de actuar, es decir, de emplear los medios de ataque y de defensa. Y la consecuencia del descuido de la parte es el empeoramiento de su situación procesal, es decir, el inicio o el aumento de la perspectiva de una sentencia desfavorable. Ahora bien, a los litigantes como tales, no les incumbe en el proceso en general ningún deber, ninguna obligación."

[16] Como explica Gian Antonio Michele: "En tal modo, la figura de la carga ha venido adquiriendo una consistencia propia en la sistematización jurídica junto a la obligación, caracterizada esta última por el vínculo impuesto a la voluntad del obligado por un interés ajeno; vínculo cuya violación importa una ilicitud, en cuanto es violación de un mandato de no deja al obligado libertad de elección" MICHELE, Gian Antonio. *La carga de la Prueba*. Bogotá: Temis, 1989; p. 55.

[17] Carnelutti faz a seguinte distinção entre ônus e obrigação: Obrigação é o lado passivo, a que corresponde do lado ativo um direito subjetivo. Ônus é uma faculdade, cujo exercício necessário é para a consecução de um interesse. CARNELUTTI, Francesco. *Sistema di Diritto Processuale Civile*, Vol. I, p. 53 e sgs. Para ALVIM, Teresa Arruda. In: *Reflexões sobre o ônus da prova*, Revista de Processo, 76, 1994, p. 142) o ônus difere da obrigação, entre outras coisas, por que essa é exigível, e, ao contrário do ônus, é passível de ser convertida em pecúnia.

[18] BUZAID, Alfredo. Do ônus da prova. In: *Estudos de Direito*. São Paulo: Saraiva. 1971, p. 61.

[19] Na síntese de Rui Manoel de Freitas Rangel: "Assim, podemos concluir que ônus é um poder ou faculdade de desenvolver e executar livremente certos actos ou adoptar ou não certa conduta prevista para o benefício e interesse próprio sem qualquer sujeição ou coacção e sem que seja possível outro agente exigir a sua observância, comportando, a omissão do comportamento ou o incumprimento, um risco gerador de conseqüências desfavoráveis e desvantagens". RANGEL. Rui Manoel de Freitas Rangel. O ónus da prova no processo civil. Almedina, Coimbra, 2002, p. 96.

gado, que deixa de lucrar o que ganharia se o praticasse. Por isso, não há sanção no ônus, mas sim, encargo.[20]

O que na verdade caracteriza o ônus da prova é a idéia de risco que ele contém. Não se impõe à parte onerada a prova como uma atitude indispensável para evitar uma conseqüência desfavorável. Na verdade, ela assume um risco em não trazer a prova para o processo. Diante dessa ausência probatória, o juiz se pronunciará proferindo julgamento contra aquele que, necessitando provar, não o fez. A regra do ônus da prova indica quem deve evitar que falte prova, ou seja, quem suportará a falta de prova de determinado fato no processo.[21]

O maior interessado no convencimento do juiz é o litigante que se favorece do reconhecimento das provas como verdadeiras, obtendo sentença favorável. Significa o interesse da parte em produzir a prova que lhe traga conseqüências favoráveis. Ela, a parte onerada, é quem deve esforçar-se para o êxito na persuasão neste sentido *ônus da prova subjetivo ou formal*.

É possível que, após a instrução, os resultados sejam insatisfatórios. Mesmo assim, o juiz terá de julgar, não podendo escusar-se de sentenciar. Diante de provas trazidas, mas que não foram suficientes para esclarecer os fatos afirmados, há a necessidade de que alguma das partes suporte o risco inerente ao mau êxito da prova. Nesses casos, a lei faz a distribuição dos riscos, alçando mão do *ônus da prova no sentido objetivo ou material*.

Barbosa Moreira esclarece que, no momento da avaliação do ônus da prova, analisa-se o aspecto objetivo ou material.[22] Não importa o comportamento da parte, nem quem fez a prova. Se a prova veio aos autos através da parte não onerada, é aceita, em nada prejudicando àquela que a deveria ter trazido.

O juiz apenas analisará se os resultados das atividades instrutórias foram satisfatórios ou não. Se incompletos, aplicará o ônus da prova no seu aspecto objetivo. Se completos, não importará quem produziu as provas,[23] não se realizando uma análise subjetiva do ônus da prova. Basta para a convicção do julgador que o fato se encontre demonstrado, ainda que em decorrência de atividade instrutória dele próprio.

---

[20] Sérgio Sahione Fadel esclarece: "Quando há ônus não há imposição, nem exigência de que a parte faça determinada prova. Há um encargo, uma recomendação à parte, sob pena de, não o fazendo, poder a vir sofrer as conseqüências sua inércia. No ônus, a prova é facultativa". FADEL, Sérgio Sahione. In: *Código de processo Civil Comentado*, Vol.I, 6. ed, Rio de Janeiro: Forense, 1987, p. 563.

[21] PELLEGRINI, José Francisco. *Do ônus da prova. Crítica do art. 333 do C.P.C.* In: Ajuris, 16, p. 46.

[22] BARBOSA MOREIRA, José Carlos. Julgamento e ônus da prova. In: *Temas de direito processual*, 2. ed. São Paulo:Saraiva, 2ª Série, 1988, p. 73/82.

[23] O nosso ordenamento processual abriga o princípio da comunidade da prova. A prova, no momento que é apresentada em juízo, passa a pertencer ao processo. Ela não pertence a uma parte ou outra, mas ao juízo. Em conseqüência, o benefício que se retira do elemento probatório não se vincula somente ao interesse da parte que produziu tal prova.

II – A distribuição do ônus da prova no processo civil

2.1. Distribuição do ônus e inversão

A regra geral sobre o ônus da prova no processo civil vem expressa no artigo 333 do CPC. Ali está a definição de que os fatos constitutivos devem ser provados pelo autor, e os extintivos, modificativos ou impeditivos, pelo réu.[24]

No entanto, no processo contemporâneo, assume posição de destaque a inversão sobre o ônus da prova que, de certa forma, revoluciona o sistema sobre quem deve provar o quê.

Inverter o ônus da prova significa liberar o encargo probatório da parte-autora em menoscabo da parte-ré. Ao réu, nesses casos, é atribuído o ônus extraordinário de comprovar a não-ocorrência dos fatos constitutivos do autor e, cumulativamente, o ônus ordinário de comprovar a ocorrência de algum fato impeditivo, extintivo ou modificativo do direito do autor.[25]

Esta foi a forma encontrada pelo processo civil em adequar a tutela processual ao direito material, deixando de aplicar o procedimento geral em função do direito protegido.

Entre esses direitos acomodados de forma excepcional, está o direito do consumidor, que surgiu em função da evolução das relações de consumo e forçou o surgimento de uma forma de proteção ao consumidor, providência que objetiva manter o equilíbrio negocial diante de uma sociedade de massa.

O Código de Defesa do Consumidor[26] disciplina estas relações, definindo o que seja consumidor e fornecedor; e, na idéia de proteção aos hipossuficientes, prevê a possibilidade de inversão do ônus da prova nas ações em que o litígio se baseia em relação de consumo.[27]

---

[24] São regras que também têm como objetivo predeterminar as atividades processuais das partes e, conseqüentemente, de definir, com antecedência, quem enfrentará o risco diante do fato não provado, por isso também diz-se que a regra do ônus da prova é uma regra de conduta às partes. Sobre o assunto: BADARÓ, Gustavo Henrique Righi Ivahy. *O ônus da prova no processo penal*. São Paulo: Revista dos Tribunais, 2003 e LEONARDO, Rodrigo Xavier. *Imposição e inversão do ônus da prova*. Rio de Janeiro: Renovar, 2004, p. 217.

[25] LEONARDO, Rodrigo Xavier. *Imposição e inversão do ônus da prova*. Rio de Janeiro: Renovar, 2004, p. 217.

[26] A Constituição Federal de 1988 determinou a proteção do consumidor e a elevou à categoria de direito fundamental e princípio a ser obedecido no referente à estabilidade da ordem econômica, cabendo ao Estado promover a defesa do consumidor (arts. 5º, XXXII e 170,V da CF). O artigo 5º da Constituição Federal, ao estabelecer que o Estado deve promover a defesa do consumidor, assegurando ao cidadão essa proteção como um direito fundamental, implicitamente, reconheceu a vulnerabilidade do consumidor na relação de consumo.

[27] Art. 6º do Código de Direito do Consumidor: "São direitos básicos do consumidor: VIII a facilitação da defesa de seus direitos, inclusive com a inversão do ônus da prova, a seu favor, no processo civil, quando, a critério do juiz, for verossímil a alegação ou quando for ele hipossuficiente, segundo as regras ordinárias de experiências;"

Nos casos considerados de inversão do ônus da prova no CDC, deve-se efetuar uma distinção entre a inversão *ope judicis* e *ex vi legis*. Isto porque no CDC estão previstas estas duas modalidades em que se tem a inversão do ônus da prova: a do art. 6º, VIII, e a do art. 38;[28] bem como as elencadas pelos arts. 12 e 14, em seus respectivos §§ 3º, do CDC – nestes últimos caso, a inversão é *ex vi legis*,[29] e no primeiro, *ope judicis*.

Na modalidade *ope judicis*, a inversão do ônus da prova fica a critério do julgador, de sua convicção sobre a verossimilhança das alegações ou hipossuficiência do autor para facilitar a prova. Não é uma inversão legal, uma vez que não decorre de imposição ditada pela própria lei, mas fica submetida ao crivo judicial. Observe-se que a hipossuficiência do consumidor não é somente a econômica, mas, principalmente, a técnica, isto é, a dificuldade de acesso às informações necessárias para o esclarecimento da pretensão ou para a realização da prova, bem como a expressão "a critério do juiz" não significa poder discricionário para inverter, ou não, o ônus. Significa que o juiz utilizará seus critérios para aferir a presença daqueles requisitos em decisão com os fundamentos necessários, reconhecerá a sua presença ou ausência, decidindo quanto à inversão.[30]

A inversão *ex vi legis*, prevista no artigo 38 do CDC, justifica-se face à dificuldade que teria o consumidor de provar o desvio da publicidade, de provar tecnicamente se a publicidade é enganosa ou abusiva, não obstante possa indicar elementos que colaborem ou até mesmo demonstrem o fato danoso. As práticas abusivas em sede de matéria publicitária são difíceis de serem provadas diante do caráter difuso dos interesses e bens protegidos,

---

[28] Art. 38. O ônus da prova da veracidade e correção da informação ou comunicação publicitária cabe a quem as patrocina.

[29] Antônio Herman de Vasconcellos e Benjamin, um dos autores do anteprojeto, ensina que "A inversão da prova, no art. 38, vimos é ope legis, independendo de qualquer ato do juiz. Logo, não lhe cabe sobre ela se manifestar, seja no saneador ou momento posterior". Com entendimento de tratar-se de inversão ope legis, diante das disposições dos parágrafos terceiros dos artigos 12 e 14, respectivamente, do CDC. Ver SANSEVERINO, Paulo de Tarso Vieira. Responsabilidade civil no código de defesa do consumidor e a defesa do fornecedor. São Paulo: Saraiva, 2002, p. 329.

[30] Apelação cível. Consórcio de veículos. Ação indenizatória, preliminar rejeitada. Taxa de adesão. Do montante a restituir é cabível o desconto dos valores relativos a taxa de adesão. Seguro. Devem ser descontados, das parcelas a serem restituídas, os valores relativos ao seguro de vida, prazo de devolução das parcelas pagas. A restituição das parcelas pagas deve ser imediata, embora não encerradas as atividades do grupo, não há demonstração, nos autos, de que o consorciado não tenha sido substituído, prova que cabe à administradora, face ao principio da inversão da prova, nos moldes do art-6, VIII, do CDC. Correção monetária. As parcelas a serem devolvidas devem ser corrigidas pelo IGP-M, devendo incidir a contar do vencimento de cada parcela. Juros moratórios. Os juros de mora incidem em 6% ao ano, a partir da citação, pois, ocorrendo a substituição, no caso presumida, a restituição deveria ser imediata. Da aplicação do código do consumidor. É um direito que assiste ao consumidor buscar o equilíbrio da relação processual com base no código civil e no código do consumidor. Valor máximo da taxa de administração. É nula de pleno direito a cláusula contratual que prevê taxa de administração de 14%, visto que prevê obrigação abusiva, incompatível com a boa-fé e a eqüidade. Apelos parcialmente providos. (fls. 12). (Apelação Cível Nº 70002430486, Décima Quarta Câmara Cível, Tribunal de Justiça do RS, Relator: Sejalmo Sebastião de Paula Nery, Julgado em 25/04/2002).

por isso estão inseridas no capítulo das práticas comerciais, determinando que o ônus da prova cabe a quem patrocinou a informação ou comunicação publicitária, ou seja, ao fornecedor.

Também está claro o motivo da inversão *ope legis* no CDC, em seu artigo 12, § 3º, II, e em seu artigo 14, § 3º, I, pois, por muito tempo, coube ao consumidor comprovar os fatos constitutivos de seu direito. No entanto, o grande obstáculo a esta prova é a sua vulnerabilidade, o que dificulta o acesso à prova que demonstre o fato constitutivo de seu direito.[31]

2.1.1. Momento da inversão

A distinção entre *ope judicis* e *ex vi legis* é relevante a fim de que se saiba o momento em que ocorrerá a inversão do ônus probatório, mais exatamente, se é preciso prévia manifestação judicial ou não.

Quando ela decorre da lei, como é o caso previsto nos artigos 12, § 3º, II, e 14, § 3º, e 38 do CDC, não será preciso qualquer pronunciamento judicial. Assim, a comprovação de um fato, que normalmente seria encargo de uma parte, é atribuída pela própria lei, à outra parte. Ela está na lei e é de conhecimento dos litigantes. Nesse caso, o juiz só recorrerá à regra do ônus da prova no momento do julgamento, aplicando-a como regra de julgamento.[32]

No entanto, nas situações previstas no art. 6º, VIII, do CDC, quanto ao momento da inversão, a questão é controvertida. Adoto o posicionamento de que o magistrado deve se pronunciar, no curso da relação processual, em momento anterior à instrução, respeitando assim o princípio do contraditório.[33]

---

[31] Em matéria de ônus da prova, é preciso, ainda, destacar as normas dos arts. 12 § 3º, n. II, e 14, § 3º, n. I, do Código de Defesa do Consumidor, as quais atribuem aos fornecedores, ali designados, o ônus de provar a inexistência do defeito do produto ou de serviço, não cabendo ao consumidor o ônus de demonstrar a existência do defeito. Nesses casos, há uma inversão legal do ônus da prova: um fato, que é, na ação indenizatória proposta pelo consumidor, constitutivo de seu direito, não precisa ser por ele demonstrado; ao revés, atribuir-se ao fornecedor a prova da inexistência daquele mesmo fato. Sobre o assunto, ver BARBOSA MOREIRA, Carlos Roberto. *O processo civil no código de defesa do Consumidor*. Revista do Processo, 63, p. 144.

[32] Como disse Marinoni, nesse caso o juiz não inverterá o ônus da prova, pois esse ônus já está invertido (ou definido) pela lei. MARINONI, Luiz Guilherme. *Comentários ao código de processo civil*, v.5: Processo de Conhecimento, arts.332 a341, Tomo I. 2. ed.; São Paulo: Revista dos Tribunais, 2005, p. 427. É o mesmo entendimento do jurista SANSEVERINO, Paulo de Tarso. *Responsabilidade civil no código de defesa do consumidor e a defesa do fornecedor*. São Paulo:Saraiva, 2002.

[33] No mesmo sentido, BARBOSA MOREIRA, José Carlos. Notas sobre a inversão do ônus da prova em benefício do consumidor. *Revista de Direito do Consumidor*, São Paulo, n. 22, p. 135-49, abr./jun. 1997. Entendimento um pouco diferenciado é apresentando por Marinoni: "Nos casos em que o direito material impõe a inversão da prova, a sua inversão deve ocorrer na audiência preliminar quando a prova, por parte do réu, é ao menos possível. Mas, quando o fato constitutivo se torna insuscetível de elucidação por qualquer das partes, o juiz deve inverter a regra do ônus da prova na sentença, ao considerar os fatos que dão composição ao conflito, inclusive os incontroversos, e as regras de experiência (...) no caso de inesclarecibilidade do fato constitutivo pode ser imputado ao réu, a inversão do ônus da prova pode ocorrer na sentença". MARINONI, Luiz Guilherme. *Comentários ao Código de processo civil*, Tomo I, 2. ed.; São Paulo: Revista dos Tribunais, 2005, p. 421.

É o procedimento adequado para que não haja surpresa às partes.[34] A inversão *ope judicis* dispensará uma parte do encargo de provar o fato constitutivo de seu direito, repassando ao réu a carga probatória. Mas isso só ocorrerá se presentes os requisitos de verossimilhança ou hipossuficiência;[35] logo, é preciso um juízo sobre a existência ou inexistência de um desses requisitos. Para ter eficácia, essa inversão, deve ser determinada antes da produção probatória. Na audiência de saneamento, fixam-se os pontos controvertidos e, nos casos necessários, a inversão do ônus da prova, propiciando assim o exercício da ampla defesa e do contraditório.[36]

Será este o procedimento quando o magistrado defere o pedido do autor sobre a inversão do ônus da prova em ações em que se apura erro médico,[37] em decorrência da hipossuficiência do autor. O que existe é a *inversão do ônus probatório*, e não a *alteração da responsabilidade* subjetiva[38] do médico para responsabilidade objetiva. A carga probatória apenas sai do encargo do autor (paciente) e passa para o réu (médico), que, neste caso, deverá produzir prova para afastar a sua culpa. Caso se tratasse de responsabilidade objetiva, abstrair-se-ia a culpa, o que não é o caso, pois o médico irá demonstrar que agiu dentro daquilo que de um profissional de

---

[34] Sobre o assunto, ver, por todos: ALVARO DE OLIVEIRA, Carlos Alberto. Garantia do contraditório. IN CRUZ E TUCCI, José Rogério (coord.). *Garantias constitucionais do processo civil*. São Paulo: Editora Revista dos Tribunais, 1999.

[35] Parte da doutrina sustenta que a hipossuficiência não diz respeito apenas ao aspecto de natureza econômica, mas também ao monopólio da informação. Nas relações de consumo, a clássica regra da distribuição do ônus da prova poderia tornar-se injusta pelas dificuldades da prova de culpa do fornecedor, em razão da disparidade de armas com que conta o consumidor para enfrentar a parte melhor aparelhada. (CRUZ E TUCCI, José Rogério. *Código do Consumidor e Processo civil*. São Paulo: Revista dos Tribunais, n. 671, setembro de 1991, p. 35)

[36] Neste sentido, já decidiu, por unanimidade, o Tribunal de Alçada do Rio Grande do Sul. Apelação Cível, no. 194110664 – 4ª Câmara. Relator: Juiz Márcio Oliveira Puggina. "Quando, a critério do juiz, configurar-se a hipótese de inversão do ônus da prova, nos termos do art. 6º, VIII do CDC, sob pena de nulidade, é mister a prévia determinação à parte, em desfavor de quem se inverte o ônus, para que prove o fato controvertido. A inversão, sem cautela processual, implicará em surpresa e cerceamento de defesa".

[37] Nesse sentido, decisão do Tribunal de Justiça do Rio Grande do Sul: EMENTA: AGRAVO INTERNO. AÇÃO DE INDENIZAÇÃO. ERRO MÉDICO. REQUERIMENTO DE INVERSÃO DO ÔNUS DA PROVA, POSSIBILIDADE. É possível a inversão do ônus da prova, consoante o disposto no artigo 6º, VIII, do estatuto consumerista. No caso concreto, efetivamente há dificuldade técnica manifesta dos autores em realizar a prova necessária para demonstrar a veracidade de suas alegações. AGRAVO INTERNO IMPROVIDO. (Agravo Nº 70013843883, Nona Câmara Cível, Tribunal de Justiça do RS, Relator: Iris Helena Medeiros Nogueira, Julgado em 28/12/2005).
EMENTA: AGRAVO DE INSTRUMENTO. RESPONSABILIDADE CIVIL. SUPOSTO ERRO MÉDICO. INVERSÃO DO ÔNUS DA PROVA Em casos. como este, onde é patente a relação de consumo, havida entre as partes, e a recorrente é hipossuficiente –no que tange a produção de provas técnicas para provar o direito alegado, é perfeitamente aplicável a inversão do ônus da prova, nos termos do inciso VIII do art. 6º do CDC. NEGADO SEGUIMENTO AO RECURSO, FACE À JURISPRUDÊNCIA DOMINANTE DESTA CORTE. (Agravo de Instrumento Nº 70012627618, Nona Câmara Cível, Tribunal de Justiça do RS, Relator: Luís Augusto Coelho Braga, Julgado em 18/08/2005).

[38] Tem-se que a *responsabilidade* do profissional liberal é subjetiva, nos termos do art. 14, § 4º, do Código de Defesa do Consumidor.

sua especialidade se espera, conforme teria agido outro profissional em situação análoga. A possibilidade de inversão do ônus probatório na responsabilidade civil dos profissionais liberais fica restrita às hipóteses em que tenha sido assumida a obrigação de meio.[39]

Assim, a conduta do médico ao se defender, independentemente da questão processual de inversão do ônus probatório, deve ser a de demonstrar que agiu estritamente em conformidade com os melhores ditames da medicina para o caso concreto, eximindo-se de qualquer ato de negligência, imprudência ou imperícia.

A mesma regra se aplica às ações de indenização pelo fato do serviço dos profissionais liberais, cuja responsabilidade é subjetiva e aferível a título de culpa (CDC 14 § 4º). O juiz pode inverter, em favor do consumidor, o ônus da prova, que deverá recair sobre o fornecedor do serviço.

Posição diferenciada é apresentada por Luiz Guilherme Marinoni. Para esse autor, há situações em que o juiz inverterá o ônus da prova com base na verossimilhança, devendo ocorrer em momento anterior à decisão, mas também há situações em que o juiz *decidirá* com base na verossimilhança, sem necessidade de avisar a parte dessa inversão. Ou seja, são duas situações diferentes com base no mesmo art. 6º, VIII, do CDC. No entanto, em sentença, a verossimilhança é utilizada como argumento de convicção, com base na redução de exigências de prova, o que é distinta de inversão do ônus da prova.[40]

2.2. A teoria das cargas probatórias dinâmicas

Como se observou ao longo deste escrito, no sistema processual brasileiro há uma regra específica determinando a quem cabe o ônus da prova no processo civil, bem como expressa previsão e condições para as inversões, quando permitidas.[41]

São chamadas regras de distribuição da prova que identificam relativamente a quem deve provar certo fato ou circunstâncias, e o juiz só recor-

---

[39] SANSEVERINO, Paulo de Tarso. *Responsabilidade civil no código do consumidor e a defesa do fornecedor.* São Paulo: Saraiva, 2002, p. 339.

[40] MARINONI, Luiz Guilherme. *Comentários ao Código de processo civil*, Tomo I, 2005 p. 427 e 428.

[41] Consagrando a teoria das normas apontada na obra de Rosenberg. Como explica MÚRIAS:"Para o A. de Die Beweislast, nenhuma norma pode ser aplicada sem que o juiz se convença da verificação de todos os elementos da sua *facti species*. Na incerteza, decide, portanto, contra a parte que a norma beneficiaria. Importa, então distinguir cuidadosamente as normas que aproveitam a cada uma das partes. Essa distinção faz-se tendo em conta a redação legal, que autonomiza os vários preceitos. Encontramos, assim, 'normas base' e 'contranormas'; aquelas são constitutivas, estas impeditivas, excludentes ou extintivas das anteriores (...) (...) A distribuição do ónus da prova não depende, portanto, da posição das partes: quem afirma que celebrou certo contrato, pedindo, v.g., o seu cumprimento, terá de provar essa celebração quer seja autor numa ação de cumprimento, quer seja R. numa acção de apreciação negativa, porque sempre invoca a norma que prevê a celebração do contrato". MÚRIAS, Pedro Ferreira, *por uma distribuição fundamentada do ónus da prova*. Lisboa:Lex, 2000, p. 43.

rerá a elas diante da ausência da prova no processo. Ou seja, diante da prova eficaz, capaz de proporcionar a certeza judicial, não há que se falar em ônus da prova. Quando se fala em ônus da prova como algo estático, faz-se referência a uma fixação predeterminada de quem deve provar o quê.

Recentemente, a doutrina passou a alertar que essas bases nem sempre resultavam suficientes e adequadas, apontando a necessidade de flexibilizar o ônus da prova, como forma de buscar a justiça no caso concreto, através da teoria das cargas probatórias dinâmicas[42] ou ônus dinâmico da prova.[43]

A doutrina das cargas probatórias dinâmicas visa a um afastamento do *ônus da prova* estático, segundo as circunstâncias do caso concreto, que passa a recair sobre aquele que está em melhores condições técnicas, profissionais ou fáticas para produzi-las, independentemente de ser autor ou réu, ou de tratar-se de fatos constitutivos, modificativos, impeditivos ou extintivos. Frise-se, no entanto, que a carga probatória dinâmica não é sinônimo de inversão da prova, como explica o jurista argentino: "No se trata, pues, de la inversión de la carga de la prueba, sino directamente de la atribuición directa del peso probatorio en el caso concreto a quien se encuentra en mejores condiciones fácticas de probar, ya sea por razones profesionales, técnica, o cualquier otra, pues lo que interesa es que se halle en una mejor situación como 'resultado de un cúmulo de circunstancias de hecho'".[44]

Este afastamento da norma legal é excepcional e só terá espaço quando a aplicação da distribuição do ônus probatório resulte em conseqüências manifestamente desvaliosas, ou seja, quando a aplicação da regra probatória estática acaba por produzir conseqüências inconvenientes e inócuas.[45]

Com essa prática, visualiza-se a aplicação, no processo civil, do princípio da solidariedade, da efetiva colaboração das partes com o órgão judicial e do princípio da igualdade das partes em bases materiais.

---

[42] Ver, por todos; PEYRANO. Jorge W. *Cargas probatorias dinámicas*. Rubinzal – Culzoni Editores.

[43] Terminologia adotada por KNIJNIK, Danilo. As (perigosíssimas) doutrinas do "ônus dinâmico da prova" e da "situação de senso comum" como instrumentos para assegurar o acesso à justiça e superar a *probatio diabólica*. In: *Processo e constituição:Estudos em homenagem ao professor José Carlos Barbosa Moreira*. FUX, Luiz; NERY Jr. Nelson; Wambier, Teresa Arruda Alvim. (Coordenadores). São Paulo:Revista dos Tribunais, 2006, p. 942.

[44] LEGUISAMÓN, Héctor E. La necesaria madurez de las cargas probatorias dinámicas. In: PEYRANO, Jorge W. Cargas probatorias dinámicas. Argentina:Rubinzal –Culzoni, 2004, p. 117.

[45] A doutrina brasileira já chama a atenção, afirmando que a violação do direito à prova pode implicar a inutilidade da ação judiciária e, conseqüentemente, violação à garantia do acesso à justiça. Sobre o assunto: KNIJNIK, Danilo. As (perigosíssimas) doutrinas do "ônus dinâmico da prova" e a "situação de senso comum" como instrumentos para assegurar o acesso à justiça e superar a *probatio diabólica*. In: *Processo e constituição:Estudos em homenagem ao professor José Carlos Barbosa Moreira*. FUX, Luiz; NERY Jr. Nelson; Wambier, Teresa Arruda Alvim. (Coordenadores). São Paulo:Revista dos Tribunais, 2006, p. 943.

A doutrina assevera que o ônus probatório deve recair sobre aquele que tem melhores condições de provar,[46] isto é, possuir melhores condições para aportar as provas aos autos, seja porque é o único que dispõe das provas ou tem acesso a elas, por exemplo, no direto de família; e por razões profissionais, técnicas e econômicas – direito de seguros e bancários – nestes últimos casos como são situações que advêm das relações de consumos estão protegidas pelo Código de Defesa do Consumidor, mas ilustram situações em que seria possível aplicar a teoria do ônus dinâmico da prova.[47]

Há decisões judiciais do Rio Grande do Sul, especialmente no direito de família,[48] em que é seguida essa orientação, aplicando-se a teoria das cargas probatórias dinâmica. Nas demandas de alimentos, a omissão da indicação dos ganhos do réu, por exemplo, não torna a inicial inepta, entendendo-se, nesse caso, que é ônus do alimentante comprovar seus ganhos, já que se inverteram os encargos probatórios.[49]

Com o mesmo entendimento nas demandas de alimentos nas quais o autor é menor. Julgamento em que se presumiu a sua necessidade, determinando-se ao réu que demonstrasse a sua capacidade econômica, utilizando-se como argumento a proximidade da prova.[50] Este entendimento está

---

[46] BARBERIO, Sergio José. Cargas probatórias dinámicas (¿Qué debe probar el que no puede probar?)In: PEYRANO, Jorge W. *Cargas probatórias dinâmicas*. Argentina:Rubinzal –Culzoni, 2004, p. 101.

[47] Ação de revisão de contrato bancário. Indeferimento da petição inicial por ausência de documentos tidos por indispensáveis (contrato bancário). Teoria das cargas dinâmicas da prova. APELO PROVIDO. (Apelação Cível Nº 598550416, Vigésima Câmara Cível, Tribunal de Justiça do RS, Relator: Armínio José Abreu Lima da Rosa, Julgado em 22/12/1998)

[48] Ação de alimentos, pensão estabelecida em valor correspondente aos ganhos supostamente auferidos pelo genitor. Exercendo o devedor de alimentos atividade autônoma a ele compete a obrigação de comprovar seus rendimentos não bastando para isso meras alegações. O ônus de produzir a convicção sobre suas afirmativas lhe pertence. A falta de qualquer demonstração neste sentido cabe ao magistrado presumir as possibilidades do devedor fixando o pensionamento. *A aplicação da teoria das cargas dinâmicas da prova tem especial oportunidade em casos tais, pela relevância dos valores em discussão.* Apelo improvido. (Apelação Cível Nº 597142736, Oitava Câmara Cível, Tribunal de Justiça do RS, Relator: Breno Moreira Mussi, Julgado em 06/11/1997) Grifo meu. E, ainda: Alimentos. Ônus da prova. Devedor profissional autônomo. Em se tratando de ação de alimentos, invertem-se os ônus probatórios, incumbindo ao devedor o encargo de demonstrar seus ganhos, por não dispor o alimentando de meios de acesso aos seus rendimentos, sigilo que integra o direito constitucional a privacidade, ou seja, a inviolabilidade da vida privada (art-5º, X, da CF). Desempenhando o alimentante suas atividades como profissional autônomo, na ausência de demonstração de seus ganhos, impositivo fixar o valor dos alimentos atentando-se nos sinais exteriores de riqueza. Agravo provido em parte. (Segredo de Justiça – 7 fls.) (Agravo de Instrumento nº 70004165551, sétima câmara cível, Tribunal de Justiça do RS, Relator: Maria Berenice Dias, julgado em 26/06/2002)

[49] Nesse sentido: Apelação Cível nº 70005993449, Sétima Câmara Cível, Tribunal de Justiça do RS, Relator: Sérgio Fernando de Vasconcellos Chaves, Julgado em 07/05/2003.

[50] Alimentos. Ônus probatório do binômio possibilidade/necessidade. Em sede alimentar, invertem-se os ônus probatórios. O alimentando, se menor, sequer precisa provar suas necessidades, pois presumidas, a não ser que haja gastos extraordinários. É do alimentante o encargo de provar sua capacidade econômica, pois só ele tem acesso a seus ganhos, para que o juiz tenha condições de fixar o valor do encargo alimentar. Apelo desprovido. (Apelação Cível nº 70004756425, Sétima Câmara Cível, Tribunal de Justiça do RS, Relator: Maria Berenice Dias, Julgado em 18/12/2002).

amparado nas "Conclusões do Centro de Estudos" do Tribunal de Justiça do Rio Grande do Sul que enuncia: 37ª – *Em ação de alimentos é do réu o ônus da prova acerca de sua impossibilidade de prestar o valor postulado.*

Conclusão

A regra sobre o ônus da prova tem como objetivo determinar, com antecedência, a quem cabe produzir a prova e quem deverá suportá-la em caso incerteza judicial. De modo que o magistrado, no momento do julgamento, diante da dúvida, recorrerá a ela como regra de decisão ou regra de julgamento.

Nos casos em que houver inversão por circunstâncias do caso concreto, estamos diante de uma inversão *ope judicis*. Nessa hipótese, o magistrado se pronunciará antes do julgamento, mas apenas para dizer que a parte, antes não onerada com a prova, em função da inversão, passou a ter esse ônus, do qual desincubir-se-á ou não, caso em que submeter-se-á ao resultado desfavorável.

Note-se que, nessa circunstância, não se aplicará o ônus da prova como regra de julgamento. Apenas, haverá um pronunciamento judicial alertando para a mudança das regras de distribuição do ônus da prova *naquele caso concreto*. Essa manifestação ocorrerá tanto nas situações do art.6º, VIII, do Código de Defesa do Consumidor, como nas situações de aplicação das cargas dinâmicas da prova, já que nesta última haverá uma modificação na distribuição prevista no art. 333 do CPC. Este enunciado será feito no curso da relação processual e antes da produção da prova. Como não há qualquer relação com o convencimento do juiz, não há causa para ele ter dúvida, pois nem chegou-se à fase da produção probatória, tampouco à valoração.

Com este estudo é possível conferir que o ônus da prova não perdeu o seu significado de regra de julgamento. Ficou evidente, que nos casos de inversões *ope judicis* e nas alterações com base na teoria do ônus dinâmico, o magistrado não está em momento de sentenciar, mas em momento de fixar os fatos controversos e verificar a possível inutilidade da prestação jurisdicional frente à dificuldade da parte, estaticamente onerada, em apresentar a prova e, ocorrendo as hipóteses de inversão, anunciá-las, sem contudo, naquele momento, formar juízo.

As chamadas *"inversões" ope legis* também continuam exercendo a função de regra de julgamento porquanto o julgador recorrerá às suas determinações, apenas, no momento de proferir sentença.

Referências bibliograficas

ALVIM, Tereza Arruda. Reflexões sobre o ônus da prova. In: *Revista de Processo*, n. 76, p. 141-145.

AMARAL SANTOS, Moacir. Prova Judiciária no Cível e no Comercial, Vol. I, 4. ed. São Paulo: Max Limonad, 1970.

BADARÓ, Gustavo Henrique Righi Ivahy. *O ônus da prova no processo penal.* São Paulo: Revista dos Tribunais, 2003.

BARBERIO, Sérgio José. Cargas probatórias dinámicas *(¿Qué debe probar el que no puede probar?)*In: PEYRANO, Jorge W. *Cargas probatórias dinâmicas.* Argentina:Rubinzal –Culzoni, 2004.

BARBOSA MOREIRA, Carlos Roberto. O Processo Civil no Código do Consumidor. In: *Revista de Processo,* 63, p.139-146.

BARBOSA MOREIRA, José Carlos. *Julgamento e ônus da prova.* In: Temas de direito processual (Segunda série), 2ª ed. São Paulo: Saraiva, 1988.

——. Notas sobre a inversão do ônus da prova em benefício do consumidor. *Revista de Direito do Consumidor,* São Paulo, n. 22, p 135-49, abr./jun. 1997.

BEDAQUE, José Roberto dos Santos. *Poderes Instrutórios do Juiz,* 2ª ed., São Paulo: Revista dos Tribunais, 1994.

BUZAID, Alfredo. Do ônus da prova. In: *Revista de Direito Processual Civil,* p. 5-23.

CARNELUTTI, Francesco. *Sistema di Diritto Processuale Civile,* Vol I. Padova: CEDAM, 1936.

CRUZ E TUCCI, José Rogério. *Código do Consumidor e Processo Civil.* Revista dos Tribunais, 671/32.

FADEL, Sérgio Sahione. *Código de processo Civil Comentado,* Vol. I, 6ª ed. Rio de Janeiro: Forense, 1987.

GOLDSCHMIDT, James. *Principios generales del proceso,* Buenos Aires: Ediciones Jurídicas Europa-America, 1961.

KNIJNIK, Danilo. As (perigosíssimas) doutrinas do "ônus dinâmico da prova" e da "situação de senso comum" como instrumentos para assegurar o acesso a justiça e superar a *probatio diabólica.* In: *Processo e constituição: Estudos em homenagem ao professor José Carlos Barbosa Moreira.* FUX, Luiz; NERY Jr. Nelson; Wambier, Teresa Arruda Alvim. (Coordenadores). São Paulo: Revista dos Tribunais, 2006, p. 942.

LEGUISAMÓN, Héctor E. *La necesaria madurez de las cargas probatorias dinámicas.* In: PEYRANO, Jorge W. *Cargas probatorias dinámicas.* Argentina:Rubinzal – Culzoni, 2004.

LEONARDO. Rodrigo Xavier. *Imposição e inversão do ônus da prova.* Rio de Janeiro: Renovar, 2004

MARINONI, Luiz Guilherme. *Comentários ao código de processo civil,* v.5: Processo de Conhecimento, arts. 332 a 341, Tomo I. 2ª ed. São Paulo: Editora Revista dos Tribunais, 2005.

MICHELI, Gian Antonio. *La Carga de La prueba,* EJEA, tradução de Santiago Sentís Melendo, 1961.

MONTEIRO, Simone M. Silveira. Inversão do ônus da Prova. In: *Revista de Direito do Consumidor,* n 14, abril/junho, 1995. p. 114- 117.

MÚRIAS, Pedro Ferreira. *Por uma distribuição fundamentada do ônus da prova.* Lisboa: Lex, 2000.

NERY JÚNIOR, Nelson. Os princípios gerais do Código de Defesa do Consumidor. In: *Revista de Direito do Consumidor,* n. 3, setembro/ dezembro, 1992. p. 44-77.

PELLEGRINI, José Francisco. Do ônus da Prova - crítica ao art. 333 do CPC, In: *Revista da Associação dos Juízes do Rio Grande do Sul,* n. 16, p. 41-51.

OLIVEIRA, Carlos Alberto Alvaro de. *O Juiz e o Princípio do Contraditório.* In *Garantias constitucionais do processo civil.* CRUZ E TUCCI, José Rogério (coord.). São Paulo: Editora Revista dos Tribunais, 1999.

——. *Do formalismo no processo civil.* São Paulo: Saraiva, 1997.

PEYRANO, Jorge. W. *Cargas probatórias dinâmicas.* Argentina: Rubinzal – Culzoni, 2004.
PORTANOVA, Rui. *Princípios do Processo Civil*, Porto Alegre: Livraria do Advogado, 1995.
RANGEL, Rui Manoel de Freitas. *O ónus da prova no processo* civil. Almedina: Coimbra, 2002.
RODYCZ, Wilson Carlos. A inversão do ônus da prova no Juizado Especial Cível. In: *Revista da Associação dos Juízes do Rio Grande do Sul*, 67, julho de 1996. p. 194-200.
ROSENBERG, Leo. *La carga de La Prueba*, EJEA, Tradução de Ernesto Krotoschin, 1956.
SANSEVERINO, Paulo de Tarso Vieira. *Responsabilidade civil no código de defesa do consumidor e a defesa do fornecedor.* São Paulo: Saraiva, 2002.
SANTOS, Moacyr Amaral. *A prova judiciária no civil e comercial,* 4ª ed. São Paulo: Max Limonad, 1970. Volume I.
TARUFFO, Michele. Il Significato contituzionale dell'obbligo di motivazione. In: GRINOVER, Ada Pellegrini, DINAMARCO, Cândido Rangel; WATANABE, Kazuo (coords). *Participação e processo.* São Paulo: Revista do Tribunais,1988.
VARELA, Casimiro A. *Valoración de la prueba.* Buenos Aires: ASTREA.
VERDE, Giovanni, Considerazoni sulla regola di giudizio fondata sull'onere della prova. In: *Rivista di Diritto Processuale*, 27 (1972): 438 a 463.

— 13 —

Sistemas de apreciação da prova

PEDRO LUIZ POZZA

Sumário: 1. Introdução; 2. Sistemas de apreciação da prova; 2.1. Sistema da prova legal; 2.1.1. Resquícios da tarifação no processo brasileiro; 2.1.2. Alguns exemplos de tarifação da prova nas Ordenações Filipinas; 2.2. A evolução da prova legal para o convencimento íntimo; 2.3. Sistema do convencimento moral ou íntimo; 2.4. Sistema do livre convencimento (fundamentado) ou da persuasão racional; 3. Peculiaridades do direito escandinavo quanto à formação do convencimento do juiz; 4. Conclusão; 5. Bibliografia.

1. Introdução

A maioria dos juristas diz que três são os importantes e distintos momentos em que dividido o procedimento probatório: o de sua postulação pela parte, da sua admissibilidade pelo juiz e de sua produção.

Realmente, considerada a atividade probatória como o procedimento cujo desiderato é dar ao julgador elementos para formar sua convicção, pode-se dar por findo quando a prova é produzida e incorporada ao processo. Assim, por exemplo, a prova testemunhal finda com o depoimento da testemunha; a pericial, com a juntada do laudo aos autos. No entanto, analisada a prova não como atividade, mas quanto à conseqüência dessa, considerando que ela tenha influído no espírito do julgador, moldes a convencê-lo da veracidade do fato probando, temos de aceitar que tal procedimento só está totalmente concluído por ocasião da *valoração da prova* pelo juiz,[1] que, consoante Dinamarco, "é a avaliação da capacidade de convencer, de que sejam dotados os elementos de prova contidos no processo, e que, no direito atual, é realizada preponderantemente pelo juiz, a quem poucos e específicos nortes são impostos pelo legislador".[2]

A avaliação da prova consiste em ato de extrema importância no processo, haja vista que do resultado que dela se obtenha dependerá a solução

---
[1] SILVA, Ovídio A. Baptista da. *Curso de Processo Civil*, vol. I, 3ª ed. Porto Alegre: Fabris, 1993, p. 292.
[2] DINAMARCO, Cândido Rangel. *Instituições de Direito Processual Civil*, vol. III, 4ª ed. São Paulo: Malheiros, p. 101.

da causa, como por exemplo, a condenação ou absolvição do réu no processo criminal, a obtenção de justa reparação do dano sofrido pela vítima, assim como o fim de um conflito familiar. Realizada pelo juiz, com base na lógica do pensamento, implica uma conclusão que possa ser marcada como uma conseqüência razoável e normal da congruência entre a prova produzida e os fatos objeto de análise pelo julgador.[3] Em outras palavras, visa à formação da convicção racional sobre a procedência ou não das afirmações das partes quanto aos fatos da causa.[4]

Três são os sistemas existentes, quanto à forma de avaliação da prova: o da *prova legal* ou *tarifada*; o do convencimento moral ou íntimo (também chamado de livre convencimento) e o da persuasão racional ou livre convencimento fundamentado.

2. Sistemas de apreciação da prova

2.1. Sistema da prova legal

No sistema da prova legal ou tarifada, surgido a partir do século XIII, em oposição à liberdade absoluta do juiz que podia julgar de acordo com sua íntima convicção,[5] e que tem cada vez menos importância no direito moderno, prevalecem regras de valoração da prova previstas pelo legislador em caráter geral e abstrato, não pelo juiz, diante do caso concreto.

Assim, aquele, adiantando-se a esse, prefixa juízos valorativos ao estabelecer normas que graduam, exaltam, limitam ou excluem a eficácia dos vários meios ou fontes de prova, por intermédio de tabelas de valores a serem considerados pelos julgadores. Fala-se, portanto, em *provas tarifadas*, constituindo *vínculos normativos à formação do convencimento pessoal do juiz*, o que implica reduzir ou quase aniquilar o espaço de valoração a ser por ele feita nos casos concretos.[6] Cada prova, pois, tem um valor inalterável e constante, antecipadamente fixado pela lei, vedado ao juiz dar-lhe valor conforme critérios próprios e subjetivos, diferentemente do que foi determinado pelo legislador.[7]

---

[3] VARELA, Casimiro A. *Valoración de la Prueba*. Buenos Aires: Editorial Astrea, 1990, p. 87.

[4] LIRA, Gerson. "Direito à Valoração das Provas", in *PROVA CÍVEL*, 2ª ed. Coord. de Carlos Alberto Alvaro de Oliveira, Rio de Janeiro: Forense, 2005, p. 30.

[5] Fornaciari, Flávia Hellmeister Clito, As Máximas de Experiência e o Livre Convencimento do Juiz, Revista Dialética de Direito Processual, nº 10, janeiro/2004, p. 11. No mesmo sentido: VARELA, Casimiro A. *Valoración de la Prueba*, Buenos Aires: Editorial Astrea, 1990, p. 96, para quem o sistema de prova legal ou tarifada caracteriza-se como uma forma de civilizar a administração da justiça frente aos juízes ignorantes ou arbitrários, na medida em que a teoria moderna inspirou-se no *id quad plerumque accidit*, ou seja, aquilo que normalmente acontece, visando a assegurar a certeza e economia da investigação (obra e página citadas).

[6] DINAMARCO, obra citada, p. 102/103.

[7] SILVA, Ovídio A. Baptista da, obra citada, p. 292/293.

Nesse sistema, o juiz é um órgão passivo, cuja atuação, no âmbito probatório, restringe-se a averiguar a existência da prova e constatar que foi trazida aos autos, sendo-lhe vedado avaliá-la consoante critérios racionais aptos a formar o seu convencimento, devendo decidir rigorosamente à vista do que foi alegado e provado pelas partes (*secundum alligata et probata iudicare debet*), ainda que sua convicção aponte em sentido contrário.[8]

Para Salvatore Patti, no sistema da prova legal, a atividade do juiz é similar à do burocrata, limitando-se simplesmente a constatar a alegação de uma série de documentos com o fim de tomar certa decisão prevista na lei para o caso específico. Exclui-se a importância da apreciação da prova pelo juiz e, portanto, sua convicção sobre a verdade dos fatos.[9]

Tais regras de valoração da prova tiveram enorme influência no processo civil, especialmente na época medieval, mais por força da superstição dos povos, mas também em decorrência da experiência do legislador. De base supersticiosa eram as *ordálias* ou *juízos de Deus*, que vicejaram especialmente entre os antigos germânicos, em que se contava com a *resposta divina*, realizando-se *provas de destreza ou de força* (duelos, prova *per pugnam*), praticava-se o juramento, acreditando-se, sinceramente ou não, que fossem métodos legítimos e adequados na busca da verdade. Do mesmo modo, a crença na *cultura e experiência* do próprio legislador levou-o, até tempos mais recentes, à edição de normas valorativas com base racional, privilegiando-se *a forma que protege, defende e tutela*, na prática de um suposto *realismo de uma tendência racional*, como as encontradas nas Ordenações do Reino de Portugal.[10]

Como diz Alvaro de Oliveira, tal modelo consiste em minuciosa determinação dos critérios de valoração da prova, conjuntamente à restrição ou exclusão antecipada de certas provas, subtraídas à análise do julgador, com o fim de limitar severamente a liberdade judicial,[11] e que teve no processo medieval alemão sua mais extremada manifestação moderna.[12]

2.1.1. Resquícios da tarifação no processo brasileiro

Em que pese o perfil do sistema de valoração dos elementos de prova no processo civil moderno seja o do livre convencimento fundamentado

---

[8] SANTOS, Moacyr Amaral, *Prova Judiciária*, vol. I, p. 329, *apud* SILVA, Ovídio A. Baptista da, obra citada, p. 294.

[9] Libero convincimento e valutazione delle prove, *Revista di Diritto Processuale*, p. 485 e 493.

[10] DINAMARCO, obra citada, p. 103. O autor refere o exemplo da mulher acusada de bruxaria pelos Tribunais da Inquisição, que seria jogada em um poço com uma pesada pedra atada a seu pescoço. Em se salvando, tinha-se por provado que ela tinha relações com o Demônio e, assim, seria queimada na fogueira. Mas se morresse por afogamento, era tida como inocente, ainda que morta.

[11] OLIVEIRA, Carlos Alberto Alvaro de. *Do Formalismo no Processo Civil*, 2ª ed. São Paulo: Saraiva, 2003, p. 156.

[12] Arthur Engelmann, citado por Carlos Alberto Alvaro de Oliveira, *Do Formalismo no Processo Civil*, obra citada, p. 29.

(persuasão racional), o legislador ainda estabelece diretrizes de conteúdo abstrato a limitarem a liberdade do juiz, estabelecendo previamente, em alguns casos, o valor probatório, com base em critérios racionais ditados pela experiência comum, constituindo *pequenas ilhas de prova legal,* sem que isso infirme o sistema adotado.[13]

Trata-se, conforme Dinamarco, de *vínculos normativos à convicção do juiz,* presentes (a) em normas que estabelecem presunções legais relativas, (b) nas normas que limitam a admissibilidade ou a eficácia de algum meio de prova e (c) nas que de algum modo afirmam ou disciplinam essa eficácia.[14]

No primeiro caso, podemos elencar o fato presumido, *processo mensal que conduz à aceitação de um fato controvertido como existente, sem que esteja provado e até que o contrário venha a sê-lo.*[15] Também aqui se incluem os efeitos da revelia do réu, decorrente do art. 319 do CPC, que impõe tenha o juiz por verdadeiros os fatos articulados na inicial.[16]

No segundo, temos o art. 401 do CPC, que limita a prova testemunhal a contratos de até dez salários mínimos, salvo nas hipóteses do art. 402; os arts. 145, 335 e 400, II, conjugados, dispõem que, sendo necessário conhecimento técnico para a prova de determinado fato, somente com a prova pericial ele poderá ser demonstrado, vedada a testemunhal; art. 333, que dispõe sobre a distribuição do ônus da prova, em razão do qual o juiz deve considerar por inexistentes os fatos alegados e não provados; o art. 332, combinado com o art. 5º, LVI, da Constituição Federal, que impõe ao juiz negar eficácia às provas obtidas por meios ilícitos.[17]

No terceiro grupo, temos como exemplos os arts. 224 e 1543 do Código Civil, que dispõem ser obrigatório o uso do vernáculo para a validade de documentos apresentados em juízo e a certidão do registro civil como prova do casamento. Além disso, temos os arts. 364, 365 e 378 do CPC, que indicam a eficácia probatória dos documentos públicos, esclarece-se que as

---

[13] DINAMARCO, Cândido Rangel, obra citada, p. 107.
[14] Autor e obra citados, p. 107/108.
[15] Idem, ibidem, p. 77 e 108. Exemplo da presunção relativa, muito comum no Foro, é a que diz respeito à culpa presumida, mas que admite prova em contrário, do condutor do veículo que bate no que vai á sua frente.
[16] Essa presunção, ainda que extremamente forte, não é absoluta, mas relativa, podendo ser afastada com base em outros elementos constantes dos autos, de acordo com o princípio do livre convencimento do juiz (STJ, REsp nº 47.107-MT, 4ª Turma, Rel. Ministro Cesar Asfor Rocha, julgado em 19.6.97, in DJU 8.9.97, p. 42.504). Em outro julgamento, o STJ disse que "A falta de contestação, quando leve a que se produzam os efeitos da revelia, exonera o autor de provar os fatos deduzidos como fundamento do pedido e inibe a produção de prova pelo réu, devendo proceder-se ao julgamento antecipado da lide. Se, entretanto, de documentos trazidos com a inicial se puder concluir que os fatos se passaram de forma diversa do nela narrado, o juiz haverá de considerar o que deles resulte e não se firmar em presunção que se patenteia contrária à realidade" (RSTJ 88/115).
[17] DINAMARCO, obra citada, p. 108.

reproduções idôneas de documentos têm o mesmo valor probatório do original e afirma-se que os livros comerciais fazem prova contra seu autor.[18]

2.1.2. Alguns exemplos de tarifação da prova nas Ordenações Filipinas

Como já referido, as Ordenações do Reino de Portugal, tendo as Filipinas sido aplicadas no Brasil mesmo após a independência, até 1890, foram pródigas em privilegiar a prova tarifada, regulada a matéria no livro III das Ordenações Filipinas.

O Título LII dispunha que se o autor ou réu só fizerem meia prova de suas alegações, o juiz atribuirá a quem fizer juramento prova inteira. Meia prova, segundo o título em questão, consistia no depoimento de uma testemunha insuspeita, na confissão extrajudicial da parte ou por escritura privada. Tal disposição, entretanto, só era aplicável às lides que envolvessem quantias pequenas, de até cem cruzados (§ 1º) – um marco de prata, todavia, era uma grande quantia. Além disso, não era dado juramento a qualquer das partes que fosse tida como vil, ainda que houvesse meia prova em seu favor.

Acerca do juramento, dispunham ainda as Ordenações Filipinas que se posteriormente à sentença, favorável a quem fez o juramento, fosse descoberta uma escritura pública refutando-o, a sentença seria revogada. Isso, entretanto, não era possível quando o juramento fosse feito a pedido da outra parte ou quando essa tivesse dado seu consentimento.[19]

O Título LVI tratava das testemunhas, vedando que ascendentes depusessem nos feitos em que seu descendente fosse parte e vice-versa. Admitia-se, todavia, o depoimento dos pais, ainda que com reservas, quando a lide dissesse respeito à idade dos filhos, *porque tem mais razão de o saber, que outra nenhuma pessoa*.

Do mesmo modo, vedava-se o depoimento do irmão de quem estivesse litigando, na hipótese daquele estar *debaixo do poderio e governo do irmão*, ou então quando o feito (cível ou crime), dissesse respeito aos bens (ou a maior parte deles) do irmão.

O depoimento do escravo também não era admitido, assim como dos judeus e mouros em processos entre cristãos. Admitia-se, porém, nos processos entre cristãos e judeus, que esses fossem testemunhas daqueles e vice-versa, o mesmo aplicando-se nos feitos entre cristãos e mouros.

Era vedado, ainda, em qualquer caso, o depoimento daquele geralmente tido por desmemoriado.

---
[18] DINAMARCO, obra citada, p. 108/109.
[19] Isso porque, na primeira hipótese, o juramento poderia ser dado pelo juiz, de ofício, e mesmo sem o consentimento da parte contrária.

Aos menores de catorze anos era vedado depor, salvo nos processos por crimes muito graves, não havendo outra prova, caso em que não prestariam juramento, *por não ficarem os delictos graves sem castigo*.

Igualmente, o inimigo capital de uma parte não poderia ser testemunha da outra. Segundo o § 7º do título LVI, inimigo capital era quem houvesse tido com a parte no cível ou crime demanda cujo objeto fossem todos ou a maior parte de seus bens. Ainda, também era considerada inimiga capital a testemunha que tivesse aleijado, ferido ou morto a parte (apenas aleijão e ferimento), sua esposa, filho, neto ou irmão, praticado contra qualquer deles um grande furto, roubo ou injúria ou, ainda, adultério com a mulher de qualquer deles. O mesmo impedimento ocorria se a parte é tivesse cometido qualquer desses atos contra a testemunha ou os seus parentes citados.

Ao preso também era vedado depor, salvo se tivesse sido arrolado antes da prisão; na hipótese de estar em prisão civil ou por crime leve, provando-se não estar sujeito a pena corporal nem de degredo superior a seis meses *fora da Vila e termo*, poderia ser testemunha em qualquer feito, desde que pessoa de boa fama e reputação. Era admitido o depoimento dos presos, sem ressalvas, entretanto, quanto aos fatos ocorridos no interior das cadeias, cabendo ao juiz dar-lhe a fé que entender devida.

Por fim, não eram impedidos de depor os co-autores de crimes praticados por mouros ou escravos brancos cristãos, hipótese em que aqueles eram tidos *como se participantes não fossem* (título LVI, § 11).

Dispunha o § 10º do título LVI, no entanto, que as testemunhas suspeitas, sejam as não recusadas, sejam aquelas cuja recusa tenha sido aceita, deveriam ser ouvidas ao juiz, a quem cabia dar o valor que merecesse cada depoimento.

Já o Título LIX tratava da prova dos negócios jurídicos, dispondo o seu *caput* que em qualquer contrato versando sobre bens de raiz superiores a quatro mil réis, ou, sendo de bens ou coisas móveis, superar seu valor os sessenta mil réis, só poderia ser provado por escritura pública, sendo vedada a prova por testemunhas, o mesmo ocorrendo com a prova de pagamento, quitação, transação, renúncia, etc., relativa aos mesmos contratos. Disposição essa que se aplicava também (§ 1º) aos negócios feitos fora dos territórios dos Reinos e Senhorios (arraial, armada, e outros locais onde eram observadas as Ordenações). Em sendo celebrado o ajuste em navios que partissem do Reino Português, enquanto no mar, ou em rios do mesmo Reino, ou mesmo em locais conquistados pelos portugueses, ali não havendo Tabelião, servirá como tal o Escrivão que sirva como tal no navio. Todavia, fazia-se necessário que, retornando o navio ao Reino Português, o que foi lavrado pelo Escrivão deveria ser apresentado ao Tabelião do local onde aportar o navio (§ 2º).

Não se admitia, ainda, a prova por testemunhas do pagamento, quitação ou distrato de contrato envolvendo coisas móveis de até sessenta mil réis, que, mesmo podendo ser provado por testemunhas (*caput*), tivesse sido feito por escritura pública. Todavia, quando era admissível a prova do contrato por testemunhas ou confissão da parte, cabível provar o distrato por testemunhas.

O § 4º o vedava que os juízes mandassem citar o réu (uma espécie de indeferimento da inicial) quando o autor não apresentasse instrumento público que provasse a obrigação, inadmissível o instrumento particular, ainda que assinado pelo réu e cinco testemunhas. No entanto, o autor poderia obter a citação caso postulasse o juramento do réu; esse jurando que nada devia, a ação seria julgada improcedente; não querendo o réu jurar, entretanto, e jurando o autor, o pedido seria acolhido.

Já o § 9º dispunha que, provada a obrigação pelo autor por escritura pública, qualquer defesa ou exceção levantada pelo réu que tivesse por objeto alegação de pagamento, quitação, transação, etc., só poderia ser recebida se estivesse também demonstrada por escritura pública, poderia ser concedido prazo ao réu para juntada dessa prova, caso jurasse que a escritura se encontrava em outro local. O § 10º admitia que, mesmo necessária a prova do alegado pelo réu por escritura pública, poderia ele jurar ter efetuado o pagamento caso constasse de um alvará assinado por uma pessoa que não tivesse a mesma fé que a de um Tabelião, hipótese em que o pedido seria julgado improcedente. Jurando o autor, o pedido seria acolhido. Admitia-se, também, que o réu fizesse prova desse pagamento, hipótese em que, tivesse êxito, o autor seria ainda condenado por perjúrio.

2.2. A evolução da prova legal para o convencimento íntimo[20]

Nobili assevera que a despeito de já ter sido adotado em tempos remotos, o sistema do convencimento livre (íntimo) do juiz ressurgiu na idade moderna como uma nova concepção da sociedade e do processo penal e com características bem peculiares, tendo início com o desenvolvimento, na primeira metade do século dezoito, de uma corrente de pensamento propensa a recepcionar, no campo das relações sociais, as descobertas da ciência e do novo método filosófico experimentado no século anterior, do que resultou uma polêmica contrária à forma de pensar e organizar a sociedade, herdada da época feudal.

As teorias de Montesquieu, a polêmica contra o despotismo de Voltaire, a discussão sobre o contrato social de Rosseau, aliados à maior influência do jusnaturalismo no racionalismo iluminista e às teorias contra-

---
[20] Capítulo baseado na obra *Il Principio Del Libero Convincimento Del Giudice* de Massimo Nobili, Milão: Dott. A. Giuffrè Editore, 1974, p. 81/143.

tualistas, especialmente a Declaração dos Direitos do Homem e do Cidadão de 1789, que colocou em primeiro lugar os direitos dos cidadãos, fundaram uma nova forma de entender o relacionamento entre o indivíduo e a autoridade, reforçando a teoria dos direitos públicos subjetivos, de que estava imbuída a concepção iluminista do direito e do processo. Surge, pois, a escola clássica do processo penal, que tem como base a tutela da liberdade individual, tendo o processo e seus princípios naturais como instrumentos visando a assegurar os direitos do acusado, ainda que também busque a averiguação do fato. De qualquer forma, mantinha-se a visão de que os métodos e formas judiciais consistiam em um limite contra o possível arbítrio do juiz. Tudo isso, somado às descobertas científicas e filosóficas do século XVII, caracterizadas sobretudo na afirmação do método indutivo-experimental, levaram a uma nova concepção do "íntimo convencimento", diferente do sistema de "livre convencimento" do passado, fortalecendo com isso a imediatidade e a liberdade (no sentido de individualismo) do juízo probatório.

Nos sistemas jurídicos da Europa continental, a instituição do júri popular, tido como o "paladino da liberdade", foi um dos marcos da teoria moderna do íntimo convencimento do juiz, tendo servido também para a introdução da oralidade e da imediatidade, tidos como princípios inseparáveis daquele. Apesar dos inúmeros defeitos do sistema da prova legal, não havia consenso para sua superação, a não ser mediante profundas mudanças sociais e jurídicas. Além disso, era consenso que somente um sistema fundado no júri popular poderia limitar as falhas e o arbítrio das decisões judiciais, virtudes de que o sistema a ser substituído gozava. Apenas a filosofia do senso comum e a confiança no júri popular lograram destruir o complexo e secular instituto da prova legal, pelo que se criou um vínculo muito forte, que chegou a ser considerado indissolúvel, entre o íntimo convencimento e o júri, ajudado pela luta conjunta em favor de ambos os institutos.

A experiência dos países de língua tedesca, confirma a teoria de que a adoção do júri foi um dos motivos que levou ao sistema do livre convencimento, pois mesmo antes da formulação franco-italiana, aqueles instituíram um sistema misto, que vigorou por cerca de cinqüenta anos (segunda metade do século XVIII), em que o sistema da prova legal era aplicado apenas para a condenação do réu, não para a absolvição. A adesão total ao sistema deu-se em 1848, com a instituição do júri popular. Todavia, o fato de o júri popular ter sido um dos principais condutores ao princípio do livre convencimento levou a uma perigosa confusão por parte da doutrina.

Distinguem-se o sistema do livre (íntimo) convencimento e o *iudicium secundum conscientiam*, a despeito de ambos resolverem o chamado "juízo de fato" baseado especialmente na convicção moral do juiz no caso concreto, pois enquanto o primeiro diz respeito exclusivamente à valorização da prova colhida nos autos, segundo o procedimento legal, o segundo é exatamente contrário ao *iudicium secundum alligata et probata*.

Surge, entretanto, em decorrência da afirmação de que o juiz só pode decidir com base na prova trazida regularmente ao processo, questão sobre a importância do convencimento pessoal do juiz na valoração do material probatório. No livre convencimento, ao contrário do *iudicium secundum conscientiam*, veda-se ao juiz utilizar-se do que hoje se chama "ciência privada", proibição que só abre espaço às máximas de experiência e aos fatos notórios, exceções que não desmentem a regra. O marco do sistema, portanto, é a decisão com base nas provas colhidas legalmente, o que confirma que "liberdade de convencimento significou, na idade moderna, exclusivamente liberdade de valoração dos meios de prova trazidos ao processo conforme os meios legais".

Foi a Assembléia Constituinte francesa que, em 1791, codificou na Europa o sistema do livre convencimento do juiz, contrariamente ao da prova legal. Enquanto esse se relacionava com o processo inquisitório, aquele tinha íntima ligação com o processo acusatório almejado pelos iluministas, e que só a força política de uma revolução poderia alcançar.

O processo inquisitório era praticado por todos os países da Europa, no início do século XVIII (e desde quatro séculos), baseando-se no autoritarismo, na centralização do poder em torno de um juiz dependente ou fortemente ligado ao Executivo, sendo-lhe ínsitos o segredo, a ausência de defesa, aliados a um processo escrito, permitindo-se ao juiz, porque vinculado a uma densa rede de regras, que tornava difícil alcançar a prova completa, o recurso à tortura. A teoria da prova legal era articulada em uma minuciosa predeterminação do caráter e valor de cada prova e indício, e na sua classificação em um sistema ainda mais preciso de prevalência e hierarquia, do que resultou uma tarifação legal das provas, consistente em cálculos aritméticos (provas plenas, semiprovas, quarto de prova, etc.), afastando-se por completo o convencimento pessoal do juiz.

Tal sistema foi inicialmente criado para auxiliar o juiz no julgamento; mais tarde, todavia, passou a ser imposto ao magistrado, vinculando-o, tinha como pressuposto um Judiciário baseado em juízes permanentes, cultos, expertos em direito, e duas finalidades: uma, tentar erradicar o arbítrio do juízo de fato; outra, racionalizar a técnica do conhecimento judicial, mediante um método forjado na experiência secular, cristalizado em critérios de abstrata legalidade, aptos a resolver as incertezas das decisões judiciais, além de assegurar a uniformidade da valoração da prova.

A despeito dessas virtudes, esse sistema faliu, seja no aspecto gnosiológico, seja moral, passando a defender-se o sistema do íntimo convencimento (pelo recurso ao bom-senso, ao critério natural), como resultado de uma nova racionalidade que o antigo método não sabia oferecer.

Do mesmo modo, enganam-se os que pensam que o sistema da prova legal funcionou em decorrência de um rígido automatismo, havendo, no próprio método inquisitório, hipóteses em que, seja por expressa disposição legal, seja por imperfeição normativa, mostrava-se relevante o *arbitrium iudicis*, como uma espécie de porta de entrada ao sistema do íntimo convencimento. Assim, por exemplo, ocorria com as provas privilegiadas subtraídas da classificação e da hierarquia comuns do sistema da prova legal, e com as penas extraordinárias, que poderiam ser aplicadas, ausente prova plena, segundo o *arbitrio iudicis*. Tais embriões do livre convencimento estavam presentes na República Veneta (que não praticava o sistema da prova legal), assim como em alguns precedentes legislativos do Reino de Nápoles, do Vaticano e do Granducado da Toscana e, em particular, nas Leis e Constituições de Vittorio Amedeo II di Savoia de 1723-1729 e na Reforma Penal do Granducado da Toscana de 1786, em cujo art. CX surgiu a primeira codificação do íntimo convencimento, a despeito da opinião contrária de Carmignani que, de qualquer forma, reconhece a existência de orientação jurisprudencial naquele sentido.

Mais para o final do século XVIII, acendeu-se a polêmica entre conservadores e progressistas, debatendo-se na defesa e no ataque ao sistema da prova legal e à tortura, como duas formas diversas de conceber o processo, quanto à sua estrutura, seus fins e as relações entre cidadão e autoridade. De geração em geração, entretanto, e já desde o fim do século XVI, vozes sustentavam a necessidade de mudanças no sistema inquisitório, com críticas ao sistema da prova legal, tortura e ao processo secreto, havendo cada vez mais quem postulasse pela implantação de um sistema acusatório, dentro do qual assumia significado particular a teoria do íntimo convencimento.

Mas a crítica basilar que marcou essas discussões, e que foi o ponto de ruptura do sistema, é a que dizia respeito ao fim do processo penal, decorrente de uma nova concepção da relação entre Estado e cidadão, em que fica clara a idéia de que também os inocentes eram processados, prevalecendo o interesse de que um culpado fosse absolvido do que um inocente fosse condenado, o que era inadmissível no processo inquisitório, sobre o qual Voltaire dizia que "A lei parece obrigar o magistrado como se comportar, frente ao acusado, mais como um inimigo do que como um juiz", advogando como única solução o sistema do íntimo convencimento do juiz, que deveria julgar conforme sua consciência e seu bom senso, mas preocupado em como impedir que essa liberdade resultasse em arbítrio, no que acompanhado por Montesquieu.

Sucede que se estava a passar de um sistema em que o juiz, ao valorar a prova, prescindia da própria *sententia animi*, fazendo-se simples aplicador da *sententia legislatoris*, sendo, pois, irrelevante o convencimento do juiz que, em verdade, era despersonalizado, ou seja, um *ser inanimado* como pretendiam Montesquieu e os iluministas. Muitos inclusive eram contraditórios, pois ao mesmo tempo em que sustentavam a introdução do júri e do julgamento com base no senso comum, diziam também que o sistema da prova legal se caracterizava como um salutar freio ao arbítrio do juiz. De qualquer sorte, prevaleceram os ventos em favor do livre e íntimo convencimento, especialmente com a introdução do júri popular. Tinha-se, assim, um juiz vinculado à lei quanto aos crimes e respectivas penas (magistrado) e, ao contrário, livre no convencimento sobre o fato (jurado), o que não deixava de ser uma contradição sob o aspecto lógico-sistemático, e que se pode compreender levando-se em conta três fatores que tiveram, na ocasião, papel determinante na concepção iluminista do juiz e da prova.

Primeiro, a doutrina do senso comum, que afastou a falácia e a arbitrariedade da decisão judicial, pois nessa época era absoluta a confiança na razão individual do cidadão simples, chamado a decidir sobre a questão de fato. Segundo, a contraposição entre questão de fato e de direito, aparentemente de caráter lógico, mas que se baseava em um postulado político, e cuja atribuição a um mesmo órgão era entendida como fonte de intolerável arbítrio, e só a segunda atribuída a magistrados de carreira. E, terceiro, ligado ao anterior, era o fato de que, a despeito das idéias iluministas, que lutavam pela legalidade, se admitia o sistema do livre convencimento na esperança de uma ordem jurídica na qual a justiça fosse composta de juízes incorruptíveis.

Tais fatores demonstram que as grandes reformas jurídicas respondem essencialmente a valores de ordem histórica, social e política e, subsidiariamente, se possível, a critérios de coerência do sistema. Em verdade, a urgência em subverter o passado, a desconfiança na magistratura de carreira do *ancien régime* e a vontade de construir um sistema semelhante ao anglo-saxão induziram, em matéria de prova, à quebra do postulado essencial da teoria iluminista do processo, embasada em forte observância ao princípio da legalidade.

Nos países de língua tedesca, o sistema da prova legal vigorou por mais tempo do que nos demais países da Europa. Lá também o juiz estava vinculado à lei, seja na questão de direito, seja na questão de fato, sendo, pois, despersonalizado. Em vista das escritos de Augustin Von Leyser e Johann Von Justi, a despeito de prevalecerem as idéias iluministas, que sustentavam o princípio da legalidade, surgiu a teoria da prova legal negativa, segundo a qual não era admitida a condenação a não ser que estivessem presentes os elementos predeterminados pelo legislador; para absolver, todavia, o juiz poderia valer-se de seu íntimo convencimento. Apesar disso, os tedescos, seja pelos juspositivistas, seja pelos pandectistas, e até Oskar Von Bülow, resistiram a reconhecer uma inafastável atividade criativa por parte do juiz. Somente na metade do século XVIII é que, com o recurso à *freie Beweiswurdigung* e com a adoção do júri, os tedescos aderem à idéia da livre valoração da prova.

Nobili conclui destacando a problemática surgida com o sistema do livre convencimento na idade moderna, particularmente quanto à escolha e uso de instrumentos idôneos a responsabilizar e limitar os poderes do juiz, enganando-se quem pensa que o recurso à íntima convicção surgisse sem qualquer perplexidade. Aliás, não foi à toa que Robespierre propôs, na Assembléia Constituinte francesa, um sistema intermediário entre prova legal e livre convencimento. A aceitação ou recusa do novo sistema é um problema dos homens, que devem decidir a quem confiar o uso de um sistema de valoração da prova embasado em uma notável liberdade do julgador, repropondo-se o antigo dilema: confiança no homem ou na lei. Foi o júri popular o meio para adoção do novo critério, levando a uma interpretação do livre conhecimento em momento posterior, o que tem importância especialmente para a doutrina francesa e, um pouco menos, para a italiana e a tedesca, visando a entender o novo princípio em uma acepção não-irracional. Também ao considerar a primeira teoria francesa da íntima convicção, necessário aludir à doutrina iluminista o senso comum, na qual estava contida, induvidosamente, uma instância de racionalidade, ainda que peculiar.

2.3. Sistema do convencimento moral ou íntimo

Também chamado de sistema do livre convencimento, consiste no oposto ao sistema da prova legal ou tarifada. Enquanto nesse cada prova tem valor previamente estabelecido pelo legislador, naquele o juiz tem absoluta liberdade e soberania para formar seu convencimento acerca dos fatos da causa, o que lhe permite não só valorar os depoimentos ouvidos, mas também em suas impressões pessoais, seja quando da inquirição das testemunhas e das partes, seja no comportamento processual dessas.[21] Não há, portanto, qualquer limitação acerca dos meios de prova utilizáveis pelo juiz, nem quaisquer restrições no tocante à sua origem ou qualidade.[22] Nesse sistema, a superação da dúvida, que em certo sentido representa um passo lógico, permite ao juiz criar de modo inconfundível e definitivo a verdade processual.[23]

---

[21] SILVA, Ovídio A. Baptista. *CURSO DE PROCESSO CIVIL*, Vol. I, obra citada, p. 294.
[22] LIRA, Gerson, "Direito à Valoração das Provas", *in PROVA CÍVEL*, Obra citada, 2005, p. 39.
[23] PATTI, Salvtore, "Libero convincimento e valutazione delle prove", *Revista di Diritto Processuale*, p. 493/494.

Na lição de Flávia Forniciari, é o primeiro método de avaliação da prova de que se tem notícia, sendo praticado desde tempos medievais, importando seu estudo mais para distinção dos demais sistemas de apreciação da prova. Assevera que tal está ao largo dos ordenamentos jurídicos modernos, nos quais não se admite a prevalência irracional dos poderes do juiz, em prejuízo do cidadão e das garantias que lhe são ínsitas.[24]

Leciona Daniel Francisco Mitidiero que "Em oposição ao sistema da prova legal temos o sistema do livre convencimento (ou princípio da livre apreciação judicial da prova, *Grundsatz der freien richterlichen Beweiswürdigung*), em que o juiz se encontra liberado de quaisquer vínculos para apreciação do conjunto probatório, sendo despicienda mesmo a fundamentação de suas opções valorativas em matéria de prova. O Brasil não o pratica, nem nunca o praticou, na área do direito processual civil".[25]

Sistema de extrema insegurança e inimigo do Estado-de-direito, no qual o juiz pode, ainda, recorrer à sua ciência privada sobre os fatos da causa, ou seja, deles tomando conhecimento em vista de circunstâncias estranhas à lide,[26] sem limitação dos meios de prova, nem quaisquer restrições sobre a origem ou qualidade delas. Define-se, pois, como o sistema que libera o juiz de qualquer observância às regras legais prévias acerca do valor e credibilidade dos meios de prova.[27]

Falho é o argumento de que o sistema em questão seria mais apto à descoberta da verdade, na medida em que o juiz não teria limites na sua atividade probatória. Seja porque a verdade não é um fim em si do processo civil, mas instrumento para alcançar, entre outros, a paz social, seja porque não precisando o juiz declinar os motivos de sua decisão, violados são os princípios da publicidade e da motivação daquelas. Além disso, por ser secreta a motivação do juiz, falta-lhe elementos para convencimento das partes, assim como da própria sociedade.[28]

A única hipótese de julgamento por íntima convicção existente no ordenamento jurídico pátrio consiste nos processos de competência do Tribunal do Júri, em que os jurados não precisam fundamentar sua decisão pela

---

[24] As Máximas de Experiência e o Livre Convencimento do Juiz, *Revista Dialética de Direito Processual*, nº 10, janeiro/2004, p. 10/11.

[25] *Comentários ao Código de Processo Civil*, tomo I. São Paulo: Memória Jurídica, 2004, p. 555.

[26] DINAMARCO, Cândido Rangel, *Instituições de Direito Processual Civil*, Obra citada, p. 105. O autor refere o único caso em que o ordenamento jurídico pátrio admite o julgamento íntimo e não motivado, qual seja o do Tribunal do júri, cujos integrantes decidem em segredo e sem fundamentação alguma, só existindo essa na sentença do juiz togado que estabelece as conseqüências jurídico-penais dos fatos soberanamente reconhecidos pelos jurados (dosimetria da pena).

[27] SILVA, Ovídio A. Baptista, obra e página citadas.

[28] LIRA, Gerson. Direito à Valoração das Provas, in *Prova Cível*, obra citada, p. 41.

condenação ou absolvição do acusado, *podendo fazê-lo seguindo as convicções emocionais mais íntimas*.[29]

Acórdão recente do STF retrata curioso caso de julgamento por íntima convicção,[30] previsto pelo Estatuto Estadual da Magistratura do Rio Grande do Sul, em seu artigo 12 e seus parágrafos, que facultavam ao Tribunal de Justiça a exclusão de candidatos, em sessão secreta e julgamento de *livre convicção,* disposição legal declarada inconstitucional pela Suprema Corte, pois "a eliminação de candidatos, mediante voto secreto e imotivado de um colegiado administrativo – ainda que se trate de um Tribunal – esvazia e frauda outra garantia básica da Constituição, qual seja, a da universalidade da jurisdição do Poder Judiciário: tanto vale proibir explicitamente a apreciação judicial de um ato administrativo, quanto discipliná-lo de tal modo

---

[29] FORNACIARI, Flávia Hellmeister Clito. "As Máximas de Experiência e o Livre Convencimento do Juiz", *Revista Dialética de Direito Processual*, nº 10, janeiro/2004, p. 11. Não se olvide, todavia, que a liberdade dos jurados não é absoluta, pois conforme pacífica jurisprudência, ainda que não precisem fundamentar sua decisão, só podem formar sua convicção com base nas provas constantes dos autos, e não em elementos que lhes são estranhos. Tanto que a lei só admite apelação contra a decisão do júri, relativamente ao mérito, quando ela seja "manifestamente contrária à prova dos autos" (art. 593, III, "d", do Código de Processo Penal).

[30] Tratava-se de candidata ao cargo de Juiz de Direito que, a despeito de aprovada no concurso de provas e títulos, foi excluída da lista dos candidatos indicados por votação secreta do Órgão Especial da Corte Estadual. Vitoriosa em demanda aforada contra o Estado do Rio Grande do Sul, em primeiro grau de jurisdição, a sentença foi reformada em sede de apelação, desprovidos os embargos infringentes. Interposto recurso extraordinário, foi o mesmo provido pelo STF, tendo o aresto a seguinte ementa: "Concurso público: magistratura estadual: lei que concede ao Tribunal de Justiça poder de veto a candidato: inconstitucionalidade. 1. Embora a Constituição admita o condicionamento do acesso aos cargos públicos a requisitos estabelecidos em lei, esta não pode subordiná-los a pressupostos que façam inócuas as inspirações do sistema de concurso público (art. 97, § 1º), que são um corolário do princípio fundamental da isonomia. 2. Além de inconciliável com a exigência constitucional do concurso público e com o princípio de isonomia, que a inspira, a eliminação de candidatos, mediante voto secreto e imotivado de um colegiado administrativo – ainda que se trate de um Tribunal – esvazia e frauda outra garantia básica da Constituição, qual seja, a da universalidade da jurisdição do Poder Judiciário: tanto vale proibir explicitamente a apreciação judicial de um ato administrativo, quanto discipliná-lo de tal modo que se faça impossível verificar em juízo a sua eventual nulidade. 3. A circunstância de tratar-se de um concurso para a carreira da magistratura – ao contrário de legitimar o poder de 'veto de consciência' a candidatos 'agrava a sua ilegitimidade constitucional: acima do problema individual do direito subjetivo de acesso à função pública, situa-se o da incompatibilidade com o regime democrático de qualquer sistema que viabilize a cooptação arbitrária, como base de composição de um dos poderes do Estado. 4. O STF – por fidelidade às inspirações do princípio do concurso público – tem fulminado por diversas vezes o veto a candidato a concurso, ainda quando vinculado a conclusões de exame psicotécnico previsto em lei, se a sua realização le reduz a "entrevista em clausura, de cujos parâmetros técnicos não se tenha notícia' (RE 112.676, Rezek: com mais razão é de declarar-se a inconstitucionalidade, se à conclusão do exame psicotécnico – seja qual for a sua confiabilidade – não se vincula o Tribunal que – 'conforme ele, contra ele ou apesar dele' –, recebe o poder da eliminação de candidatos, com ou sem entrevistas, por juízo da consciência de votos secretos e imotivados. 5. De reconhecer-se o direito à investidura de candidata à magistratura, que, depois de habilitada nas provas do concurso, não foi indicada à nomeação – então, de competência do Poder Executivo – por força de veto imotivado do Tribunal de Justiça. 6. Conseqüências patrimoniais pretéritas da preterição do direito à nomeação a calcular-se conforme o critério do STF em casos assimiláveis" (RE 194657 / RS, Tribunal Pleno, Relator Min. SEPÚLVEDA PERTENCE, julgado em 04.10.2001, Publicação: DJ 14-12-2001, p. 83).
Note-se que o julgamento da Corte gaúcha teve caráter administrativo e não-jurisdicional, mas ainda assim a referência permanece válida.

que se faça impossível verificar em juízo a sua eventual nulidade" (RE 194657 / RS, Tribunal Pleno, Relator Min. SEPÚLVEDA PERTENCE, julgado em 04.10.2001, Publicação: DJ 14-12-2001 PP-00083).

2.4. Sistema do livre convencimento (fundamentado) ou da persuasão racional

Trata-se do sistema de avaliação do material probatório utilizado atualmente na maioria dos países, justamente porque se constitui em um misto dos dois sistemas anteriores, já superados, ao qual se dá o nome de sistema da *persuasão racional* que, embora aceite em geral a tese do livre (íntimo) convencimento, coloca determinações/limitações à formação do convencimento do julgador, impondo-lhe a observância de regras lógicas e das máximas de experiência comum, mas tendo por inadmissível que sua convicção se baseie tão-somente em sua intuição pessoal, incapaz de ser justificada consoante regras lógicas e de senso comum.[31]

Resulta da interpretação do art. 131 do CPC, que institui o livre convencimento à luz dos autos, em associação com o dispositivo constitucional que impõe a motivação das decisões judiciais, ainda que haja certas normas que vinculem o juiz quando da valoração da prova (elementos de prova legal no processo).[32] Tal convencimento há de ser *racional*, e não *íntimo*, porque necessariamente alcançado por intermédio de forças do intelecto, e não dos impulsos pessoais e porventura passionais do juiz que, assim, tem a obrigação de considerar as circunstâncias que comumente conferem maior credibilidade a um meio de prova, ou aptas a convencer uma pessoa inteligente e sensível à realidade, repudiando-se, assim, personalismos do julgador, cuja atuação está vinculada ao princípio da *impessoalidade*.[33]

Além disso, a convicção do juiz deve resultar do exame do material probatório carreado aos autos, uma vez que o uso de outros estranhos ao processo feriria pelo menos as garantias constitucionais do contraditório e do *due process of law*, resultando em insegurança para as partes. Tanto é assim que o juiz, após proceder à inspeção judicial, terá de reduzir o que constatou a escrito, para fazer parte do caderno processual (CPC, art. 443), assim como, tendo ciência pessoal de fatos discutidos em determinada, e sendo arrolado como testemunha, ficará impedido de continuar atuando no processo (CPC, arts. 409, I, e 134, II).[34]

É o que diz também João Batista Lopes, para quem *a liberdade que a lei confere ao juiz não é absoluta como decorre da própria letra do art. 131*

---
[31] Obra e autor citados, p. 294/295.
[31] Veja-se o item 2.1.2 retro.
[33] DINAMARCO, Cândido Rangel, obra citada, p. 106.
[34] Idem, ibidem.

do CPC: "O juiz apreciará livremente a prova, atendendo aos fatos e circunstâncias constantes dos autos, ainda que não alegados pelas partes; mas deverá indicar, na sentença, os motivos que formaram o convencimento". Como se vê, não está o julgador autorizado a decidir de acordo com suas impressões pessoais, quando conflitantes com a prova do processo, cabendo-lhe formar sua convicção com base no conjunto dos autos. E mais: não basta que o juiz forme sua convicção com base na provas dos autos, porquanto lhe impõe o sistema o dever de motivar suas decisões.[35]

Idêntico é o entendimento de Daniel Francisco Mitidiero, para quem o sistema da persuasão racional, inaugurado no Brasil pelo CPC de 1939 (art. 118), continuou no CPC atual, sendo sua principal diferença com o do livre convencimento (íntimo) é que o juiz está compelido a declinar as razões pelas quais firmou sua convicção. Esse sistema também veda ao juiz que use como fundamento da decisão fatos dos quais tenha tido ciência privada, vez que a lei exige que os elementos probatórios constem dos autos.[36]

Tal sistema tem certa similitude com o do livre convencimento (convencimento moral ou íntimo), pois em ambos o juiz tem ampla liberdade de valoração das provas. O que os diferencia, todavia, é que no sistema da persuasão racional o juiz *jamais deverá deixar de demonstrar os critérios que utilizou para valorar as provas, pois o que identifica esse sistema é o dever de motivar as decisões judiciais.*[37] Além disso, naquele o juiz pode valer-se do conhecimento pessoal que tem dos fatos, o que é inviável nesse, haja vista que o juiz está limitado ao material probatório constante dos autos.

Ainda, no dizer de Fernando Horacio Payá, os dois sistemas opõem-se ao da prova legal, na medida em que permitem ao juiz fixar a eficácia de cada elemento probatório, distinguindo-se, entretanto, quanto à liberdade do juiz, que na persuasão racional é relativa, ao passo que no livre convencimento é absoluta.[38]

Resulta do sistema da persuasão racional, adotado pelo CPC, que ao juiz é possível ter ampla iniciativa probatória, pois se ele tem de formar sua convicção livremente, motivando-a, contudo, natural que possa carrear aos autos os elementos probatórios de que carece, ainda que as partes não os tenham proposto.[39]

---

[35] "Iniciativas Probatórias do Juiz e os arts. 130 e 333 do CPC", in *Revista dos Tribunais*, nº 716, junho/95, p. 41/42.
[36] *Comentários ao Código de Processo Civil*, tomo I. São Paulo: Memória Jurídica, 2004, p. 555/556.
[37] LIRA, Gerson, "Direito à Valoração das Provas", in *Prova Cível*, obra citada, p. 45.
[38] *La Prueba en el Proceso Civil, Abeledo-Perrot*, colaboração de Roberto Italo Perillo. Buenos Aires, 1983, p. 99.
[39] SILVA, Ovídio A. Baptista, obra citada, p. 295. O autor refere, ainda, exemplos do CPC acerca da iniciativa probatória do juiz, *ex officio*, como o art. 342, que lhe permite ordenar o comparecimento pessoal das partes visando a interrogá-las sobre os fatos da causa; o art. 343, que faculte ao juiz ordenar

Também na Itália prevalece o sistema da persuasão racional, no qual a lei não determina previamente o valor atribuído a determinada prova, do que resulta que o livre convencimento (fundamentado) deve ser considerado como a regra do sistema processual italiano, e os resquícios da prova legal constituem a exceção.[40]

Salvatore Patti distingue, ao contrário da doutrina italiana e de outros países, valoração da prova e convencimento do juiz,[41] sendo aquela uma atividade, um modo de proceder necessariamente antecedente à formação (sobretudo no momento decisivo) de um resultado que é a convicção do julgador, e que pode ser livre somente se livre for a atividade anterior, e que constitui seu pressuposto. Admite que se adjetivem ambos os procedimentos de *livre*, em que pese prefira usar *valoração da prova* e *livre convencimento*, mas não aceita que se confundam duas fases distintas, ainda que ligadas intimamente. Sustenta que, abolido o sistema da prova legal, a liberdade está mais presente quando do convencimento do juiz, vinculado, ao valorar a prova, a certas regras de lógica e da experiência; naquele momento, superando o juiz uma margem de dúvida sempre presente, convence-se da verdade do fato ou, ao contrário, reconhece não ter alcançado a certeza e aplica a regra quanto ao ônus da prova, acolhendo ou rejeitando a demanda.[42]

A doutrina italiana conceitua livre valoração da prova de forma restrita, em contraposição à prova legal, que afasta qualquer valoração por parte do juiz. Entretanto, aquela não é uma valoração livre, mas um procedimento sujeito à observância de regras lógicas e jurídicas, que finaliza e resulta no livre convencimento, entendido em sentido preciso e rigoroso. Livre, pois, não é o modo de formação, mas apenas o convencimento, qualquer que seja o grau de verossimilhança ou probabilidade alcançado, ainda que o juiz, para evitar a cassação da sentença (CPC italiano, art. 360), deva

---

o depoimento pessoal da parte, se a outra não o requerer; o art. 355, pelo qual o juiz pode ordenar a exibição de documento ou coisa que se ache em poder da parte; pelo art. 418, o juiz pode proceder ao depoimento testemunhas referidas, a acareação de duas ou mais testemunhas ou de alguma delas com a parte (p. 295/296). Ainda, o art. 437 admite que o juiz ordene a realização de nova perícia, quando a matéria dela objeto não estiver suficientemente esclarecida. Tudo isso a proporcionar ao juiz amplo material probatório a fim de formar seu convencimento da maneira mais completa possível.

[40] PATTI, Salvatore, "Libero convincimento e valutazione delle prove". *Revista di Diritto Processuale*, p. 489.

[41] Seguindo grande parte da doutrina italiana, ambos com supedâneo no art. 116 do CPC italiano (PATTI, Salvatore, "Libero convincimento e valutazione delle prove", *Revista di Diritto Processuale*, p. 485.

[42] Obra citada, p. 486. Refere o jurista (p. 490/491, a propósito, as legislações processuais civis alemã e austríaca. Na primeira, consoante o § 286 do ZPO, onde o tribunal, depois de apreciar as alegações das partes e as provas trazidas aos autos, deve decidir, conforme o livre convencimento (*freie Überzeugung*), se certo fato deva ao menos ser considerado provado. A distinção feita por Patti, entretanto, é mais acentuada na legislação austríaca, cujo § 272 do ZPO dispõe claramente sobre duas distintas fases: primeira, a valoração da prova, a efetuar-se segundo prudente apreciação, à qual se segue o livre convencimento (*freie Überzeugung*).

fundamentar a decisão de, por exemplo, considerar improvado o fato, ainda que presente determinada prova, pois que nenhuma assegura a certeza do fato *probandum*.[43]

Importante referir a análise crítica feita por Massimo Nobili sobre o entendimento da jurisprudência moderna italiana acerca do princípio em questão, relativamente ao processo penal, mas que pode perfeitamente ser trazido ao processo civil.

O jurista admite como verdade induvidosa a idéia de que no processo penal prevalece o interesse público, que influencia o sistema probatório, mas se preocupa especialmente com a imagem – encontrada em muitas decisões judiciais – de um poder do juiz insuscetível de limites, e às conseqüências trágicas que de tal prática podem advir, haja vista que se busca uma interpretação do livre convencimento,[44] não como uma expressão gnosiológica e decorrente da liberdade moral do julgador, mas sim de uma liberdade incondicionada, em função de prevalecer frequentemente o interesse público e do que era chamada no início do século XX como defesa social, de cuja prevalência deriva a validade de qualquer meio que a tenha como desiderato. Salienta que o princípio do livre convencimento, na medida em que se afirmava e triunfava com o abandono do princípio inquisitório, serviu, ainda que paradoxalmente, de álibi para disfarçar uma involução em sentido autoritário da forma de conceber e utilizar o sistema de provas judiciais. Em que pese mais recentemente sejam menos freqüentes as declarações enfáticas a exaltar a liberdade do juiz, não é isso o que se vê na jurisprudência.[45]

Tal entendimento prevaleceu especialmente em processos contra alguns integrantes da máfia italiana, nos quais o Estado encontrou dificuldades de ordem ambiental e social (alude-se à *omertà*, que torna extremamente difícil a obtenção de provas contra os acusados), vindo a surgir a seguinte indagação: pode o Estado, em nome de um superior interesse, superar o sistema de garantias e limites, que se traduzem no método probatório fixado, em tese, pelo legislador? A resposta, para alguns, é positiva, razão pela qual, sempre que se interponham dificuldades ao exercício da *defesa social*, impõe-se a superação de qualquer entrave que se oponha à atuação do juiz, permitindo com que ele ultrapasse os limites fixados pela lei para firmar seu convencimento, sempre que veja frustrados seus esforços

---

[43] PATTI, Salvatore, "Libero convincimento e valutazione delle prove", *Revista di Diritto Processuale*, p. 493.
[44] Nobili refere-se ao livre convencimento como sinônimo do princípio da persuasão racional, não do convencimento moral um íntimo.
[45] NOBILI, Massimo. *Il Principio Del Libero Convincimento Del Giudice*, Milão: Dott. A. Giuffrè Editore, 1974, p. 271/272.

de investigação frente à reticência das testemunhas, acusados e das vítimas do crime.[46]

Há acórdão, entretanto, em sentido contrário, que não admite sejam relegadas as garantias constitucionais e legais a pretexto de obter sucesso na investigação judicial, cabendo ao juiz, assim, o respeito constante aos limites de caráter formal e substancial impostos pela lei ao poder-dever de julgar, visando a evitar que o princípio do livre convencimento transmute-se em uma arbitrária e injustificada reconstrução do fato.[47]

Do mesmo modo, Nobili sustenta que não se pode basear o convencimento do juiz, desfavorável ao acusado, em prova que, mesmo sendo válida e correta sob o ponto de vista gnosiológico, seja inválida no aspecto jurídico-processual, haja vista ser trazida aos autos sem respeito às formalidades legais, razão pela qual não se constitui em ato de caráter jurisdicional. Na hipótese, incabível invocar o princípio do livre convencimento do juiz, mero pretexto para elidir manifesta violação do direito de defesa. A despeito disso, várias são as decisões da justiça italiana em sentido, admitindo-se, assim, a utilização de qualquer elemento de prova que, sem qualquer outro requisito, seja idôneo a formar a convicção do juiz. O que importa é que seja possível alcançar um resultado convincente, crível no caso concreto, podendo o juiz valer-se inclusive de prova colhida sem a observância das formalidades legais, não limitando tal defeito a atuação do princípio do livre convencimento do julgador.[48]

[46] NOBILI, Massimo, obra citada, p. 272/274. Nesse sentido decidiu o Tribunal de Perugia, em 16.02.68 (in Giur, Mérito, 1970, II, p. 201 e segs.), em que ficou estampado: "Em ambientes normais e particulares como aqueles que caracterizam o fenômeno mafioso, os indícios podem assumir eficácia probatória ainda que indireta, entre os quais elementos de contradição de testemunhas dúbias ou inadmissíveis. Resulta, de fato, da extrema complexidade da prova, característica de tais contextos pelo difundido sentimento de solidariedade, do silêncio e da elusiva conduta processual dos acusados, a absoluta necessidade de dar valor também aos elementos indiciários". O autor refere que, ante a linguagem imprecisa da assertiva, os termos "elementos indiciários" designam provas vedadas nos termos do art. 349 do CPP italiano.

[47] Idem, p. 274/275. Assim, decisão do Tribunal de Bari em 10.06.69, da qual se extrai: "se uma superação dos referidos limites poderiam, aparentemente, contribuir à solução de um problema social (punição dos mafiosos), é claro que, fosse sistematicamente levada a efeito, criaria outro problema de bem mais amplas e alarmantes proporções, do que resultaria privar todos os cidadãos da mais elementar e importante garantia constitucional: aquela que prescreve a igualdade de todos perante a lei... Nem mesmo o fenômeno da *omertà*, que acompanha sistematicamente a máfia, justifica de qualquer modo a superação dos limites fixados pelo ordenamento processual. Em particular, deve ser reforçada também no âmbito dos processos contra réus mafiosos, a observância das disposições prescritas pelo art. 349 do CPP, seja quanto à proibição das testemunhas deporem acerca de fatos notórios, seja em relação à vedação ao juiz de valorar fatos apurados pela polícia judiciária, fornecidos por pessoas cujo nome não seja revelado. Não é admissível nesses processos a elaboração de um conceito de notoriedade de forma a permitir, direta ou indiretamente, o ingresso no contexto probatório e com vestes de legitimidade, de uma versão pública sobre os fatos dos autos e de meras opiniões subjetivas ou convicções das testemunhas que, apesar de difundidas, não possam ser submetidas objetivamente aos requisitos do art. 349, 2º e 3º parágrafos, do CPP".

[48] NOBILI, Massimo, obra citada, p. 277/278. O autor faz referência às discussões ocorridas no Senado Italiano, por ocasião dos debates visando à reforma do art. 226 do CPP, que trata das interceptações

A despeito do livre convencimento, segundo a antiga definição, basear-se na certeza moral do juiz, essa não significa arbítrio, mas convicção demonstrada. O convencimento é, sim, livre, mas não se pode exaurir na simples opinião subjetiva do juiz, como fato interno à sua consciência moral. Deve ser o último objetivo de um raciocínio progressivo, baseado em fatos trazidos para dentro dos autos, não podendo o juiz, árbitro de suas convicções morais, a não descurar do exame e crítica de todos os elementos probatórios.[49]

Importante ainda lembrar, quanto às máximas de experiência e seu relacionamento com o princípio do livre convencimento, que esse não pode justificar que uma prova científica possa ser descartada por uma desconfiança subjetiva e irracional do juiz. E isso mesmo que na ciência moderna tudo seja relativo, podendo uma certeza ser tida tão-só como relevante probabilidade, por essa razão, as normais legais formuladas corretamente com base na experiência passada (mas não na simples possibilidade de que um fato leve a outro) devem ser aplicadas aos novos casos enquanto sua aplicabilidade não seja demonstrada errônea. Isso não significa, todavia, que a máxima deva ser aplicada automaticamente, de forma mecânica, cabendo ao juiz, com base no livre convencimento, sopesá-la criticamente, considerando as variáveis compreendidas na fatispécie, podendo concluir que o caso concreto contradiz a regra geral anteriormente formulada.[50]

Na Alemanha, todo o ordenamento processual vigente dispõe sobre o princípio da persuasão racional (ou livre convencimento fundamentado). Há uma única exceção, qual seja, a lei que regula os processos de jurisdição voluntária, mas que de forma alguma exime o juiz da aplicação do princípio.[51]

---

telefônicas, tendo vários Senadores sustentado que uma disposição que vedasse, pena de nulidade, o emprego de prova colhida por intermédio de interceptação telefônica obtida sem a observância das prescrições legais, contrastaria com os princípios tradicionais do direito italiano, especialmente com o livre convencimento do juiz. Critica Nobili tais argumentos, que tacha de aberrantes, pois, em sendo procedentes, qualquer nulidade probatória deveria ser suprimida do sistema jurídico, em obséquio ao livre convencimento do juiz.

[49] Obra citada, p. 281/283.

[50] NOBILI, Massimo, obra citada, p. 289/290.

[51] WALTER, Gerhard. *Libre Apreciación de la Prueba*. Tradução de Tomáz Banzhaf. Bogotá: Editorial Temis Libreria, 1985, p. 97/98. Cumpre referir alguns textos legais alemães sobre a aplicação do princípio:
§ 286 da ZPO – "O tribunal deve decidir segundo seu livre convencimento levando em consideração o conteúdo completo dos debates e o resultado da prova colhida nos autos, se uma afirmação de um fato corresponde ou não à verdade. Na sentença deverá indicar as razões que serviram de norte à convicção judicial.
§ 261 da StPO – "O Tribunal decidirá sobre o resultado da prova colhida nos autos segundo sua livre convicção, derivada do conjunto do debate".
§ 50 da E-FGG – "O Tribunal decidirá segundo sua livre convicção, derivada do conteúdo integral dos autos. A decisão só poderá apoiar-se em fatos e resultados de provas acerca dos quais as partes puderam manifestar-se previamente (aqui, a garantia do princípio do contraditório sobre a prova).
O § 286 da ZPO dispõe, ainda, que o Tribunal só estará sujeito às limitações legais da prova nas hipóteses expressamente previstas em lei.

Mesmo que em todos os procedimentos seja empregado o mesmo conceito de *livre convicção*, isso não implica que em todos eles seja utilizado idêntico *modelo de constatação*. Tanto é assim que no processo civil é comum admitir-se a constatação de um fato pelo simples convencimento de que sua ocorrência é preponderantemente verossímil, ao passo que isso é inadmissível no processo penal, onde prevalece o princípio *in dubio pro reo*, de matiz constitucional.[52]

Em sua celebre obra, Gerhard Walter faz um estudo sobre a aplicação, por vários Tribunais alemães, do princípio do livre (mas fundamentado) convencimento. Vejamos:

Relativamente aos Tribunais ordinários (Supremo Tribunal e Tribunal Federal alemão), a jurisprudência inicialmente orientou-se no sentido de que o juiz deveria exigir, para a prova de um fato, um grau de verossimilhança tão elevado, que pela experiência pode ser equiparado à certeza, para alcançar a convicção exigida pela lei, partia-se, assim, de um caráter objetivo na apreciação da prova, o que permitia que o Tribunal de cassação chegasse a uma convicção distinta do juiz inferior quanto aos fatos e, portanto, substituísse aquele convencimento pelo seu próprio. Mais recentemente, todavia, passa a exigir a Corte uma certeza subjetiva, ausente de dúvidas, como elemento decisivo para o convencimento do juiz. Interessa, pois, a convicção pessoal de um indivíduo, o juiz dos fatos, e não de uma eventual *terceira pessoa*,[53] sendo a verossimilhança nada mais do que um meio auxiliar para que se alcance a necessária certeza, quer dizer, a convicção. Em nenhuma hipótese, todavia, exige-se certeza absoluta de existência do fato, quase nunca alcançável, tampouco se exigindo do juiz que embase a sentença em uma certeza matemática que afaste toda a possibilidade contrária, haja vista que sempre é possível (ao menos em abstrato) a ocorrência de erro na apreciação da prova.[54]

Havendo dúvidas por parte do juiz, deve-se, entretanto, distinguir entre as relevantes (concretas) e irrelevantes (abstratas). Assim, por exemplo, dúvidas quanto à exatidão do resultado, decorrentes da imperfeição dos meios de conhecimento humano, não podem impedir o convencimento do juiz que está pessoalmente convencido. Ou então, o juiz, ainda que convencido, não pode deixar de julgar provado um fato à vista da possibilidade de outro juiz ou terceiro poder concluir de forma diversa. Assim, o juiz só

---

[52] Autor e obra citados, p. 98.
[53] Esse terceiro pode ser também um juiz ou um homem médio, desde que qualificado de alguma maneira. O tradutor utiliza-se da expressão "tercero razonable". Segundo Karl Peters, a comprovação de um fato só é inimpugnável e sustentável quando esse terceiro puder repeti-la, ou seja, reconstruí-la mentalmente. Além disso, há quem sustente (Heinz-Dieter Heescher) que o juiz deve também fazer uma comprovação positiva, ou seja, dizer a si mesmo que *terceiro* imaginário faria a mesma constatação (aprovação fictícia da prova) (*apud* WALTER, Gerhard, obra citada, p. 165/166).
[54] WALTER, Gerhard. *Libre Apreciación de la Prueba*, obra citada, p. 120/121.

poderá refutar a prova de um fato se ele estiver frente a dúvidas concretas, impossíveis de serem afastadas, não podendo, ademais, considerar concretas simples dúvidas abstratas, o que significa que, para serem consideradas concretas, as dúvidas devem fundar-se em um fato real.[55]

A jurisdição do trabalho segue o mesmo modelo dos tribunais ordinários, excepcionando, todavia, casos em que a parte tem dificuldades de provar suas alegações em conseqüência da guerra, hipótese em que se admite firme o juiz sua convicção com base na verossimilhança intrínseca dos fatos afirmados.[56]

A jurisdição administrativa exige, normalmente, uma verossimilhança que beire a certeza para que o juiz firme sua convicção, admitindo exceções, assim como na jurisdição laboral, relativamente àqueles que sofreram prejuízos com a guerra, ou sejam refugiados, ou funcionários prejudicados pelo regime nazista (causalidade hipotética),[57] e que dificilmente podem alcançar o grau de verossimilhança exigível nos casos comuns. Assim, admite-se o convencimento baseado em grande ou preponderante verossimilhança.[58]

Os tribunais sociais contentam-se com a simples verossimilhança quando está em jogo qualquer facilitação na prova decorrente do direito material, o mesmo ocorrendo para a prova da causalidade, seja real, seja hipotética. Do contrário, exige-se a verossimilhança que beire à certeza.[59]

Na jurisdição fiscal, à semelhança dos tribunais ordinários, exige-se a convicção plena e pessoal do juiz para a demonstração de um fato relevante, abrindo-se exceção, no entanto, para os casos em que a lei faculta aos fisco levar a efeito uma estimativa. Isso ocorre normalmente quando o contribuinte se nega a prestar esclarecimentos, não cumpre seu dever de colaboração, ou não apresenta os livros fiscais, casos em que o tribunal não tem como firmar uma convicção e, portanto, poderá entender demonstrado o fato mais verossímil. Nesses casos, o tribunal pode julgar com base no que parece mais verossímil.[60] Diverge a jurisprudência, todavia, quanto à liberdade de estimativa da autoridade fazendária, pois enquanto um julgado

---

[55] WALTER, Gerhard. *Libre Apreciación de la Prueba*, obra citada, p. 123.

[56] Idem, ibidem, p. 146.

[57] O conceito resulta de julgados em que funcionários públicos buscavam que, para fins indenizatórios, fossem consideradas as progressões na carreira que haveriam de obter com o passar do tempo. Assim, admitia-se certa facilidade na produção da prova, aceitando-se uma *verossimilhança preponderante* e não que beirasse à certeza. WALTER, Gerhard. *Libre Apreciación de la Prueba*, obra citada, p. 133.

[58] Idem, p. 146/147.

[59] Idem, ibidem, p. 147.

[60] Assim ocorreu no caso de um empresa cujo balanço apresentava dívidas decorrentes de empréstimos com pessoas cuja identidade o empresário negou-se a fornecer ao fisco, em vista do que o Tribunal fiscal acolheu o proceder da autoridade fazendária de considerar esses valores como receita da atividade empresária, *porque era mais verossímil que esses recursos procedessem desses ingressos, com impostos não deduzidos, e não de empréstimos* (WALTER, Gerhard. *Libre Apreciación de la Prueba*, obra citada, p. 142).

entendeu que pode partir do valor mais elevado, outro decidiu que a estimativa deve ser a mais próxima da realidade.

Na Argentina, a jurisprudência tem entendido que a sentença deve examinar concretamente todo o material probatório, não podendo deixar de ser apreciados elementos relevantes da prova. Isso ocorrendo, todavia, não se tem alcançados os limites mínimos de razoabilidade a que está subordinada a valoração da prova, contrariando, portanto, as regras da persuasão racional, pelo que nula é a sentença.[61]

A observância de princípio (*respeito aos fatos da causa*) está tão arraigada que se sustenta, ao menos na Corte de Cassação de Buenos Aires, a existência de uma *terceira instância* de apreciação da prova, sem juízo de reenvio e com competência positiva, ou seja, podendo reapreciar a prova (desde que absurdamente valorada pelos tribunais ordinários) e dar a sua interpretação sobre os fatos da causa. Na hipótese, o entendimento é de que a apreciação manifestamente equivocada (não basta que seja simplesmente errônea ou esteja impregnada de uma discrepância pessoal ou subjetiva) da prova tipifica um erro de direito, não simples erro de fato e, assim, viável de ser examinado na via do recurso extraordinário, vez que, por mais amplos que sejam os poderes dos juízes para estabelecer os fatos, há um limite legal: a arbitrariedade ou o absurdo.[62]

3. Peculiaridades do direito escandinavo quanto à formação do convencimento do juiz

Em geral, os ordenamentos jurídicos dispõem que, constatando o juiz que a prova colhida não o convence do fato alegado, ainda que haja certo grau de verossimilhança, vale-se da regra sobre o ônus da prova e, assim, tem o fato como não provado, rejeitando a pretensão do autor, ainda que com o risco de negar o direito a quem o tiver, em que pese não logrou demonstrar cabalmente o fato constitutivo, podendo resultar em uma injustiça.[63]

Isso faz-nos entender certos sistemas jurídicos, mormente os escandinavos, onde prevalece, inclusive no âmbito legislativo, uma tendência a limitar a aplicação da norma relativa ao ônus da prova, e especialmente a eliminar os aspectos subjetivos do convencimento do juiz, ou até mesmo o próprio convencimento, resultado que se alcança exigindo-se da parte a demonstração de apenas certo grau de verossimilhança ou de probabilidade, estabelecendo-se que o juiz deve considerá-lo suficiente para a prova do

---

[61] MORELLO, Prueba. *Incongruencia, Defensa en Juicio (El Respeto por los Hechos)*, Buenos Aires: Abeledo-Perrot, 1977, p. 154, 157.
[62] Idem, p. 159, 161 e 168.
[63] PATTI, Salvatore, "LIbero convincimento e valutazione delle prove", *Revista di Diritto Processuale*, p. 497.

fato. Admite-se certa dúvida, dispensando-se, assim, o juiz de dar o passo último, ou seja, aquele em que busca a certeza interior do fato alegado. Note-se que a lei não estabelece o valor de cada prova, isoladamente, cabendo ao juiz, inclusive valendo-se das máximas de experiência, além dos pareceres dos peritos, fixar o valor probante dos fatos e portanto estabelecer se no caso concreto foi alcançado o grau de prova exigido pela lei, buscando a doutrina e a jurisprudência, para tanto, o auxílio da estatística e da matemática que possam auxiliar na determinação do grau de probabilidade.[64]

Tal orientação vem encontrando eco também na doutrina e na jurisprudência alemãs, visando à adoção de métodos adequados para garantir decisões justas, o que, entretanto, mostra-se inviável no direito italiano, em vista do art. 116 do CPC, que preserva o convencimento do juiz. Na Suécia, aonde esse sistema vem sendo aplicado, a decisão do juiz, quanto à verdade de um fato, é tida como puro juízo de verossimilhança, refutando-se o convencimento do juiz que se entende por convicção pessoal, devendo reconhecer, ao fim da atividade probatória, se certo fato atingiu o grau de verossimilhança previsto na lei. Se essa não oferecer indicações quanto aos valores probatórios, cabe ao juiz fixá-los no caso concreto. Em suma, a atividade do juiz compõe-se de duas fases: primeiro, deve fixar qual seja o grau de prova suficiente para decidir (ponto do ônus da prova) e, somente se ele não é alcançado, então decide conforme o ônus da prova; o juiz deve portanto atribuir certo grau às provas fornecidas pelas partes, não sendo esse valor predeterminado pelo legislador. Assim, se para uma determinada situação da vida o legislador exige um grau de verossimilhança de 75%, a prova não se considera alcançada se o juiz reconhece um grau de apenas 70%.[65]

Cumpre referir que há uma dificuldade na tradução em percentuais o grau de verossimilhança, só em alguns fixado expressamente pela lei. Mas quando o faz, a lei considera as dificuldades que se encontram os diversos setores da vida em sociedade, peculiaridade maior do sistema e também a maior dificuldade para a adoção dessa teoria. Todavia, cumpre lembrar o ensinamento de Voltaire, quando diz que mesmo no sistema do livre convencimento, a valoração jamais conduz a uma verdade absoluta – no máximo a um juízo de probabilidade ou verossimilhança.[66]

4. Conclusão

A análise dos sistemas probatórios permite afirmar que de uma ampla liberdade inicial que era concedida ao juiz, passou o legislador a tolhê-la totalmente, não deixando ao julgador nenhuma margem de convencimento

---
[64] PATTI, Salvatore, "Libero convincimento e valutazione delle prove", op. cit., p. 498/499.
[65] Idem, ibidem, p. 501/502.
[66] Idem, ibidem, p. 502/503.

próprio; ao contrário, estava ele vinculado aos vetores ditados pelo ordenamento jurídico, aos valores que a lei atribuía a cada espécie de prova. A prova era, pois, tarifada.

Todavia, isso levou à descrença nos julgamentos, despidos totalmente de qualquer espécie de razão, sendo o juiz verdadeiro autômato. Não só por isso, mas especialmente por isso, o movimento iluminista fez ressurgir o princípio do convencimento íntimo, não só do juiz, mas especialmente do cidadão, guindado a juiz de fato pela instituição do Tribunal do Júri.

Hodiernamente, contudo, prevalece nos ordenamentos jurídicos, salvante alguns resquícios do convencimento íntimo (Tribunal do Júri) e da prova legal, o sistema da persuasão racional, também chamado de livre convencimento fundamentado, em que, a despeito da ampla liberdade concedida ao juiz na apreciação da prova, impõe-lhe a obrigação de declinar as razões pelas quais formou sua convicção, com base tão-somente no material probatório carreado aos autos.

5. Bibliografia

ALVARO DE OLIVEIRA, Carlos Alberto. *Do Formalismo no Processo Civil*, 2ª ed. São Paulo: Saraiva, 2003.

BURGARELLI, Aclibes. *Tratado das Provas Cíveis*, São Paulo: Juarez de Oliveira, 2000.

DINAMARCO, Cândido Rangel. *Instituições de Direito Processual Civil*, vol. III 4ª ed. São Paulo: Malheiros, 2004.

FORNACIARI, Flavia Hellmeister Clito. "As Máximas de Experiência e o Livre Convencimento do Juiz", *Revista Dialética de Direito Processual*, nº 10, janeiro/2004, p. 9/26.

LIRA, Gerson. "Direito à Valoração das Provas. *In Prova Cível*, Coord. de Carlos Alberto Alvaro de Oliveira, 2ª ed. Rio de Janeiro: Forense, 2005, págs. 27/49.

LOPES, João Batista. "Iniciativas Probatórias do Juiz e os arts. 130 e 333 do CPC", in *Revista dos Tribunais*, nº 716, junho/95, pág. 41/41.

MITIDIERO, Daniel Francisco. *Comentários ao Código de Processo Civil*, tomo I. São Paulo: Memória Jurídica, 2004.

MORELLO, Prueba. *Incongruencia, Defensa en Juicio (El Respeto por los Hechos)*, Buenos Aires: Abeledo-Perrot, 1977.

NOBILI, Massimo. *Il Principio Del Libero Convincimento Del Giudice*. Milão: Dott. A. Giuffrè Editore, 1974.

PATTI, Salvatore. "Libero Convincimento e Valutacione Delle Prove", *Revista di Diritto Processuale*, p. 481/519.

PAYÁ, Fernando Horacio. *La Prueba en el Proceso Civil*, colaboração de Roberto Italo Perillo. Buenos Aires: Abeledo-Perrot, 1983,

SILVA, Ovídio Araújo Baptista da. *Curso De Processo Civil*, vol. I. 3ª ed. Porto Alegre: Sergio Antonio Fabris Editor, 1993.

VARELA, Casimiro A. *Valoración de la Prueba*. Buenos Aires: Editorial Astrea, 1990.

WALTER, Gerhard. *Libre Apreciación de La Prueba*. Tradução de Tomáz Banzhaf. Bogotá: Editorial Temis Libreria, 1985.

www.graficametropole.com.br
comercial@graficametropole.com.br
tel./fax + 55 (51) 3318.6355